現代中国研究叢書

経済成長と構造進化

[著] 劉偉ほか

[監訳] 神田英敬

[訳] 王浄華、王閏梅

新時代以降の中国の経験

樹立社

序　文

　改革開放以来の三十年あまり、中国経済が記録的な持続的高度成長を遂げてきたことにまぎれもない事実である。この持続的な高成長にはどのような規律や特徴があるのか。特に成長に伴い、構造上で大きな変化が起こったのか。また構造変化と量的拡大の間にどのようなつながりがあるのか、あるいは構造変化と経済成長は効率的であるのかなどに関して、深く研究する必要がある。本研究の目的は、過去三十年あまりの改革開放における中国の経済成長と産業構造の変化についての分析を通じて、経済成長における経済規模と産業構造の相互関連と量的関係を探り、体制改革と政府のマクロ的決定が経済成長と産業構造のアップグレードに与える影響を解明することにある。そして、これらの分析に基づいて結論を導き、関連政策への提言を試みる。改革開放以来、中国は三十年以上にわたって高度経済成長を維持してきた。そして、第 18 回党大会では 2010 年から 2020 年にかけて国内総生産と住民一人当たりの所得を 2010 年比で 2 倍とし、建党百年前後に小康社会の全面的完成を実現するよう指示した。これは、中国が近代化国家の建設を全面的に完成する大切な時期に入っていることを意味する。しかし、それと同時に経済発展レベルが向上し（高中所得国になった）、工業化後期段階に突入するに従って、産業構造にも徐々に変化が起こり、第三次産業がその割合と成長率で第二次産業を追い越し、国民経済の主導産業となった。この変化は中国の経済成長（雇用、所得分配、国際収支、地域経済発展など）に深く大きな一連の影響を与える。産業進化が中国の経済成長と発展に果たした役割を深く認識することは、中

国の特色ある社会主義建設の道を探求する上で理論的な意義を持つだけでなく、経済改革の深化とマクロ経済政策の科学的策定にとっても積極的な実践的意義を持っている。

　本研究では、主に国際比較アプローチ、統計的調査法、理論的アプローチの方法を用いた。国際比較アプローチは、主要指標の国際比較を通じて、中国と他の国の経済発展の差異と共通の規律を分析し、その経済発展の道筋を探ることである。統計的調査法は、大量のマクロ経済指標、特に国民経済計算と雇用などのデータの研究（比較研究、定量モデルの構築を含む）を通じて、その数量の特徴、規律、関連性をまとめ、中国の経済成長と産業進化を探求することである。理論的アプローチは、科学的に経済理論を用いて理論的総括を行い、中国の特色ある経済成長と産業構造理論を発展・充実させることを目指すものである。

　本研究は、「経済成長と発展段階の判断」、「新常態下における新たな変化、新たな不均衡、新たな政策」、「経済成長総規模の不均衡とマクロ・コントロール」、「経済成長における産業構造の変化」、「産業構造の変化と経済成長の効率」、「産業構造の不均衡と一次分配の歪み」、「産業構造、経済構造の最適化と高度化と供給側改革」の7章に分けられている。

　第一章「経済成長と発展段階の判断」では、中国の国民経済計算データと世界銀行が発表した各国の国民所得統計を分析し、改革開放以来の三十年間、中国が経済成長を成し遂げた成果、到達水準、今後の発展目標などの長期的傾向を縦断的に考察する。横断的には、中国の国際的な位置づけがどのように変化したのか、またその変化がどのように起こったのかを、世界の他の国々と比較しながら分析する。改革開放以来三十年あまりの急速な経済成長を経て、国内総生産から見れば、2013年における中国のGDPはすでに改革開放当初の28倍、年平均成長率は9.7％となり、当時世界で最も急速に成長した国と言える。世界経済でのシェアも1.8％から12.2％に上昇し、日本を抜いて世界第2位の経済大国となった。一人当た

りの国民所得から見れば、1998 年に低所得国から低中所得国へ、2010 年には高中所得国の仲間入りをし、現在は高所得国へと発展する段階にある（2013 年の中国の一人当たりの国民総所得は 6,560 米ドル。世界銀行の公布した高所得国の基準は 12,746 米ドル）。経済発展は近代化の過程で大きな成果を遂げたが、世界の先進的なレベルと比べればまだ一定の差があり、国民生活の向上と総合国力の強化という要求から言えば、高度成長または中速成長が比較的長い期間において依然必要であると考えられる。したがって、経済成長は現段階でも中国にとって最も重要な経済発展目標の一つなのである。　国際比較の観点から見れば、一国の経済発展水準（為替法で反映される一人当たりの国民総所得）の変化は、主に経済成長、一般物価水準の変化、為替レートの変動の影響の三つの要素に依存するが、このうち経済成長は決定的な要因となる。経済成長に影響を与える主な要素の分析を通じて、経済成長と発展におけるさまざまな不均衡と矛盾（特にさまざまな構造的不均衡と矛盾）を適切に処理することさえできれば、中国は将来にわたって比較的速い経済成長を維持し、「中所得国の罠」を回避し、小康社会の全面的完成を実現し、高所得国の仲間入りをするという目標が達成できると考えている。

　第二章「新常態における新たな変化、新たな不均衡、新たな政策」では、中国の経済成長が新たな出発点にあたり、いかにして持続的成長を実現するかについて論じる。中国の GDP、一人当たりの GDP、経済構造の変化は、経済の量的・質的構造の両面において、すでに中所得の上位段階に入り、工業化後期も加速度的に完成する段階に入っていることを示している。中国の経済は新たな出発点に立ち、新たなチャンスとチャレンジを迎えている。これは同時に、新たな不均衡は、インフレ、コスト変動、国際収支、投資と消費の弱い成長、所得分配に起因する総体的な不均衡と構造的な不均衡という形で表れていることを意味する。これらのアンバランスを是正するためには、新しい政策、新しいアプローチ、新しい制度を必要とする

のである。

　まず、マクロ経済政策の面で、重要なのは、財政政策と金融政策の緩和と引き締めを調整することである。具体的には、財政政策と金融政策、財政制度の内部（例えば財政支出と財政収入政策の間）、そして金融制度の内部（例えば貨幣制度量的手段と価格手段の間）の緩和と引き締めなどを含めた二重リスクの相反する動きの変化状況に応じて、適切にマクロ調整の上限と下限を定めることが重要となる。

　次に、不均衡を克服するために採用される方法であるが、基本的には構造的不均衡を緩和することにある。そのためには、マクロ・コントロールにおいて需要管理を重視するだけでなく、供給管理にも注目する必要がある。なぜなら、供給管理のみが企業の行動、ひいては構造変化に直接影響を与えられるからである。構造的不均衡のリバランスは、それ自体が供給側（生産）の変化である。需要管理は市場の買い手の行動を規制するが、供給管理は生産者の行動に影響を与える。需要管理は総体を直接調整し、供給管理は構造に直接影響する。産業構造のアップグレードは、企業のイノベーション能力を高め、コストを削減し、効率を向上させ、過剰な低レベルの生産能力を排除するなど、すべて供給管理の範囲に属するものである。したがって、短期的なマクロ経済政策を運用する際には、需要効果だけでなく、供給効果にも注目すべきである。需要を刺激するためには拡張的な財政支出政策、企業のコストを削減するためには拡張的な財政収入政策を用いる必要があり、インフレを抑制するためには金融引き締め政策を用い、企業の資金調達コスト上昇の圧力に注意を払う必要がある。長期的な規模均衡を実現するには、産業構造、地域構造、技術構造、所得分配構造など一連の構造政策の目標に注目する必要がある。供給管理と需要管理の関係を扱う場合、需要の拡大を供給構造調整の前提とする。そして、需要を刺激し、供給の効果的実現のための市場条件を作り、需要が拡大しつつあることを背景としながら優れた生産能力を実現するための空間を作り、

需要によって供給量の拡大と構造の進化を促進するのである。供給構造と効率の調整においては、需要喚起を主導とし、製品の構造を改善し、供給品質を向上させ、供給の安全を強化し、新しい高品質の製品・サービスを提供し、製品のコストを削減することが要求される。

　最後に、マクロ政策の目標やマクロ・コントロールの方式の変更を効果的に実現するために根本となるのは制度の革新である。通常、技術の革新は最優先であり、技術革新能力が向上しなければ、産業構造のアップグレードや、量的拡大から効率的な引き上げへの経済成長モードの転換、および企業の競争力の向上と経済の長期的な持続的発展は実現不可能である。しかし、実は技術よりも制度が重要である。特に改革の全面的深化と全面的な法による国家統治、すなわち社会主義市場経済体制と民主的法治秩序の改善においては、制度革新が特に重要と見なされる。経済システムの改革を包括的に深化せず、社会主義市場経済システムに健全さと秩序が欠けていれば、市場メカニズムが資源配分における決定的な役割を果たすことができない。そして、市場は深刻な機能不全に陥り、資源配分の意思決定権は政府の官僚の手に集中することとなる。さらに、民主と法治建設が社会発展の要求から大いに遅れ、政府の官僚の権力が制度において真に民主的な基礎と制度上の厳格な法的制約を欠けば、公平性を損なうだけでなく、効率にも影響を及ぼしている。したがって、制度の革新は、中国の発展モードを転換し、「中所得国の罠」を乗り越え、現代化という壮大な目標を達成するための鍵となる。

　第三章「経済成長における規模全体の不均衡とマクロ・コントロール」では、中国の経済成長のアンバランスをマクロ・コントロールによって改善する方法について、より踏み込んだ分析を試みる。まず、中国の経済成長の各段階における不均衡の特徴とその推移を研究し、経済成長不均衡と市場化改革、経済発展の段階、経済構造の変化との関連性を明らかにする。その上で、中国のマクロ・コントロールを改善する方法について、財政政

策と貨幣政策の逆方向の組み合わせ、現段階での貨幣政策の選択が直面する特殊な状況とその対応、現段階での財政支出政策と財政収入政策の間の構造の特性の分析とその対応といった三つの側面から研究した。著者の分析では、第一に、中国においてこの段階で財政と金融政策の緩和と引き締めが逆ミックスとなった根本的な理由は、この段階のマクロ経済の不均衡の特異性、すなわちインフレ圧力と経済減速の脅威が同時に存在することにある。第二に、中国の現在の財政と金融政策の調整は、独自の特徴を持っており、今の欧米諸国が金融危機の影響に対応して行ったマクロ政策とは異なる。最後に財政政策と貨幣政策の効果的なミックスに必要な条件として、「スタグフレーション」の脅威がある中で、一時の危機を乗り越えるには、拡張的な財政政策と一定の引き締まった金融政策の組み合わせのほうが適切である。そして、危機後の景気刺激政策からの撤退過程では、適度に引き締まった財政政策と比較的緩和的な金融政策の組み合わせが適切となる。ただ、この組み合わせと方向転換を実現するためには、体制上、投融資の仕組みが政府投資ではなく、効果的な市場メカニズムに基づくことが必要とされる。現段階では、「機に応じた撤退」と「スタグフレーション」の脅威（可能性）という条件の下、中国の経済の持続的かつ均衡ある成長を実現するためには、以下の点が極めて重要である。（1）財政・貨幣政策の組み合わせにおいて、マクロ経済政策としては、強力で拡張的な財政政策を長期にわたって採用することをできるだけ避け、適度な緩和的な貨幣政策の採用が望ましい。両方を逆さまにしてはならない。（2）マクロ・コントロールの方式については、需要管理を重視する一方で、供給管理も重視しなければならない。マクロ経済政策には需要効果と供給効果があるため、供給管理、企業の効率性と労働生産性の向上、産業構造の調整、イノベーションの強化と結びつけなければ、中国の現段階の不均衡を根本から解決することはできない。（3）マクロ政策の方向性の調整においては、マクロ経済の不均衡の方向性の変化、特に国民経済の正常な運営に

おける主要な矛盾の転換に応じて、適時に微調整を行うべきである。マクロの意思決定の方法においては、中央政府と地方政府、政府と企業、財政と金融、銀行と企業、国有と民間などの各当事者の利益を尊重し、調整するように民主化と法整備のシステム化を強化すべきである。(4) 制度革新の面では、社会主義市場経済体制の改革の深化を主張する。特に土地、労働、資本、外貨などの市場化プロセスを加速させ、市場競争の秩序を改善すべきである。

　第四章「経済成長における産業構造の変化」では、まず中国の改革開放後の各段階における産業構造の変化の特徴を研究し、その上で世界の主要国の産業構造の変遷を分析した。中国の産業構造の変化（付加価値構造、雇用構造などを含む）は世界各国と同じような法則に従い、経済発展水準が異なればそれに応じた産業構造が存在しているが、独自の特徴も有している。ここでは、中国の経済成長は、計画経済から市場経済への移行過程で起こったものであり、市場化の遅れから第三次産業の発展も世界各国の産業化過程に比べて遅れている点を指摘した。本章の研究により、以下のことが指摘できる。(1) 改革開放以来、第二次産業は常に中国の経済成長をリードする産業であり、他の産業の発展を牽引し、雇用の改善、特に余剰農業労働力の非農業産業への移転に大きく寄与してきた。(2) 中国の工業化プロセスが中・後期段階に入り、上位中所得国になるにつれ、経済成長の主導産業も変化していく。2013 年には、GDP において、第三次産業の増加率が初めて第二次産業を上回った。これにより、第三次産業が最も多く、次いで第二次産業、第一次産業と続く近代経済産業構造を形成した。発展の傾向から判断すると、2015 年頃には、第二次産業の雇用が第一次産業の雇用を追い越し、雇用構造にもこのパターンが現れてくると考えられる。これは、産業構造の高度化と転換の時期にあたる。この転換は、中国の経済成長における支配的な産業が第二次産業から第三次産業へと変化し、経済成長と雇用に一連の重大な影響を与える可能性を持ってい

る。(3) 2010年前後、中国の製造業と第二次産業の規模は米国を抜いて世界一になったものの、依然として急速な成長を維持し、新たな労働力に対する需要も大きい。発展傾向としては、需要、規模、エネルギー環境、生産要素などの制約により、第二次産業の発展は鈍化しているが、第三次産業は依然として持続的な成長を維持し、より大きな潜在力を秘めている。(4) 中国の総労働供給の伸びは、自然人口増加率の低下と人口の年齢構成の変化により、2014年頃に大きく鈍化し、それ以降はさらにマイナス成長に発展する可能性がある。経済成長における労働需給の変化は、主に雇用構造の変化、すなわち非農業部門における雇用の増加と第一次産業における雇用の減少に反映される。経済成長率が6〜8%であれば、労働力需給の均衡は達成できる。

　第五章「産業構造の変化と経済成長の効率」で、著者はまず現段階における中国および各地の産業構造の高度の測定（各産業の割合で労働生産率を重み付けする）と国際比較を通じ、2010年時点の中国の産業構造の高さ H の値が0.666であり、ここから中国の工業化は現代の国際標準によるとすでに三分の二を突破している点を指摘した。また、現在の工業化の発展状況から、2020年までに工業化（新型）構造アップグレードという目標を達成する見込みが十分にあることも指摘した。本章では以下の重要な結論をまとめた。(1) 中国の急速な経済成長は、単にGDPの急拡大だけでなく、産業構造の進化を伴っている。すなわち単純な経済成長だけでなく質的な発展も同時に実現した。(2) 中国の産業構造の進化の速度と水準は、経済成長の速度と水準より遅れている。(3) 中国の経済成長は、要素投入の拡大のみに依存するのではなく、産業構造の進化がもたらした効率の向上も同時に役に立ち、クルーグマンらが批判する「東アジアバブル」とは異なっている。(4) 労働生産性の伸び率にしても、全要素生産性の伸び率にしても、産業構造変化の効果と純技術の進歩の効果を示しているが、21世紀以前は構造変化の影響力が純技術進歩の効果より強かった。21世

紀以降になると構造変化の効果が徐々に弱まり、逆に純技術進歩の効果が強まっている。しかし、近年は両者が交替して変動している。(5) 中国の産業構造における顕著な矛盾は、効率の低さに根ざしており、技術の発展と産業間の要素配分の効率と、双方の改善が急務となる。そうでなければ一連の構造的矛盾を克服できない。こうした根深い構造的矛盾は、中国のマクロ経済の不均衡（現在のインフレ段階と経済の「下振れ」という二重リスク）の根本的な原因となっている。(6) したがって、開発モードの転換は不均衡を克服し、持続可能な発展を実現する鍵である。これは主に構造調整にあり、戦略的構造調整はまず技術革新に依存する。技術革新は産業効率の向上をもたらし、その累積効果により産業間の効率の差、すなわち産業構造の高度化と空間の拡大が、その進化を促進し、構造変化の効果を強化する。(7) 業界内の技術進歩であれ、各産業の構造変化であれ、制度的には公正な競争による市場メカニズムが必要であり、特に要素市場の育成は、本体の秩序（企業システム）、取引の秩序（価格システム）などを含む市場の競争秩序の改善を必要とする。もちろん、完全な市場秩序の確立には、政府と市場の関係の調整が重要である。このため、社会主義市場経済体制を目標とする改革・開放を深化させていくことは、現段階における中国の発展モードの転換を実現する根本となる。

第六章「産業構造の不均衡と一次分配の歪み」で、著者は、三大産業のコスト構造、すなわち、一次分配構造が中国の国民所得分配へ与える影響を研究した。この不均衡は、経済成長のバランスに影響を与えるだけでなく、経済発展の持続可能性、所得分配の公平性、経済成長の効率性にも影響を及ぼすことを指摘している。本章では、国民経済計算と産業連関データを用いて、中国の改革開放以降の付加価値構造と雇用構造の発展過程を研究した。その結果、改革開放以降、中国の付加価値構造の高度と雇用構造の高度はともに大幅に上昇したが、後者の進化は前者に遅れをとっており、産業構造の発展の不均衡が国民所得の一次分配の不均衡をもたらし、

都市住民と農村住民の所得水準の格差形成の重要な原因となっていること
がわかった。この一次分配の不均衡は、経済発展の不均衡の重要な現れで
ある。一般的に言えば、産業間の労働生産性の水準は均衡になる傾向があ
り、これも産業間の発展の均衡がとれている重要な現れである。そのため
産業生産高と雇用の比率は徐々に収束するはずである。中国の三大産業の
生産高対雇用比率は長期的に収束の傾向にあるが、その進展は遅い。この
構造的不均衡の下で形成された初期の分配構造は、中国の労働報酬の分配
構造とマクロの所得分配構造を決定し、国民経済の最終需要に一連の影響
を与える。本章では、三大産業の一人当たりの付加価値額、付加価値額に
占める労働報酬の割合、一人当たりの労働報酬のさらなる分析を通じて、
中国の第一次産業分配構造には「反効率的な要素分配」の傾向があること
を指摘する。第二次産業では資本が相対的に労働を圧迫し、第三次産業で
は労働が相対的に資本を圧迫しており、労働生産性の絶対水準と成長率は
いずれも第三次産業よりも高い。逆に、第三次産業の資本の限界報酬の成
長率は第二次産業より高いことから、第三次産業は資本と技術の集約度を
高めることが急務であることを示している（ただし、資本の限界報酬の絶
対水準を第二次産業と比べると依然として低い）。このような反効率的な
要素分配構造は、一方では労働生産性の構造的低下をもたらし、他方では
資本効率向上の構造的損失をもたらす。このような要素効率向上の構造的
損失は、経済成長の均衡と持続可能性だけでなく、国民所得の一次分配と
最終利用、とりわけ労働報酬の伸びにも深刻な影響を及ぼし、重要な制約
を課すこととなる。

　第七章「産業構造、経済構造の最適化・高度化と供給側構造改革」では、
供給側改革および供給管理とマクロ経済コントロールおよび経済構造の進
化との相互関係を論じた。特に供給管理の特徴と二重リスク管理における
特別な意義を分析し、経済構造の高度化と構造的不均衡の克服における供
給側改革の重要性を強調した。また、供給管理および供給側改革に必要な

制度的条件を分析し、特に、供給側改革における社会主義市場経済体制の改革の深化、法の支配の全面的な推進、法治社会の重要性を指摘した。

　本研究は、集計分析と構造分析、長期トレンド分析と静態比較分析を結びつけ、中国の経済成長と産業構造進化の規律を探ることをもとに、経済成長の成果、発展過程に存在した集計的・構造的不均衡とその影響の要因について詳細な研究を行い、一連の重要な結果を得た。その上で、経済改革の深化とマクロ経済管理を通じて、中国の経済成長をどのように向上させ、「全面的に小康社会を建設する」という目標を達成できるのかを探求している。本研究の特徴は、経済構造、特に産業構造の綿密な分析を通じて、中国の経済成長の量的な特徴、量的な関係、量的な法則を探求することにある。それによって、新常態に入った中国の経済が、経済情勢や経済環境の新たな変化に応じて、新たな政策、方法、制度を通じて経済をいかによりよく発展するかを探求することが可能となった。その応用価値は大きい。中国が全面的に小康社会を建設する最終段階にあり、経済成長が新たな挑戦とチャンスに直面している中、本研究は、中国の今の経済発展の段階、直面している挑戦、矛盾を解決する方法について、人々の理解を深めるのに役立つだけでなく、現代化強国を建設することに対する人々の自信を強化し、その結果、より良い社会的影響と利益をもたらすと考えられる。

目　次

序　文　iii

第一章　経済成長と発展段階の判断 ……………………………… 1

第一節　新時代における中国の経済規模と国際的地位の変化　2

第二節　1980 ～ 2010 年における世界各国・地域の実質経済成長　7

第三節　一人当たり GNI の国際比較　15

第二章　新常態における新たな変化、新たな不均衡、新たな政策 ……………………………………………… 33

第一節　新常態における中国経済の新たな変化：新たな出発点、新たなチャンス、新たな制約、新たなチャレンジ　34

第二節　新常態における中国経済成長の新たな不均衡と新たな動因　42

第三節　新常態における中国経済成長の新たな要求：新たな政策、新たな方式、新たな制度　51

第四節　新常態における「デフレ」の可能性　56

第五節　マクロ経済政策とマクロ進度統計：弱い需要と穏健な成長はなぜか？　66

第三章　経済成長における規模全体の不均衡とマクロ・コントロール ……………………………………… 79

第一節　新時代における不均衡の特徴の発展とマクロ政策の調整　80

第二節　新常態における財政政策と金融政策の逆方向の組み合わせの要因、特徴およびその効果　85

第三節　新常態における金融政策の選択が直面する特殊条件　108

第四節　新常態における財政支出と財政収入政策の構造的特徴の分析　120

第五節　地方政府資金調達プラットフォームの借入に関する理論的議論　144

第六節　金融危機の衝撃に対応した中国のマクロ政策の変化と特徴に関する体系的
　　　　考察　173

第四章　経済成長における産業構造の変化 …………… 203

第一節　新時代以降の各段階における産業構造の変化の特徴　204

第二節　産業構造の変化に関する国際比較　245

第三節　産業構造の高度化と経済の新常態　261

第四節　産業構造の進化における経済成長と雇用　295

第五節　オークンの法則および中国の新常態における成長と雇用の量的関係　337

第五章　産業構造の変化と経済成長の効率 ……………… 373

第一節　中国経済成長における産業構造高度の進化　374

第二節　産業構造の進化が労働生産性へ与える影響　382

第三節　産業構造の進化が全要素生産性に与える影響（1986 ～ 2007 年）　390

第四節　新常態における中国経済成長の突出した構造的矛盾　395

第六章　産業構造の不均衡と一次分配の歪み …………… 407

第一節　三大産業における雇用構造と付加価値構造の不均衡および中国住民の所得
　　　　格差　408

第二節　三大産業のコスト構造の特徴と一次分配における労働報酬の構造　413

第三節　新常態における三大産業一人当たりの付加価値、労働報酬シェア、一人当
　　　　たりの労働報酬および一次分配　420

第七章　産業構造、経済構造の最適化・高度化と供給
　　　　側構造改革 ……………………………………… 433

第一節　供給側構造改革と発展新理念　434

第二節　産業構造、経済構造、供給側改革　447

参考文献　470

キーワード索引　477

あとがき　480

第一章

経済成長と発展段階の判断

第一節　新時代における中国の経済規模と国際的地位の変化

　改革開放以降、中国は驚異的な経済成長を遂げ、1978 年から 2014 年までの年平均成長率は 9.70％に達した。21 世紀の最初の十年間は、工業化と都市化の進展に伴い経済成長がさらに加速し、2000 年から 2010 年までの年平均成長率は 10.48％に達した（表 1-1 参照）。また、市場化の進展とマクロ・コントロールの改善に伴い、中国経済は高成長を維持しながら、その安定性も著しく向上した。持続的かつ急速な経済成長は、中国の総合的な国力を強化し、国民の生活を向上させたと同時に、インフラ整備、都市建設など大規模な経済建設、緊急事態への対応、さまざまな問題解決のための強力な物質的基盤を提供した。

　現状では、改革開放以来三十年以上にわたる急速な経済成長を経て、中国は上位中所得国への移行を果たしたものの、先進国とはまだ大きな隔たりがある。国民生活の向上や総合的な国力の強化という目標を達成するために、長期間の高度成長あるいは高中度成長が必要である。それ故、中国にとっては依然として経済成長が最も重要な経済発展目標の一つとなる。第 16 回党大会で掲げられた 21 世紀最初の二十年間で GDP を 4 倍にするという目標は、第 17 回党大会で、一人当たりの GDP の 4 倍へと調整された。2011 年の GDP は 2000 年の 2.95 倍に達しており、この期間の年平均経済成長率は 10.36％であった。こうした実状を見ると、前期の成長率がより高かったため、第 16 回および第 17 回党大会で掲げられた成長目標を上回ることができるのではなかろうか。第 16 回党大会の経済成長目標が変わらないとすれば、2011 年から 2020 年にかけて 3.4％の年平均 GDP 成長率を維持すれば、21 世紀最初の二十年間で GDP を 4 倍にするという目標は達成できる。したがって、第 18 回党大会では、2010 年から 2020 年にかけて、GDP と国民所得を 2 倍にし、小康社会を全面的に実現する

ことが提起された。つまり、この期間の GDP と国民所得の年平均成長率は 7.2% に達するという新たな成長目標が掲げられたのである（国民所得の成長は実際の GDP の成長に基づくが、マクロの所得分配構造にも一定の調整を加える必要がある）。2011 年、2012 年、2013 年、2014 年の経済成長率はそれぞれ 9.3%、7.7%、7.7%、7.4% であり、予想された 7.2% を上回っていたため、十年後に再び 2 倍になるという目標を達成するには、その後の六年間で 6.5% を維持すれば十分だと考えられる。経済成長基盤の拡大と経済構造の変化により、改革開放以来三十年以上にわたった長期的な成長率に比べると、現在の中国の経済成長率はやや低い。しかし、他国と比べれば比較的高く、2020 年の経済成長目標も達成可能なものである。特別な事態でも起こらない限り、経済改革の深化と合理的かつ穏健なマクロ・コントロールを通じて、第 18 回党大会の経済成長目標は達成することができるであろう。経済成長の原動力から見ても、長期的な傾向から見ても、中国の経済は比較的速いペースで成長すると考えられる。表1-1 は、1978 年から 2014 年までの中国の GDP デフレーターを示している[1]。

　世界経済における中国のシェアが、長期にわたる高度経済成長により急速に拡大する傾向は、21 世紀に入ってからさらに顕著になっている。表 1-2 からわかるように、改革開放が始まった 1978 年、中国の GDP 総額は世界の GDP のわずか 1.8% に過ぎない 1500 億米ドルであった。これは世界 10 位にあたるが、世界一の人口大国にとっては極めて不釣り合いである。人口が多い分、一人当たりの水準ではさらに低い低所得の貧困国であった。その後二十年間、高い経済成長率を達成・維持したものの、世界の GDP に占める割合は 2000 年時点で 3.7% に過ぎず、日本、ドイツ、英国、フランスなどの先進国に後れを取り、世界 6 位であった。1978 年の 10 位からは順位を上げたものの、国際的影響力は依然として限定的であった。しかし、この状況は 21 世紀に入ってから著しく変化した。発展

表 1-1　1978 〜 2014 年にお
ける中国の GDP デフレーター

年	GDP デフレーター （前年 = 100）
1979	107.6
1980	107.8
1981	105.2
1982	109.1
1983	110.9
1984	115.2
1985	113.5
1986	108.8
1987	111.6
1988	111.3
1989	104.1
1990	103.8
1991	109.2
1992	114.2
1993	114
1994	113.1
1995	110.9
1996	110
1997	109.3
1998	107.8
1999	107.6
2000	108.4
2001	108.3
2002	109.1
2003	110.0
2004	110.1
2005	111.3
2006	112.7
2007	114.2
2008	109.6
2009	109.2
2010	110.4
2011	109.3
2012	107.7
2013	107.7
2014	107.4

データソース：中国統計年鑑の過
去のデータより筆者作成。

基盤が格段に向上し、力強い経済成長を遂
げた中国は、フランス、英国、ドイツ、日
本を抜き、米国に次ぐ世界第 2 位の経済大
国となった。2010 年の GDP が 9.4 兆米ドル
に達し、世界シェアも 9.4％に拡大した中国
は、世界に大きな影響を与えるようになった。
2013 年、このシェアはさらに 12.2％へと上
昇する。対外貿易の発展という点では、改革
開放の当初、中国の輸出が世界貿易に占め
る割合はほとんどなかったが、2000 年には
3.9％に上昇し、世界第 7 位となった。それ
が 2010 年までに 10.4％へと上昇し、中国は
世界一の商品輸出国となったのである [2]。21
世紀に入ってからの十年間は、中国経済の国
際的地位が最も大きく向上した時期であった
と言える。経済の発展と共に、他の側面でも
中国の国際的地位は向上しており、現在は世
界最大の商品貿易額を誇っている。

　2010 年以前の三十年間に、世界で最も
経済規模の大きい 20 ヵ国の GDP の総額、
シェア、ランキングを、為替レートを用いて
比較すると、その結果に直接影響を与えるの
は、実質経済成長率とインフレ水準と為替
レートの三つであり、そのうち実質経済成長
率が最も重要であることがわかる。世界の長
期的発展から見れば、開放経済では通常、イ
ンフレ水準と為替レートの間に逆相関がある。

表 1-2　1978、2000、2010 年における主要 20 カ国の GDP および世界 GDP に占めるシェア

	2010			2000			1978		
	順位	GDP （兆美ドル）	シェア （％）	順位	GDP （兆美ドル）	シェア （％）	順位	GDP （兆美ドル）	シェア （％）
米国	1	14.59	23.1	1	9.90	30.7	1	2.28	27.1
中国	2	5.93	9.4	6	1.20	3.7	10	0.15	1.8
日本	3	5.46	8.6	2	4.67	14.5	2	0.98	11.7
ドイツ	4	3.28	5.2	3	1.89	5.9	3	0.72	8.5
フランス	5	2.56	4.1	5	1.33	4.1	4	0.50	5.9
英国	6	2.25	3.6	4	1.48	4.6	5	0.33	3.9
ブラジル	7	2.09	3.3	9	0.64	2.0	8	0.20	2.4
イタリア	8	2.05	3.2	7	1.10	3.4	6	0.30	3.6
インド	9	1.73	2.7	13	0.46	1.4	13	0.14	1.6
カナダ	10	1.58	2.5	8	0.72	2.2	7	0.21	2.6
ロシア連邦	11	1.48	2.3	19	0.26	0.8		—	—
スペイン	12	1.41	2.2	11	0.58	1.8	9	0.16	1.9
メキシコ	13	1.03	1.6	10	0.58	1.8	15	0.10	1.2
韓国	14	1.01	1.6	12	0.53	1.7	27	0.05	0.6
オランダ	15	0.78	1.2	16	0.39	1.2	11	0.15	1.7
トルコ	16	0.73	1.2	18	0.27	0.8	22	0.07	0.8
インドネシア	17	0.71	1.1	28	0.17	0.5	26	0.05	0.6
スイス	18	0.53	0.8	20	0.25	0.8		0.00	—
ポーランド	19	0.47	0.7	25	0.17	0.5		0.00	—
ベルギー	20	0.47	0.7	22	0.23	0.7	16	0.10	1.2
計		50.13	79.4		26.81	83.2		6.48	77.0
世界		63.12	100		32.24	100		8.42	100

データソース：世界銀行データ（GDP<current US$>）

インフレ水準が高いほど通貨安が進み、逆にインフレ水準が低いほど通貨安にはなりにくい。したがって、GDP の長期的な変化を為替レートを用いて横断的に比較することは、各国の経済的地位の変化を示すことになる。

　表 1-2 では、ここ三十年ほどの主要国 GDP 総額と世界に占めるシェアがどのように変化したかが示されている。まず、G7 に代表される欧米先進国のシェアの変化を見てみよう。先進国のうち、米国、日本、英国は最初の二十年でシェアが拡大したが、その後の十年では逆に低下する傾向が見られる。カナダは、最初の二十年ほどのシェアは低迷していたもの

の、ここ十年ほどでわずかに増加した（2.2％から2.5％）。そして、ドイ
ツ、フランス、イタリアはシェアが低下し続けている。

　米国と日本は最も大きな経済規模を持つ先進国という点は同じであるが、
状況が異なっている。1978年から2000年にかけて、すでに27.1％に達し
ていた米国の占めるシェアは、さらに30.7％へと拡大した。新たな技術革
命、金融・文化産業の革新、不動産の発展などが、この時期の米国および
世界の経済成長に寄与した。しかし、2000年から2010年にかけて、米国
の経済は引き続き成長していたものの、世界に占めるシェアは7.6ポイン
ト減少して23.1％へと下落した。一方、日本のGDPシェアは1978年の
11.7％から2000年の14.5％へと拡大したが、1973年の石油危機以降、そ
の成長は大きく減速している。シェア拡大は主に1985年のプラザ合意以
降の大幅な円高によるものである。日本はこの円高で大きな代償を払い、
ただでさえ鈍化していた経済成長がさらに困難に陥った。ここ十年間、日
本のシェアは14.5％から8.6％へと5.9ポイントも落としている。

　ここ三十年ほどのシェアの変化を見ると、世界経済に占めるG7諸国の
シェアは軒並み減少している。米国は4ポイント、日本は3.1ポイント、
ドイツは3.3ポイントの減少が見られる。一方、中国のシェアは7.6ポイ
ント増加し、中国と最も経済・貿易関係が深い米国と日本のシェア変化の
合計を上回った。これは主にここ十年間に起こった変化に起因しており、
中国が現在、米国や欧米から大きな注目を集めている理由もある程度理解
できる。

　次に新興国のシェアの変化を見てみよう。先進国のシェアが低下した分、
新興国のシェアは拡大している。増加の幅は中国ほど広くはないが（例え
ば中国に次ぐ伸び率のインドでも、過去三十年間で1.1ポイントしか拡大
していない）、人口が多く、資源が豊富なこれらの国々は、経済成長にお
いて若干の優位性を保っており、近年、大きな経済成長を遂げ、ここ十年
ほどで世界の経済情勢を急速に変化させてきた。このような変化の中で、

第一章　経済成長と発展段階の判断　　7

中国は重要な役割を担っていると言える。発展の側面から見れば、新興国の発展は中国の経済成長にとって好都合であった。経済的飛躍が始まった当初は、先進国に対する後発優位に頼る傾向があったが、現在は新興国、特に新興途上国に対する先発優位を利用し、グローバル化戦略を進めることが持続可能な発展を実現する重要な方法である。

第二節　1980 ～ 2010 年における世界各国・地域の実質経済成長

一、不変価格で反映される経済成長

　経済成長は国際比較における国・地域のシェアの変化に影響を与える最も重要な要因である。では、1980 ～ 2010 年の三十年間における世界各国・地域の経済成長はどのような特徴を持っているのであろうか。1980 ～ 2010 年、2000 ～ 2010 年という二つの時期に、各主要国・地域の実質経済成長状況[3]（＝物価変動や為替要因の影響を除く）をそれぞれ示したのが表 1-3 である。それによると、中国本土および世界各国・地域の経済成長は、長期（三十年）と短期（十年）という二つの視点から見ることができる。

　まず、中国本土の経済成長を見てみよう。表 1-3 は、1980 年から 2010 年までの各国・地域の年平均成長率を降順に並べたものである。中国本土の経済成長率は、1980 ～ 2010 年は年平均 10.06％で世界一、2000 ～ 2010 年はミャンマーに次いで世界第 2 位であった。ミャンマーは後発国として、経済発展の出発点が低く、経済規模も小さいため、施設建設などを通じて 2000 ～ 2010 年の高成長を達成した。それに比べ、既に達成した二十年間の高成長を基盤に成長を続ける中国本土の経済成長はより困難である。発展段階から見ると、中国本土は依然として高成長期にあると言える。2000 ～ 2010 年の年平均成長率（10.48％）[4] は 1980 ～ 2010 年の成長率

表 1-3 1980 ～ 2010 年世界各国・地域の実質経済成長率

序列	国・地域	1980 年比で見る 2010 年 GDP の倍率	年平均成長率 1980 ～ 2010 年 （％）	2000 年比で見る 2010 年 GDP 倍率	年平均成長率 2000 ～ 2010 年 （％）
1	中国本土	17.74	10.06	2.71	10.48
2	シンガポール	7.26	6.83	1.72	5.59
3	ミャンマー	7.06	6.73	3.12	12.05
4	韓国	6.26	6.30	1.50	4.15
5	インド	6.13	6.23	2.09	7.67
6	マレーシア	5.57	5.89	1.57	4.61
7	タイ	5.03	5.53	1.53	4.32
8	インドネシア	4.66	5.26	1.66	5.21
9	チャド	4.65	5.26	2.24	8.38
10	モーリシャス	4.36	5.03	1.44	3.75
11	パキスタン	4.26	4.95	1.57	4.61
12	中国香港	4.18	4.88	1.48	4.03
13	エジプト	4.16	4.87	1.61	4.85
14	スリランカ	4.15	4.86	1.65	5.17
15	スーダン	4.13	4.85	1.85	6.33
16	ブルキナファソ	4.13	4.84	1.74	5.70
17	バングラデシュ	4.05	4.77	1.76	5.83
18	チリ	3.88	4.62	1.44	3.73
19	ドミニカ共和国	3.82	4.57	1.68	5.31
20	ネパール	3.77	4.53	1.46	3.88
21	モザンビーク	3.70	4.46	2.14	7.93
22	アイルランド	3.67	4.43	1.29	2.55
23	ヨルダン	3.63	4.39	1.81	6.12
24	キプロス	3.62	4.38	1.32	2.80
25	チュニジア	3.50	4.26	1.56	4.52
26	トルコ	3.48	4.25	1.46	3.88
27	イスラエル	3.40	4.17	1.36	3.14
28	パナマ	3.35	4.11	1.78	5.96
29	ガーナ	3.30	4.07	1.75	5.77
30	シリア	3.29	4.05	1.61	4.91
31	コスタリカ	3.24	3.99	1.52	4.25
32	ベナン	3.07	3.81	1.48	4.00
33	モロッコ	2.99	3.71	1.62	4.95
34	コンゴ共和国	2.90	3.62	1.57	4.64
35	コロンビア	2.76	3.44	1.49	4.08
36	マラウイ	2.74	3.42	1.57	4.64
37	ナイジェリア	2.72	3.40	1.86	6.41

38	マリ	2.70	3.37	1.71	5.53
39	ケニア	2.67	3.33	1.49	4.08
40	ナミビア	2.66	3.31	1.56	4.54
41	ルワンダ	2.63	3.28	2.07	7.55
42	ホンジュラス	2.61	3.25	1.49	4.07
43	セネガル	2.60	3.23	1.49	4.04
44	アラブ首長国連邦	2.54	3.16	1.52	4.26
45	フィリピン	2.49	3.09	1.59	4.75
46	ドミニカ国	2.48	3.08	1.27	2.44
47	パプアニューギニア	2.45	3.03	1.45	3.78
48	ペルー	2.37	2.91	1.73	5.65
49	パラグアイ	2.32	2.85	1.48	4.00
50	モーリタニア	2.30	2.82	1.47	3.95
51	エクアドル	2.30	2.82	1.57	4.59
52	グアテマラ	2.26	2.76	1.39	3.34
53	米国	2.26	2.75	1.17	1.60
54	アルジェリア	2.23	2.71	1.44	3.69
55	カメルーン	2.20	2.66	1.38	3.27
56	アルバニア	2.16	2.60	1.66	5.23
57	スペイン	2.16	2.60	1.23	2.07
58	ノルウェー	2.15	2.58	1.16	1.53
59	ボリビア	2.14	2.57	1.46	3.84
60	ブラジル	2.13	2.56	1.42	3.59
61	カナダ	2.11	2.53	1.20	1.87
62	アイスランド	2.09	2.48	1.24	2.17
63	アルゼンチン	2.05	2.42	1.53	4.35
64	リビア	2.05	2.42	1.73	5.60
65	メキシコ	2.01	2.35	1.19	1.78
66	フィンランド	1.99	2.32	1.20	1.85
67	ポルトガル	1.97	2.29	1.07	0.68
68	南アフリカ	1.96	2.27	1.41	3.49
69	オランダ	1.95	2.25	1.14	1.36
70	英国	1.94	2.24	1.15	1.42
71	ウルグアイ	1.91	2.18	1.37	3.17
72	オーストリア	1.88	2.12	1.17	1.56
73	スウェーデン	1.87	2.12	1.22	2.05
74	ニジェール	1.83	2.04	1.55	4.50
75	エルサルバドル	1.82	2.01	1.21	1.89
76	ベネズエラ	1.81	2.01	1.36	3.13
77	トーゴ	1.79	1.95	1.29	2.61
78	日本	1.78	1.94	1.07	0.70
79	ガボン	1.75	1.88	1.24	2.18

80	ベルギー	1.741	1.87	1.15	1.40
81	ブルンジ	1.73	1.84	1.36	3.14
82	フランス	1.72	1.82	1.12	1.13
83	ジャマイカ	1.71	1.81	1.10	0.95
84	ニカラグア	1.70	1.78	1.40	3.40
85	シエラレオネ	1.70	1.78	2.48	9.49
86	デンマーク	1.69	1.77	1.07	0.64
87	サウジアラビア	1.69	1.76	1.37	3.23
88	ブルガリア	1.68	1.74	1.49	4.07
89	ドイツ	1.68	1.74	1.10	0.94
90	ギリシャ	1.66	1.71	1.23	2.12
91	スイス	1.63	1.65	1.18	1.65
92	マダガスカル	1.62	1.63	1.30	2.62
93	イタリア	1.53	1.42	1.03	0.26
94	コートジボワール	1.51	1.38	1.12	1.15
95	中央アフリカ	1.44	1.21	1.10	0.95
96	ラトビア	1.40	1.12	1.43	3.66
97	ハンガリー	1.39	1.11	1.22	1.97
98	ルーマニア	1.38	1.08	1.52	4.31
99	ジンバブエ	1.11	0.33	0.62	-4.70
100	コンゴ民主共和国	0.98	-0.88	1.59	4.76

データソース：世界銀行データ（GDP<constant US$>）

（10.06％）をわずかに上回っており、改革開放後、中国本土で最も経済成長の著しい時期となる。この高成長こそが、中国の国際的地位の大幅な向上につながったのである。

　他の国や地域の経済成長を見てみよう。表1-3に示した100カ国・地域のうち、年平均成長率が5％を超えたのはわずか7カ国・地域で、4％以上5％未満が10カ国・地域、3％以上4％未満が15カ国・地域、2％以上3％未満が33カ国・地域、2％未満が35カ国・地域であった。この世界的に経済成長が低迷している時期において、中国本土が年平均10％以上の成長率をこれほど長く維持できたことは、まさに世界経済発展史上の奇跡である。この時期における世界各国・地域の経済成長は、次のような特徴を示している。

　第一に、世界経済の重心がアジアに移り始めている点が挙げられる。表

1-3によると、1980～2010年に最も急速に成長した8カ国・地域（中国本土、シンガポール、ミャンマー、韓国、インド、マレーシア、タイ、インドネシア）はすべてアジアにあることがわかった。そのうち、中国本土、インド、インドネシアはいずれも人口が1億人を超えている。年平均成長率が最も高かったのは中国本土で10％を超え、最も低かったのはインドネシアの5.26％であった。中国本土、インド、ミャンマーの経済成長は上昇の勢いを維持しており、2000～2010年の年平均経済成長率は1980～2010年の成長率を上回る。特にインドは2000～2010年の年平均成長率が7.67％に達し、注目すべき高成長期に入っている。インドネシアは2000～2010年の年平均経済成長率が1980～2010年のとほぼ同じである。人口2億人の国として三十年連続で5％以上の経済成長率を維持するのはなかなか容易ではない。他の4カ国は1980～2010年に比べて、2000～2010年の年平均経済成長が鈍化している。例えばシンガポールと韓国は2000～2010年の年平均経済成長率がそれぞれ5.59％と4.15％に後退しており、高度成長期は終わったと言える。日本はアジアにおける重要な国であるが、1980～2010年の経済成長が著しく鈍化し、年平均経済成長率は高度成長期の10％から1980～2010年の1.96％、2000～2010年の0.7％まで低下した。この停滞は、日本の国内問題の解決に困難をもたらし、アジアや世界における日本の経済的影響力をも低下させた。発展の側面から見ると、中国はアジアの経済成長を牽引する存在になりつつあり、アジア新興国の発展はアジア諸国間の経済協力と全体的な経済成長を促進する重要な役割を果たしている。

　第二に、一部の発展途上国の経済成長が加速し、世界経済発展の多極化が顕著になった点が挙げられる。表1-3によると、年平均成長率が最も高い国・地域はほとんどがアジア、アフリカ、ラテンアメリカの途上国・地域に属していることがわかった。一人当たりの所得水準が低く、成長も遅かったインド、パキスタン、スリランカなどの南アジア諸国

も、今では経済成長を加速し始めている。アフリカの多くの国々（特に資源国）も、近年停滞から脱却し、より良い経済発展を遂げている。特に注目すべきなのは、インドネシアやラテンアメリカ諸国などの人口が多く、領土も広い発展途上国の経済が改善しつつある点である。これらの国々は経済成長率がそれほど高くないものの、低迷していた状況から抜け出し、加速度的な経済成長を遂げ（あるいは再び遂げ）、世界経済の舞台で互いに協力し、支え合い、ウィンウィンを実現している。これは、世界経済の秩序に明らかな変化をもたらしている。

　第三に、世界の主要先進国の経済成長が著しく鈍化し始めている点が挙げられる。G7 諸国の中で、世界経済に占める各国のシェアはある程度変化したものの、その順位関係は依然として、上から順に米国、日本、ドイツ、フランス、英国、イタリア、カナダとなっている。日本、ドイツなど、第二次世界大戦後の経済回復・発展が比較的早かった国々も安定した発展期に入っている。G7 諸国の中では、2000 年比で見る 2010 年の成長倍率が最も低かったのはイタリアで 1.03 倍（年平均成長率 0.26％）、次いで低かったのは日本で 1.07 倍（年平均成長率 0.70％）、最も高かったのはカナダで 1.20 倍（年平均成長率 1.87％）であった。1980 年を基準とした 2010 年の成長倍率では、イタリアが最も低く 1.53 倍（年平均成長率 1.42％）、米国が最も高く 2.26 倍（年平均成長率 2.75％）で、緩やかな経済成長が見られる。米国の年平均経済成長率は、1980 ～ 2000 年の 3.34％に対し、2000 ～ 2010 年は 1.60％（1980 ～ 2010 年は 2.75％）で、前者に比べほぼ 2 ポイント低下している。2000 ～ 2010 年の経済成長の著しい鈍化は欧米先進国の経済成長に共通する特徴である。経済成長が大幅に低下しただけでなく、日本やドイツのように実質経済成長率はほぼゼロというかなり低い水準であった。これはある意味で、世界金融危機後、米国経済の回復の遅れとそれに続く欧州債務危機にその理由が見出せる。中国などの新興工業国の経済が発展するにつれて、先進国にとっての金融、技術、資本、設

備などの比較優位は必然的に低下し、新たな分野での突破（1970年代の第三次産業革命など）や、新たな優位性の創造・発展がなければ、経済成長は停滞し、発展におけるさまざまな矛盾を解決する基盤を失う危険性もある。

　先進国の経済減速に対し、中国本土の高度経済成長は中国の国際的地位が急上昇している直接的な要因である。しかし、経済がグローバル化した現在、世界各国の経済成長は相互に影響し合っている。中国の長期的な経済成長や総合力の向上につれ、中国と先進国との関係は変化し続け、多くの面で補完関係から競合関係へと変質した。中国はもはや多くの分野でかつての先進工業国（ドイツ、日本など）に取って代わり、世界の製造業の新たな中心地となった。これは中国にとって良いことであるが、先進国の競争力の低下による経済減速や購買力の低下は、中国の対先進国輸出にも影響を及ぼすのではなかろうか。例えば米国の金融危機や欧州債務危機などは、外向きの経済の発展に間違いなく打撃を与えた。世界環境の変化、国内経済発展の不均衡、持続可能な開発の実現要求は、いずれも中国の経済成長に影響を与える可能性がある。経済成長の一般的な法則によれば、一人当たりのGDPで測定される経済発展水準が高まるにつれて、その国の経済成長は徐々に鈍化する可能性が高いが、この鈍化は長期にわたって起こる傾向があり、特に大きな外的ショック（世界大戦など）がない限り、世界的な金融危機や巨大な自然災害などが発生しても、高い経済成長が突然中断することはない。現状では、21世紀の最初の十年間の最高値を記録した後、中国の経済成長率は徐々に低下する可能性がある。しかし、過去三十年間のように社会と経済の発展におけるさまざまな矛盾を正しく処理している限り、長期的な経済成長率が２～３％ポイント低下しても、他の国々に比べて依然として世界で最も経済が急速に成長している国の一つであることに変わりはない。中国は経済規模や成長率が世界のトップクラスに達しているものの、産業発展、技術開発、バランスのとれた国民経済

の発展および生活水準の面では先進国や新興工業国に比べて立ち遅れている。これが長期的に高い成長率を維持する潜在力や原動力となっている。

二、現行価格で反映される経済成長

表1-2は、為替レート法による現行価格で中国と主要国の経済総額と世界におけるシェアと順位の変化を反映したものである。それ故、各国間の横の比較には、各国の経済成長率の経年変化だけでなく、一般物価水準や為替レート変動も関係している。表1-4は、これらの要素を含めて21世紀に入ってからの十年間における世界の主要20カ国の名目経済成長率（米ドルベース）を比較したものである。表1-4によると、物価・為替要因を含めた後、各国の国際的地位は表1-3とは大きく異なることがわかった。中国、インド、ブラジル、インドネシア、ロシアなどの国々は、いずれも経済成長率を大幅に上回るスピードで国際的地位を向上させている。例えば中国の場合、2000～2010年の年平均名目成長率は17.22%で、ロシアに次いで高く、20カ国で2番目に高い。年平均経済成長率は10.48%、一般物価水準の年平均成長率は4.09%、為替水準の年平均成長率は1.93%であった。一般的に、一次産品（野菜など）の価格は、経済発展水準の低い国の方が相対的に安く、工業製品の価格は、経済発展水準の高い国の方が相対的に安い。これが、一部の学者や国際機関（世界銀行など）が国際比較に購買力平価説（Purchasing Power Parity、PPP）を用いる主な理由である。しかし、経済発展水準が高く、先進国との一人当たりGDPの水準の格差が小さい国ほど、購買力平価と為替レートの差が小さくなることもわかった。この意味で、発展途上国の為替レートが徐々に上昇していることは、実際、近代化が進んでいることの重要な証なのである。しかし、発展途上国における為替レートの決定は、他の目的以上にその国の経済成長に資するべきである。短期的な為替レートの上昇は、その国の商品の国際競争力や通貨の国際的な購買力に影響を与え、ひいてはその国の将来

第一章　経済成長と発展段階の判断　15

表 1-4　2000 〜 2010 年主要国の現行価格で計算する GDP の変化

		2010 年の GDP		2000 年比で見る GDP の倍率	名目 GDP 年平均伸び率（％）
	順位	数（兆米ドル）	世界に占めるシェア（％）		
米国	1	14.59	23.1	1.5	4.14
中国	2	5.93	9.4	4.9	17.22
日本	3	5.46	8.6	1.2	1.84
ドイツ	4	3.28	5.2	1.7	5.45
フランス	5	2.56	4.1	1.9	6.63
英国	6	2.25	3.6	1.5	4.14
ブラジル	7	2.09	3.3	3.2	12.33
イタリア	8	2.05	3.2	1.9	6.63
インド	9	1.73	2.7	3.8	14.28
カナダ	10	1.58	2.5	2.2	8.20
ロシア連邦	11	1.48	2.3	5.7	19.01
スペイン	12	1.41	2.2	2.4	9.15
メキシコ	13	1.03	1.6	1.8	6.05
韓国	14	1.01	1.6	1.9	6.63
オランダ	15	0.78	1.2	2	7.18
トルコ	16	0.73	1.2	2.8	10.84
インドネシア	17	0.71	1.1	4.3	15.70
スイス	18	0.53	0.8	2.1	7.70
ポーランド	19	0.47	0.7	2.7	10.44
ベルギー	20	0.47	0.7	2	7.18
計		50.13	79.4	1.9	6.63
世界		63.12	100	2	7.18

データソース：世界銀行データ（GDP<constant US$>）より筆者作成

の経済成長に大きな影響を与える。前述したように、1980 年代の大幅な円高は、世界の GDP に占める日本のシェアないし一人当たりの名目 GDP を大幅に高めたが、その経済成長にマイナスの影響を与え、結果、世界経済に占めるシェアは逆に後退したのである。

第三節　一人当たり GNI の国際比較

一、一人当たり GNI の分類と国際比較

改革開放以来、中国は驚異的な経済成長を遂げ、為替レートによる

GDP で世界第 2 位の経済大国となり、世界の GDP の 10％以上を占める
ようになった。しかし、中国は人口が多いため、一人当たりの国民所得
水準（一般的には一人当たり GNI [5]。時に一人当たり GDP で表すことも
あり、具体的な数値では大きな差はない）では先進国との間に依然とし
て大きな格差がある。表 1-5 は、世界銀行が公表している一部の国・地域
の一人当たり GNI [6] である。それによると、2011 年の中国の一人当たり
GNI は 4,940 米ドル [7] で、統計に含まれる 213 カ国・地域で 114 位であ
り、2010 年から 7 ランク上昇している [8] が、これはかなりの進歩だと言
える。2003 年、中国の一人当たり GNI は 1,100 米ドルの 134 位で、135 位
のフィリピンよりわずか 20 米ドル高いだけであった。2011 年、フィリピ
ンの一人当たり GNI は 2,210 米ドルへと倍増したが、順位は 17 ランク下
がり 152 位となった一方、中国は 20 ランク上昇している。中国とフィリ
ピンの差が一人当たり GNI でも順位でも大きく広がっていることは、中
国の経済総額が増加していると同時に、一人当たりの所得水準や国際的地
位も大幅に向上していることを明示している。

　表 1-5 を見れば、各国・地域によって、一人当たり GNI の水準の差が極
めて大きいことがわかる。一人当たり GNI が最も高いモナコ（18 万米ド
ル）は、最も低いコンゴ民主共和国（190 米ドル）の 1000 倍に近い。こ
れらの国々の中で、ランキング上位の国・地域は大きく三つに分かれる。
第一に、アメリカ、北西ヨーロッパ、日本、オセアニアなどの先進国、第
二に、近年成長の鈍化により世界ランキングが下がり始めている資源国
（特に石油輸出国）、第三に、シンガポール、中国マカオ、中国香港、韓国
などの新興工業国・地域である。特に韓国は、アジア四小龍の他の国々に
比べて経済規模がはるかに大きいとはいえ、一定の経済成長率を維持して
おり、一人当たり GNI は現在 20,000 米ドルを超え、2011 年の世界ランキ
ングも 53 位となっている。ランキングの下位は、主にアジア、アフリカ、
ラテンアメリカの発展途上国である。アジアには人口が多く、経済的な発

表1-5 2011年世界各国・地域の一人当たり GNI

順位	国・地域	一人当たりGNI（米ドル）	順位	国・地域	一人当たりGNI（米ドル）
1	モナコ	183 150	67	ハンガリー	12 730
2	リヒテンシュタイン	137 070	70	ポーランド	12 480
4	ノルウェー	88 890	71	ラトビア	12 350
5	カタール	80 440	72	チリ	12 280
6	ルクセンブルク	77 580	72	リトアニア	12 280
7	スイス	76 400	75	ウルグアイ	11 860
9	デンマーク	60 120	78	ロシア連邦	10 730
11	スウェーデン	53 150	79	ブラジル	10 720
14	クウェート	48 900	81	トルコ	10 410
15	オランダ	49 650	82	アルゼンチン	9 740
16	オーストラリア	49 130	83	メキシコ	9 420
17	米国	48 620	84	レバノン	9 140
18	オーストリア	48 190	85	マレーシア	8 770
19	フィンランド	47 770	86	カザフスタン	8 260
20	中国マカオ	45 460	88	モーリシャス	8 040
21	ベルギー	45 990	89	ルーマニア	7 910
22	カナダ	45 560	92	パナマ	7 470
23	日本	44 900	95	モンテネグロ	7 140
24	ドイツ	44 270	98	南アフリカ	6 960
27	シンガポール	42 930	100	ブルガリア	6 530
28	フランス	42 420	102	コロンビア	6 070
30	アイルランド	39 930	104	ベラルーシ	5 830
34	英国	37 840	105	モルディブ	5 720
36	中国香港	36 010	107	セルビア	5 690
37	イタリア	35 290	110	ペルー	5 150
38	アイスランド	34 820	114	中国本土	4 940
39	ブルネイ・ダルサラーム	31 800	115	トルクメニスタン	4 800
40	スペイン	30 890	118	ナミビア	4 700
42	ニュージーランド	29 140	119	アルジェリア	4 470
43	イスラエル	28 930	120	タイ	4 440
46	ギリシア	24 480	121	ヨルダン	4 380
47	スロベニア	23 610	122	エクアドル	4 200
51	ポルトガル	21 210	123	チュニジア	4 070
53	韓国	20 870	124	アルバニア	3 980
56	マルタ	18 620	126	アンゴラ	3 830
57	チェコ	18 620	133	アルメニア	3 360
58	サウジアラビア	17 820	136	ウクライナ	3 130
65	クロアチア	13 530	138	モロッコ	2 970
			140	インドネシア	2 940
			147	イラク	2 640

148	エジプト	2600
150	モンゴル	2310
152	フィリピン	2210
153	ブータン	2130
156	ボリビア	2020
157	ホンジュラス	1980
159	ウズベキスタン	1510
159	ニカラグア	1510
162	ガーナ	1410
162	インド	1410
166	スーダン	1310
167	ナイジェリア	1280
168	ベトナム	1270
170	カメルーン	1210
172	ザンビア	1160
173	ラオス	1130
174	パキスタン	1120
179	モーリタニア	1000
181	タジキスタン	870
182	カンボジア	820
182	ケニア	820
184	バングラデシュ	780
188	ハイチ	700
189	チャド	690
190	ジンバブエ	660
191	マリ	610
193	ルワンダ	570
193	トーゴ	570
196	タンザニア	540
196	ネパール	540
199	ウガンダ	510
202	モザンビーク	470
202	アフガニスタン	470
204	ギニア	430
204	マダガスカル	430
207	エチオピア	370
208	ニジェール	360
208	マラウイ	360
211	リベリア	330
212	ブルンジ	250
213	コンゴ民主共和国	190

データソース：世界銀行データ（databank.
worldbank.org/databank/download/GNIPC.
pdf）より。

展が相対的に後れているインド、パキスタン、バングラデシュ、カンボジアなどがある。ラテンアメリカにはハイチなどの国が含まれる。アフリカの貧困国は最も多い。中国本土の一人当たり GNI は、改革開放当初は 200 美ドルにも満たなかったが、三十年以上の発展を経て、今では中所得国の平均水準を超え、200 以上の国・地域の中位にランクされている。中位ランクの他の国には、主に一部のラテンアメリカ諸国、南中欧諸国、東南アジア諸国、北アフリカ諸国などが含まれている。

　その結果、一人当たり GNI の水準による分類[9]は、世界銀行が最も重視する分類となっている。この分類は、低所得国が世界銀行の経済支援（金利、融資額、審査プロセスを含む）を受ける際、高所得国とは異なる扱いをされるべきだという世界銀行の見解に関連している。1987年以前、世界銀行はすべての国・地域を単純に工業（industrial）国と発展途上（developing）国に分類していたが、1987 年以降は、より細分化されたグループに分け、そ

れに対応する基準を提案している。2011 年の分類およびその基準は以下の通りである。低所得（Low income）層は一人当たり国民所得が 1,025米ドル未満、低中所得（Lower middle income）層は 1,026 ～ 4,035 米ドル、高中所得（Upper middle income）層は 4,036 ～ 12,475 米ドル、高所得（High income）層は 12,476 米ドル以上である[10]。2011 年に分類された国・地域には、世界銀行の加盟国 188 カ国と、人口 3 万人以上の国・地域を合わせた合計 214 カ国・地域が含まれる。現在の基準では、一人当たり国民所得が貧困線（当初は一日 2 米ドルだったが、現在は一日 3 米ドル近くに調整されている）を下回る国や地域は低所得層とみなされ、世界人口の三分の一を占めている貧困線を上回る国や地域は中所得経層とみなされる。1990 年代半ば以降、10 カ国（中国、エジプトなど）が低所得国から中所得国へと移行した。もちろん、ここでいう「中所得」は算術平均値ではなく、中央値に似た概念を指している[11]。

二、国・地域の所得の分布状況

世界銀行が 2012 年 7 月に発表した 2011 年の世界開発指標（World Development Indicators）によれば、低所得層は 36 カ国・地域（表 1-6 参照）、低中所得層は 54 カ国・地域（表 1-7 参照）、高中所得層は 54 カ国・地域（表 1-8 参照）、高所得層は 70 カ国・地域（表 1-9 参照）であった。

この分類は、世界各国にとって経済発展への研究および国際比較のための良い基盤となる。一方、国際的基準の確立や各国の政府統計の完備は、世界銀行に統計データを提供してきた。しかし、このような各国統計の完成度や各国独自の事情に影響された比較については、いまだにさまざまな論争がある。特に、為替レートで計算された結果が各国の発展水準の違いを完全かつ正確に示していないと考えられがちであったため、世界銀行は各国・地域を購買力平価により分類し、比較する方法を案出し、そのデータも公布した。しかし、購買力平価は各国通貨の購買力の格差を評価

表 1-6　低所得国・地域（一人当たりの国民所得が 1,025 米ドル未満、36 カ国・地域）

アフガニスタン	中央アフリカ	ガンビア	キルギス	モザンビーク	ソマリア
バングラデシュ	チャド	ギニア	リベリア	ミャンマー	タジキスタン
ベナン	コモロ	ギニアビサウ	マダガスカル	ネパール	タンザニア
ブルキナファソ	コンゴ民主共和国	ハイチ	マラウイ	ニジェール	トーゴ
ブルンジ	エリトリア	ケニア	マリ	ルワンダ	ウガンダ
カンボジア	エチオピア	北朝鮮	モーリタニア	シエラレオネ	ジンバブエ

データソース：世界銀行データ（http://data.worldbank.org/about/country-classifications/countryand-lending-groups#High_income）より。

表 1-7　低中所得国・地域（一人当たりの国民所得が 1,025 ～ 4,035 米ドル、54 カ国・地域）

アルバニア	ジブチ	インドネシア	モルドバ	サモア	東ティモール
アルメニア	エジプト	インド	モンゴル	サントメ・プリンシペ	トンガ
ベリーズ	エルサルバドル	イラク	モロッコ	セネガル	ウクライナ
ブータン	フィジー	キリバス	ニカラグア	ソロモン	ウズベキスタン
ボリビア	グルジア	コソボ	ナイジェリア	南スーダン	バヌアツ
カメルーン	ガーナ	ラオス	パキスタン	スリランカ	ベトナム
カーボベルデ	グアテマラ	レソト	パプアニューギニア	スーダン	ヨルダン川西岸・ガザ
コンゴ共和国	ガイアナ	マーシャル	パラグアイ	スワジランド	イエメン
コートジボワール	ホンジュラス	ミクロネシア	フィリピン	シリア	ザンビア

データソース：同上。

するものであるため、共通の基準を確立することは難しい。例えば、異なる基準によって中国の一人当たり GNI を購買力平価（国際ドル換算）で計算する結果には、大きな差が出る可能性が高い。過去の研究結果によれば、為替レートによる結果と購買力平価による結果とでは、数値には大きな差があっても、順位には著しい差が出ない傾向があるため、為替レート

第一章　経済成長と発展段階の判断　　21

表 1-8　高中所得国・地域（一人当たりの国民所得が4,036〜12,475米ドル、54カ国・
　　　　地域）

アンゴラ	ブラジル	エクアドル	リビア	パラオ	セントビンセント・グレナディーン諸島
アルジェリア	ブルガリア	ガボン	リトアニア	パナマ	スリナム
サモア	チリ	グレナダ	マケドニア	ペルー	タイ
アンティグア・バーブーダ	中国	イラン	マレーシア	ルーマニア	チュニジア
アルゼンチン	コロンビア	ジャマイカ	モルディブ	ロシア連邦	トルコ
アゼルバイジャン	コスタリカ	ヨルダン	モーリシャス	セルビア	トルクメニスタン
ベラルーシ	キューバ	カザフスタン	メキシコ	セイシェル	ツバル
ボスニア・ヘルツェゴビナ	ドミニカ国	ラトビア	モンテネグロ	南アフリカ	ウルグアイ
ボツワナ	ドミニカ共和国	レバノン	ナミビア	セントルシア	ベネズエラ

データソース：同上。

による結果の方が広く受け入れられている。

三、世界銀行の分類基準と中国の地位変化

　各国の経済成長、物価変動、為替レートの変動に伴い、三年分の為替レートに基づく世界の平均所得水準は常に上昇しているため、世界銀行は所得階層別分類の基準を常に調整している。表1-10は、1987〜2013年の世界銀行の所得階層別分類の基準および中国の一人当たり国民所得と所属する階層の変化を示している。

　表1-10からわかるように、世界銀行の基準によれば、1997年のアジア通貨危機の頃に低所得国であった中国は、十年以上の発展を経て、2010年には低中所得国と高中所得国の境を越え、高中所得国の一員となった。この階層に入ることは、中所得国から高所得国への移行が始まったことを意味する。階層別分類の基準から見れば、中国は1997年という早い時期からもはや低所得国ではなくなり、広義の中所得国（低中所得国と高中所

表 1-9　高所得国・地域（一人当たりの国民所得が 12,476 米ドル以上、70 カ国・地域）

アンドラ	チャンネル諸島	ドイツ	韓国	オマーン	セントクリストファー・ネイビス
アルバ	クロアチア	ギリシャ	クウェート	ポーランド	セントマーティン
オーストラリア	キュラソー島	グリーンランド	リヒテンシュタイン	ポルトガル	スウェーデン
オーストリア	キプロス	グアム	ルクセンブルク	プエルトリコ	スイス
バハマ	チェコ共和国	中国香港	中国マカオ	カタール	トリニダード・トバゴ
バーレーン	デンマーク	ハンガリー	マルタ	サンマリノ	タークス・カイコス諸島
バルバドス	エストニア	アイスランド	モナコ	サウジアラビア	アラブ首長国連邦
ベルギー	赤道ギニア	アイルランド	オランダ	シンガポール	英国
バミューダ	フェロー諸島	マン島	ニューカレドニア	オランダ領アンティル	米国
ブルネイ・ダルサラーム	フィンランド	イスラエル	ニュージーランド	スロバキア	バージン諸島
カナダ	フランス	イタリア	北マリアナ諸島	スロベニア	
ケイマン諸島	フランス領ポリネシア	日本	ノルウェー	スペイン	

データソース：同上。

得国を含む）の一員となったと言える。これは中国式近代化という目標やこの目標に従って達成した経済成長に関連している。改革開放当初、鄧小平は中国式近代化とは小康社会（基本的に裕福な社会）を築くことであると述べた。二十年余りの努力の末、初期の基本的小康社会[12]をつくり上げた 20 世紀末は、まさに中国の一人当たり GNI が低所得から低中所得へと移行した時期であった。第 16 回党大会では、2020 年までに小康社会の全面的完成という目標を設定し、2000 年から 2010 年までがその実現のために最も重要な十年間であると指摘された。一人当たり GNI の推移を見ると、この重要な十年間では実に大きな進歩を遂げ、低中所得国から高

第一章　経済成長と発展段階の判断　　23

表 1-10　世界銀行の所得階層別分類および中国の一人当たり GNI と所属する階層

年	低所得 （米ドル）	低中所得 （米ドル）	高中所得 （米ドル）	高所得 （米ドル）	中国の一人当たり GNI （米ドル）	中国の属する階層
1987	≤ 480	481-1 940	1 941-6 000	>6 000	320	低所得
1988	≤ 545	546-2 200	2 201-6 000	>6 000	330	低所得
1989	≤ 580	581-2 335	2 336-6 000	>6 000	320	低所得
1990	≤ 610	611-2 465	2 466-7 620	>7 620	330	低所得
1991	≤ 635	636-2 555	2 556-7 910	>7 910	350	低所得
1992	≤ 675	676-2 695	2 696-8 355	>8 355	390	低所得
1993	≤ 695	696-2 785	2 786-8 625	>8 625	410	低所得
1994	≤ 725	726-2 895	2 896-8 955	>8 955	460	低所得
1995	≤ 765	766-3 035	3 036-9 385	>9 385	530	低所得
1996	≤ 785	786-3 115	3 116-9 645	>9 645	650	低所得
1997	≤ 785	786-3 125	3 126-9 655	>9 655	750	低所得
1998	≤ 760	761-3 030	3 031-9 2360	>9 360	790	低中所得
1999	≤ 755	756-2 995	2 996-9 265	>9 265	840	低中所得
2000	≤ 755	756-2 995	2 996-9 265	>9 265	930	低中所得
2001	≤ 745	746-2 975	2 976-9 205	>9 205	1 000	低中所得
2002	≤ 735	736-2 935	2 936-9 075	>9 075	1 100	低中所得
2003	≤ 765	766-3 035	3 036-9 385	>9 385	1 270	低中所得
2004	≤ 825	826-3 255	3 256-10 065	>10 065	1 500	低中所得
2005	≤ 875	876-3 465	3 466-10 725	>10 725	1 740	低中所得
2006	≤ 905	906-3 595	3 596-11 115	>11 115	2 040	低中所得
2007	≤ 935	936-3 705	3 706-11 455	>11 455	2 480	低中所得
2008	≤ 975	976-3 855	3 856-11 905	>11 905	3 040	低中所得
2009	≤ 995	996-3 945	3 946-12 195	>12 195	3 620	低中所得
2010	≤ 1005	1 006-3 975	3 976-12 275	>12 275	4 240	高中所得
2011	≤ 1025	1 026-4 035	4 036-12 475	>12 475	4 900	高中所得
2012	≤ 1035	1 036-4 085	4 086-12 615	>12 615	5 720	高中所得
2013	≤ 1045	1 046-4 125	4 126-12 746	>12 746	6 560	高中所得

データソース：世界銀行データ（http://data.worldbank.org/about/country-classifications/
a-shorthistory;http://siteresources.worldbank.org/DATASTATISTICS/Resources/OGHIST.xls）より。

中所得国へと移行し、一人当たり GNI も中所得国の平均レベルを上回った。第 18 回党大会では、2020 年までに小康社会を全面的に完成する目標を改めて確認し、過去の長期目標から現在の現実的な目標へと転換し、それを達成するための一連の指針、政策、措置が提案された。また 2020 年の GDP を 2010 年の 2 倍にするという量的目標も設定された。中国の人

口推移は安定的となり、GDP と GNI の差も国際収支が均衡している状態では安定しているため、この十年間の場合、GDP が 2 倍になれば、不変価格で計算される一人当たり GNI も 2 倍になるはずである。為替レートによって計算される一人当たり GNI は、経済成長、購買力平価、インフレ、為替レートなどの要因に影響される。長期的な発展の側面から見れば、人民元為替レートはさらに上昇する可能性が高いため、第 18 回党大会が設定した成長目標が達成された場合、三年間の平均為替レートによって現行価格で計算される GDP と一人当たり GNI はさらに上昇する。すると GDP が米国の水準に近づき、一人当たり GNI の示す経済の発展水準も高中所得から高所得への飛躍を達成する可能性がある。これは中国の各発展段階における経済発展レベルと明確な相関関係を有している世界銀行の階層分類の合理性を示したものである。国・地域を低所得、低中所得、高中所得、高所得に分類することで、各国や地域がどのような発展段階にあるのか、どのような発展レベルに達しているのかを明らかにすることができる。

　ある国や地域の発展段階を区間で示すのは合理的である一方、その発展レベルをベンチマークで示したほうがよいとも考えられている。世界銀行は毎年『世界開発報告』（World Development Report）を発行し、各国の一人当たり GNI とベンチマークを発表している（表 1-11 参照）。

　表 1-11 は各所得階層の平均レベルを示している。例えば、2011 年世界の一人当たり GNI のベンチマークは 9,511 米ドルで、低所得階層は 569 米ドル、中所得階層は 4,144 米ドル（低中所得階層は 1,764 米ドル、高中所得階層は 6,563 米ドル）であった。低所得階層と中所得階層を併せると、一人当たり GNI のベンチマークは 3,648 米ドルで、高所得階層は 39,861 米ドルであった。

　表 1-11 からわかるように、2008 年まで中所得階層を下回っていた中国の一人当たり GNI のベンチマークは、2009 年（3,620 米ドル）には一転し

表 1-11 世界銀行の発表した 2003 ～ 2013 年における一人当たり GNI のベンチマーク（米ドル）

	2003 年	2008 年	2009 年	2010 年	2011 年	2013 年
世界	5 510	8 579	8 751	9 097	9 511	10 683
低所得	440	524	503	510	569	728
中所得	1 930	3 211	34 00	3 764	4 144	4 754
低中所得	1 490	2 015	2 310	1 658	1 764	2 074
高中所得	5 440	7 878	7 523	5 884	6 563	7 604
低所得と中所得	1 280	2 748	2 969	3 304	3 648	4 168
高所得	28 600	39 345	38 134	38 658	39 861	39 812
参考：中国	1 270	3 040	3 620	4 240	4 900	6 560

データソース：『世界開発報告』（2003 年、2008 年、2009 年、2010 年、2011 年、2013 年）で発表された各国・地域の一人当たり GNI（三年間平均為替レート）表のデータに基づく。

て中所得階層（3,400 米ドル）を上回ったが、分類基準によれば依然として低中所得階層に属していた。2010 年には 4,240 米ドルとなり、世界銀行の高中所得階層（3,976 ～ 12,275 米ドル）に入った。これは三十年以上の急成長を経た中国経済にとって、歴史的な躍進となった。1998 年にすでに低中所得国として中所得階層に入った中国は、その時点で真の意味での中所得国となり、高所得国への移行を始めた。故に、2009 年以降、中国が中所得国になることや、直面する可能性のある開発上の困難（中所得国の罠など）に関する議論が急速に増えたのである。「中所得」は中国および世界において、経済成長に関する話題となった。人口が多いため、中国の経済発展は世界の一人当たり GNI に大きな影響を与える。2010 年、中所得階層の一人当たり GNI のベンチマークは 2009 年の 3,400 米ドルから 3,764 米ドルへと増加したが、低中所得階層と高中所得階層の一人当たり GNI のベンチマークは、それぞれ 2,310 米ドルから 1,658 米ドルへ、7,523 米ドルから 5,884 米ドルへと大幅に下落した。低中所得階層が低下した基本的な原因は、人口が多く一人当たり GNI が比較的高い中国がこの階層から離脱したことにある。一方、高中所得階層の場合、人口が多く一人当たり GNI が比較的低い中国が入ってきたため、一人当たり GNI のベンチ

マークも大幅に低下した。世界の平均レベルや高所得国の平均レベルとの間には、まだかなりの開きがあるが、高中所得国の平均レベルに比べ、その格差は小さいものになっている（2013年の中国の一人当たり GNI は6,560米ドルで、高中所得国の一人当たり GNI は 7,604 米ドルであった）。世界の経済成長の推移から見れば、中国の一人当たり GNI は中国の所属する階層のベンチマークより速く成長しているため、近いうちにその階層の平均値を上回る可能性が高い。次のステップは世界の平均レベル（現在約 10,000 米ドル）に達してから、高所得国（現在約 12,000 米ドル）の仲間入りを果たすことである。中国の一人当たり GNI の現状は世界平均レベルの 65 ％程度で、依然として開きはあるものの、長期的な発展を考えれば、五〜十年後に上述した目標を達成する可能性がある。年平均 7 ％の GDP 成長率を維持できれば（人口増加はほぼ安定しているため、一人当たり GNI や一人当たり GDP の成長率は GDP 成長率とほぼ同じとなる）、七〜八年後には一人当たり GNI を 2013 年の 2 倍、つまり 13,000 米ドル程度にすることが可能である。世界の平均レベルは年間約 500 米ドルずつ増加しているため、七年後は 13,000 米ドル程度とほぼ同水準になる。同時にインフレや為替レートの変動などの要因も考えなければならない。人民元と米ドルの為替レートは現在安定した状態にある（短期的には需給変動によりある程度下がることもある）が、購買力平価の視点から見れば人民元は上昇傾向にある（その国の経済発展の度合いが高いほど、為替レートで計算する一人当たりの GDP は購買力平価で計算するものに近くなる。現在、為替レートで計算した中国の GDP が購買力平価で計算した GDP の 55 ％であるのに対して、米国は 100 ％である）。マネーサプライが安定しているため、今後五年間、人民元の上昇幅は 10 ％以上に達する見込みである。一方、米国より高いインフレ率（一般的には、経済成長率が高いほど、インフレ率も高くなる）も、名目 GDP 成長率をより高くする。表 1-11 からわかるように、2008 〜 2013 年、世界平均レベルは 8,000 米ド

ルから 10,000 米ドルへと 20％強増えているのに対し、中国の一人当たり
GDP が 2 倍以上に上昇したのは、経済成長、物価上昇、為替レート変動
などの要因が共に作用した結果である。同様に、この三つの要因の複合的
な効果を考慮すれば、中国は共産党創立 100 周年前後で小康社会の全面的
完成を遂げると共に、一人当たりの GDP が世界の平均レベルに達し、高
所得国の仲間入りをする可能性があると言えるであろう。

四、世界主要国の一人当たり GNI の分布

　数多くの国の中で、経済大国は世界経済の発展における主導的な役割を
果たしている。表 1-12 によると、最も大きな経済大国 20 カ国は、数量で
は世界銀行がリストアップした国・地域の十分の一にも満たないが、世
界の GDP の 80％近くも占めていることがわかる。中国、インド、ブラジ
ル、インドネシアといった人口大国の発展につれて、世界に占める主要国
の人口の割合が増加しており、不均等な経済発展パターンも変わりつつあ
る。2008 年の世界金融危機後、主要 20 カ国の世界経済に占めるシェアは
79.7％から 79.9％へとわずかな変化にとどまったが、各国の占めるシェア
は相対的に大きく変動した。最も変動の大きかった中国の 2011 年は、対
2008 年比で 3.07 ポイント増加した。次いで二位の米国は 1.8 ポイント減
少した。日本のシェアは上昇したものの、主に為替レートの変動による結
果であり、年平均実質経済成長率はマイナスであった。他の主要先進国、
特にヨーロッパの英国、フランス、ドイツ、イタリアのシェアは低下した
一方、ブラジル、インド、インドネシア、韓国といった新興国は上昇した。
順位にも変動があった。中国が日本を、ブラジルが英国を、インドがカナ
ダを、インドネシアがオランダ、トルコ、スイスをそれぞれ抜いている。
　しかし、一人当たり GNI で見ると、先進国、新興国、発展途上国の開
発水準には大きな開きがある。中国などの発展途上国の一人当たり GDP
は近年大きく上昇しているが、先進国との間には依然としてかなりの格差

表 1-12　2008 ～ 2011 年における世界主要国 GDP 総額の変化

序列	国・地域	GDP 総額（兆米ドル）		世界に占めるシェア（％）	
		2008 年	2011 年	2008 年	2011 年
	世界	61.24	6998	100	100
1	米国	14.22	14.99	23.22	21.42
2	中国	4.52	7.32	7.38	10.46
3	日本	4.85	5.87	7.92	8.38
4	ドイツ	3.62	3.6	5.92	5.15
5	フランス	2.83	2.77	4.62	3.96
6	ブラジル	1.65	2.48	2.70	3.54
7	英国	2.65	2.45	4.33	3.49
8	イタリア	2.31	2.19	3.77	3.14
9	ロシア連邦	1.66	1.86	2.71	2.65
10	インド	1.22	1.85	2.00	2.64
11	カナダ	1.5	1.74	2.45	2.48
12	スペイン	1.59	1.48	2.60	2.11
13	オーストラリア	1.05	1.38	1.72	1.97
14	メキシコ	1.09	1.15	1.79	1.65
15	韓国	0.93	1.12	1.52	1.60
16	インドネシア	0.51	0.85	0.83	1.21
17	オランダ	0.87	0.84	1.42	1.19
18	トルコ	0.73	0.77	1.19	1.11
19	スイス	0.52	0.66	0.86	0.94
20	サウジアラビア	0.48	0.58	0.78	0.82
	計	48.8	56	79.7	79.9

データソース：世界銀行データ。

がある。表 1-13 は、主要 20 カ国の 2011 年における一人当たり GNI の分布を示しており、数値により大きく三つのグループに分けられる。第一グループは、一人当たり GNI が 3 万米ドル以上の先進国であり、米国、日本、ドイツ、英国、フランス、イタリア、スペインといった大国および一人当たり GNI の極めて高い中小国（スイス、オランダなど）が含まれる。第二グループは、1 万米ドルから 2 万米ドルの工業国（1 万米ドル弱のメキシコも含まれる）である。第三グループは、5000 米ドル未満の発展途上国であり、中国、インドネシア、インドを含む。表 1-13 からは、世界経済における新興工業国と発展途上国の地位が見えてくる。一人当たり

第一章　経済成長と発展段階の判断　　29

表 1-13　2011 年における世界主要国の一人当たり GNI

	順位	一人当たり GNI（米ドル）
世界		9 511
スイス	7	76 400
オランダ	15	49 650
オーストラリア	16	49 130
米国	17	48 620
カナダ	22	45 560
日本	23	44 900
ドイツ	24	44 270
フランス	28	42 420
英国	34	37 840
イタリア	37	35 290
スペイン	40	30 890
韓国	53	20 870
サウジアラビア	58	17 820
ロシア連邦	78	10 730
ブラジル	79	10 720
トルコ	81	10 410
メキシコ	83	9 420
中国	114	4 940
インドネシア	140	2 940
インド	162	1 410

データソース：世界銀行データ。

GNI が 2 万米ドル未満の主要国はいずれも近年、経済上良い成果をあげている。特に一人当たり GNI の最も低い 3 カ国は、過去十年間、最も高い経済成長を達成した国である。一方、ランキング上位の国家は近年、経済成長が上下している。表 1-13 の最後尾の国々はいずれも人口大国で、一人当たり GNI は低いが、一旦成長が加速すると、その高い人口の割合により世界の一人当たり GNI に大きな影響を与える。過去二十年間、世界の経済発展の新たな特徴は、経済成長の加速している新興工業国や発展途上国が、欧米先進国が支配してきた従来の経済のパターンを急速に変えつつある。そして中国は、この変革において最も積極的な力を持っている。

五、中国の一人当たり所得水準の見通し

経済統計分析の観点から見れば、一人当たり GNI の水準は、ある国や地域の GNI と人口を比較することで得られる分析指標として、その国や地域の住民や世帯の平均収入ではなく、経済発展の水準を反映するのである。一人当たり GNI を住民や世帯の平均収入とする誤用は現実にはよく見られる。実際には、第一次分配において形成された GNI が、非金融法人企業、金融機関、一般政府、民間非営利団体、家計部門にて複雑な再分配が行われたあと、各制度部門の可処分所得となっている。我々の計算によると、現在、国全体の可処分所得あるいは GNI に占める家計可処分所得（Household Disposable Income）の割合は約 60％である [13]。したがって、2013 年の中国における全住民一人当たりの可処分所得は約 4,000 米ドル、24,000 人民元となる。すなわち一人当たりの月収入は約 2,000 元である（ここでいう一人当たりは、働いておらず収入のない高齢者や子供を含む一人当たりのことである）。三人家族の世帯手取り月収の平均は約 6,000 元で、日常生活の支出だけでは低くないレベルと言えるが、教育・住宅・医療・老後費用を考慮すれば、必ずしも高いレベルとは言えない。現在の中国の所得分配の格差を考慮すれば、このレベルを上げる必要があると考えられる。物価変動などの条件が変わらない場合、現在の一人当たり所得が 2 倍となり、三人家族の世帯手取り月収の平均が約 10,000 元（所得の低い世帯は約 5,000 元）に達すれば、国民の生活は小康レベルに達したと言えるであろう。このような小康生活は確かに先進国の豊かな生活には依然として及ばないものの、公共サービスや所得分配を改善することで、人々の生活は現在よりも大幅に改善され、やがて全面的な小康レベルに達する可能性がある。

短期的な発展を考えると、2010 年に積極的なマクロ経済政策が実情を鑑みて転換されて以来、中国の経済成長は一時的に低下しているものの、「中国崩壊論」が現実に展開される可能性はまずないとされる。中長期的

第一章　経済成長と発展段階の判断　　31

な発展を考えると、制度革新であろうと技術革新であろうと、あるいは供給であろうと需要であろうと、いずれの側面から見ても、中国は今後五～十年間、7％前後の高い経済成長率を維持できると見られる。世界金融危機の余波と外部環境の変化により、中国の経済成長はより内需、特に消費に頼らざるを得なくなった。しかし、実際のところ、現在国民所得の最終支出では、消費以上に投資のほうが大きな割合を占めている。現在、国内総需要における民間・政府最終消費と資本形成はそれぞれ50％程度となっている。これは中国の蓄積率がかなり高いことを示している。一方、米国の民間・政府最終消費と資本形成の割合はそれぞれ85％と15％、韓国は70％と30％、インドネシアは67％と33％、インドは66％と34％である[14]。先進国と新興国・発展途上国のいずれと比べても、中国の国内総需要における投資の比率は大きすぎる傾向がある。発展の視点から見れば、ある国・地域が高中所得階層に入った場合、住民の収入や生活レベルはより大きく向上するが、これが強い消費意欲につながるかどうかこそが、高所得階層に入るための重要な要因となる。少数者だけの消費レベルアップは、ラテンアメリカ、マレーシア、トルコなどのように「中所得の罠」に陥る危険性をもたらす。一方、全面的な消費レベル向上が達成できれば、第二次世界大戦後のヨーロッパ、日本、韓国などのように、新たに形成される消費がすでに行われてきた投資を吸収することもできるであろう。これこそ、ある国・地域が中所得階層から高所得階層への移行に大きく役立つ点でもある。我々は消費の割合を65％まで引き上げることができれば、現在の経済成長率と所得水準において、国民の生活レベルをさらに向上させることが可能となり、今後消費で経済を成長させる余地は十分に見込める。消費の割合が65％になった場合、中国の投資の比率は、近年世界で最も経済成長率の高い韓国、インドネシア、インドを上回る。市場化プロセスの加速と政府機能の転換によって経済発展の効率を向上させれば、より高い経済成長率を維持することも可能である。

註

1）劉偉 "转变发展方式的根本在于创新"《北京大学学报（哲学社会科学版)》2014 年第 1 期。
2）世界貿易機関の統計に基づく。
3）人口 200 万人未満の国・地域および連続した時系列データが欠けている国・地域は除外した。
4）世界銀行のデータと中国のデータには細かな違いがあり、本章では世界銀行のデータを比較の基準としている。以下同じ。
5）GNI とは、「国民総所得」を指す。かつての「国民総生産」のこと。数値上における GDP との違いは「海外で得られた純利益」にある。
6）いくつかの経済規模が小さな国・地域のデータは含まれていないが、ランキングからは除外されていない。
7）Atlas method（三年間の平均為替レート）によって計算されたもので、当年の為替レートの変動だけを考慮しているわけではないが、人民元は三年間でわずかに上昇しているため、世界銀行が発表した結果は、当年の為替レートで直接換算した場合の結果よりも小さくなっている。
8）劉偉、蔡志洲 "我国人均国民收入的变化及展望"《经济纵横》2014 年第 1 期。《新华文摘》2014 年第 8 期より転載。
9）他には、地域別とは異なる所得グループ内での地域別がある。
10）詳細は世界銀行のウェブサイトを参照。
11）詳細は世界銀行のウェブサイトを参照。What are Middle-Income Countries?http://web. worldbank.org/WBSITE/EXTERNAL/EXTOED/EXTMIDINCCOUN/0,,contentMDK:21453301-menuPK:5006209-pagePK:64829573-piPK:64829550-theSitePK:4434098,00.html。
12）国家統計局の研究グループが、国務院が提案した小康社会の定義に基づいて、16 の基本テストと限界値を確立し、統計的手法に従って採点したもの。2000 年までに設定された目標の 96％を達成した。
13）北京大学中国国民会计与经济增长研究中心《从需求管理到供给管理：中国经济增长报告 2010》中国发展出版社 2010 年。
14）OECD の CDP 統計データに基づく。

第二章

新常態における新たな変化、新たな不均衡、新たな政策

第一節　新常態における中国経済の新たな変化：
新たな出発点、新たなチャンス、
新たな制約、新たなチャレンジ

新常態に入って以来、中国の経済は大きな変化を遂げ、一連の新しい特徴を持つようになった。

一、新たな出発点

改革開放以来三十七年の持続的な高度成長期を終え、中国経済は新たな段階に突入した。経済規模から見れば、2014 年末までに、中国の GDP は 63 兆人民元を超え、不変価格で計算すれば改革開放当初の 28 倍ほどになる。年平均成長率は 9.5％以上にも達し、特に 1990 年代と 21 世紀最初の十年間は 10％以上と、世界経済における持続的な高度成長の新記録を樹立した。世界銀行のデータに基づき、為替レートで米ドル換算すると、中国の GDP は 9.24 兆ドルに達し、世界 GDP に占める割合は改革開放当初の 1.8％から 12.2％へと上昇し、世界 10 位から世界 2 位（2010 年に日本を超え、ほぼ米国 GDP [1] の 55％に相当する GDP で 2 位に浮上）へとなった。一人当たり GDP は 2014 年末には 5 万元近くになり、不変価格で計算すれば改革開放当初の 19 倍へと増加した。年平均成長率は 8％以上で、同じく当代経済開発の新記録を樹立した。為替レートで米ドルに換算すると、一人当たり GDP は 7,000 ドルを超え、世界の高中所得階層に入った。改革開放初期、典型的な低所得国であり、衣食の問題すら解決されていなかった中国が、世界銀行の分類基準で見れば、一人当たり所得が 1998 年に初めて低中所得のレベルに達し、2010 年には高中所得のレベルへ到達した。改革開放以来、三十年余りの経済開発を経て、中国はもはや世界の高中所得階層の仲間入りをしたのである。経済構造から見れば、改革開放当初、中国の一次産業、二次産業、三次産業の割合はそれ

ぞれ 28.2％、47.9％、23.9％であった。後れた農業経済の比率が高すぎる（一次産業就職比は 70％まで達した）だけでなく、産業構造も深刻に歪んでいた。工業化のプロセスは農業・サービス業の発展との関連が見られないのに加え、工業の発展と引き換えに他産業の発展が犠牲となり、産業構造には明らかな「偽りの高さ」が生じていた。2014 年には農業生産額の割合が 10％未満に低下した一方、2013 年に二次産業を上回った三次産業の割合は 2014 年に 24.3 ポイントの純増を遂げ、48.2％[2] に達した。21 世紀の最初の十年間、二次産業と三次産業の年平均成長率は拮抗していたが、三次産業の（物価水準で表示する）生産額が GDP に占める割合が 4.2 ポイント上昇したのに対し、二次産業は 0.8 ポイントしか上昇しなかった（2008 年、金融危機に対応し、経済を強力に刺激するため、中国は投資の拡大を重視していた。投資が真っ先に二次産業を刺激した結果、二次産業の成長率は上昇し、三次産業を上回った。2012 年から 2014 年にかけて、経済政策が転換されたことにより、三次産業の成長率は再び上昇し、二次産業を上回った）。産業構造のこの変化は、中国経済が工業化の後期段階に入り、脱工業化社会の一部の特徴を持つようになったことを示している。それに伴い、中国の都市化は加速期に入り、都市化率は改革開放期当初の20％未満から現在の約 55％に上昇した。これは現代の世界平均率の 52％を上回るものである。上述した GDP 総額、一人当たり GDP および経済構造における変化は、経済の量的水準と質的構造の両面から、中国がもはや高中所得階層の仲間入りをして、工業化後期を加速度的に完成する段階に入ったことを示している。

二、新たなチャンス

　いわゆる新しい出発点からの新たなチャンスとは、中国の経済・社会発展が現段階に突入したことを意味する。習近平が指摘するように、今日ほど近代化の目標に近づいたことはない。昔は中国が近代化を達成するには

何世代かかるのかを研究した人もいた。また、近代における実業救国、科学救国、教育救国などの戦略を策定し、伝統的な中国文明を現代世界文明の先進レベルに引き上げる方法を模索した人もいた。孫文が率いた辛亥革命、共産党指導の下での新民主主義革命と社会主義建設、特に改革開放以来の中国の特色ある社会主義の道の開拓により、中国はようやく近代化への道を歩み始めたのである。「二つの百年」奮闘目標によれば、中国は共産党創立 100 周年前後の 2020 年に、全面的な小康社会を構築することが可能となる。具体的には、経済規模が不変価格で 2010 年の 2 倍、すなわち 100 兆人民元であり、2010 年の為替レートで米ドルに換算すると現在の米国 GDP に相当するレベルに達する[3]。一人当たり GDP が不変価格で 2010 年の 2 倍となれば、7 万人民元であり、2010 年の為替レートで米ドルに換算すると 12,500 米ドルを超え、世界銀行が定義する現代の高所得一人当たり GDP の最低基準を上回る。高所得段階に入った 70 カ国の歴史から判断すると、高中所得段階から高所得段階に移行するのに平均十二年以上、人口の多い 20 カ国では平均十一年以上かかっている。全面的な小康社会を築くという目標を達成する 2020 年に、中国の一人当たり GDP が 2010 年の 2 倍（不変価格）になっているとすれば、約十年間で高中所得段階から高所得段階へと飛躍することができる。経済構造の発展の側面でも、新産業化の目標を達成することが可能となる。もう一つの百年目標は、中華人民共和国建国 100 周年前後、すなわち 2050 年前後に、中国の特色ある社会主義現代化を実現することである。中国の特色ある社会主義現代化は極めて豊かな意味合いを持っている。GDP で見れば、中国が米国を超え、世界一の経済大国になることを意味している（為替レートで換算しても、中国の GDP は 2030 年前後に米国を抜く可能性が高い）。表現できることに限界はあるものの（ある国の経済開発の質や近代化レベルは経済規模というよりも、その国の経済構造に関するものである）、経済規模はあくまでも基本である。中国経済の歴史的発展を見ると、19 世紀

初頭のGDPは、世界に占めるシェアが最も高く、36％以上に達し、現代で最もシェアが高かった年の米国を上回った（米国は2001年のGDPのシェアが最も高く、32％以上に達した）が、伝統的な農業経済構造で、封建的な小農経済であり、質的には後進的であった。西欧の工業文明や資本主義経済に比べると競争力がなく、急速に衰退していった。1840年にアヘン戦争が勃発し、中国が長期にわたって貧窮した半植民地・半封建社会に突入したのに対し、英国は世界最大の経済大国となった。19世紀末、「英国病」[4]の発生とともにドイツが英国を抜いて世界一の経済大国となる。20世紀、第一次世界大戦前には米国がドイツを抜いて世界一の経済大国となり、現在までその地位を維持している。中国が2030年代までに世界一の経済大国に返り咲くことができれば、国自身の成長にとっても大きな意義がある。一人当たりGDPから見れば、この目標を達成するためには、21世紀半ばまでに先進国の平均水準、即ち中等先進国の水準に達する必要がある。これは、鄧小平が言及した「三段階」発展戦略を実現することでもある。第一段階は改革開放が始まった1970年代後半から1980年代後半・1990年代前半までで、衣食の問題を解決した（1990年代前半、食糧配給制度が廃止されたことで、衣食の問題が基本的に解決されたことが示された。世界銀行が定義する1998年の一人当たりGDPの基準で見れば、中国は真に衣食が満ち足りた状態に入った）。第二段階は、20世紀末までの初歩的な小康社会実現である（一人当たり工業・農業GDPが1,000米ドルに達することであったが、国民経済計算体系が従来の計画経済の物質生産計算制度から、第三次産業を含むGDPを核心とした計算体系SNAに変更されたため、一人当たりGDPが1,000米ドルに達するあるいは近づくよう調整された）。第三段階は、21世紀中ごろまでの中等先進国水準到達である。基礎的経済指標とは一人当たりGDPである[5]。つまり、21世紀半ばまでに近代化の目標を達成すれば、一人当たりGDPで見ると先進国の平均水準に達するのである（統計上、中央値と平均値はほぼ

同じ）。経済構造の面では、21世紀半ばまでに、産業構造、都市・農村構造、雇用構造、地域構造のいずれもが先進国の平均的高度と均衡状態に達するはずだとされる。経済構造の実質的な改善を伴わない、経済規模や一人当たりレベルの量的成長だけでは、真の意味での近代化とは言えず、それは発展を伴わない経済成長でしかない。もちろん、経済構造の改善は、実際の経済開発を推進すると同時に、現実的困難をもたらす。要するに、新しい出発点における中国の経済開発には以下の三つの新たなチャンスがある。①あと五～六年、すなわち2020年までには、全面的な小康社会を達成し、高中所得階層から高所得階層へと飛躍する可能性がある。②あと十数年、すなわち2030年前後までには、GDPが世界一に返り咲く可能性がある。③30年ほど後、すなわち2050年頃には、近代化を実現し、先進国の仲間入りを果たす可能性がある。我々は、歴史上のどの時期よりも、中華民族の偉大な復興という壮大な目標に近づいていると言える[6]。

三、新たな制約

　高中所得段階突入後、社会・経済発展を制約する一連の経済的条件が重大な変化を遂げ、新たな段階における経済成長に一連の新しい特徴をもたらすと同時に、経済発展の方式・戦略・手段の根本的な変革が求められている。このような経済的条件の変化にはおよそ二つの側面がある。まずは、供給側の変化、すなわち国民経済の生産側の変化である。高中所得段階に入った後の国民経済の生産コストは低所得段階や低中所得段階に比べて加速度的に上昇していることが強調されている。第一に、給料や社会保障水準の上昇につれて、労働コストも上昇する。二重経済における農村の余剰労働力の移動に伴い、労働コストは均衡になりつつある（ルイスの転換点に達する）。労働力の拡大が徐々に減速し、人口ボーナスもそれに応じて消滅することにより、労働コストが上昇する圧力が日増しに強まっている。第二に、土地、淡水、エネルギー、原材料などの天然資源の価格が明らか

な上昇傾向にある。経済規模の拡大がもたらす巨大な需要や天然資源自身の有限・希少性が価格を押し上げ、国民経済の総合コストの上昇を促進している。第三に、環境資源の利用コストが上昇し、環境保護の基準と要求が改善され続けるとともに、経済と環境の対立は緩和されなければならない矛盾となりつつある。経済に対する環境の収容力は大きな挑戦に直面している。環境資源を利用するにはより高いコストを支払わなければならず、環境を破壊すればより大きな代償を負わなければならない。第四に、技術を開発するためのコストが上昇している。低所得段階ないし低中所得段階の技術は先進国との間に大きな隔たりがあるため、技術を学び、獲得する主な方法として単純な模倣が考えられる。なぜなら、模倣して学習できるものは依然として多くあり、あらゆる技術開発の方法の中で投資とコストが最も少なく済む方法だからである。知的財産権の保護が強くない場合、模倣という方法のコストはさらに低くなる。しかし、高中所得段階に入ると、技術レベルと先進レベルのギャップが狭まり、それにつれて、中国が模倣して学習できるものも少なくなり、技術開発はこれまで以上に自主的な技術革新と研究開発に依存せざるを得なくなった。この自主的な技術革新と研究開発はあらゆる技術開発の方法の中で最も根本的で、最も投入・コスト・リスクが高く、サイクルが長い方法でもある。要するに、高中所得段階においては、各生産要素のコストが大幅に上昇するため、短期的にはコストが増え続け、インフレ圧力が高まり、経済成長に深刻な不均衡をもたらす一方、長期的には、経済の中核的競争力が弱まっていくのである。また、需要側にも変化が見られる。高中所得段階に入ると、総需要が弱まる可能性も出てくる。低所得段階や低中所得段階では、投資需要も消費需要も伸びが強いが、供給の絶対的あるいは相対的な不足のため、国民経済規模全体の不均衡が特に超過需要に表れている。それ故、資産家たちは、いかにして販売するかよりも、生産を拡大するためにいかにして多くの投入を得るかに関心を持つ一方、政府のマクロ・コントロールは、生産能力

の過剰よりも、深刻なインフレを防ぐためにいかにして需要を抑制するかに関心を持つようになった。高中所得階層に入れば、このような不均衡は方向が逆転する可能性が高い。投資需要から見れば、国民所得水準が上昇し、住民の預金が増加し、銀行の貯蓄規模が拡大したとはいえ、必ずしも効果的な投資に転換され、市場の投資需要になるとは限らない。国民経済の発展の中で自主的な研究開発・技術革新能力が効果的に上げられるかどうかが肝心なのである。高中所得階層に入ると、生産要素のコストが上昇し、比較優位がなくなりつつあるため、先進国は新しいプロジェクト・新製品・新技術への再投入を停止または減速する。それと同時に、中国の自主的な研究開発・革新能力が不足していれば、新たに効果的な投資機会を創り出すことは困難となる。銀行には大量の貯蓄があるが、市場の効率性に沿った有効な機会は出現しない。強引に投資を拡大すれば、技術と競争力が低いレベルのまま投資が繰り返される事態となり、深刻な生産能力の過剰を招き、市場経済の循環的な景気変動に遭遇すれば、すぐさまバブルとなって淘汰される。したがって、投資需要が低迷し、資金があっても投下できないのである。自主的な研究開発・革新能力の向上は、教育や健康への投資を含む人的資本の投入・蓄積に基づく。このような投資が経済成長に長期間遅れをとれば、物的資本の蓄積がある程度に達した場合、人的資本の蓄積不足が経済を阻害することとなる。消費需要から見れば、国民経済の発展とともに国民可処分所得には一応の増加が見られるものの、消費需要の伸びと国民経済発展の要求が互いに適応できるかどうかは、所得分配が妥当かどうかにかかっている。所得分配の格差が深刻に拡大、あるいは二極化されれば、次のような状況が生じる。消費の絶対額が他の人々より大きいにもかかわらず、所得が高ければ高いほど、所得に占める消費の割合は低くなる。一方、絶対的もしくは相対的貧困の状況にある人々を含む所得の低い社会の大部分の構成員は、消費を増やしたくても増やすことができない。そして、将来に対する自信をますます失い、貯金（将来の

消費）のために目下の必要な消費をあきらめざるをえなくなる。いわゆる
金持ちはカネを使わず、それに対して貧乏人はカネを持たず、あるいはカ
ネを使ってはいけないという状況になる。社会の消費傾向は著しく低下し、
国民所得が急速に増加しても、消費需要の伸びは相対的に遅れる。投資・
消費需要の伸びが同時に鈍化し、経済成長率が抑制された結果、経済成長
の不況や市場の低迷、失業率の上昇などの問題が生じる。高中所得段階で
は、経済成長率は明らかに鈍化し、高成長率から中高成長率ないし低成長
率へと移行することが、新常態における経済成長の客観的法則となる。

四、新たなチャレンジ

　新しい階段における新たな変化に適応できるかどうかは、極めて難しい
命題である。こうした変化に適応できなければ、経済の発展を維持するこ
とが難しくなり、「中所得国の罠」に陥る可能性すらある。「中所得国の
罠」とは、世界銀行が2006年の調査報告書に提起した概念である。第二
次世界大戦後に貧困から脱却し、衣食の問題を解決し、高中所得段階に
入った一部の発展途上国が、新しい段階での新たな変化に適応できず、経
済・社会の発展が長期的に停滞し、深刻な危機に直面している状況を指
す。典型的な例として、当時のアフリカやアジアの発展途上国を置き去り
にした1960～1970年代のラテンアメリカの国々が挙げられる。経済発展
を遂げ、高中所得段階に入ったものの、新たな段階での変化に適応できな
かったため、半世紀の間、高中所得と高所得の境を越えられず、未だに
高所得段階へ入っていない（「ラテンアメリカの渦」と呼ばれる）。また、
1980～1990年代の東アジアでは、マレーシア、フィリピン、インドネシ
ア、タイなどが高中所得段階に入ったが、新たな変化に対応できなかった。
1997年のアジア金融危機の影響下で、これらの国々の経済は深刻な打撃
に見舞われた。低水準の規模拡大から生み出された経済成長が金融危機の
影響を受けて競争力のない過剰生産能力となって淘汰され、三十年ほどを

経た今でも高所得段階に入っていない（「東アジアのバブル」と呼ばれる）。もう一つの例は、エジプト、チュニジア、イエメン、リビア、シリア、ヨルダンなど、現在混迷情勢に陥っている西アジアや北アフリカの国々である。これらの国々も 1990 年代〜 21 世紀初頭にかけて高中所得段階に達したものの、新たな段階の変化に適応できなかったため、2008 年の世界金融危機の影響を受けて経済的・政治的・社会的・文化的・軍事的な危機に陥り、ほぼ二十年を経た今でも脱却できていない。社会・経済の発展が高中所得段階に入った中国も、巨大なチャンスと同時に厳しいチャレンジに直面している。「中所得国の罠」を引き起こす主な要因が中国の社会にも存在しているため、それをいかに克服するかは、我々が直面する重要な課題である。

第二節　新常態における中国経済成長の新たな不均衡と新たな動因

　新常態における中国の経済成長は新たな段階に入り、マクロ経済の不均衡は主に以下の分野で新たな特徴を持つようになった。

一、新たな不均衡

　改革開放以来、中国のマクロ経済の不均衡は主に三つの段階を経てきた。第一段階は 1978 年から 1998 年前半までである。マクロ経済の不均衡の主な特徴は、需要が増加したにもかかわらず、供給が不足しているため、超過需要の状態に陥ったものであり、主な矛盾はインフレ圧力が極めて大きいことである。改革開放以降の三つの大規模な買い占めブームは、いずれも 1998 年以前に起こったものである。理由はそれぞれ異なるものの、根本的な要因はいずれもマクロ経済の不均衡の全体的な特徴、つまり需要が供給を大きく上回っていたことにある。1984 年末から 1985 年までの最初

の大きな買い占めブームの直接のきっかけは、1984年の秋に開催された中国共産党第12期中央委員会第三回全体会議が経済体制の全面的な改革実施を決定したことにある。この決定により物価が上昇するのではないかという不安を持った都市住民は、手元の現金で政府との商業在庫争奪戦を繰り広げた。その結果、1985年のCPIは9%以上に達した。二度目の買い占めブームは1988年の夏から秋にかけてである。直接のきっかけはその年に開催された北戴河会議が物価改革を決定したことにある。物価上昇を懸念する人々があわてて買い占めに走った結果、1988年のCPIは18%以上に達した。三度目は1994年で、直接のきっかけは、第14回党大会の開催をはじめとする一連の有利な情報に刺激され、国内における投資需要が膨大したことであった。1993年以降の物価に影響を与えたことで、CPIは24%以上となった。それ故、このような不均衡の特徴に応じて、第六次五ヵ年計画から第九次五ヵ年計画まで、緊縮的なマクロ経済政策が発動されたのである。財政の緊縮策も金融引き締め政策も長期にわたって実行されたのは、需要の伸びを抑え、インフレを抑制するためである。第二段階は、1998年後半から2010年10月までである。この段階（ごくわずかの数年を除く）における不均衡の特徴は、需要、特に国内需要が不足していたことに現れている。アジア金融危機（1998年）や世界金融危機（2008年）以降の相次ぐ影響と相まって、中国経済は原動力が不足したまま、成長率も低下し、下振れの圧力に直面している。1998年後半以降、アジア金融危機の影響が現れ始め、韓国、シンガポール、インドネシアないし日本など金融危機に陥った国々の通貨価値は下落した。それに対し、内需の不足、工業製品の生産過剰がますます顕著になっていた当時、中国政府は世界経済の秩序を安定させるため、人民元を下落させないことを約束した。これは中国の輸出に大きな影響を与えた。その結果、1999年から2001年までの三年間、中国はデフレ経済に陥り、CPIはマイナスとなった。次々と破産した郷鎮企業、解雇された国有企業の職員、仕事を

失って故郷に帰った出稼ぎ労働者たちのために、中国政府は二十年近く続けてきた緊縮財政を 1998 年後半から諦め、内需拡大を主体とする景気刺激策を採用した。それまでの緊縮政策とは一線を画した「積極的な財政政策と穏健な金融政策」を初めて打ち出したのである。2007 年の景気過熱（14％以上の超高成長）を考慮し、2008 年の初め、中国は「双防」（経済の過熱防止とインフレ抑制）という引き締め政策を実施した。そのため、中国経済の成長率は 2008 年第 1 四半期から 2009 年第 1 四半期まで 5 四半期連続で低下し続けたが、2008 年末から 2010 年 10 月まで、金融危機に対処するため、より積極的な財政政策と適当な緩和的金融政策を採用し、拡大的な財政政策と金融政策を合わせ、経済を全面的に刺激した。第三段階は、中国が全面的な拡大政策を終わらせることを発表した 2010 年 10 月以降である。経済不均衡の特徴は潜在的なインフレ圧力と経済の下振れリスクに直面していることである。マクロ経済の不均衡がもたらす典型的な矛盾には需要が供給を大きく上回って深刻なインフレを招くこと、逆に供給が需要を上回って深刻な失業を引き起こすことが挙げられる。この二つの矛盾が段階的に別々に生じるのは一般的で、ある段階の経済規模の全体の不均衡の方向性が明確であれば、それに対するマクロ経済政策の選択（緊縮か拡大か）も明確であった。しかし、前の二つの段階とは異なり、第三段階では、二つの不均衡が同時に発生したのである。それぞれの不均衡を緩和するために必要なマクロ経済政策は正反対であるため、その選択は難しくなった（1960 年代に欧米諸国で発生した「スタグフレーション」に似ている）[7]。

二、新たな動因

　上述した新たな不均衡の成因は複雑である。長期的には、中国の経済開発が新常態に入るにつれ、経済の成長と発展を制約する条件も根本的な変化を遂げた。発展様式の転換と新常態における客観的な経済条件の変化と

の間には矛盾や様々な問題が生じるため、マクロ経済の不均衡は新たな特徴を持つようになった。短期的には、金融危機後、中国経済は「重なった三つの時期」（経済成長が高度から中高度に移行する時期、金融危機に対処するためのコストを吸収する時期、陣痛に耐えて経済構造を調整する時期）という複雑な局面を迎えている。その上、極めて複雑で不確実な世界経済の回復も、中国のマクロ経済の不均衡により一層の複雑さを加えると見られる。

　具体的に、まずは潜在的なインフレ圧力を見てみよう。物価が高くなく、近年の PPI はマイナス成長で、CPI も 3％、時には 2％を下回ることもあったが、その成因には新しい特徴がある。第一に、ディマンドプルのヒステリシスが前例なく強い点である。金融危機に対処する中で、強力な拡張的マクロ経済政策によって循環における需要が刺激されたため、M2と GDP の比率は正常な範囲をはるかに超えている。通貨供給量が物価に影響してから実際のインフレを起こすまでにはタイムラグがある（しかも不況が長引けば長引くほど、回復が遅れれば遅れるほど、このタイムラグは長くなる可能性がある）とはいえ、流通している通貨である限り、遅かれ早かれ CPI を直撃することは間違いない。しかも、経済が回復に近づけば近づくほど、危機に対応するために放出された通貨が物価を直撃する可能性も高まる。2008 年末には前例のない強力な景気刺激策を実施したため、ある意味、経済成長でも目覚ましい成果を上げたが（2008 年、2009 年、2010 年の GDP 成長率はそれぞれ 9％、8.7％、10.2％であり、低成長、あるいはマイナス成長であった世界経済とは対照的であった）、その結果、インフレ圧力のヒステリシスも前例のない状態となってしまった。我々は現在、かつての危機対処政策のツケを支払っているのである。第二に、新常態における国民経済コストの上昇が、巨大なコストプッシュ圧力を形成した点である。高中所得段階に入って、各要素のコストが大幅に上昇したことで、効率性の向上が緩くなれば、コストプッシュによるインフ

レ圧力は実際のインフレとなる。現在、効率性の向上が経済規模の拡大より遅いという点こそ中国の経済成長にとって最も大きな問題なのである。計算によると、中国の工業化はもはや三分の二以上が完成し（政策目標によると、工業化は2020年に達成される）、最後の数年間の階段に入った一方、農業における労働生産性は、工業国の約14％に相当するのみであり、製造業の労働生産性水準は、工業国の約46％にすぎない[8]。中国は現在、立ち遅れているディマンドプル圧力だけでなく、コストプッシュ圧力にも直面しており、潜在的なインフレ圧力は極めて大きい。体制から見れば、中国はディマンドプル型インフレに対応する能力が比較的高い。なぜなら銀行システムに金融引き締めを要求することが可能で、国有商業銀行を主体とした金融市場システムも政府のマクロ政策に協力する可能性が大きいからである。しかし、コストプッシュ型インフレへの対応には、体制的な優位性が存在しない。それに対応するカギは、企業がイノベーションを行い、効率性を向上させ、管理を改善することでコストを削減し、コスト吸収能力を向上させることである。同時に、政府がサービスを改善し、機能を変更して効率を向上させ、税負担を軽減して企業のコストを削減する一方、市場の改善、特に資本などの要素市場を改善し、企業の融資コストを削減することにある。これらを実現するためには、改革の全面的深化を長期的に実施する必要がある。金融引き締めのみでインフレに対応すれば、ディマンドプル型インフレには効果的であるかもしれないが、コストプッシュ型インフレには効果どころか、逆に負の効果をもたらすのである。なぜなら金融を引き締めると、市場における資金供給が減らされ、融資のために企業が支払う金利も上昇するからである。そして金融費用の増加は企業のコストを押し上げ、コストプッシュ型インフレ圧力を増加させるのである。第三に、国際収支の不均衡と再均衡化の難しさがインフレ圧力を高めている点である。中国における国際収支不均衡の長期的な特徴は、所得が支出より大きいことであり、輸出超過は常態化している。中国が世界

一の貿易国になるとともに（2013 年に中国は米国を上回って輸出と輸入の総額が世界一に）、対外収支の黒字は莫大かつ絶対的な規模を持つようになった。一方、中国の中央銀行は商業銀行と外国為替を決済する際、自身の資産で決済せず、新たなお金を印刷して決済している。すなわち、為替決済は中国の中央銀行が通貨を発行する重要な方式なのである。現在中国で流通している M2 のうち、為替決済のために発行される通貨（Funds outstanding for foreign exchange）は主な通貨源となっている。インフレ圧力を抑制するには、国際収支の不均衡を是正し、国際収支の再均衡化を行うことが必要である。しかし、それは極めて困難でもある。現在、世界的な保護貿易主義が再び台頭し、内需が不振となる背景において、我々は引き続き輸出企業を強力に支援する必要がある。もう一方で、西側（パリ協定が解除されていない）の中国へのハイテク規制は、効果的かつ大規模な輸入拡大の妨げとなっている。特に貿易構造の面で、ハイテク製品やエネルギー・原材料などの戦略物資など買いたいものを必ずしも他国が売ってくれるとは限らず、他国が売ってくれるもの（特に普通の工業製品）は必ずしも中国にとって必要なものとは限らない（中国の製造業の市場規模は 2013 年に米国を上回り、世界一となっている）。それ故、国際収支の構造的均衡の調整は難しくなり、国際収支の不均等によるインフレ圧力を軽減することも難しくなっている。

　景気の「下振れ」という脅威から言えば、内需の低迷傾向は依然として逆転しておらず、むしろ（特に近年）強まっている。第一に、投資需要の伸びが弱い。投資は中国の経済成長にとって重要な原動力である。改革開放以来、中国の投資需要は 20％以上の年平均成長率を誇ってきた（変動幅も最も大きい）。なお、2008 年の世界金融危機に対処するには、投資の拡大が最も重要な手段であった。しかし、2013 年以降、固定資産への投資需要の成長率は 20％未満に低下し、年々下降している。このような傾向になった主な理由は、市場主体（企業）の投資需要が不十分な点にある。

大企業、特に国有大型企業と超大型企業の融資ルートは滞りがなく、直接融資も間接融資も一般的に保証されている。しかし、企業の自前の研究開発能力やイノベーション能力不足により、産業構造高度化の原動力が不足しており、有利な投資機会を見つけることが困難となっている。過剰な生産能力を解消する圧力が極めて大きい背景には、元の産業構造・製品構造・技術構造が変わらないまま、投資需要を拡大したことで経済バブルとなり、効果的な成長を遂げられない点が挙げられる。市場への制約を拡大しつつある制度改革の過程において、国有企業の投資はますます合理的となり、効果のない長期的かつ大規模な投資は避けるようになった。中小企業、特に民間企業の場合、投資意欲は強いが、体制や民間企業自身の資産や管理に関するさまざまな理由から、正規の金融システムに信用されていないため、正規の金融市場を通じて投融資を実現することは困難であり、多くの場合、金利が高く、リスクも高い非正規の民間融資（実際には、高利貸）に頼らざるを得ない。それ故、大企業も中小企業も旺盛な投資需要を創り出せず、投資を成長させるためには、かなりの程度で政府に依存しなければならない。政府が投資を主導できるというのは、経済危機に対応する際の制度的優位性だとも言えるが、長期的に見れば、成長への刺激を主に政府の投資に頼ってはならない。ある意味で、政府主導の成長は市場競争の効率性を確保できるかが疑問となり、短期的に成長させた分が、将来長期にわたって消化しなければならない「バブル」となる可能性がある。さらに、政府主導の投資を長期的に維持することは困難である。地方政府はさまざまな地方融資プラットフォームを設立し、銀行から金を借り、投資を行うことができるが、融資プラットフォーム自体は、主にインフラ建設や地方の公共財・準公共財の生産のために設立されており、収益力と返済能力には限界がある。しかも、融資プラットフォームの投資は規模が大きく、サイクルが長く、リスクも高いため、銀行から融資を受けるためには地方政府の保証が必要となる。しかし、地方政府の保証能力は、主に予

算外の土地所得から来たものであるため、土地市場において一旦リスクや変動（市場的・政策的リスクと変動を含む）が起これば、その保証能力もリスクに直面するはずである。現在、中央政府・地方政府を含む中国政府の対 GDP 債務比率は、依然として妥当な範囲（40％以下）を保っているが、地方政府にとって、このような債務リスクの拡大は、投融資に確実な影響を与える。中央政府は財政赤字の拡大や国債の発行によって投資能力を高めることができるが、財政赤字の規模には厳しい制約、特にインフレ制御目標からの制約があり、持続的に財政赤字を拡大することはできない。投資能力の制約から政府が率先して資金を引き揚げても、市場主体である企業が明かりを灯し続けなければ、政府が撤退したとたん、投資需要の伸びが一気に弱まり、経済成長が鈍化する傾向を悪化させることとなる。これは、2010 年 10 月に政府が全面的な拡大政策を終わらせると発表した後、2011 年第 1 四半期から 2012 年第 3 四半期まで、経済成長率が 7 四半期連続で低下した（2008 年の金融危機の影響による 5 四半期連続の成長率低下よりも長い）ことに反映されている。現在、政府の投資能力不足と企業の投資意欲の欠如が依然として深刻であるため、経済の下振れリスクは増大している。第二に、消費需要の伸びが弱い。社会消費財小売総額の伸び率が近年継続的に低下しているのは、国民所得分配構造の不均衡が主な原因である。一方、所得分配構造から見ると、一次分配において、国民所得は税金、資本収益、賃金に分けられ、それぞれ政府、企業、労働者に分配される。全体的には、税金の成長率が最も速く、年平均 18％以上（現行価格）に達したのに対し、賃金の成長率は最も遅く、住民所得の成長率も長期的に GDP 成長率を下回っている（「第十二次五ヵ年計画」では、両者を同期化させることが特に求められている）。しかし、直接の個人消費を引き出す主なチカラである住民所得の成長率が長期的に低迷し、GDP に占める割合も低下傾向にあるため、消費率は低く、経済成長に対する消費の寄与度も相対的に低くなっている。一方、国民所得分配のミクロレベ

ルでは、社会の構成員間の所得分配格差が大きいため、社会全体の消費意欲が低下している。国家統計局が発表した計算結果によると、2002年以降、中国の国民所得ジニ係数は、常に警戒ラインを超えており（すなわち、国民全体の20％しか占めない高所得者が国民所得の40％以上を保有している）、2007年には最も高い49％以上を記録した。近年はやや低下しているとはいえ、2014年の時点で46％を超えている。このような著しい所得格差が生じた理由は、制度的・政策的要因から発展水準の要因まで多岐にわたるが、その中で重要な役割を果たしているのが都市農村格差である。都市住民の実質可処分所得が農村住民の実質可処分所得の3倍以上であることは、現段階における住民の所得格差を引き起こす最も重要な発展要因である。都市農村格差が拡大している原因としては、再分配における制度的・政策的要因以上に、一次分配における農業生産の非効率性がより重要となる。現段階では、中国のGDPに占める第一次産業の生産額の割合は約9％まで低下しているが、労働力雇用の割合は依然として30％を超えている。これは、一次分配において、農業に従事する30％以上の者に付加価値の約9％しか分配していないことを意味する。したがって、農業と非農業部門との間には最初から大きな所得格差が生じ、再分配を通じてさらに拡大しているのである。しかし、農業従事者の報酬を引き上げても、このような格差を縮める可能性はほとんどない。なぜなら、農業所得の納税額はゼロに近く（2006年に農業税は廃止）、資本剰余金もほとんどなく、所得の90％以上は労働者の報酬として農民に分配されているからである。農業部門内の分配構造を変えて農民の所得を引き上げるのは困難であり、工業化や都市化を通じて農業労働力を移転させるほかない。国民所得の分配構造の改善には長期的な努力が必要だと言える。第三に、純輸出の伸び率が低下している点である。国際収支では長らく黒字が続いているものの、国内経済の均衡を達成するために、または国際金融危機や貿易保護主義の台頭により、難しいながらも国際収支の均衡化が徐々に始まって

いる。それに伴い純輸出の伸び率は徐々に低下し、経済成長への寄与も著しく弱まった。2012年以降、純輸出の経済成長への寄与度はほとんどマイナスとなった。経済成長はますます内需に依存するようになっただけでなく、多くの場合、内需の成長をもって純輸出の伸びがもたらすマイナス効果を相殺する必要も生じている。世界経済の回復が弱くて不確実である背景において、経済状況はますます楽観を許さない状況にある。

第三節　新常態における中国経済成長の新たな要求：新たな政策、新たな方式、新たな制度

　新常態における中国経済の不均衡は新たな特徴を持っているため、マクロ経済政策を調整する必要がある。

一、新たな政策

　金融危機に対応するための全面的な拡大政策を終わらせた後、積極的（「より積極的」ではない）な財政政策と穏健（「緩和的」ではない）な金融政策が採用された。「積極的な財政政策と穏健な金融政策」は1998年後半に提起され、金融危機前の2007年まで続いた。2010年10月、反危機刺激策が終わったあと、再び「積極的な財政政策と穏健な金融政策」という政策の組合せが実行され始めた。この二つの時期の政策にはそれぞれの意味合いがある。1998年後半に提起された「積極的な財政政策と穏健な金融政策」は、アジア金融危機の影響による経済成長の減速に対応するための危機対策である。それまで続いた長年の緊縮的なマクロ経済政策から「積極的な財政政策と穏健な金融政策」へと転換され、引き締めから拡大（特に内需刺激）への方向転換が行われた。経済の新たな高成長期（成長率は平均11％以上）を迎えた2003年から2007年にかけて、このような政策の組合せが採用されたのは、この時期の不均衡の顕著な特徴にある。

投資需要が膨らんだのに対し、消費需要が弱くなるという分野別の異なる不均衡が生じたため、拡大策と緊縮策のどちらかを全面的に行うことができなかったのである。全面的な拡大政策をとれば、消費需要を刺激するかもしれないが、投資における不均衡を悪化させる可能性がある。一方、全面的な引き締め政策をとれば、投資過熱を抑制するのには役立つかもしれないが、消費における不均衡を悪化させる恐れがある。そのため政府は、各分野における不均衡の方向性の違いを考慮し、拡大策と緊縮策を組み合わせたのである。現段階の積極的な財政政策と穏健な金融政策は、金融危機に対応する全面的な拡大政策を終わらせてから実施したマクロ政策である。そのため、相対的に引き締め政策に偏っている。同時に、現段階におけるマクロ経済の不均衡には、二重のリスクが共存しているという特徴がある。そのため、財政政策も金融政策も積極的であれば、景気の不振れを抑制できるかもしれないが、インフレを悪化させることになる。逆に、財政政策も金融政策も緊縮的であれば、インフレを抑制できるかもしれないが、景気の不振れを悪化させることになる。それ故、積極的な財政政策と穏健な金融政策を組み合わせたのは、一方の不均衡を是正するためにもう一方の不均衡を深刻化させることを避けるためなのである。もちろん、このような組合せは、政策効果が相殺される可能性があるという欠点を持っている。積極的な財政政策の目的・実施プロセスは穏健な金融政策の目的・実施プロセスと対立する可能性があるため、二重のリスクの変化に応じて「積極的」と「穏健」（「拡大」と「緊縮」）の度合い（①財政政策と金融政策の間の拡大と緊縮の度合い、②財政政策と財政政策の間〈例えば、財政支出政策と財政収入政策〉の拡大と緊縮の度合い、③金融政策と金融政策の間〈例えば、数量型金融政策ツールと価格型金融政策ツール〉の拡大と緊縮の度合いを含む）を調整し、マクロ・コントロールにおける拡大と緊縮の上下限を合理的に設定することが重要となる。現状から考えると、他の条件が変わらない場合、経済成長率が8％以下であれば、3％

前後（上限 3.5％）の目標インフレ率に抑えることができる。経済成長率が 6.5％[9] 以上であれば、実質失業率が上昇し続けないように都市登録失業率を 4.5％以下に保つことができる。2020 年までに国内総生産および一人当たり GDP を 2010 年比で倍増させるのであれば、今後数年間の年平均成長率を 6.8％に保てば十分である。つまり、2020 年までに小康社会を全面的に達成するために必要な現時点での年平均経済成長率は 6.8％である。したがって、この 6.8％を中心に、中国のマクロ経済成長の目標成長率を 6.5％〜 8％の範囲内で調整すれば良いと考えられる。さらに、この調整範囲の変化に応じて、マクロ経済政策の「拡大」と「緊縮」の度合いを適時適切に調整することもできる。もちろん、経済的不均衡が大きく変化し、二重のリスクが共存する状況も根本的に変わり、インフレあるいは下振れが最も顕著な問題となった場合は、積極的な財政政策と穏健な金融政策の組合せを放棄し、不均衡状態を考慮した上で、全面的な拡張政策か全面的な緊縮政策のどちらかを選択しなければならない。

二、新たな方式

　実のところ、積極的な財政政策と穏健な金融政策の組合せを通じた場合、全体の不均衡を改善することはできるが、根本的な不均衡を解消することはできない。規模全体の不均衡の原因は構造的な不均衡にある。経済の「下振れ」リスクが高く、経済成長の原動力が不足しているのは、産業構造の高度化が妨げられ、企業のイノベーション能力が不足し、生産性の低い過剰生産能力の問題が顕著となっており、そのため、資金が有効な投資に反映されにくく、投資需要の伸びが弱くなるからである。消費需要の伸びが弱い主な原因は、国民所得構造の歪みによる社会全体の消費傾向や消費率の低下にある。潜在的なインフレ圧力が大きくなったのは、国民経済のコスト構造の歪みによるコストプッシュ圧力の高まりや、長年にわたる国際収支構造の深刻な不均衡の結果としてのマネーサプライの急激な拡

大などによるものである。不均衡を克服するために最も重要なのは、構造
的不均衡を改善することである。構造的不均衡を改善するためには、マク
ロ・コントロールでは、需要管理だけでなく供給管理も重視しなければな
らない。なぜなら、供給管理こそ企業行動に直接的な影響を与え、さらに
構造を変えていくことも可能だからである。構造的不均衡のリバランスは、
そもそも供給側（生産）の変化に属している。需要管理が買い手の行動を
調整し、全体に直接影響を与えるのに対し、供給管理は生産者の行動を調
整し、構造に直接影響を与える。供給管理による産業構造の高度化ととも
に企業のイノベーション能力も高められる。企業のコストを削減し、効率
を向上させ、生産性の低い過剰生産能力を追放することは、全て供給管理
に属している。それ故、短期的なマクロ経済政策は需要と供給の両方を重
視し、拡張的な財政支出政策で需要を刺激したり、拡張的な財政収入政
策で企業コストを削減したり、緊縮的な金融政策でインフレを抑制したり
すると同時に、それによる企業の融資コスト上昇の圧力にも注意を払う必
要がある。長期的に規模均衡の目標を追求するには、産業構造、地域構造、
技術構造、分配構造など、一連の構造政策目標に注意を払う必要がある。
供給管理と需要管理の関係に対しては、需要の拡大を供給構造調整の前提
条件とし、需要を刺激し、供給が効果的に実現できるような市場条件を満
たすべきである。このように、需要の継続的な拡大を背景に、生産性の高
い生産能力を実現するための条件を創出し、需要による供給規模全体の拡
大と構造の高度化を促していく。供給構造と供給効率を調整する際は、需
要を創造・主導することを前提とすべきである。中国における経済開発の
現段階において、供給が需要を創造する余地は依然として多い。製品構造
の改善、供給の質や安全水準の向上、質の高い製品とサービスの創出、製
品のコストの引き下げなどは、もともと有効需要を創造することができる。
ただし、供給自体の問題は、需要への大きな抑制となっている。

三、新たな制度

マクロ経済政策目標を達成し、マクロ・コントロールを効果的に転換するための根本的なものは技術革新である。技術革新の進展がなければ、産業構造の高度化、量的拡大を基礎とする経済成長から効率性を基礎とする経済成長への転換も不可能となり、企業の競争力の向上、経済の長期的かつ持続的発展もありえなくなる。しかし、技術以上に重要なのは制度である。制度の革新、特に改革の全面的深化と全面的な法に基づく国家統治、すなわち社会主義市場経済体制と民主的法治秩序を改善することが、極めて重要となる。全面的に経済制度の改革を深化できず、社会主義市場経済体制が健全でなければ、市場メカニズムの資源配分における決定的な役割が果たせなくなり、市場における深刻な失敗が生じる。資源配分の決定権が政府の役人に集中されると同時に、民主主義と法治の建設が社会発展の要求から著しく遅れていれば、制度上で役人の権力に対する法の支配がなくなり、権力が濫用される可能性も高まる。その結果、企業がある資源や機会を得たい場合、公正な市場競争を通して得るのではなく（市場の失敗）、役人と交渉してしか得られない事態（政府の集権）が生じる。役人との交渉とは、多くの場合、「権力と金銭の取引」（すなわち「レントシーキング」）である。こうした金銭の取引は公平性を損なうだけでなく、効率性も逸する。なぜなら、このような状況下では、効率性の原則ではなく、「レントシーキング」の原則、いわゆる「腐敗指数」に従って資源の配分が行われるからである。「ラテンアメリカの渦」、「東アジアのバブル」、「西アジア・北アフリカの危機」に巻き込まれる根本的な理由は、経済的には市場メカニズムが不完全で、資源配分において公正かつ効果的な役割を果せない一方、政治的には民主化・法制化の度合いが低く、政府に集中された権力に制約を課せないからである[10]。だからこそ、現段階において「四つの全面」を重視することは、中国における制度革新を達成するための基本であり、発展様式を転換し、「中所得国の罠」を乗り越え、近代

化を実現するためのカギでもある。

第四節　新常態における「デフレ」の可能性

一、現段階においてデフレが発生する可能性はあるのか

　まず、「デフレ」とは何か。インフレとは対照的に、もう一つのマクロ経済の不均衡としてデフレが起こる可能性がある。伝統的な理論から見れば、厳密な意味でのデフレは、主に物価水準のマイナス成長と経済のマイナス成長という二つのマクロ経済指標のマイナス成長に反映される。この二つのマイナス成長は多くの場合、互いに深いつながりを持っている。物価水準のマイナス成長は市場需要の弱さを示している。そのため、企業の売り口は順調でなくなり、売掛金・未収金の増加、貸倒損失の拡大によって、資金調達も困難となり、借款を返済できなくなった企業は、資金チェーンが断裂しないように価格を下げなければならない。このような状況が多く発生した場合、物価水準のマイナス成長は必然的となる。長期的に続けば、国民経済のマイナス成長ないし高い失業率を引き起こす恐れがある[11]。それ故、通常、物価水準がマイナス成長になった場合、ひいては統計上の誤差を考慮すればマイナス成長にはならない（例えば2%以下）、あるいはゼロをわずかに上回る場合さえも、人々はデフレの発生を懸念しがちとなる。通常、デフレは広義と狭義に分けられる。広義のデフレは、厳密な意味で、物価のマイナス成長と経済のマイナス成長が同時に発生することを指している。広義のデフレでは、失業率が大幅に社会の許容度（自然失業率）を上回ることとなる。狭義のデフレは、一般的な意味での物価のマイナス成長、あるいは物価はマイナス成長になったが、経済は必ずしもマイナス成長になるとは限らないこと（あるいは経済成長率が鈍化するがマイナス成長にはならなかった場合）を指している。

　次に、デフレはインフレより恐ろしいのか。デフレとインフレは、どち

らもマクロ経済の不均衡の現れであり、どちらがより深刻なのかは、国民経済発展の異なる条件・段階・特徴によって具体的に分析しなければならない。一般的に言えば、インフレは何よりもまず貨幣的現象であり、流通している貨幣量（購買力）がバランスの取れた経済成長の基準値を大幅に上回り、その結果、その価値が下落することである。厳密な意味で言えば、インフレは、政府が貨幣発行権を利用し、国民全体に向かって徴収する「税金」である。なぜなら、インフレが起きる根本的な理由は、規模の大きい財政赤字が急拡大したことで、中央銀行は財政赤字を解消するために通貨発行量を増やさざるを得ず、その結果、社会全体、特に消費者の持っている通貨の購買力が下落する（下落した分は政府の新しく得た購買力となる）ことにあるからである。この意味で、インフレとは、貨幣発行権を持つ政府の国民への略奪とも言える。一方、デフレ、特に物価・経済がマイナス成長になり、失業率が上昇するという厳密な意味でのデフレが発生した場合、労働力人口の大きい中国にとって、失業を解消することはインフレを解消すること以上に難しい。同時に、物価上昇が国民全体に影響を与えるのに対し、デフレによる失業は特定の人々にしか影響を与えないため、失業による社会的影響がより集中し、矛盾が激化しやすい。この意味で、デフレはインフレよりも恐ろしい、あるいは失業の解消はインフレの解消よりも難しいと言える。

　最後に、マクロ経済における需給の不均衡に何か新たな変化はあるのか。そしてデフレになる可能性はあるのか。2014年、主なマクロ経済指標と構造は顕著に進化する傾向にある。経済成長率は7.4％と基本的に目標（7.5％前後）を達成している。過去よりは低いものの、国際社会と比較すれば依然として高い。CPIは中程度の2％で、実際に深刻なインフレを引き起こすこともなく、デフレの警戒ラインを下回ることもなかった。これは高い経済成長率と低いインフレ率の組み合わせである。失業率も上昇せず、雇用に関する当年度の政策目標は三ヶ月前倒しで達成することが

できた。需給の不均衡の新たな特徴は今後ますます顕著になる可能性が高い。すなわち金融危機後のインフレ圧力と下振れリスクが共存する状況は、新たな変化を遂げる可能性がある。その表れとして、物価の上昇が鈍化し、厳密な意味でのデフレにはならないものの、物価が下落する傾向が見られる。実際、需給双方の変化は同時に CPI を押し下げる可能性がある。需要面では、需要が弱まる傾向を短期的に抑制することは難しい。特にイノベーション能力の不足や産業構造高度化の原動力の不足に起因する投資需要の弱さと、国民所得分配の構造的不均衡に起因する消費需要の弱さという内需の低迷を短期間で徹底的に解消することはできない。純輸出の面では、世界金融危機からの回復過程における様々不確定要素や新たな矛盾が中国の経済成長にどの程度の影響を及ぼすのか不確実である。供給面では、コストプッシュ圧力が絶対的あるいは相対的に減少する可能性がある。高中所得段階に入った後、各生産要素のコストが引き続き上昇する傾向は鈍化し、国際石油価格の下落および国内改革の深化による効率性の上昇（すなわち改革ボーナス）、特に企業のコストを吸収する能力と需要の低迷に対処する能力の強化は、コストプッシュ型インフレの圧力を緩和するとともに、需要が弱まる背景において供給能力を相対的に向上させた。このように、需要と供給の共同効果で、物価上昇は自然に減速し、年間 CPI の上げ幅が 2％未満（1％未満になることも可能）になることが予想できる。

二、想定されるデフレ現象の本質をどう理解するか

まず、需要が弱まり、供給が拡大する背景においてインフレ率の低下は避けられないが、厳密な意味でのデフレになるかどうかは、以下のようなさまざまな状況によって判断する必要がある。まず、総需要は弱まるものの、前年と比べて大きな変化はない。すなわち大きな変化のない需要低迷が続く場合、あるいは需要低迷のもたらす影響のほうが供給の自然増加分

よりも小さい場合、コストの低下による供給拡大が経済成長を押し上げ、少なくとも 2014 年の 7.4％よりも高い成長率となる。このように、コスト削減によって、インフレ率は前年より低下し、少なくとも 2014 年の 2％を下回る。一方、経済成長が加速した結果、経済成長率が相対的に上昇してインフレ率は前年より低下し、それに伴う失業率の低下が予測される。これはマクロ経済運営にとっては、構造的に良い組み合わせである。このような状況におけるデフレ現象は良いデフレだと言える。二つ目は、需要の低迷による影響、あるいは総需要の落ち込みが経済成長に与える影響のほうが、コスト削減が総供給の拡大に与える影響よりも大きい場合である。インフレ率は低下し、2014 年の 2％を下回ると同時に、経済成長率も低下し、前年の 7.4％を下回る（深刻な場合、経済はマイナス成長となり、失業率は自然失業率の警戒すべきレベルを超えるまで上昇する可能性さえある）ようになる。これはマクロ経済運営にとって構造的に悪い組み合わせである。このような状況におけるデフレ現象は悪いデフレだと言える。三つ目は、需要の落ち込みと供給の拡大の経済成長率に与える影響がほぼ同程度の場合である。インフレ率は確実に低下し、前年の 2％を下回るが、経済成長率は前年と大体同じ 7.4％ぐらいとなる。この場合のデフレは良くも悪くもない中性的なデフレだと言える。上述したように、インフレ率の低下の本質を正確に把握するためには、その原因を深く分析し、いかなる状況なのかを判断した上で理解する必要がある。

　次に、総需要はどうなるのか見ていく。投資需要の面から見れば、金融危機以降、中国の固定資産投資需要の伸び率は低下し続けている。21 世紀に入ってからの平均伸び率（約 23％）を大幅に下回り、2013 年には 20％を割り込み、2014 年には落ち込みの勢いがより顕著になっており、今後もこのような低下傾向は続くと見られる。（1）製造業投資。投資の限界収益率の低下により、製造業における革新駆動の優れた投資機会が不足し、全般的な過剰生産状態において、市場原動力も上がりにくいた

め、投資成長率は前年を上回れないと考えられる。（２）投資需要を支える重要な側面である不動産投資。長期的な低下傾向や短期的な政策抑制により、新たな緩和策がとられることになっても、住宅価格が大幅に上昇する見込みはない。特に二線以下の都市は短期的に住宅供給過剰の状況を緩和することが難しく、住宅価格の下落が続く可能性すらあるため、2016年の不動産投資の伸び率は前年を下回ると考えられる。（３）インフラ投資。インフラ投資は比較的安定しており、規模の拡大は難しい。特に中央政府が地方政府への債務管理を強化しているため、インフラ投資需要の伸びは前年を上回らないと見られる。消費需要の変化については、2010年以降、その実質伸び率は低下し続けている。2010年の18％以上から2014年には10％強に低下しており、今後数年で低下傾向を逆転するのは困難である。純輸出については、輸入と輸出はより複雑な状況に直面し、不確実性がさらに増加すると見られる。世界経済が低迷する中で、回復過程にある米国経済とEU・日本経済の差異や、新興国と先進国の経済回復の違い、各国の財政政策・金融政策の変化が中国元の為替レートなどの経済指標へと影響し、より大きなリスクを生み出すと考えられる。それ故、2015年の純輸出成長率は2014年よりも高くなる可能性があるにもかかわらず、上昇幅は決して大きくない。また、中国経済に占める純輸出の割合がそもそも低いため、経済成長への寄与度も低いと見られる。要するに、投資需要と消費需要の伸び率が低下し、総需要の伸び率がさらに低下することは事実である。

　では、総供給はどうなるのであろうか。そもそも高中所得段階に入ってから「中所得国の罠」に陥りやすい大きな理由は、総供給の要素コストが上昇していることにある。したがって、「中所得国の罠」に陥らないためには、生産要素の投入量の拡大に依存する開発から、要素効率と全要素効率の改善に依存する開発への転換が必要となる。そうしなければ、経済は短期的に深刻な不均衡に陥り、コストプッシュ型の深刻なインフレを引き

起こす。長期的には経済成長が停滞する可能性が大きい。2010年、為替レートで米ドルに換算した中国の一人当たりGDPが、初めて世界銀行の定義する高中所得ラインに達した。それ以降、コスト上昇による供給への制約がますます強くなっているが、今後、中国の総供給には新たな変化が生じると考えられる。まず、2014年8月、「中国共産党第18期三中全会重要改革措置実施計画（2014～2020年）」が採択され、新しい財政制度改革、農村土地改革（農村土地請負経営権の移譲、宅地・集団建設用地使用権の権利確認登記などを含む）、国有経済・国有企業改革、文化体制・文化企業改革、科学技術体制改革など多くの改革が始動した。改革の全面的な実施と深化に伴い、さまざまな改革ボーナスも登場した。取引コストと生産・財務コストを引き下げ、企業の課税圧力および市場参入の障壁を下げると同時に、供給力を高め、企業間競争の余地を広げ、総供給の拡大を推し進めたのである。第二に、2014年6月以降、国際石油価格が下落を続け、2014年末には30％以上の下落率に達したことである。中国は石油消費大国であり、石油への高い依存度が年々上昇している。輸入石油が石油消費量に占める割合は60％近くで、8％以上の伸び率を示している。国際石油価格が低下するにつれて、中国における国民経済の総コストも減少する。推計によると、国際石油価格が30％下落すれば、中国の総生産コストはほぼ0.9ポイント低下する。総生産コストの低減はGDPの成長、CPIの低下と企業収益の上昇という三つの側面に影響を与えるため、平均すると、国際石油価格の低下だけでGDP成長率は0.3ポイント上昇することとなる。7.4％（2014年）のGDP成長率にとってはかなりの上昇だと言える。同様に、0.3ポイントの低下はわずか2％（2014年）のCPIにとってもかなりの影響となる。第三に、国民経済の供給構造の高度化が進んでおり、構造的なリバランスは以下のような成果を上げている。①産業構造の高度化が進んできて、特にサービス業の割合が第二次産業を上回っていること。②弱い市場需要への企業の適応力が徐々に高まり、特に営業

収益に占める損失の割合は、前の高度成長期に比べて著しく低下していること。③国民所得分配の構造的不均衡の拡大が抑制され、特にその格差が縮み、ジニ係数は金融危機前（2007年）の49％以上から2014年の46％以上に低下したこと。④国民経済全体の構造的雇用吸収能力が向上し、失業に対処する能力も高まっていることなどである。

　最後に、総需要と総供給の相互作用に起因する「デフレ」はどうなるであろうか。供給側の変化が経済にプラスの影響を与えるのに対し、需要側の変化は経済にマイナスの影響を与える。供給ショックはGDPの増加、物価の下落、失業率の低下を引き起こし、需要ショックは物価の下落、生産の減少、失業率の上昇を引き起こす。両者の複合効果により、物価指数は下落する可能性が極めて高いが、生産と雇用の変化は不確実である。なぜなら総需要の伸びがさらに低下すれば、経済成長と雇用の拡大には不利になるが、供給の拡大により、このようなマイナスの影響をある程度相殺できるからである。さらに、供給側コストの低下は均衡価格を押し下げ、需要を刺激し、需要縮小のマイナスの影響を緩和する可能性がある。そのため、たとえGDP成長率が低下しても、例年より若干低い程度、あるいは例年と同水準にとどまる可能性さえあると考えられる。

三、マクロ経済政策は想定されるデフレにどう対応すべきか

　政策実施の力強さと方式の選択の第一歩は、政策目標を明確にすることである。第一に、目標成長率の設定である。目標成長率を設定するカギは、需給変動に基づき経済成長率の上限と下限を確かめることにある。上限を確かめる際は、インフレを抑制する必要性を考える必要がある。現状から見れば、潜在的な圧力は依然として大きいが、インフレ傾向は顕著ではなく、逆にデフレ傾向はより顕著である。それ故、インフレ率を3％以下に抑制したい場合には、目標経済成長率の上限を8％に設定すれば十分である。一方、下限を確かめる際は、雇用目標を考慮すべきである。2010

年から 2012 年にかけて中国経済成長の労働力需要への影響を数値化すると、GDP 成長率が 6.5％であれば、雇用目標は達成できる。上限と下限の中間値を選んで目標成長率を設定すれば、中長期の経済成長目標を達成でき、そのための要件を重視すべきである。小康社会の全面的完成という 2020 年の目標を達成するには、2020 年の GDP を 2010 年の 2 倍（不変価格）とし、年平均成長率を約 7.2％程度にしなければならない。ここ数年、成長率が大幅に鈍化し、高度成長期から中高度成長期への過渡期に入ったとはいえ、年平均成長率は 7.2％を上回り（2011 ～ 2014 年はそれぞれ 9.3％、7.7％、7.7％、7.4％）、約 8％にも達している。今後数年間、GDP 倍増計画に時間の変更がない場合、成長率が約 6.7％であれば、小康社会の全面的完成は確実に達成できる。同時に、全面的小康を達成するための一人当たり GDP の目標（不変価格で 2010 年比倍増）を考慮する。人口増加率の鈍化による GDP 総額の絶対的成長が減少しているため、一人当たり GDP の倍増を達成するためには、総量倍増に必要な平均成長率（6.7％）よりも若干高い年平均成長率が必要となる。要するに、7 ～ 7.4％の目標成長率が穏当だと言える。これなら、中長期的な成長目標と短期的な雇用目標の要件を満たすだけでなく、客観的な事実（需要縮小のため成長率は例年を上回らないと考えられるが、供給ショックを考慮すれば、成長率が急激に低下することもないと予想できる）にも基づいているからである。さらに、中長期的な成長目標を達成するための年平均成長率と雇用維持に必要な短期的成長率への要求を踏まえ、政策目標の変動幅が大きすぎてはいけない点も考慮すると、2015 年の目標経済成長率を 7 ～ 7.4％とすれば適切で実現可能であると考えられる。第二にインフレ目標の設定である。需要と供給の影響の共通性から見れば、2015 年のインフレ目標は、潜在的なインフレ圧力が実際のインフレになることを警戒する（即ち目標インフレの上限を重視する）と同時に、目標インフレの下限を設定する必要もある。インフレ率が 2％以下、特に 1％以下になった場合、人々

の判断にネガティブな影響を与える可能性がある。すると、需要低迷が強まり、経済成長がさらに抑制され、市場均衡価格の下落がもたらす需要への刺激効果が阻害効果に転化する可能性も高まる。そのため、インフレ目標の上限を3%、下限を1%に設定するのが合理的かつ必要な措置である。一方、インフレ目標を2014年の2%より著しく高く設定してはならない。特に、経済成長率が2014年の7.4%より低い場合、2014年の2%より著しく高いインフレ率を設定することは、政策目標として合理的ではない。一方、1%より著しく低くすることも許されない。過度に低いインフレ率は人々の判断に影響を与え、経済成長に不確実性をもたらすため、1%より著しく低くしてはならない。

　政策実施の力強さと方式の選択の第二歩は、財政政策と金融政策の組み合わせを明確にすることである。「積極的な財政政策と穏健な金融政策」は、金融危機に対応するための全面的な拡大政策を終わらせた2010年10月以降のマクロ経済政策である。金融危機に対応した時期の「より積極的な財政政策と適度な緩和的金融政策」に比べ、マクロ経済政策は拡大策と拡大策の組み合わせから拡大策と緊縮策の組み合わせへと転換された。つまり財政政策の拡張力は弱くなったものの、依然として拡張政策を採用する一方、金融政策は緩和から引き締めへと転換されたのである。なぜなら、全面的な拡大政策が終わった後は、インフレ圧力と景気下振れという二重のリスクをコントロールする必要があるからである。現在の需要と供給の共同効果によるマクロ不均衡の新たな変化を見れば、この政策の緩和と引き締めの組み合わせを適時適切に調整する必要があることがわかる。第一に、財政政策は引き続き拡大する必要があるが、構造を重視しなければならない。全体的な需要の縮小傾向において、目標経済成長率と雇用目標を達成するためには、財政政策を通じて需要（特に社会資本整備投資需要）を刺激することが必要かつ可能である。ただし、需要の規模拡張を抑制し、構造的な拡大を重視する必要がある。これは過剰生産能力が深刻に

なっている状況下では特に重要である。それ故、まず、拡張的な財政政策を通じて需要を刺激する際、インフラや公共施設への投資をより重視する一方、一般的な産業投資を最小限に抑え、特に競争力のある分野での直接投資を削減しなければならない。次に、短期的な需要創出効果だけでなく、拡張的な財政政策のもたらす中長期的な供給効果をより重視すべきである。財政政策を通じて、企業のコストを削減し、技術革新・産業構造の高度化・優れた設備製造業の発展を促進し、企業の組織構造を最適化へと導く。さらに、財政政策を総合的に活用し、財政支出政策を通じて経済を刺激すると同時に、財政収入政策を活用して経済を刺激することも重視すべきである。なぜなら、供給効果の拡大や構造調整の推進にとっては、財政収入政策の方がより重要な役割を果たしているからである。第二に、穏健な金融政策の引き締め度合いを調整することで、緊縮的な金融政策を相対的に緩和し、少なくとも中立的な金融政策へと転換させる。実際、金融危機後の回復局面において、国民経済に「スタグフレーション」のリスクがある場合、財政政策と金融政策が同じ目標や方向に進むことは難しい。そのため、緊縮的な財政政策と緩和的な金融政策の逆方向の組み合わせをとるのが適切である。なぜなら、金融危機に対応する時期の拡張的な財政政策を続けていけば、財政赤字ないしインフレに持続的に大きな圧力を与え続けるため、経済に効果的な成長にとって不利だからである。一方、金融引き締め政策をとれば、企業の融資コストが増加され、回復局面における企業の投資拡大を抑制することとなる。逆に、緊縮的な財政政策は、金融危機に対応するための拡張的な財政政策によるコストを吸収することができ、緩和的な金融政策は、企業のコストを引き下げ、企業の投資を刺激することができる。金融危機後の景気回復期に入ったとはいえ、需要の低迷傾向は顕著であるため、緊縮財政政策を採用するのは非現実的である。全体的な拡大を前提に構造的拡大を重視すると同時に、穏健な金融政策の引き締め度合いを調整することがデフレに対応するための最良の策である。

それ故、まず、デフレの発生に伴って上昇する実質金利を正常範囲に保つため、中央銀行は、起こり得る市場金利の低下に適応した基準金利を引き下げると同時に、金融機関が自主的に価格を設定できるよう金利市場化改革を促進する必要がある。第二に、インフレ目標の範囲内で金融政策の引き締め度合いを適切に調整し、規模的目標と構造的目標を一致させ、金融政策を通じて国民経済構造調整のための条件を整え、規模政策と構造的指向政策とを協調させる。第三に、数量型金融政策ツールと価格型金融政策ツールを組み合わせる。中国の金利市場化改革が進めば、マネーサプライと貨幣価格の内的関連が出来上がるという金融政策の中間目標は達成できる。したがって、金融政策を通じて、通貨量を調節して市場金利を誘導し、または基準金利を調節して市場金利に影響を与えてから、貨幣市場の需給関係による通貨供給量を誘導するメカニズムが可能となる。それ故、利下げと預金準備率下げを協調させ、流動性規模調整と市場金利誘導を協調させることも必要かつ可能となる。第四に、様々な政策ツールの組み合わせを充実・改善し、流動性管理能力を向上させ、流動性の規模を合理的な範囲に維持する。特に中央銀行通貨の供給ルートの一つとして、為替決済のために発行される通貨の役割が弱まるという条件の下、資本移動、財政政策、資本市場の変化などの要因が複雑に絡み合う状況下では、柔軟性のある多様な政策ツールを活用し、高い流動性を維持する必要がある。それには、国民経済の融資コスト、特に企業のコストを引き下げることが極めて重要である。

第五節　マクロ経済政策とマクロ進度統計：弱い需要と穏健な成長はなぜか？

一、問題提起

中国のマクロ経済の需要進度データ[12]を見ると、2013年のCPIは前

第二章　新常態における新たな変化、新たな不均衡、新たな政策　　67

年と同じ 2.6％であるが、社会全体の固定資産投資、社会消費財小売総額、純輸出成長率はいずれも低下している（表 2-1 参照）。国内総需要は依然として減少し続けており、さらなる景気後退を避けるために、マクロ刺激策の実施を検討する必要があるという結論が得られる。しかし、GDP 成長率から見れば、両年とも 7.7％と低下傾向が鈍化しており、産業構造も改善されている。したがって、新たな景気刺激策を打ち出さなくとも、市場自体の役割を果たして経済成長を実現する可能性があることがわかる。このように、需要進度データと GDP の年間成長率には矛盾があり、異なる経済的結論を導くのである [13]。この場合、GDP 統計が中国の経済成長率を過大評価しているのか、あるいはマクロ進度統計（消費、投資、輸出入）が中国の経済成長における真の要求を客観的に示していないかといういずれかの間違いが必ず存在する。いずれの間違いも、経済状況の判断やそれに基づくマクロ・コントロールに影響を与える可能性がある [14]。

表 2-1　2012 年と 2013 年における主なマクロ経済指標の比較

年	GDP 成長率（％）	社会全体の固定資産投資の成長率（％）	貨物輸出成長率（％）	貨物輸入成長率（％）	社会消費財小売総額の成長率（％）	CPI（％）
2012	7.7	20.3	7.9	4.3	14.3	2.6
2013	7.7	19.3	7.9	7.3	13.1	2.6

データソース：『中国統計年鑑 2013』、『2013 年統計公報』。

二、現在のマクロ進度統計はマクロ経済の運行状況を正確かつ真に反映していない

1980 年代半ば、経済成長や近代化を促進するため、中国は国際基準に則った GDP 計算と国民経済計算体系を確立・発展させた。計算の中核となるのが産業分類に基づく生産面からのアプローチである。もちろん支出面からのアプローチも発展させ、投入産出表、資金移動表、国際収支尻なども作成しているが、その構造よりもその成長率を経済開発の主な目標と

して重視しているため、先進国のように経済活動別（産業別）GDP（現行価格）、支出面から見たGDP（現行価格）、産業別成長率および総額の成長率（不変価格）を我々の進度統計（四半期ごとおよび翌年初め）で公表していない。中国の経済開発水準が比較的低かった頃、このような統計の違いはその経済成長にそれほど大きな悪影響をもたらさなかった。しかし、経済開発水準が上昇し続け、経済活動の複雑さも増加している現在、中国のマクロ・コントロールは経済総額への管理も、経済構造への管理も強化しなければならない。現行のマクロ進度統計制度はマクロ・コントロールおよび管理の要求をますます満たせなくなっているのである。

　計画経済の伝統的な理論では、生産活動は五つの物質生産部門（農業、工業、建設業、商業、運輸業）の生産に分けられる。それに基づいて計画経済における国民経済統計制度が形成された。この制度の下、工業・農業生産高（特に工業生産高）は最も重要な統計指標であり、経済成長を示す象徴的な指標とされる。1982年の第12回党大会で設定された中国経済成長の長期的目標は、工業・農業生産高を4倍にすることであった。現在でも、工業生産高への評価は最も重視されている。四半期ごとにしか発表されないGDPとは異なり、統計部門は毎月工業部門の進度状況を発表している。一方、社会消費財小売総額と社会全体の固定資産投資総額は、当時の商業・投資活動の基本的な指標であった。1980年代半ば、改革開放と近代化を促進するために、中国の統計部門は国際基準に従って、物的生産物計算（MPS）を国民経済計算（SNA）へと変更し、工業・農業生産高の代わりに、GDPを以てその経済成長を反映するよう当時の統計制度を改革した。そして、国民所得計算、投入産出計算、国際収支尻、資金移動表、国民貸借計算などを連結した国民経済計算体系を徐々に発展させたのである。しかし、社会消費財小売総額と社会全体の固定資産投資総額は、国内総需要の変化を反映する消費と投資の指標として、あるいは国民経済活動における消費と投資を反映するために、GDP（支出側）における最

終消費と資本形成の代わりに残された。こうして、経済成長の進度統計基準は一致しなくなったのである。生産側では、すべての生産活動が含まれる産業三部門の概念を用いているのに対し、需要側では、サービス活動のかなりの部分が含まれない物質生産部門という狭い概念を用いている。これが生産側のデータ（GDP）と需要側のデータの間に矛盾が生じる主な理由である。

　現在のマクロ経済統計の中の最終需要は、実際には二つの指標で反映されている。一つは、年次統計に発表されている支出面から見た GDP である。これは生産面から見た GDP とワンセットであり、国際基準に基づいた国内総需要の構造変化をよく反映しているデータである。ただしデメリットには、適時性が確保できないこと（半年後に公表）と、現行価格と不変価格で計算された各部分（民間最終消費、政府最終消費、固定資産形成、在庫変動、財・サービスの輸出、財・サービスの輸入）の変化を同時に提供できないことが挙げられる。もう一つは、進度統計で使われる伝統的な統計指標、すなわち社会消費財小売総額、社会全体の固定資産投資総額、米ドルで計算する税関の輸出入額である。これらのデータは国家統計局によって四半期ごとにマクロ経済データ記者会見で公表され、主な指標として、各分野で行うマクロ経済分析、特に需要分析に用いられている。すなわち実際には、社会消費財小売総額、社会全体の固定資産投資総額、米ドルで計算する税関の輸出入額を以てそれぞれ需要、投資、財・サービスの輸出入を反映し、それに基づいたマクロ経済分析を即時行っているのである。言い換えれば、年次データの面では、基本的に計画経済から市場経済への移行は達成したものの、進度統計の面では、このような移行が中途半端である。すなわち、生産統計はすでに市場経済に移行しているが、需要統計はまだ完全に移行しておらず、いまだに計画経済時代の指標や方法をかなりの程度で用いている。あるいは需要側の統計指標（支出面から見た GDP）の代わりに、従来の計画経済時代の指標を使っている。

（一）消費

　消費財小売総額（以下、小売総額）とは、商業統計指標の一つで、営利企業（卸売・小売業、ホテル・飲食業）および自営業者が取引により、非生産的・非営業的な用途で個人や社会集団に販売された物的財貨の金額、および宿泊・飲食サービスの提供により得られた所得の金額を指す。中国の年次統計公報では、「消費」ではなく「国内取引」の見出しで発表・分析されている。厳密に言えば、宿泊・飲食業は消費財ではなくサービス業であるが、改革開放以前は商業部門によって管理され、商業統計に含まれていた。一方、卸売、運輸、郵便・通信などは商業部門の管理下にはなかった（それぞれ材料部門、運輸部門、郵便・通信部門によって管理されていた）ため、商業統計には含まれなかった。計画経済時代、商業部門には「供給の保証」という任務が委ねられていたため、小売総額は小売商品を計画・集計する際に使う指標であり、マクロ経済指標ではなかった。農村住民が自家用に生産する消費財も最終消費に含まれるが、商業活動には参加しないため、小売総額には数えられない。したがって、計画経済の時代においても、小売総額は正確に社会全体の消費水準を反映することはできていなかったのである。

　社会消費財小売総額とGDP（支出側）における最終消費支出（以下、最終消費支出）の間には大きな違いが三つある。第一に、小売総額には、旧商業部門が管理していた宿泊・飲食のサービスのみが含まれていた。教育、医療、文化、運輸、通信、金融、住宅などのサービスは小売総額に含まれていなかったが、最終消費支出には含まれていた。第二に、生産部門や小売業によって購入され、生産過程において中間消費として使用される多くの商品（例：一部の金属・化学製品）は、小売総額には含まれているが、最終消費支出には含まれていない。第三に、最終消費支出には、民間最終消費と政府最終消費が含まれていたが、小売総額に含まれていたのは社会団体購買力のみで、政府出資の多くの公共サービスは含まれていな

かった。それ故、小売総額は民間最終消費支出を反映する指標としては広いが、総消費を反映する指標としては狭いと言える。発展水準の低かった中国の経済が多少の発展を見せた改革開放当初、家計のエンゲル係数は比較的高く、公共サービスが多く（つまり、住民のサービスに対する支出は少なかった）、消費市場化の度合いも高くなり（農民が自給自足ではなく、市場を利用して食料を買うようになった）ため、GDP（支出側）における民間最終消費支出の代わりに、小売総額を使えば、消費の水準とその変化の傾向をある程度反映することができた。しかし近年は、市場化改革の深化や人々の生活水準の向上に伴い、住民生活と公共消費に占めるサービスへの支出の割合も増加しているため、小売総額は正確に消費の発展と変化を反映することができなくなっている。数値や成長率から見れば、2012年の最終消費支出は26.2兆元で、前年比名目成長率は12.8％であった。小売総額は21兆元で、前年比で14.3％増加している。数値は最終消費支出のほうが高かったが、成長率は小売総額のほうが高かった。2012年、中国のGDP名目成長率は9.68％であった。最終消費支出の成長率が経済成長率を約3.1％上回ったのは、最終消費が経済より速く成長し、経済成長への貢献も増え始めたことを示している。しかし小売総額から見れば、こうした結論を導き出すことはできない。

（二）投資

社会全体の固定資産投資総額は計画経済時代の基礎建設財務指標であった。管理ルートから見ると、基本建設投資、更新・改造資金、大規模修理資金に分けられる（後に基本建設、更新・改造、不動産開発などに調整される）。構成から見ると、建設・設置工事、設備・工具・器具の購入、その他の費用に分けられる。この指標を設定したそもそもの目的は、計画経済時代において政府の投資資金（財政資金と企業資金を含む）を管理し、投資においてどれだけの資金がどこに使われたかを把握するためであった。

資金が資産になったかどうかより、どれだけの資金が投入されたかが焦点となっている。そして経済体制の変遷に伴い、管理ルートからの分類は廃止されたものの、構成要素からの分類はそのまま残された。ただし、この指標の核心は依然としてモノへの統計ではなく、資金への計算である。一見すると、GDP（支出側）における固定資産形成に似ているが、この二つの統計指標の範囲は異なる。まず、土地取得費、古い建物や設備の購入費は社会全体の固定資産投資には含まれているが、固定資産形成には含まれていない。そして、500万元未満の建設プロジェクトの固定資産投資は固定資産形成に含まれているが、社会全体の固定資産投資には含まれていない。また、商業用不動産の販売により生み出された付加価値（すなわち商業用不動産の投資費用と販売価格との差額）も固定資産形成には含まれているが、社会全体の固定資産投資には含まれていない。最後に、鉱産探査、コンピュータのソフトウェアなどの無形固定資産の支出も固定資産形成には含まれているが、社会全体の固定資産投資には含まれていない [15]。全体から見れば、社会全体の固定資産投資総額は、主に投資の「支出」とその動的変化を考察するのに対して、GDP（支出側）における総資本形成は、国民所得の最終用途の指標であり、その年の国民所得（GDP）のどれぐらいが将来に利用し得る現存資産（固定資産形成と在庫の増加を含む）になったのかを示している。数値や成長率から見れば、社会全体の固定資産投資総額はGDP（支出側）における投資（総資本形成）と大きく異なる。2012年、中国のGDP（支出側）における総資本形成は名目で前年比10.7％増（実質成長率は公表されなかった）の25.3兆元で、社会全体の固定資産投資総額は名目で前年比20.3％増の37.5兆元であった。後者は前者を50％近く上回り、成長率も10ポイント上回った。GDP（支出側）の資本形成成長率（10.7％）は、名目GDP成長率（9.68％）を1ポイント上回り、最終消費成長率（12.8％）を2ポイント下回った。しかし、社会全体の固定資産投資総額を用いた場合、この結論を出すことはできな

い。とはいえ、社会全体の固定資産投資総額は動的変化を反映することができる。例えば、社会全体の固定資産投資の成長率は2003年以降、長らく25％以上を維持していたが、2013年と2014年には20％未満に下落し、中国における投資の成長が鈍化していることを示している。しかし、各部分における投資の実態や、投資と経済成長との関連を正確に反映できないことは社会全体の固定資産投資総額のデメリットである。

（三）輸出入

輸出入統計に関して見ると、GDP（支出側）における輸出入の概念は、通関統計のそれよりも広い。GDP（支出側）における輸出入には、モノの輸出入だけでなく、サービスの輸出入も含まれ、税関で課税される輸出入品だけでなく、税関で検査されない旅行者が持ち込んだモノも含まれる。通関統計の輸出入は米ドルで計算しているが、支出面から計算すれば、財・サービスの輸出入はいずれも人民元で計算するべきである。現在、財・サービスの輸出入は合算されて、「財・サービスの純輸出」として毎年のGDP（支出側）の中に入っている。これに基づき、消費・投資・純輸出の経済成長への寄与が別々に計算されている。表2-2によると、最終消費支出、総資本形成、財・サービスの純輸出の経済成長への寄与度はそれぞれ4.2ポイント、3.6ポイント、-0.1％ポイント（合計7.7ポイント）であることがわかる。純輸出は経済成長にほぼ寄与していないと言える。では、なぜ対外貿易を発展させる必要があるのであろうか？国際収支理論では、対外貿易の発展を評価する重要な基準は国際収支であるが、表2-2で分析したように、国際収支（経常勘定収支）が均衡すれば、外需は経済成長に寄与しない。しかし、国際収支が均衡していれば、赤字であっても、大きな付加価値や新たな雇用機会を生み出す対外貿易は依然として不可欠であるという認識が広まっている。表2-2の結論は間違ってはいないが、極めて誤解を招きやすいと言える。

表 2-2　2012 年の GDP 成長への需要項目別寄与率・寄与度

	最終消費支出	総資本形成	財・サービスの純輸出	計
寄与率（%）	55.0	47.1	-2.1	100
寄与度（ポイント）	4.2	3.6	-0.1	7.7

データソース：『中国統計年鑑 2013』。

　表 2-3 は、経済協力開発機構（OECD）が公表した 2011 年の各国の最終需要項目別経済成長への寄与度を抜粋したものである。表 2-3 によると、経済成長に対する輸出と輸入の寄与は別々に示されており、輸出による寄与度はプラスで、輸入による寄与度はマイナスであることがわかる。2011年の経済成長率が高かったチリとトルコを例にして見てみよう。チリは民間消費と固定資産形成の成長率が高く、輸入規模も大きかったことから、消費と投資の輸入依存度が高かったことがわかる。一方、トルコは民間消費と固定資産形成の成長率はチリと同程度であったが、輸入規模はチリよりかなり小さかった。これは、消費と投資の成長が主に国内生産に依存していることを示しており、それ故、トルコの経済成長率は比較的高かったのである。一方、韓国は、消費と資本形成は成長率が低く、投資はマイナスにさえなったものの、経済成長率は 2.93％ にも達した。主な原因は輸出の成長率が高く、ほとんどの欧米諸国よりも高い経済成長率を維持できるようにさせたことにある。日本は経済弱体化の典型的な例であり、消費も投資も少ししか成長していない（それでもプラス成長）が、輸出と輸入の両方の寄与度はマイナスだったため、GDP 成長もマイナスとなった。輸入を一つの需要項目としたのは、輸入も国民所得の用途の一つだからである。国内で生み出され、他国の所得として海外に流れたものの、得られた製品（財）は国内生産の中間消費、消費、投資、再輸出などに使われる。逆に言えば、最終消費、資本形成、輸出は、国内外を問わず、生産部門による財・サービスの最終的な販売から生み出される所得なのである。支出面から国民所得を計算するのは、これらの所得の経済成長への寄与度と寄

与率をそれぞれ反映させるためである。したがって、消費、投資、輸出という三大需要項目（以下、三大需要項目）の GDP への寄与度を反映させる際は、輸出だけでなく、国民所得の最終用途から輸入を差し引く必要がある。純輸出という概念については、世界各国でよく使われているが、あくまで国際収支の側面から経済を評価する概念であり、三大需要項目別寄与度への考察には適用されない。

　OECD のように三大需要項目の経済成長への寄与度・寄与率を公表しようとすれば、不変価格で GDP（支出側）の各構成要素を計算する必要がある。現在、中国国家統計局もこの作業を進めており、四半期別 GDP の公表において、最終需要の各構成要素（ただし、輸出と輸入は別々にされておらず、純輸出の概念が依然として用いられている）の経済成長への寄与度の推定に言及することはあるものの、各構成要素の実際の数値や成長率は公表されておらず、経済成長の進度状況への全面的な観察と理解に影響を与えている。

表 2-3　2011 年における一部の OECD 加盟国の最終需要項目別経済成長への寄与度（%）

国・地域	民間消費	政府消費	固定資産形成	輸出	輸入	GDP
チリ	5.12	0.47	3.78	1.76	-4.58	6.55
ドイツ	0.97	0.19	1.08	3.67	-3.08	2.83
イタリア	0.07	-0.18	-0.36	1.60	-0.17	0.96
日本	0.08	0.39	0.15	-0.01	-0.88	-0.27
韓国	1.19	0.31	-0.32	4.98	-3.23	2.93
トルコ	5.56	0.64	3.49	1.37	-2.91	8.15
米国	1.79	-0.47	0.57	0.85	-0.78	1.96
ユーロ圏	0.07	-0.03	0.27	2.59	-1.63	1.27
OECD 加盟国	1.09	-0.08	0.61	1.62	-1.41	1.83

データソース：OECD データベース、http://www.oecd-ilibrary.org/economics/national-accounts-at-aglance-2013/contribution-to-gdp-growth-by-final-demand-components_na_glance-2013---table27-en より。

三、マクロ政策決定に対する現行マクロ進度統計の影響

「経済成長」志向の結果、中国のマクロ・コントロールは、構造目標よりも総額目標をより重視しており、構造変化を反映する統計分析への要求は相対的に低い。2003 年以降の新たな経済成長期およびその後の世界金融危機の時期に、我々は近代的なマクロ・コントロール政策（特に金融政策）を強化した。これらの政策の主な目的は、物価水準や国際貿易などにも及ぶが、経済の「安定的かつ比較的速い急速な成長」を維持するためである。とはいえ、各構造の総額、特に総需要の発展に具体的な目標はない。消費拡大や内需拡大がよく目標として言われるが、進度統計には、国際標準に基づいた四半期別 GDP に連動した投資や消費のデータがない。従来の指標を利用し、投資や消費の発展動向を把握しただけである。これらの指標は互いに連動していないため、社会全体の固定資産投資総額と消費財小売総額を直接足し合わせたり、成長率を直接比較したりすることができず、総需要と総供給の相関関係に関する定量分析もできない。2000 年と2012 年、中国社会全体の固定資産投資総額はそれぞれ 3 兆 2918 億元と 37 兆 4695 億元で、現行価格で計算すれば年平均成長率は 21.45％（統計の取り方は一致）であった。一方、消費財小売総額はそれぞれ 3 兆 4152 億元と 21 兆 0307 億元で、現行価格で計算すれば年平均成長率は 16.35％となる。両者を比較できる可能性は低い。横に比較すれば、2000 年の中国の消費財小売総額は社会全体の固定資産投資総額の 103.7％であり、2012 年には 56.13％にまで低下し、社会全体の固定資産投資総額の急速な伸びが両者の比率を急速に低下させたことを示している。しかし、両者の比率に関する合理的な基準がないため、両者の成長率をどのように調整すべきかについて、分析や研究による結論を導くことができない。できるのは、社会全体の固定資産投資と消費財小売総額の動的比較により、経済が過熱するかどうかを判断することのみである。しかし、このような判断は偏差が大きく、多くの場合、GDP（支出側）の年次データが発表されるまで長

第二章　新常態における新たな変化、新たな不均衡、新たな政策　　77

い時間がかかるため、偏差を調整する良いタイミングを見逃す可能性が高い。しかも、新たなマクロ・コントロールは、新しい統計データに基づいて行うため、再び新しい偏差が生じる。このように、長期的に見れば、投資と消費の構造的矛盾はさらに悪化することが考えられる。

　消費と投資に国内総需要を構成する二つの項目である。消費の割合が増加すれば投資の割合は減少し、逆も然りである。四半期別GDP（支出側）データがあれば、消費と投資の構成比の変化に応じて、マクロ政策を選択し、需要構造を調整することができる。しかし、「社会消費財小売総額」および「社会全体の固定資産投資総額」では、このようなマクロ・コントロールができない。したがって、マクロ経済の状況を反映させるためにどのような指標を選択するかは、それをどのように理解し、その理解に基づいてどのようなマクロ・コントロールを行うかによって決まるのである。

　マクロ・コントロール政策の変化に伴い、その基礎業務も強化しなければならない。マクロ進度統計では、生産面だけからGDPを捉えたり、相も変わらず計画経済時代の伝統的指標で消費と投資を反映したりしてはならない。経済成長の全体像と国民経済における重要な比例関係を把握するために、支出面や分配面からもGDPを計算する必要がある。中国の国民経済計算は、過去二十年間の改革と実践を通じて大きな進歩を遂げてきた。国民経済計算における進度統計のさらなる発展には、理論的にも方法論的にも大きな問題はないが、重要なのは統計業務の改革を通じていかに発展を実現するかということである。社会・経済の発展への新しい要求に応じて、中国は現在、新たな経済改革を進めている。統計部門もこの機会をもって統計制度の改革を深化させ、国民経済計算のさらなる発展を促進すべきである。これは、国際標準に沿って統計業務を発展する必要条件だけでなく、近代化建設やマクロ経済管理のための必要条件でもある。

註

1) 16.77 兆米ドル。
2) 統計の誤差（中国では第三次産業の生産額が過小評価されることが多く、2004 年、2008
年、2013 年の経済センサスのデータ改定を見ると、訂正された GDP 増分に占める第三次
産業の割合が最も高く、それぞれ 93％、81％、71％以上に達していることがわかる。これ
は、第三次産業が過去の統計で最も過少にカウントされていることを示している）を考慮
すれば、実際の第三次産業の割合は統計に反映されているレベルよりも高い。
3) 国際通貨基金などの機関によると、購買力平価で計算すると、中国の GDP 総額は 2014
年に米国を抜き、いわゆる世界一の経済大国となったが、財・サービスの構造が異なる各
国の市場によって、同量の財の購買力は大きく異なる。一般的に言えば、遅れている国
の所得は全体的に低く、絶対的な物価もそれに応じて低いため、購買力平価を用いた場合、
購買力を過大評価してしまう可能性がある。経済史から見ると、その発展水準は十年程度
過大評価されるのが普通である。
4) 「英国病」とは、原動力と競争力の欠如による英国の長期的な経済衰退を指す。この衰退
傾向は 20 世紀に入ってから徐々に現れたため、「20 世紀英国病」とも呼ばれるが、その原
因は 19 世紀に形成され始め、19 世紀後半に顕在化し始めた。羅志儒、李怡寧《20 世紀的
英国経済：英国病研究》北京大学出版社 1981 年。
5) 《邓小平文选》（第 3 巻）人民出版社 1993 年。
6) 習近平《習近平談治国理政》外文出版社 2014 年。
7) 劉偉 " 我国経済増长及失衡新变化和新特征 "《経済学动态》2014 年第 3 期。
8) 劉偉、張輝 " 我国経済增长中的产业结构问题 "《中国高校社会科学》2013 年第 4 期。
9) 劉偉、蘇剣 " 从就业角度看中国経済目标增长的确定 "《中国銀行业》2014 年第 9 期。
10) 劉偉 " 突破 " 中等收入陷阱 " 的关键在于转变发展方式 "《上海行政学院学报》2018 年第 9
期。
11) 劉偉 " 怎样认识和对待可能产生的通缩 "《区域経済评论》2014 年第 3 期。
12) 進度データとは、少なくとも半年後に《統計年鑑》で発表される年次データとは対照的
に、月末、四半期末、年度末に即座に発表される統計のことで、即時性をより重視してい
る。マクロ・コントロールの重要な基礎となるデータである。
13) 劉偉、蔡志洲 " 宏观経済決策与宏观进度统计：为何需求疲软增长稳健 "《経済学动态》
2014 年第 8 期。
14) 2014 年上半期の中国の GDP 成長率は 7.4％で、前年に比べわずか 0.3 ポイントの低下で
あった。産業別では依然として、第三次産業（8.0％）、第二次産業（7.4％）、第一次産業
（3.9％）の順である。一方、社会全体の固定資産投資（17.3％）、消費財小売総額（12.1％）、
純輸出の成長率は明らかに低下し続けている。
15) 許憲春ほか " 中国的投资增长及其与财政政策的关系 "《管理世界》2013 年第 6 期。

第三章

経済成長における
規模全体の不均衡と
マクロ・コントロール

第一節　新時代における不均衡の特徴の発展とマクロ政策の調整

　改革開放以来の過去三十年間、高度経済成長のプロセスで、中国の経済成長の不均衡は何度も発展を見せてきた。前述したように、三つの大きな段階[1]、さらには七つの小さな段階に細分化され、それぞれが異なる特徴を持つ。

　第一段階は1978年から1988年までである。この段階の不均衡の主な特徴は、不足経済に基づく需要の拡大であった。1984年末と1988年夏から秋にかけて、さらに深刻なインフレが二回発生し、1988年のインフレ率は18.8％に達した。そのため、マクロ経済政策はデフレ志向となり、インフレ抑制がマクロ・コントロールの第一目標となった。

　第二段階は1989年から1991年までである。経済成長の鈍化、失業率の上昇、経済の構造的矛盾の顕著化、構造調整の過程における経済成長の低迷をこの段階の特徴とした。したがって、マクロ経済政策の焦点は構造調整を促進した上で、より高い経済成長率を確保するように努め、規模の削減と構造的失業の埋戻しが顕著な目標となった。

　第三段階は1992年から1998年までである。不均衡の主な特徴は、急速な経済成長における過剰需要、とりわけ投資需要の急増であった。1994年のインフレ率は24.1％にも達し、インフレ抑制対策がマクロ・コントロールの主要課題となった。

　第四段階は1999年から2002年までである。不均衡の主な特徴は、前段階の高度成長で形成された構造的矛盾がますます深刻になり、その上での非効率な拡張により、過剰生産能力が形成された。特にアジア金融危機の影響下で、経済成長が鈍化し、大量の国有企業労働者が解雇され、大量の出稼ぎ労働者と郷鎮企業労働者が農業に戻り、物価指数が長年にわたりマイナスとなった。したがって、アジア金融危機に対処し、経済構造を調整

し、総需要を拡大して経済成長を刺激し、失業率を改善することが、マクロ・コントロールの主要な目標となった。

第五段階は 2003 年から 2007 年までである。年平均 10％以上で経済が成長しているが、投資と消費という二つの異なる分野で逆方向の不均衡が見られた。すなわち、投資では需要が過熱し、重要な投資財の価格は上昇を続け、高止まりしている一方、消費は相対的に需要不足であり、中でも多くの工業消費財の生産能力は過剰であった。そこで、マクロ・コントロールは財政政策と金融政策の逆方向の組み合わせを採用し、過熱した投資を抑制すると同時に消費需要を刺激するという二つの目的を達成するために、金融引き締め政策とともに拡張的な財政政策を選択した。

第六段階は 2008 年から 2010 年までである。不均衡の主な特徴は、世界金融危機の影響により、国内需要不足の矛盾がさらに浮き彫りとなり、輸出成長率が大幅に低下し、マイナス成長でさえあった（2009 年）。総需要の低迷は経済成長率の継続的な低下を招いた。2008 年第 1 四半期から2009 年第 1 四半期にかけて、5 四半期連続で低下し、2007 年の 13％から2009 年第 1 四半期の 6.2％にまで低下した。そのため、マクロ経済政策は2008 年後半から、金融危機の影響に対処するため、より積極的な財政政策と適度な金融緩和政策を採用し、包括的に経済を刺激しはじめた。

第七段階は、2010 年末から現在に至るまでである。すなわち金融危機に全面的に対応した拡張政策の「機に応じた撤退」以降、中国の経済成長の不均衡には一連の新たな特徴が現れた。一言で言えば、経済成長の減速（下振れ）の脅威とインフレ圧力の増大のリスクが共存することを意味する。

実際、現在の状況は一般に「スタグフレーション」と呼ばれる状況に似ている。一方では、経済成長率が 2011 年第 1 四半期から 2012 年第 3 四半期まで前例のない 7 四半期連続で低下しており、他方では、潜在的なインフレ圧力が高まり、インフレ予測は常に高止まりしているため、それに応

じてマクロ経済政策やマクロ・コントロール手法に新たな変化が求められている。これは中国の経済発展の新たな段階に直接関係している。三十年以上の急成長を経て、低所得の貧困国から中所得国へ、さらには高所得国への移行へと発展した経済大国として、中国の総体的不均衡は一連の新たな特徴を持つ。第一に、経済成長率が9％を超える高成長を維持し続けることは難しく、長期的なトレンドとして、2020年までに経済成長率は7％〜8％に低下すると予想され、2020年以降はさらに5％〜6％に低下する可能性がある。第二に、投資需要の伸び率に新たな変化が生じ、特に新工業化を基本的に達成するという目標に近づくにつれ、投資需要の急拡大の勢いは徐々に弱まり、都市化加速期（都市化率が70％に達した後）の終了とともに、投資需要の伸び率が鈍化する傾向がより顕著になると考えられる。第三に、輸出総額が増え続けるにつれ（中国は現代においてすでに世界トップの輸出国である）、輸出需要増加のベース効果は徐々に弱まる恐れがある。また、世界金融危機による世界経済の回復の不振も、中国の輸出成長率に直接影響を与えるであろう。さらに重要なのは、このような総体的不均衡という新たな特徴の背後には、産業構造、地域構造、都市・農村構造、需要構造、投資構造、消費構造、分配構造、雇用構造、要素構造などの変化といった、より深刻な構造的不均衡という一連の新たな矛盾を生み出すということである。こうした経済規模全体の不均衡と構造的不均衡の矛盾は絡み合い、マクロ・コントロールに一連の新たな問題をもたらすと考えられる[2]。

　現段階の経済には二つの可能性がある。一つは、中所得段階から高所得段階への飛躍を短期間で達成すること、もう一つは、中所得段階で停滞し、経済が持続可能な発展を遂げることができないことである。後者はつまり、歴史的な「ラテンアメリカの所得格差」や「東アジアのバブル」、現在の「中東・北アフリカの危機」などのような、いわゆる「中所得国の罠」に陥ることである。中国も含め、現在中所得層にある世界の50以上の国や

第三章　経済成長における規模全体の不均衡とマクロ・コントロール　　83

地域が、その両方の可能性に直面している。「中所得」とは何なのかについてはさまざまな認識がある。また、その分類が絶対的な水準に基づくのか相対的な水準に基づくのかについてもさまざまな見解がある。「中所得」、「高所得」、「近代化」などはいずれも歴史的なカテゴリーであり、ある歴史的段階の相互比較において到達した水準を指すことしかできず、独立した絶対的な数値ではない。そのため、発展段階を分類するに際し、この歴史的発展の相対性に加えて、GDP と経済構造の進化と発展を考慮に入れることが重要となる[3]。

　第 18 回党大会は、2020 年までに小康社会（ややゆとりのある社会）を全面的に達成することを提案した。経済規模では、GDP 総額は 2010 年比（不変価格）で倍増して 80 兆元を超える（年平均成長率が約 7.2％に達した場合）。一人当たり GDP も倍増し、60,000 元以上、（現在の為替レートで）10,000 米ドル近くになる（総額が倍増すると同時に自然人口増加率が例年と同じレベルの 5‰以下を維持できた場合）。2010 年、中国の都市住民と農村住民一人当たりの可処分所得は 19,000 元を超え、倍増すれば 40,000 元近く（不変価格）となる。また、農村住民一人当たりの純所得は 6,000 元近くで、倍増すれば 12,000 元（不変価格）となる（都市住民と農村住民の所得が GDP と同じ伸び率で成長すると同時に、都市部と農村部の格差がこれ以上拡大しない程度であれば、倍増は達成可能）。経済構造では、新工業化、農業近代化、都市化、情報化という四つの側面の近代化が達成される。現在の国際的な近代化基準によれば、2020 年までに中国は工業化の加速的発展の後期段階に入る。それまでに工業化の目標を達成するには、発展速度の点では可能であるが、カギとなるのはレベルを高めること、つまり新工業化を促進することである。

　農業近代化の推進については、農業労働力雇用の割合の減少が農業労働生産性の向上の表れだとすれば、新時代の初頭には 70％を超えていた（現代の貧困国の平均は 72％以上）のが、2011 年には 36.7％（中所得国レ

ベル）まで下がっている。このままいけば、2020 年までに 20％以下（現代の中高所得国レベル）まで下げることは可能である。

　都市化の発展については、中国の都市化率は新時代の初めの 20％未満から 2011 年には 51.3％まで上昇し、先進国には遠く及ばず、さらには世界平均にすら及ばない状態であったが（2009 年に初めて都市人口比率が 50％を超えた）俗に言う「都市化の加速期」（都市人口比率が 30％～ 70％に達する）に突入した。新工業化が基本的に完了し、農業の近代化レベルが大幅に向上するという条件に基づき、都市化率はさらに加速するに相違なく、2020 年までに 65％（高所得国レベルに近い）に達することが可能である。しかし、肝心なのは都市化の質を向上させ、農業の近代化および新工業化のプロセスと有機的に一体化させることにある。

　情報化の建設については、産業構造レベルで、近代的な情報技術がサポートしている近代的サービス業と第三次産業全体が国民経済における割合を高め（少なくとも 60％）、全面的な小康社会の発展段階の要求に沿うようにすることである。同時に、情報化と農業近代化、新工業化、都市化の間の統合と調整の程度を大幅に向上させることがより重要である。

　2020 年までに、経済規模と経済構造の両面で小康社会という社会経済の発展目標を達成すれば、基本的に経済の中所得段階から高所得段階への飛躍を達成したことになる。したがって、現在から 2020 年までの期間は、全面的な小康社会を構築するための決定的な段階と言えよう。

　この目標が達成できるか否かは、発展モデルの転換にかかっている。経済成長のモデルから言えば、主に要素投入の拡大による成長から、要素効率（アウトプット／インプット）と全要素生産性の改善による成長への転換を実現することが重要であり、低コストを主な競争力とするものから、技術進歩と効率改善を中核的競争力とするものへの転換を実現することが重要である。経済発展の質的状態から言えば、経済構造の変化、すなわち、総需要側における投資、消費、輸出間とそれぞれの内的構造の調整、総供

第三章　経済成長における規模全体の不均衡とマクロ・コントロール　　85

給側における三大産業間とそれぞれの内的構造の変化を含む経済構造の戦略的調整を実現することが肝心となる。中所得の段階を超えた、もしくは「中所得国の罠」に陥った世界各国の経験や教訓からわかるように、飛躍のカギは、発展モデルが歴史的な変革を遂げるかどうかにある[4]。

第二節　新常態における財政政策と金融政策の逆方向の組み合わせの要因、特徴およびその効果

一、マクロ政策を「緩和したり引き締めたり」する理由

　マクロ政策をいわゆる「緩和したり引き締めたり」する逆方向の組み合わせとは、積極的な（拡張的な）財政政策と穏健な（引き締めの）金融政策というマクロ政策の組み合わせのことである。2008 年の金融危機以前である 2003 年から 2007 年にかけて、中国はこのような政策の組み合わせを採用した。中国国務院の政府活動報告によると、1999 年から 2007 年まで積極的な財政政策と穏健な金融政策を実施していたが、穏健な金融政策は 2003 年第 3 四半期までの預金準備率（6％〜8％）の低さからもわかるように、2003 年第 4 四半期まではそれほどの引き締めではなかった。そして 1999 年から 2003 年にかけて徐々に低下していった。2003 年第 3 四半期以降、穏健な金融政策の引き締め効果は、2003 年末の預金準備率 6％から 2008 年第 3 四半期には 17.5％へと、段階的な引き上げによって顕在化した。2003 年から 2007 年にかけては、財政政策と金融政策の「逆方向の組み合わせ」という特徴が顕著であった[5]。

　2003 年から 2007 年、中国がこうした組み合わせを採用した主な理由は、当時のマクロ経済の不均衡が、相対的に過熱した投資と消費分野における相対的に過剰な生産能力によって特徴づけられている。しかも国民経済の異なる分野における逆方向の不均衡が、マクロ経済政策が包括的に拡張と引き締めを行うことを困難にしていた。拡張は、消費分野の需要不足と製

品・生産能力の相対的過剰という矛盾を緩和することにはつながるが、すでに存在していた投資の過熱という矛盾を悪化させることにもなる。一方、引き締めは投資分野の不均衡を緩和することには資するが、消費分野の不均衡を悪化させる恐れがある。Structural differential regulation、すなわち投資分野での引き締め政策と消費分野での拡張政策を採用した場合、深刻な政策相殺効果が生じる。なぜなら、投資分野の引き締めは、投資拡張規模を圧縮する一方で、給与や消費元本の伸びを鈍化させ、それが消費分野に伝わって不均衡を悪化させるからである。同様に、消費分野で拡張政策をとり、消費需要の拡大を刺激すると、消費財の生産能力への投資の拡大を刺激し、投資分野の不均衡を悪化させる恐れがあるからである。投資分野と消費分野の間に逆方向の不均衡が生じ、そのどちらが主要な脅威となるかが明確でない場合、財政政策と金融政策の緩和と引き締めを逆方向で組み合わせることは理解できる。このようなマクロ政策の組み合わせは、政策効果相殺が発生する可能性もあるが、政策リスクを大幅に軽減することもできる。

　2008年に金融危機が中国経済に大きな影響を与えた後、中国は2008年7月以降、より積極的な財政政策と適度に緩和的な金融政策という包括的な拡張的マクロ経済政策を採用した。それまでの財政政策と金融政策の逆方向の組み合わせから、同方向の二重の拡張的組み合わせへと調整され、2010年10月以降まで二年以上続いた。2008年第3四半期から2009年第3四半期にかけて、預金準備率は17.5％から15.5％へと引き下げられた。2010年10月以降、マクロ経済政策は包括的拡張から機に応じた撤退へと移行した。インフレと経済成長の鈍化の圧力に押され、マクロ経済政策は再び、財政政策と金融政策の緩和と引き締めの逆方向の組み合わせ、すなわち積極的な財政政策と穏健な金融政策の組み合わせへと調整されたのである。金融危機に対応した「より積極的な財政政策」に比べれば、今回の積極的な財政政策では拡張が弱まった。特に財政支出政策における赤字と

第三章　経済成長における規模全体の不均衡とマクロ・コントロール　　87

政府債務は抑制されているものの、拡張的な政策方向が逆転することはなかった。穏健な金融政策は、それまでの適度に緩和的な金融政策から方向転換し、例えば預金準備率や中央銀行手形などの量的金融政策を打ち出すことでマネーサプライをコントロールするなど、インフレ抑制を主要な政策目標とする金融危機前の引き締め方向へと戻った。具体的に言えば、預金準備率は2009年第3四半期の15.5％から2011年第2四半期には20.5％へと上昇し、中央銀行手形の表面利率は2009年7月の1.5％から2011年には3.5％へと徐々に上昇した[6]。

　2003～2007年とは異なり、この時期に財政政策と金融政策の逆方向の組み合わせを採用した根本的な理由は、国民経済の投資と消費の異なる分野で生じた異なる方向の構造的不均衡の結果ではなく、むしろ経済規模全体の不均衡（総供給と総需要の著しい不均衡）の特性そのもの、すなわち2008年後半以降の二年以上に及ぶ完全拡大後のインフレ圧力の大幅な上昇という要件によるものであった。インフレ圧力の上昇には主に四つの理由がある。第一に、二年以上にわたる拡張政策の結果として形成されたインフレ圧力のタイムラグが到来し、2010年以降、遅れた需要の引き上げ圧力がより集中的に形成されるようになったことである[7]。第二に、中所得国の発展段階に入った後、国民経済のコストが急速に上昇し、強力なコストプッシュの圧力を形成したことである[8]。第三に、中国と世界経済との結びつきがますます緊密になるにつれ、国際輸入型インフレの影響がますます大きくなっていることである。第四に、国際収支の不均衡が国内の均衡に深刻な衝撃を与え、外貨準備高が大幅に増加し続けて形成された「外貨占款」（外貨準備増加に伴う自国通貨の放出額）が通貨量増加の重要な、あるいは主要な原因となっていることである。

　インフレ圧力の上昇とともに、経済の下押しリスクも増大し続けた。その原因は主に四つある。第一に、企業の技術革新に対するモチベーションの欠如が、内需の低迷と矛盾の深化を招いたことである。特に大型国有企

業と超大型国有企業では、技術革新が足りず、産業構造のアップグレードの余地が狭く、投資機会を見出すのが難しく、強力な有効投資需要がない。加えて制度革新が弱く、競争的プレッシャーとモチベーションが不十分であることと相まって、技術革新に対するインセンティブがさらに妨げられているのである。第二に、市場化プロセスが遅れ、制度革新が弱く、要素市場が発達していないことである。とりわけ金融の深化と資本・貨幣市場が立ち遅れているため、市場力、特に民間の中小企業が金融・資本市場から効果的な支援を得ることが難しく、投資需要があってもフォーマルマーケットを通じてそれを実現することが困難となっている。第三に、国民所得の分配に深刻な矛盾があることである。マクロレベルでは、住民所得の伸び率が長期にわたって伸び悩んでいるため、国民所得に占める住民所得の割合が減少し続け、その結果、住民消費の伸びと経済成長との間に深刻な不均衡が生じている。ミクロレベルでは、住民間、都市部と農村部の住民間、地域と産業セクター間の格差拡大が徐々に顕在化し、社会全体の消費意欲を著しく減退させる。さらに、現段階での中国の経済システムの顕著な特徴の一つは、投資の拡大を動員する強力な能力が備わっている点である。内需が不十分な場合、投資の拡大を最優先で動員することができるが、それ自体が消費増加を排除しがちとなる。改革開放以降の中国の固定資産投資の年平均成長率は、1標準偏差を11ポイントで見ると約13.5％（価格要因を除く）であると推計される。固定資産の年平均成長率が24.5％未満の場合、固定資産投資が1％増加するごとに、対応する消費需要の成長率は0.5％以上鈍化する。24.5％を超えた場合、同成長率は0.8％以上鈍化する。固定資産の年平均成長率が30％を超えた場合、消費需要の伸びはマイナスになる可能性がある。第四に、国際経済の回復ペースの鈍化と貿易保護主義の台頭により、中国の輸出市場が直面する国際的、経済的、政治的、文化的矛盾がますます深刻化し、内需（投資と消費需要を含む）不足の矛盾がいっそう激化していることである。同時に、内需不

第三章 経済成長における規模全体の不均衡とマクロ・コントロール　89

足を輸出で補うという従来のアプローチ効果がますます弱まっている。21世紀に入り、金融危機が起こるまでは、GDP成長率に対する輸出増加の寄与率は通常2～3ポイントであり、輸出の年平均成長率は20％を超えることがほとんどであったが、輸出伸び率の大幅減、あるいはマイナス成長（2009年のように）が経済成長に深刻な影響を及ぼすことは言うまでもない。反インフレと反不況の両立を目的とし、また、そのどちらがより重要であるかが明確でないため、財政政策と金融政策を全面的な拡張政策にするか、全面的な引き締め政策にするかを軽率に決めることはできない。緩和と引き締めの逆方向の組み合わせが理想的であろう[9]。

二、現段階のマクロ政策の緩和と引き締めの組み合わせにおける特徴

　現段階の財政政策と金融政策の緩和と引き締めという逆方向の組み合わせは、四つの側面から特徴づけられる。

　まず、逆方向の組み合わせを調整するプロセスで方向転換したのは主に金融政策である。財政政策は安定した方向、すなわち拡張の政策指針を維持した。金融政策の方向転換は、短期的に実体経済の資金需要が大きく変化したためではなく（実体経済の下押しに影響を与える要因は短期的には変化していない）、合理的なマネーサプライが変化したためである。危機発生後には、それにより良く対応するため、デフレ圧力にもかかわらずマネーサプライを増加させた。だが、インフレ圧力が高まるにつれ、マネーサプライの増加率は抑制されるべきである。

　経済思想史と経済政策史において、金融政策と財政政策のプライオリティについてはコンセンサスがない。ケインズ主義やマネタリズム、新古典派経済学、新ケインズ主義、合理的期待経済学などの学派では、それぞれ異なる解釈を持っている。1950年代から1970年代にかけて、欧米先進国は「財政が最も重要であり、通貨も重要である」とするケインズ主義的なマクロ経済政策を用い、二十年以上にわたって比較的均衡した成長を維

持してきた。1970年代以降、ケインズ主義は「スタグフレーション」の
ような新たな問題に直面して青ざめ、「通貨が最も重要であるが、財政も
重要である」というマネタリズムの考え方が一般的に受け入れられるよう
になっていった。政策実践においてマネタリズムは、「スタグフレーショ
ン」を緩和するという目標を達成するため、金融政策、特に拡張的金融政
策をとるよう強調している。これは、拡張的金融政策を行うことで需要を
刺激し、特に非効率な投資を有効な需要に変え、金融支援を得ることに
よって、需要の規模を急速に拡大する。同時に、拡張的金融政策をとって
コスト、特に企業の資金調達コストを削減し、それによって経済成長を押
し上げるのみならず、コストプッシュ型のインフレ圧力を軽減し、「スタ
グフレーション」を緩和するという目標を達成するのである。

　しかし問題は、欧米におけるこの拡張が、実際には効率と競争基準の引
き下げを条件としていることにある。金融政策という価格の道具を駆使し
て金利を継続的に引き下げることで、企業の資金調達コストを引き下げ、
それによってコストプッシュ型のインフレ圧力を軽減し、同時に企業の投
資需要を刺激して経済成長を促進するのである。これは「スタグフレー
ション」への効果的な緩和のように見えるが、その本質は、長期的な効率
を犠牲にして「スタグフレーション」を短期的に緩和することであり、持
続可能なものではない。　2008年以降の世界金融危機は、この非効率的な
拡張的金融政策が生み出した「バブル」の結果でもある。

　金融危機がより深刻な景気後退の引き金となった場合、金融政策という
価格の道具を駆使して景気を刺激することで発揮される効果はほとんどな
い。この場合、拡張的な財政政策、特に拡張的な財政支出の政策に頼るこ
とが多く、金融政策は財政政策の補完的な役割を果たしている。米国にお
けるいわゆる量的金融緩和政策は、あくまでも景気刺激策の要求に応じて
マネーサプライを決定する政策である。このように、金融危機に対して欧
米は主に財政政策を調整しており、金融政策の調整はその方向性から見て

も強さから見ても大きなものではなく、財政政策の変化に対応するために行われたものであった。

しかし中国の場合は欧米と異なった。アジア金融危機の影響に対応して1998年後半から積極的な財政政策、2003年から2007年までは経済の構造的不均衡の矛盾を緩和するために積極的な財政政策と穏健な金融政策、2008年から2010年までは世界金融危機の影響に対応してより積極的な財政政策と適度な金融緩和政策をとってきた。2010年後半から現在に至るまで、「機に応じた撤退」という包括的な景気刺激策は、再び積極的な財政政策と穏健な金融政策へと戻っている。この期間を通じて財政政策の方向性は変わらず、積極的、すなわち拡張的な傾向が続いている。ただ拡張の度合いだけが金融危機の前後で変化している。一方、金融政策の方向性は逆転した。穏健な金融政策から適度な金融緩和政策へと調整され、再び穏健な金融政策へと戻っている。拡張的な財政政策はマネーサプライを拡大させるが、欧米の金融緩和政策は財政政策を制約する効果がないのに対し、中国の金融引き締め政策は積極的な財政政策を制約するのに効果がある。

第二に、金融政策調整のテンポが速く、短周期かつ大振幅であり、その変化は国際社会、特に欧米の周期的な金融政策とは明らかに異なっている。この違いは次のような点に反映されている。

（1）金融危機が始まった時点において、中国は欧米諸国とは正反対のマクロ政策を採用していた。2007年に米国で始まった金融危機は急速に拡大し、2008年には世界金融危機となった。金融危機に対応して包括的な拡張的マクロ経済政策を採用した世界の多くの国とは異なり、中国は2008年初めに包括的な引き締めマクロ経済政策を採用し、「二重の防止」、すなわち、一方では景気過熱を防止し、他方ではインフレを防止することをマクロ経済コントロールの主要な目的とした。金融引き締めの主な理由は、2003年から2007年までの高度成長（年平均成長率10％超）による投

資需要の過熱に対する疑念であった。しかし、わずか半年ほどで金融危機の中国経済への影響が顕在化し始めたため、2008 年 7 月以降、マクロ経済コントロール目標を「一保証、一コントロール、一調整」、すなわち、経済成長を保証し、物価をコントロールし、構造を調整することへと調整した。その結果、経済成長の維持が第一の課題となり、物価のコントロールは後回しとなった。それに応じ、マクロ経済政策の方向性は引き締めから拡張へと変化した。金融危機が深まるにつれ、2008 年末には、マクロ経済コントロール目標が再び「一保証、一拡大、一調整」、すなわち、経済成長を保証し、内需を拡大し、構造を調整することへと調整された。これにより、反インフレはマクロ経済コントロール目標から外され、マクロ経済政策は包括的な拡張期へと突入したのである。ここで問題となるのは、中国は 2008 年前半、欧米諸国に反して拡張政策ではなく、引き締め政策を採用すべきであったのか、という点である。

（2）マクロ政策の調整は欧米に比べてペースが遅れていたため、拡張的なマクロ政策、いわゆる「より積極的な財政政策と適度に緩和的な金融政策」が打ち出されるとそれは極めて強力な効果を発揮した。財政政策の拡張は、いわゆる二年間で 4 兆元規模の投融資計画に反映され、金融政策の緩和は M2 の伸び率や銀行貸出の伸び率といった量的金融政策の使用に反映され、財政赤字も数千億元から 9500 億元へと急増し、対 GDP 比 3％という警戒レベルに達した [10]。貨幣量（マネーストック）については、2008 年の新規貸出額は 4.8 兆元で、主に下半期に集中した。2009 年の新規貸出額は 9.6 兆元で、前年の 2 倍となり、M2 の成長率は 27％にも達した。2010 年上半期の新規貸出額は 4.6 兆元で、前年同期とほぼ同じレベルを維持した。問題は、このような強力な拡張政策を短期的に採用すべきかどうかである。短期的なアンチクライシス・エフェクト（反危機の効果）という点では、この強力な拡張的マクロ政策は経済成長に顕著な成果をあげ、中国経済は 2008 年に 9％、2009 年には世界的なマイナス成長の中に

ありながら 8.7％、2010 年にはさらに 10.3％以上、2011 年は 9.2％の成長
を遂げた。しかしながら、長期的な発展効果から見れば、このような強力
な拡張的マクロ政策は、一連の根深い矛盾を深め、巨大なインフレ圧力を
生み出した。それだけに止まらず、市場における競争排除メカニズムの効
率を著しく低下させ、長期的には、国民経済の持続可能な発展能力が深刻
な打撃を受ける恐れもある。

（3）金融市場における需要と供給の不均衡の方向性そのものが異なる
ため、同じ政策でも結果は大きく異なる。実際、世界金融危機当時、中国
と欧米では資本市場と資金市場の不均衡は正反対の方向にあった。欧米で
は、危機の発端が実体経済ではなく金融セクターであったため、資本市場
でも金融市場でも実体経済からの資金需要があり、銀行などの金融機関が
通貨流通量を減らしている状況では、実体経済からの資金需要が比較的強
かった。それに対し、銀行や金融機関そのものは資金循環で大きな問題を
抱え、深刻な危機に陥っていた。よって、自らの市場へのマネーサプライ
（信用貸付）増加能力が著しく低下し、銀行自身の流動性も低下した。そ
のため、資金需要が旺盛になった一方、マネーサプライが極端に不足した。
つまり、金融危機前の拡張的な金融政策によって、貨幣供給メカニズムが
正常に機能せず、バブル崩壊後、欧米の金融機関が正常な運営を取り戻す
までの間、正常な稼働に戻らなかった貨幣供給メカニズムは、実体経済の
資金需要を満たすことができなかったのである。

このような金融市場における不均衡を是正するには、銀行への資本注入
によって銀行の信用力を高め、実体経済への直接資本注入によってその資
金需要を満たすなど、政府によるマネーサプライを増やすマクロ政策の努
力を必要とする。中国の場合、金融危機は経済を外側から直撃した。世界
金融危機が世界的な景気後退につながったため、国際市場に向けた中国の
実体経済が最初に被害を受け、さらに実体経済全体の成長傾向にも影響を

及ぼした。銀行などの金融機関は、システムなどのさまざまな理由により、最初に打撃を受けずにすんだ。また、長い間、住民の貯蓄率が高かったことも相まって、金融危機当時、中国の銀行システムは安定しており、銀行自体の流動性も潤沢であり、2009年末時点で19兆元を超える預貸ギャップがあった[11]。したがって、中国の資本市場と金融市場における需給の不均衡の方向性は、欧米とは根本的に異なっている。実体経済における有効な資金需要が不足している一方、銀行などの金融機関からの資金供給は十分だったのである。

　技術革新と制度革新不足のため、中国企業は長期にわたって投資に対する有効需要が不十分であった。そして、金融危機の影響の下、投資需要の不足という矛盾がさらに顕著になった。一方、中国の金融市場では、資金需要が不足し、資金供給が過剰となっている。このような金融市場における不均衡は、政府のマクロ政策が、欧米のように単にマネーサプライを増やすのではなく、実体経済における資金の有効需要を創出・拡大することに取り組まなければならないことを意味している。すなわち、実体経済における有効な資金需要を創出するカギは、技術革新と制度革新を含むイノベーションにあり、特に金融市場化の深化と要素の市場化を推進し、国有企業改革を深化させ、制度と産業組織における独占を打破し、中小民間企業の成長に必要な市場環境の整備に努める、ということである。短期的な政策としては、需要を刺激する一方で、マクロ経済政策の供給効果もできる限り考慮する必要があり、企業のイノベーションを促進し、効率性を向上させ、コストを削減することに力を入れることである。しかし実際に、中国が採用したマネーサプライを増やそうとする拡張的なマクロ経済政策は、大きな成長効果をもたらしたものの、同時にコストも大きくなった。実体経済において、積極的な財政政策を用いた場合、長期的に見れば企業の投資需要不足の問題を解決することはできないと見られる。

　最後に、中国は2010年10月以来、欧米に比べ率先して「機に応じた撤

退」の政策を採用し、包括的な拡張政策から積極的な財政政策と穏健な金融政策へと移行した。これは、中国の経済が金融危機にもかかわらず比較的力強い成長傾向を維持したことと、強力な拡張によってインフレ圧力が高まったことによる。さらに、「機に応じた撤退」を選択したプロセスでは、財政政策より金融政策優先であった。これは、財政政策とは異なり、金融政策の調整の場合、単に拡張の程度を調整するだけでなく、さらに注目すべきなのは方向性の逆転、つまりこれまでの「緩和」から「引き締め」への逆転なのである。金融政策がこのように方向転換した重要な理由は、金融危機に対応する過程で、金融市場の不均衡とは逆方向かつ極めて拡張的な政策が採用され、その結果、深刻なインフレ圧力につながったからである。欧米に比べ、中国の金融政策は早期に拡張から脱却した。2010年10月、欧米諸国は総じて拡張の動きを強め、金融政策と財政政策を組み合わせて強力な景気刺激策を実施した。この時点で、中国の金融政策は方向性が引き締めにシフトしている。財政政策も方向性は逆転していないものの、拡張傾向は弱まりつつある。

三、マクロ政策の緩和と引き締めという組み合わせの効果

　財政政策と金融政策の逆方向の組み合わせは、一般的に次の二つの場合、プラスの政策効果をもたらす。

　一つは、国内のマクロ経済の不均衡の方向性があまり明確ではない、または不均衡の程度が甚だしくない場合である。例えば、不均衡はあるが、まだより正常な範囲にあり、その影響を受けても国民経済は耐えることができる。この時点で包括的な拡張または包括的な引き締め政策、すなわち、財政と金融の二重緩和または二重引き締めを採用すると、マクロ経済の変動の大きさを大幅に増加する可能性がある。異なる分野（例えば投資と消費）や異なる地域（例えば先進地域と後進地域）の不均衡の方向性は同じではなく、財政政策と金融政策の包括的な引き締め（二重引き締め）また

は包括的な拡張（二重緩和）のいずれかが、新たな構造的不均衡を悪化させるおそれがある。また、経済にはスタグフレーションの脅威があり、そこで最も重要なものは何かを把握するのは難しい。この状況において二重緩和または二重引き締め政策のいずれの組み合わせも、一方の矛盾を緩和すると他方の不均衡を悪化させるおそれが出てくる。このような場合、マクロ政策の緩和と引き締めの組み合わせは、政策決定のリスクを軽減し、同時に経済成長のバランスを改善することができそうである。

　もう一つは、国内経済の不均衡が国際収支分野の不均衡と共存しており、それぞれが異なる方向性と特徴を持っている場合である。この場合、国内経済の均衡目標と国際収支の均衡目標の達成を両立させるためには、財政政策と金融政策それぞれの異なる特性、特に国内経済と国際収支領域に対する政策効果に応じ、緩和と引き締めの組み合わせを用いることが考えられる。

　しかし、注意すべきなのは、上述したいずれの場合も、緩和と引き締めを組み合わせたマクロ政策が好結果をもたらすには、一定の前提条件があるという点である。

　まず、経済規模全体の不均衡の方向性が不明確な状況や、スタグフレーションの脅威がある状況では、財政政策と金融政策のそれぞれの特徴や、成長と不均衡に対する短期的・長期的な効果の違いによって、財政政策と金融政策の逆方向の組み合わせを、異なるパターンと強度で調整しなければならない。一般的には、金融危機が発生し景気後退を引き起こすと、金融政策と財政政策が採られる。金融政策は主に危機における短期的な物価水準に影響を与え、財政政策はその経済成長に作用すると言われている。関連する実証研究によれば、以下のことが示されている。

　金融政策インデックス（MPI）は、危機の翌年と危機の最中はインフレ率水準に統計的に有意なプラスの影響を与えるが、危機後の三年間はそう

ではない…金融政策インデックス（MPI）は、危機の最中および危機後の経済成長に対して統計的に有意な影響を及ぼさない…財政政策インデックス（FPI）は、危機の最中の最低 GDP 成長率と平均 GDP 成長率の両方に統計的に有意なプラスの影響を与えた…が、危機後の拡張的財政政策による経済成長へのプラスの刺激は長続きせず、危機後三年程度でその赤字効果による経済成長へのマイナスの影響が現れ始める [12]（馬勇、陳雨露 2012）。

　すなわち、危機の衝撃に対応するにあたり、金融政策を変更すると、物価に大幅かつ迅速に影響を与え、デフレを緩和することができるが、短期的・長期的な経済成長には大きな影響を与えない。しかし、危機時に停滞とインフレ圧力が重なった場合、拡張的な金融政策は成長刺激に効果がないどころか、インフレを大幅に悪化させることになる。また、拡張的な財政政策は、短期的な成長に大きな刺激を与え、景気後退を緩和することができるが、危機後の数年間は、特に財政赤字によるインフレ圧力が徐々に顕在化するため、支払うべき代償が生じやすい。故に、拡張的な財政政策は長期的には経済成長に影響を与えず、むしろマイナス効果をもたらす。一方、財政引き締め政策は、危機への対応として短期的には経済成長にマイナス効果をもたらすが、危機後のインフレ抑制にはプラス効果をもたらす。経済が停滞とインフレの重なった圧力に直面している場合、拡張的な財政政策で短期的に成長を刺激することは可能であるが、危機後のインフレ圧力を減らすために、あまり強力すぎたり長期間すぎたりしないようにする必要がある。要するに、危機が発生し、マクロ経済がインフレと下押しの両方の不均衡から圧力を受けている場合、一般的には、短期的に財政政策と金融政策の緩和と引き締めという逆方向の組み合わせを採るべきなのである。短期的には強力な拡張的金融政策を行うことは望ましくなく、適度な拡張的財政政策と適度な金融引き締め政策を基本選択とするのが好

まれる。そうでなければ、短期的なインフレを悪化させ、経済成長を損なうほかなくなる。また、インフレ圧力が高まり、同時に成長にも悪影響を及ぼすこととなる。危機後は拡張的な財政政策はできるだけ早くやめるべきである。

　今回の金融危機の影響に対する中国の対応は、2008年後半から2010年前半にかけての拡張的な（より積極的な）財政政策と、拡張的な（適度に緩和的な）金融政策であった。実際、金融危機を通じて、特にスタグフレーション状態が続く中、拡張的な金融政策は短期的な経済成長を刺激しないため、その打ち出しはできるだけ避けるべきである。これは、短期的な成長を刺激する一方で大きなインフレ圧力を生み出し、景気刺激策からの早期撤回を余儀なくされる。ところが、2010年後半の「機に応じた撤退」以降、財政政策は拡張的（積極的）政策を維持し、金融政策は穏健（引き締め）志向に戻った。実際、危機後の長期における拡張的な財政政策の継続は、長期的な経済成長にはプラスに作用せず、むしろマイナスに作用している。しかも危機後の長期における拡張的な金融政策は、長期的な物価水準に大きな影響を及ぼしていない。すなわち、「機に応じた撤退」の後にスタグフレーションの圧力がある場合、一般的には、拡張的な財政政策と金融引き締め政策の組み合わせではなく、適度な緩和的金融政策と適度な財政引き締め政策の組み合わせという、逆方向の緩和と引き締めの政策の組み合わせがより適切なのである。

　では、なぜ現段階において積極的な財政政策と穏健な金融政策がマクロ政策の基本的なパターンとなるのであろうか。重要な理由は、財政政策と金融政策の逆方向の組み合わせによるスタグフレーションのショックへの対応が、市場メカニズムをミクロ的基礎づけとするためである。危機後の市場の失敗、特に投資に対する市場の需要不足が景気後退を引き起こし、それが政府の景気刺激策、特に財政政策による景気刺激策を必要とするのであれば、危機後の景気回復において拡張的な財政政策の「機に応じた撤

退」の根拠は、市場力の回復にある。市場メカニズムが不完全で、長期的に有効な市場需要を創出することが困難であれば、拡張的な財政政策をやめることも困難となる。危機後に長期的に適用された場合、経済成長にマイナス効果をもたらし、巨大なインフレ圧力を生み出すことになってしまう。

　また、国内不均衡と国際収支不均衡が共存している場合、財政政策と金融政策の緩和と引き締めを逆方向で組み合わせることで、両方の均衡目標を促進する可能性が高い。比較してみると、財政政策は国内経済への影響、金融政策は対外的影響がより顕著であるため、国内の失業率が高く、景気が後退し、国際収支が赤字である場合、一方では、雇用を増やして総需要を刺激するために拡張的な財政政策を講じることができる。総需要を刺激する拡張的な財政政策は、それに応じて輸入を増加させるため、国際収支の赤字を増加させる可能性がある。ただし、財政政策は一般に国際収支よりも国内経済に大きな影響を及ぼし、論理的には国際収支にさらに影響を及ぼす前に総需要（国民所得）に刺激を与えるため、その雇用効果は、国際収支赤字を増加させることによる効果よりも大きい。また、金融引き締め政策を同時にとれば、国内における失業や不況を深刻化させることになるが、自国通貨高や市場金利の上昇を招くことにより、国際資本流入を増加させ、国際収支の赤字を緩和する可能性もある。一般的に言えば、金融政策の国際収支への効果は国内経済への効果を上回る。したがって、金融引き締め政策が総需要を減衰させる効果は、国際収支を押し上げる効果よりも小さいのが普通である。この場合、拡張的財政政策と金融引き締め政策を採用すれば、財政政策によって総需要をより効果的に刺激する一方、金融政策によって国際収支の赤字をより効果的に減らすことができるのは明らかである。

　同様に、内需とインフレ率が高く、かつ国際収支の黒字が大きい場合、総需要をより効果的に抑制し、インフレ率を低下させるために財政引き締

め政策を講じることができる一方、国際収支均衡への回帰を促進するために拡張的な金融政策を講じることができる。当然ながら、財政引き締め政策は、総需要を抑制する一方で輸出を増やし、輸入を減らして国際収支の不均衡を悪化させるが、財政政策は一般的に国際収支よりも国内経済に大きな影響を与える。拡張的金融政策は総需要を刺激し、インフレ率を上昇させるが、金融政策は一般的に国内経済よりも国際収支に大きな影響を与える。この場合、財政政策と金融政策、あるいは金融政策と財政政策の緩和と引き締めの逆方向の組み合わせが効果的となる。

このような条件下で、財政政策と金融政策の逆方向の組み合わせが効果的かどうかは、次の二つの基本条件が満たされるかどうかにかかっている。

一つ目は、財政政策と金融政策の緩和と引き締めの方向が、経済の不均衡の方向と一致していること。すなわち、内需が不十分で経済が後退しており、国際収支が大きな赤字となっている場合、拡張的な財政政策と金融引き締め政策の組み合わせが行われる。内需が過熱してインフレになり、国際収支が大幅な黒字となっている場合は、財政引き締め政策と拡張的な金融政策の組み合わせが行われる。中国の現段階の不均衡は、内需不足と大幅な国際収支の黒字によって特徴づけられており、財政政策と金融政策の逆方向の組み合わせによる不均衡緩和の効果は、現段階では限界がある。現在の拡張的な財政政策と金融引き締め政策が、国内経済の低迷と大幅な国際収支黒字共存という矛盾に深刻な悪化効果をもたらさなかった理由は、資本勘定に兌換性がなく、経常勘定が人民元為替レートにより敏感であるためである。よって、金融引き締め政策による人民元切り上げは、資本流入にはあまり影響を与えず、内需を抑制する一方で輸出にはより顕著な影響を与え、その結果、国際収支の黒字を拡大できなかっただけでなく、過剰な黒字拡大という矛盾を緩和する可能性があるのである。しかし、金利市場化と資本勘定の兌換の段階的な推進により、中国経済の内部不均衡と国際収支の不均衡との矛盾の激化に対するこの逆方向の組み合わせの影響

は、徐々に増大していくと見られる。

　二つ目は、制度上における金利市場化と為替市場化である。それが実現していなければ、金融政策と財政政策の逆方向の組み合わせがとられても、金融市場の需給の変化に合わせたタイムリーな金利変化が不可能となる。すなわち、金融引き締め政策は金利上昇を伴わず、資本流入を促進することが難しく、拡張的な金融政策は金利の低下を伴わず、資本流出を促進することが難しい。金利の市場化が必要であることに加え、財政政策と金融政策の逆方向の組み合わせによって国内均衡と国際収支均衡の目標を両立させるには、為替相場の市場化、為替相場の非市場的リスクと不確実性の最小化、市場への資本流入と市場からの資本流出の円滑化も必要である。そうでなければ、逆方向の組み合わせにおける金融政策が国際収支均衡の目標に与える影響は限定的となる。現段階では中国の金利も為替レートも、真の意味での市場化にほど遠いことは明らかである。したがって、財政政策と金融政策の逆方向の組み合わせにより、国内均衡と国際収支均衡という目標を同時に達成するための市場システムの条件は、いまだ不十分ではないかと考えられる。

四、財政政策と金融政策の緩和と引き締めという逆方向の組み合わせの政策強度

　マクロ・コントロールの中心となる指標は経済成長率である。政策コントロールの上限と下限に関する議論は、主に経済成長率の目標を決定することであり、その下限を決定する際に重要な考慮事項は、雇用率の要件である。マクロ経済コントロールの目標である経済成長維持の核心は雇用の保障にある。上限を決定する際に重要な要因は、国民経済がインフレに耐える能力であり、特に実質成長率が潜在成長率を上回ってはならない。設定された成長率目標が潜在成長率に近い、あるいはそれを上回る場合、経済成長を刺激するマクロ政策は深刻なインフレを招くことになってしまう。

「新常態」に入った後、中国経済は実質成長率が大幅に低下しており、改革開放以降の三十年間における年平均約9.8％から7～8％にまで落ち込んでいる。理論的には、現段階で潜在成長率の大幅な低下を裏付ける十分な理由はほとんどない[13]。近年は7～8％の経済成長率を達成し、インフレ率が2～3％であるため、潜在的なインフレ圧力は高いものの、実質的には低水準のインフレと言うべきであろう。そのため、経済成長率目標の上限と下限に関する議論は、雇用目標が要求する最低成長率をどのように確保するか、また、それに対応する財政政策と金融政策の強度をどのように決定するかに、焦点が当てられるようになっている。特に、過剰生産能力などの構造的矛盾の激化を考慮すると、構造調整は中国においてバランスの取れた持続可能な経済成長を達成するための根本的な選択肢となる。構造調整の余地をより多く残すために、経済の実質成長率目標を決定する際に従うべき原則は、少なくとも雇用目標の要件を満たすことであり、この下限を満たすことを前提として、経済成長率は低ければ低いほど有利となる[14]。

　では、実質経済成長率は雇用目標との関係でどのように決定されるのであろうか。以下の三つの点が考えられる。

（1）中国の労働力供給を決定する。2010年から2027年までの中国の労働力人口を推計した結果、労働力人口は2013年の7億7710万3000人をピークとし、2014年以降は毎年減少し、2027年には7億4512万2,000人になると結論づけた（国家統計局が発表したデータによると、2012年の中国の労働力人口はすでに前年より350万人近く減少している）。総労働力人口から見れば、中国の将来の雇用圧力は徐々に軽減していくと見られる。

（2）中国の経済成長が労働力需要に及ぼす引っ張り効果を推計する。2000年から2012年にかけて、中国の経済成長による労働力需要の増

加は大きく変動している。GDP 成長率 1 ポイント当たりの労働力需要の増加は、最も少なかった年（2000 年）は 160 万人、最も多かった年（2004 年）は 481 万人であり、平均値は約 315 万人であった。労働力需要が毎年大幅に増加しているにもかかわらず、実際の雇用はそれほど増加していない。例えば、2012 年の経済成長率は 7.7％であり、成長率 1 ポイントごとに新規雇用が 439.9 万人増え、全体で 3387 万人増加するはずであったが、同年の実際の非農業産業雇用者数は 1105 万人の増加にとどまり、残りの 2282 万人の労働力需要の一部は、追加の退職者によってカバーされ、一部はすでに雇用されている人々の昇給によって相殺された。

（3）2010 年から 2012 年までの中国の経済成長による労働力需要の係数を試算すると、経済成長率が 6.5％の場合、労働力需要は 2046 万人増加することとなる。2012 年のデータを基とすれば、6.5％の経済成長率で 2859 万人の労働力需要を増加させることができる。2014 年に中国で非農業産業に新たに雇用される必要のある労働力は、農村部からの移動と都市部からの増加を含めて約 1100 万人である。6.5％の経済成長率であればこの労働力を完全にカバーすることができ、労働力需要にも余剰がある（2859 万人 − 1100 万 = 1759 万人）。この需要は、既存の非農業産業に雇用される人々の賃金水準を引き上げ、少なくとも実質賃金水準が低下しないために利用することができる[15]。

現段階で中国の成長率目標の上限を決定する上で重要な（十分ではないが）検討事項は、インフレに対する国民経済の弾力性である。全体的に見れば、中国の実質成長率は現段階では前期に比べて低下しているが、潜在成長率も低下しているとは言い難い。というより、実質成長率は相変わらず潜在成長率の範囲内にある。あるいは市場の需要が弱いため、もしくは供給の著しい生産能力過剰により、需給の双方向引き締めの状況下では、

実質成長率は低下しているが、潜在成長率は依然として高水準を維持しているのである。拡張的な景気刺激策は生産能力過剰を悪化させ、非効率的な供給の増加を刺激する可能性があるが、インフレ率水準の大幅な上昇にはつながらない。中国の経済成長率は近年7.7％を維持しているのに対し、消費者物価指数（CPI）が2.6％にとどまっているのは、主にこの理由によるものである。したがって、現段階で成長率目標の上限を考えるには、インフレ・ターゲットと構造調整ターゲットから総合的に判断する必要がある。

　インフレ・ターゲットについては、CPI3.5％程度を政策コントロール目標に設定する。近年の実際の経験に基づき、他の要因が短期的に大きく変化しないと仮定し、経済成長を7〜8％に維持すればその目標は達成可能となる。もし現在の実質CPIの水準（2.5％）の2倍（5％前後）を許容できるインフレ率を上限とし（2011年のCPIは5.4％でありながらインフレに過剰に反応していない）、経済成長率を8〜9％に維持すれば達成できる（2011年のGDP成長率は9.1％、CPIは5.4％）。

　構造調整ターゲットについては、その要件から見れば、雇用保障という目標が達成できる限り、経済成長率目標も適切に引き下げることができる。特に、潜在経済成長率が実際には低下していないという条件の下では、拡張的なマクロ政策は成長を刺激するというプラスの効果をもたらす反面、インフレ率の大幅な上昇につながらない可能性もあるため、経済成長率目標の上限の適切なコントロールにはより注意を払うべきである。需要側の短期的な効果に惑わされてはならず、それによる非効率的な供給と過剰生産能力という矛盾も見失ってはならない。したがって、成長率目標の上限をより低い水準、例えば8％程度に設定することも考えられる。

　さらに、中国の現段階における経済成長率目標は、中長期的な経済成長目標の要件を考慮して決定される必要がある。2020年までに小康社会（ややゆとりのある社会）を全面的に完成するという目標によれば、2020

年までに、中国の GDP 総額は不変価格で 2010 年の 2 倍となり、それに伴い一人当たりの GDP も 2 倍となる。この倍増目標を達成するためには、十年間で年平均 7.2％の経済成長が必要である一方、自然人口増加率も一定水準に保たれなければならない。そのため、小康社会を全面的に完成するという目標が要求する年平均成長率を、成長率目標決定の中央値とすることには、十分な根拠がある。実際、過去四年間（2011 ～ 2014 年）の実際の経済成長率は、年平均成長率目標（7.2％）を上回っているため、倍増計画のスケジュールが変わらなければ、2015 年からの六年間は年平均成長率 6.7％以上で十分となる。

　経済の「新常態」に入り、二重のリスクを伴う不均衡の新たな段階に突入したが、財政政策と金融政策が緩和と引き締めの逆方向の組み合わせに調整されるプロセスで、国内経済の均衡の取れた運行という観点から、雇用確保、インフレ対策、構造調整、成長促進という目標の要求を考慮に入れれば、近年の中国の経済成長率は 6.5％（下限）、6.7％（中間）、8％（上限）の間で調整することができ、マクロ政策の強度はそれに応じてコントロールすることができる。

　要するに、現段階で財政政策と金融政策の逆方向の組み合わせを採用した根本的な理由は、まずこの段階におけるマクロ経済の不均衡の特殊性、すなわち、インフレ圧力と経済の下押しの脅威が同時に存在することであり、2003 年から 2007 年にかけて積極的（拡張的）な財政政策と穏健（引き締め的）な金融政策を採用した理由とは異なる。当時の不均衡は、投資分野と消費分野の間の逆方向の構造的不均衡、すなわち投資分野の需要過熱と消費分野の需要不足によるものであったが、現段階での不均衡は、経済総量そのものが「スタグフレーション」となる可能性によるものである。

　次に、中国の現段階における財政政策と金融政策の緩和と引き締めという逆方向の組み合わせへの調整は、特に現代の欧米諸国が金融危機に対応して行ったマクロ政策の選択と比較すると、ユニークな特徴を持っている。

第一に、逆方向の組み合わせの調整プロセスで方向性が逆になったのは金融政策であり、財政政策は危機の前後で拡張方向を維持していたが、危機後は拡張強度を増しただけであった。それに対し、欧米諸国は主に財政政策で調整を行い、金融政策は財政政策の補助的な役割しか果たしていかなかったのである。

第二に、金融危機の前後、緩和と引き締めの逆方向という組み合わせの政策調整は速いペースであった。金融危機の初期、すなわち2007年後半から2008年前半にかけて、中国は欧米諸国の包括的な拡張政策とは異なり、包括的な引き締め（二重の防止）政策を採用した。危機を通して、中国は強力な二重の拡張政策を採用したが、欧米と異なる貨幣市場の不均衡という背景の下、大きなインフレ圧力を生み出した。そのため、欧米が拡張を一段と強めている際、拡張政策の「機に応じた撤退」を率先して行い、緩和と引き締めという逆方向の組み合わせを採用せざるを得なかったのである。

第三に、危機への対応として、中国の貨幣市場の需給不均衡が欧米とは逆方向であったことである。すなわち実体経済の有効需要が不十分であり、その上で欧米と同じマネーサプライを増やす拡張政策では、内需拡大と短期的な成長押し上げ効果は達成できたが、潜在的なインフレ圧力は大きかった。

最後に、財政政策と金融政策の緩和と引き締めの組み合わせが効果的な政策効果を発揮するために必要な条件について見ると、「スタグフレーション」の脅威が存在する中で危機に対応するためには、短期的には拡張的な財政政策と適度な金融引き締め政策の組み合わせが適切となる。また、危機後の景気刺激策の撤回では、適度な財政引き締め政策と比較的緩和的な金融政策の組み合わせが適切であろう。しかし、この組み合わせと方向の転換を実現するためには、システム上で投融資メカニズムが、政府投資ではなく、効果的な市場メカニズムに基づくものでなければならない。そ

うでなければ、危機後も、市場力が政府の投資拡大型財政政策に取って代わることは不可能である。国内不均衡と国際収支の不均衡が存在する場合、財政政策と金融政策の逆方向の組み合わせを通じて、国内均衡と国際収支均衡の両方の目的を促進しようとすれば、金利市場化と為替レート市場化という制度的条件が必要となる。さもないと、マクロ経済政策の変更は国際収支の変化に効果的な影響を与えない。このような制度的条件が不十分であったからこそ、金融危機への対応は正反対の政策の組み合わせで行われた。その結果、短期的な成長効果は大きかったが、長期的な代価は高くなった。

　現段階では、「スタグフレーション」の一定の脅威があることは明らかであり、中国経済の持続可能でバランスの取れた成長を達成するためには、以下いくつかの点が肝要となる。

　（１）財政政策と金融政策の組み合わせという点では、マクロ経済政策は、可能な限り比較的緩和的な金融政策を採用する一方で、より強力で拡張的な財政政策の長期化を避けるべきである。

　（２）マクロ・コントロールの方法については、需要管理を重視する一方で、供給管理も重視しなければならない。マクロ経済政策には需要効果もあれば供給効果もあり、供給管理や企業の効率、労働生産性の向上、そして産業構造の調整、イノベーションの強化が行われなければ、中国の現段階での不均衡解消を根本的に進展させることはできない。

　（３）マクロ政策の方向調整については、マクロ経済の不均衡の方向性の変化、特に国民経済運行の過程における主要な矛盾の変化に照らし微調整すべきである。マクロ政策決定方法においては、中央政府と地方政府、政府と企業、金融と財政、銀行と企業、国有と民官といったさまざまな関係者の利益が尊重され、調整されるよう、民主化や法制化、プログラム化のレベルを改善すべきである。実際、マクロ経済政策コントロールの目標の決定と変更は、常に一定の利害関係に基づいている。一

方の利害が他方の利害を無造作に否定してしまうと、マクロ経済の不均衡は拡大の一途をたどる。

（４）体制改革の面では、社会主義市場経済体制の改革を深化させる。特に（土地、労働力、資本、外国為替などを含む）要素の市場化プロセスを加速させ、市場競争の秩序改善を堅持すべきである。そうしないと、マクロ・コントロールが作用せず、財政政策と金融政策の効果的な組み合わせ、供給管理の導入、各方面の利害の均衡といった望ましい効果を達成することは難しい。

第三節　新常態における金融政策の選択が直面する特殊条件

一、中国の金融政策効果の特殊性

金融政策は、マクロ経済政策における最も基本的かつ重要な政策手段である。改革開放以来、特に 21 世紀に入ってからは、中国の経済発展とバランスの取れた経済成長という政策目標の達成に極めて重要な役割を果たしており、金融危機への対応過程においても特別な政策効果を発揮してきた。危機への対応として欧米では金融政策が調整されたが、それに比べて財政政策の変化とその影響は特に顕著である。なぜかと言うと、1970 年代に「スタグフレーション」が発生して以来、政府はそれを緩和するための基本的な手段として、企業の資金使用コストを引き下げ、需要を刺激するために、金利引き下げと金融緩和を中心とした金融政策を採用したからである。そのため、非効率に基づく膨張バブルが形成され、それが崩壊すると金融危機が発生した。また、金融政策そのものが金融危機の大きな原因であったため、政策の微調整は危機対応にあまり役立たず、危機対応における財政政策の有効性が改めて強調されるようになった。ただし、中国の場合、金融危機の前後には、その影響に対処するために、財政政策の調

整に加えて、金融政策の方向性も変更された。が、財政政策の調整は、政策強度の変更に限られ、方向性の変更には至らなかった。1998年後半から2002年まで、不況とデフレに対抗するため、中国は強力な拡張的財政政策を採用していた。2003年から2007年まで、投資分野の過熱と消費分野の需要不足という不均衡を緩和するため、中国は引き続き積極的な（拡張的な）財政政策を採用していた。2008年、特に2008年後半以降は、金融危機の影響に直面し、財政政策の方向性は変化されず、一段と強化された。2010年末以降、中国は再び財政政策の強度を調整し、その指針は反危機期の「より積極的な」財政政策から危機前の「積極的な」財政政策に戻った。全体的に見れば、財政政策の方向性は一貫して拡張的であった。

　一方、同時期の金融政策はそうではなかった。2003年から2007年まで、中国は積極的な財政政策と並行して穏健な金融政策をとっており、金利引き上げや預金準備率の引き上げが相次いだ。そして、その後の信用貸付規模のコントロールも行われたことなどが、当時の金融政策が引き締め傾向にあったことを表している。2008年後半には、危機対策の必要性から、それまでの「穏健」（引き締め的）な金融政策から「比較的緩和的」（拡張的）な金融政策へと転換した。新規貸出額は2008年末には年初比で4.9兆元、2009年には9.6兆元、2010年上半期には4.6兆元増加し、金融政策の方向性が引き締めから拡張へと変化したことを裏付けている。2010年末以降、金融政策は金融危機以前の状態、すなわち預金準備率と金利の連続的な引き上げによって示される「穏健な」（引き締め的な）状態に戻っている。危機の前後で金融政策の方向性が逆転したことは、現段階の中国において金融政策が極めて特殊な役割を果たしていることを示している。特に、財政政策の方向性は終始変わらないが、金融政策の方向性が何度も逆転したことは、その効果が欧米よりも大きいことを示している。これは中国における現在の金融政策効果の顕著な特徴の一つである。

　もう一つの特徴は、大きな需要効果だけでなく、重要な供給効果もある

という点である。中国は現在、一人当たりの GDP が 4,000 米ドル（為替レートで計算すれば）近い中所得発展途上国である。このレベルのソーシャルエコノミーは、さらなる持続的成長の可能性（特別な理由がなければ、高所得発展途上国になる前、すなわち新興工業国という目標を達成する前に、より高い成長率で成長を続けることは通常可能である）も持っていれば、「中所得国の罠」の脅威にも直面している（Indermit Gill, Homi Kharas 2006）。この脅威は、不合理な所得分配による内需不足であったり、輸出への過度の依存であったり、不況下の世界市場での深刻な外需不足による総需要不足など、需要面から生じる。しかし、「中所得国の罠」は供給側の原因によるところがより大きく、その中心的な問題は、発展段階におけるさまざまな要素コスト（土地代、労働コスト、環境コスト、上流投入コストなど）の大幅な上昇である。同時に、革新水準の向上が遅れ、技術革新や制度革新の能力も弱い。その結果、効率性の向上は遅れ、コスト上昇を補うまでには程遠く、経済の均衡成長の安定性と持続可能性は著しく損なわれてしまう。さらに、経済成長が低迷するのみならず、インフレも高止まりしている。「中所得国の罠」を克服するカギは、供給側から国民経済を改善し、イノベーションを通じて効率化することをもって、経済成長を主に要素投入量の増加から要素効率の向上に、中核的競争力を主に安い要素コストから技術的進歩へと効果的に転換できるようにすることである。事実、中所得国の発展段階における内需不足の重要な原因も、供給側にある。供給側の技術革新が不十分だと、新たな投資機会や投資分野が生まれず、既存の技術や経済構造をベースにした投資拡大しかできず、重複投資が発生するのみとなる。しかも内需の不足は必然的に輸出への過度の依存を招き、経済成長のバランスが国際市場サイクルに大きく影響される（劉偉 2010）。

　したがって、中国の現段階における金融政策を含むマクロ経済コントロールでは、政策の需要効果に加えて、その供給効果、特に今回の金融危

機の教訓にも注意を払う必要がある。今度の金融危機は、金融政策が需要を刺激するという政策効果を長期にわたって一方的に強調してきたことによって起きたものである。特に金利を引き下げ続けることによって投資家の信用貸付のコストを引き下げ、一方では投資需要を刺激し、他方ではコスト主導のインフレ圧力を低下させ、それによって1970年代以来の「スタグフレーション」を緩和しようとし、その結果、供給側に大きな犠牲を強いることになってしまった。金利引き下げは事実上、投資プロジェクトの効率性と採算性の要件を引き下げ、その結果、需要拡大がもたらしたのは、大量の低品質、低水準の投資バブルだけであった。需要がある程度に拡大し、クレジットファンドの価格（金利）を含むさまざまな要素の価格が上昇すると、それまでの低金利、すなわち低収益基準によって生み出された大量の投資が不良資産となるのである。

　一般的に言えば、金融政策は、特に長期的には、企業の競争力に悪影響を及ぼすため、緩和的すぎるべきではない。金融引き締め政策は需要拡大にマイナスの効果をもたらすかもしれないが、同時に企業の効率化を促し、それが供給側にプラスの効果をもたらす可能性がある。人民元高が加速すれば、輸出需要にマイナスの影響を与える一方、輸入品価格を引き下げ、関連企業のコスト低下と競争力向上につながり、結果として有利な供給効果をもたらすであろう。要するに、中所得の発展途上国として、金融政策の選択はその需要と供給の両方の効果、そして短期と長期の両方の効果に焦点を当てるべきである。供給の改善につながらない需要拡大は、持続不可能なのである（北京大学中国国民経済核算与経済増長研究中心 2010）。

二、中国の金融市場における需要と供給の不均衡の特殊性

　中国の現状は、欧米の金融危機における金融市場の需給均衡の崩れとは異なる。全体として、欧米の金融危機は何よりもまず金融セクターを直撃し、資金繰りの破綻を招いたため、金融システムの引き締めが行われざる

を得なかった。その結果、金融セクターに大きく依存する実体産業（物質的・精神的な製品・サービスの生産・流通などの経済活動を含む産業）セクターは資金繰りに窮し、金融セクターと非金融セクターの双方とも資金不足が生じ、それが莫大な資金需要を生み出し、拡張的な金融政策とマネーサプライの増加が必要となった（Friedman 2007）。中国の現段階では、貨幣需要と貨幣供給の不均衡は、国民経済における有効な貨幣需要の欠如と、それに比して豊富な貨幣供給、さらには深刻な過剰流動性によって現れており、金融政策の選択をより困難にしている。すなわち、単純に拡張的な金融政策を採用することはできなくなるのである（蘇剣他 2009）。

　第一に、なぜ現段階の経済では貨幣の有効需要が不十分なのか。長期的な理由は革新の欠如にある。まずは技術革新の欠如である。大企業、特に大型国有企業と超大型国有企業は、強力な資本を持っているが（国有資本による大規模な投資、直接金融ルートと間接金融市場における卓越した競争力、または何らかの重要な独占力を保有しているため、一般的に言えば、国有企業、特に中央企業は強力な資本を持っている）、技術革新が不十分なため、効果的な新しい投資機会、新しい投資分野、新しい製品に欠けている。投資を拡大しても、既存の技術や産業構造に基づいて投資を繰り返すほかないことが多い。そのため、特別な政策ニーズがない場合、このような技術革新が弱いにもかかわらず潤沢な資金を持つ大企業は、市場の制約という点で、金融資本の需要がほとんどない。少なくとも自己蓄積の能力が高いため、銀行ローンへの需要はあまりない。次に、制度革新の不足である。中小企業、特に中小民間企業の場合、資本の需要はあるかもしれないが、独自の制度と開発に欠陥があり、しかも解決することができていない。担保不足の問題を解決することができない限り、当然のことながら資本市場がそのニーズを認めることは困難である。一方、国有銀行や金融機関が金融市場で独占的地位を占めることにより、制度上でも民間企業のニーズとの効果的なマッチングが容易ではなくなる。したがって、中小民

間企業に金融資本に対する需要があったとしても、この需要を市場に認められる有効な需要へと変換することは難しい。

一方、短期的な理由は金融危機の影響によるものである。世界金融危機は輸出を直撃し、輸出関連企業の受注減、ひいては生産停止、倒産を招き、その結果、企業の投資意欲は減退し、貨幣へのさらなる取引需要が不足し、景気後退や成長減速、失業率の上昇を招くこととなった。それによって住民の消費意欲が減退し、企業の投資需要、住民の消費需要が大きく影響を受けた。この影響は、少なくとも二つの結果をもたらす。一つは、国民経済の総需要の減少、成長率の低下、失業率の上昇、物価の下落であり、もう一つは、企業や住民による貨幣の取引需要の減少である。マネーサプライが変化しない場合でも、相対的過剰流動性をもたらす。

第二に、なぜ現段階ではマネーサプライが相対的に過剰なのか。需要側の理由以外に、マネーサプライに関する限りでは、金融政策を緩めすぎたとは言えない。21 世紀に入って以来、中国の金融政策は、特に 2008 年後半から 2010 年前半にかけて、危機の影響に対応して金融緩和政策がとられた数年間を除けば、ほとんどの年で引き締め政策となっているが、金融の拡大は少なくとも二つの要因によって刺激されてきた。

（1）財政資金とクレジットファンドをマッチングさせる財政モデルが金融拡大を支えた。欧米諸国では、財政融資は主に税金と債券を通じて行われ、信用貸付を通じて行われることは稀である。そのため、欧米諸国のマクロ経済分所では、信用貸付を直接的に財政に結びつけることはめったにない。中国の場合はそれと異なり、税金や債券を除けば、信用貸付も重要な資金調達手段であり、主に財政資金とクレジットファンドの組み合わせによって行われている（王元京 2010）。制度面では、中国の銀行のほとんどが国有または国有持株であるため、非国有銀行でも厳格な規制制度の下に置かれており、銀行の信用貸付は行政の影響を比較的強く受けるようになり、次第に財政資金とクレジットファンドの連携パターンが形成され

てきた。例えば国債投資プロジェクトと銀行貸付、財政補助金と銀行貸付、財政投融資プロジェクトとポリシー・ローン、財政支援の信用保証と銀行貸付、財政融資資金と銀行貸付といういくつかのパターンなどがその例である（王玉平 2009）。実際、土地財政（地方政府の財政収入が「土地用権譲渡収入」を含んだ土地関連費用と土地・不動産関連税収に依存する状況を指す）とクレジットファンドの組み合わせは、財政と信用貸付とのマッチングでもある。すなわち政府、特に地方各級政府が、土地から得られる特別収入を引当てとして、地方の資金調達プラットフォームを通じて銀行に貸付するのである。

　このように、多くの場合、信用貸付拡大が財政拡大の結果であることは明らかである。この拡大は経済における貨幣量を増加させるが、主にベースマネーの増加を通じてではなく、貨幣乗数の増加を通じて達成されるのである。実体経済の悪化によって信用貸付への需要が低下すると、銀行システムには大量のマネーが滞留し、預金準備高が変わらない場合、超過準備預金が増加する。政府が財政刺激策を打ち出すと、銀行の信用貸付と財政拡大資金がマッチングされ、財政政策は直接的にクレジットファンド注入を刺激し、銀行システムに滞留しているマネーの量を減らす。その結果、超過準備率が低下し、貨幣乗数が上昇し、それに対応して経済におけるマネーサプライも増加するのである。これは 2008 年末から 2009 年末にかけての関連データに明確に反映されている。金融機関の超過準備率が低下しつつ、貨幣乗数が上昇しているのは、この時期の財政刺激策（いわゆる 4 兆元の中央財政刺激策）と大量のクレジットファンド注入（財政刺激策は中央政府によって完全に賄われたのではなく、クレジットファンドとのマッチングによって賄われた）の相互作用に合致したものである。

（2）国際収支の不均衡がマネーサプライを拡大させた。中国のマネーサプライ・アプローチも先進国とは異なる。米連邦準備制度理事会

第三章　経済成長における規模全体の不均衡とマクロ・コントロール　　115

（FRB）は主に公開市場での国債売買によってベースマネーを調節している。米国債の規模は大きいため、公開市場操作によってベースマネーを調節する余地も大きい。中国の現段階では、マネーサプライに影響を与える主な要因は、再貸付、再割引、中央銀行手形、為替の決済と売却、政府預金などである。厳密に言えば、政府預金は政府と中央銀行の間の資金交換であり、主導権は中央銀行ではなく政府にあるため、中央銀行の政策手段とは考えられない。中国の国債の規模は比較的小さく、国債売買を通じてベースマネーを調節する際の中央銀行の役割は限られている。そのため、中央銀行は主に再貸付や再割引の手段を講じてベースマネーを調節している。とはいうものの、長期的な国際収支黒字の出現に伴い、外貨準備の規模は大幅に拡大し続け、外国為替の決済・売却システムの下、中央銀行の「外貨占款」は増加し続けている。2006 年までに中央銀行の「外貨占款」は他の要因によって決定されるベースマネーを上回り始め、ベースマネーの供給に影響を与える最も重要な要因となった。一方、ベースマネーの供給に占める再貸付と再割引の比率は低下しており、2009 年末には「外貨占款」対ベースマネーの比率が 122％に達し、最も高い月では 129％にも達した [16]。

　世界経済の回復傾向から、中国の輸出成長も徐々に回復してきた。貿易黒字のパターンは依然として存在し、外貨の流入は依然として「外貨占款」を増加させると見られる。同時に、国際社会からの元高圧力と元高期待の高まりから、QFII（適格海外機関投資家）や国際的なホットマネーがさまざまな経路で国内に流入する可能性がある。このように国際収支の貿易黒字の増加と人民元高の期待という二重の圧力の下、中国の「外貨占款」の総額は増加し続ける可能性があり、長期的にベースマネーの増加を促進する最も重要な要因となり得る。また、中央銀行手形でヘッジする必要がある「外貨占款」は必ず増加し、それに伴ってその発行量も増加し、ヘッジ圧力が高まるのである。

要するに、中国の現段階における需給の不均衡は有効な資金需要の欠如、特に実体経済からの欠如によって特徴づけられる。一方、銀行自体は金融危機の直接的な打撃を受けておらず、資本も潤沢で、おまけに財政と信用貸付のマッチング、および国際収支の不均衡による「外貨占款」の増加と、マネーの供給力が比較的強いことも相まって、過剰流動性は持続すると見られる。

三、中国の金融政策の目標選択の特殊性

　金融政策の最終目標は、成長目標と均衡目標という二つの目標以外何もない。さらに、成長目標、所得均衡目標、物価・資産価格コントロール目標、雇用目標、国際収支均衡目標の五つに細かく分けられる。経済規模全体の不均衡の方向性が明確であれば、マクロ経済政策の目標と選択は比較的容易であるが、そうでなければ、より困難となる。中国の現段階における金融政策目標の選択の難しさは、マクロ経済不均衡の特殊性と資金需給の不均衡の特殊性の両方から生じている。

　マクロ経済不均衡の特殊性という点から見ると、改革開放以来、中国のマクロ経済不均衡は大きな変化を経験してきた。それは大きく三つの段階に分けられ、それぞれ異なる特徴を持つ七つの小さな段階に細分化される[17]。

　資金需給の不均衡の特殊性という点から見ると、中国では資金に対する有効需要が不十分であり、それに応じて市場に基づく消費需要や投資需要も弱い。政府の介入を除けば、純粋な市場における個人需要の不足はさらに深刻であり、このような内需の不足は当然、コモディティやサービスの価格下落、さらには深刻な不況へとつながる。短期的な金融政策としては、このような資金需要の不足に対処するために、経済の内需を刺激し、拡張的な金融政策を採用すべきである。同時に、需要不足に対し、市場におけ

る貨幣取引の需要が減少することは、必然的に相対的過剰流動性を引き起こす。投資と消費の両面で需要が不十分な状況下では、経済の構造上、相対的過剰流動性によって資金が投資や消費の実体経済に流入せず、仮想経済に多く流入することとなり、資産価格の上昇を誘発したり、より多くのコモディティが金融派生商品（デリバティブ）として仮想化されたりし、結果として投機的な価格高騰につながる可能性がある。そうした状況では、相対的過剰流動性を引き締めるための金融引き締め政策が必要となる。このように、資金需給の不均衡の特殊性は、金融政策の目標の選択にジレンマをもたらす。すなわち、資金需要の不足に対処するための金融拡張政策と、相対的過剰流動性に対処するための金融引き締め政策のどちらを選択するかというジレンマである。

　しかし、対立の主要な側面に関して言えば、現段階での金融政策の目標は、やはりインフレ対策、行き過ぎた資産価格上昇の抑制、および深刻な経済バブルの防止を最優先に考えるべきである。長期的なトレンドに関して言えば、中国の経済システムの背景と経済発展の段階的特徴から、金融政策は先進国より安定性に注目する必要があり、特に短期的な緩和政策を恒久化しないことが求められる。システムの背景に関して言えば、資本要素市場の改善が必要であること、中央銀行の独立性を依然として明確化すること、国有銀行または国有持株銀行の独占的地位と行政上の特徴、地方政府の投資衝動、および財政政策による信用貸付への直接的刺激など、現段階の中国の経済システムには、資金需給の均衡という目標を達成するための内部制約メカニズムが欠けていることが示されている。経済発展の段階的特徴に関して言えば、経済はまだ工業化と都市化の加速段階にあり、成長率目標を達成するのは難しくないが、均衡成長の目標をいかに達成するかが課題となる。

　短期的な政策環境としては、まず、現在の中国の実体経済における貨幣取引の需要は大きくなく、相対的過剰流動性も根底から変わってはいない。

このまま金融拡大が続けば、実体経済が刺激されないどころか、資産価格もいっそう上昇してしまう。資産価格の大幅な上昇は、特に社会のインフレ期待を高めることによって、インフレを押し上げる恐れがある。次に、拡張的な財政政策そのものが、さまざまな経路を通じて信用貸付拡大を刺激することができる。経済が深刻な不況から脱した後は、成長率目標とインフレ抑制のバランスを考慮する必要があり、金融政策目標の選択は財政政策の金融拡大効果を考慮しなければならない。中央銀行は過剰流動性を抑えることを検討すべきであり、そのためには適度な金融引き締め政策を維持する必要がある。実際、21世紀に入って以来、2003年から2008年前半まで穏健な（引き締めの）金融政策が採られた時期を含め、金融政策の引き締め効果はそれほど大きくなかったが、その主な理由の一つは、金融政策の引き締め効果が積極的な（拡張的な）財政政策によってある程度相殺されたことである。現段階では、マクロ経済政策は、積極的な財政政策と穏健な金融政策の緩和と引き締めの逆方向の組み合わせに戻っており、金融政策目標を選択する際は、特に財政政策の拡張効果との対称に注意しなければならない。最後に、輸出成長が徐々に回復しつつある国際環境では、「外貨占款」がそれに応じて徐々に増加してくる。人民元高への期待が高まる場合には、外国為替資金流入がさらに増加することにより、中央銀行のベースマネーの注入は受動的に増加すれば、ベースマネーの適度な増加を維持するためには、金融引き締め政策を採用する必要がある。

四、中国の金融政策ツール使用の特殊性

　成長目標や均衡目標を含め、金融政策が国民経済の最終的な目標に与える影響では、政策効果の伝達プロセスが必要である。この政策効果の伝達所要時間、すなわち金融政策の「タイムラグ」は、経済発展のレベルや制度的背景が異なるため、国によってまちまちである。この「タイムラグ」のために、金融政策は往々にして最終目標ではなく、「中間目標」を

第三章　経済成長における規模全体の不均衡とマクロ・コントロール　　119

選択することによって調整される。この中間目標の選択は、一般に金融政策ツールの使用とも呼ばれている。金融政策ツールは通常、二つの大きなカテゴリーに分けられる。一つは再貸付、再割引、預金準備率、貸付限度額、中央銀行手形など、通貨量の変化に影響を与える量的ツールで、もう一つは金利政策など、金利の変化に影響を与える価格ツールである。金融市場化が高度に進み、資本市場システムが比較的発達している状況下では、多くの場合、中央銀行が二つの中間目標、すなわち通貨量と通貨価格のうち一つを狙えば、もう一つの中間目標はそれに応じて内生的に形成される。言い換えれば、貨幣量と金利の間には内在的なつながりがあるのである。例えば、1980年代以前の米国は、資金需給の均衡を維持するために、通貨量をモニターしながら、金利を調整していた。1980年代以降は、金利をモニターしながら、通貨量を調整することをもって、市場金利を目標金利に一致させてきた。経済発展と経済システムの特殊性から、中国における金融政策の中間目標の選択は、「ダブルロッキング」方式、すなわち、金融政策が通貨量と金利に同時に焦点を当てる方式を採用している。これは、金融政策の有効性をある程度向上させることができるが、通貨量と金利の内在的な結びつきを断ち切るリスクがある。

　金利政策の有効性は、現在の状況に照らせば、明らかではない。なぜなら、現段階での経済の不均衡、とりわけ資金需給の不均衡の際立った矛盾は、実体経済における有効な資金需要の欠如と、それに対応する相対的過剰流動性にあるからである。中央銀行が基準金利を直接引き上げれば、マネーサプライが一定した条件下では、資金需要はさらに低下し、相対的過剰流動性と資産バブルをさらに悪化させる恐れがある。そのため、流動性が相対的に過剰な場合、中央銀行が基準金利を無造作に引き上げることはできない。金利上昇は企業の資金調達コストを引き上げ、実体経済の有効資金需要を抑制し、流動性の相対的な過剰を悪化させるのである。したがって、基準金利を調整することで、金利とインフレ率の関係を調整し、

マイナス金利の度合いをバランスよく軽減することはできるかもしれないが、中国における現在の資金需給の不均衡を克服し、資産価格の大幅な上昇を防ぐという金融政策の目標を達成するには効果がないばかりか、かえって逆効果になる可能性が高いのである。

　金利政策に比べ、量的なツールはより効果的な選択であろう。流動性が比較的過剰な状況では、資金を引き締めるための再貸付や再割引の効果は一般に限定的であり、中央銀行は通常これらの手段をほとんど利用しない。重要な量的手段としての与信限度額（与信枠）の効果は比較的著しく、これまでもしばしばこの限度額を制限するアプローチを採用してきた。しかし、現在の拡張的な財政政策によるクレジットファンドの需要を考えると、与信枠を過度に制限することは、財政政策の役割の実現に寄与せず、かえって不況を悪化させる可能性がある。そのため、現在の量的なツールの選択は、預金準備率と中央銀行手形に基づくべきである。すなわち、低金利を維持しながら、預金準備率の調整と中央銀行手形の発行を中心に、経済における過剰流動性を引き締めるのである。もちろん、外国為替管理を強化し、外国為替使用と投資支出の分野を広げ、そのメカニズム、経路、効率を改善し、外国直接投資が可能な限り非金融資本の形で入ることを奨励し、短期的な外国資本流入のコストを高めるなど、国際収支の不均衡が資金需給に与える影響を緩和することも必要である。

第四節　「新常態」における財政支出と財政収入政策の構造的特徴の分析

一、財政支出と収入における緩和と引き締めの逆方向の組み合わせという特徴

　長い間、中国は拡張的な財政支出政策を行ってきた。1998年後半以降、アジア金融危機の影響を受け、中国の財政政策の方向性は適度な引き締

めから積極的な財政政策へと変化し、とりわけ財政支出政策の拡張傾向は顕著であった。2003 年から 2007 年にかけて、中国経済はアジア金融危機の影から抜け出し、持続的な高成長（年平均 10％以上）に転じ、投資も高い伸び率で拡大し始め、金融政策の方向性も引き締め（穏健な金融政策）へとシフトし始めたが、財政支出政策は依然として拡張志向であった。2008 年以降、世界金融危機の影響に対処するため、2008 年初頭の「インフレと景気過熱を防止」する引き締め政策は放棄され、代わりに「より積極的な財政政策と適度に緩和的な金融政策」が採用され、財政政策の拡張が一段と強化された。財政赤字は 2009 年に 9500 億を超える過去最高水準に達し、すでに GDP 比 3％（『マーストリヒト条約』で定められたユーロ圏加盟国の財政赤字上限に接近）を占めた。そして、2010 年第 4 四半期の「機に応じた撤退」まで、財政政策の方向性は変わらなかった。すなわち、拡張的（積極的）な財政政策は継続されたが、拡張の強度は「より積極的」から「積極的」へと戻ったのである。全体的に見れば、中国の財政支出政策には二つの顕著な特徴がある。一つ目は、1990 年代後半以降、拡張の方向性は基本的に変わっておらず、強度だけが上下に変動しているという点である。二つ目は、財政支出政策の拡張強度が適度である点である。特に制度上の特殊性などの理由により、欧米諸国と比較すると、財政支出政策の拡張強度は比較的小さく、欧米が採用している国家債務や財政赤字などの予算均衡の慣行は、中国では比較的穏健に適用されている。中国の財政赤字は GDP の 3％以下であり、国家債務残高も一般的に GDP の20％程度であり、ユーロ圏加盟国の政府債務総額の GDP 比 60％という『マーストリヒト条約』が定めた上限を大幅に下回っている [17]。これは、中国が金融と貨幣をより緊密に結びつけているという制度的特徴にある程度関連している。政府の投資のかなりの部分は、借金によって賄われているのではなく、銀行の信用貸付プログラム、すなわち銀行の財政化によって賄われており、ある意味で、政府債務の圧力を軽減していると言える。

しかし、収入政策が拡張的か引き締め的かは、財政支出政策ほど明確ではなく、深く検討する必要がある。ただ、ここで明確にしておくべき点がある。それは、GDPに占める税収の割合は上昇を続けているのかである。1994年の「分税制」（税目により中央税、地方税、中央・地方の共有税と区分することで中央財政収入の確保を目指すもの）改革以前は税収が変動していた。特に1980年代半ば、「利改税」（利潤上納制から法人税納付制への変更）のプロセスで、一部の利益が税収に転換されたため、この時期のデータは比べることができない。1994年以降、GDPに占める税収の割合が過去最低の水準まで低下したことがあり（1996年の9.71％）、その後GDPに占める税収の割合は着実に上昇し始めた。とはいうものの、この間、多くの減税措置が講じられた。例えば、1998年には、繊維製品の「出口退税率」（輸出に伴う税還付率）が9％から11％に引き上げられ、企業に対する22の行政事業性費用が免除された。1999年には、アパレル業の「出口退税率」がさらに（17％に）引き上げられ、不動産業に対して一定の免税措置がなされた。また、企業に対する73の「基金収費」（ファンドの収益から徴収される、または特定の関係者に一定の料率で請求される手数料）が廃止された。2000年には、ソフトウェアや集積回路などのハイテク産業に対する税制優遇措置が導入された。2004年には、新たな輸出税還付制度が採用され、税還付の取り組みが強化された。2005年、中国東北地方で「増値税」（付加価値税）の転換が試験的に導入されたが（これも2009年、金融危機への対応の一環として）、すなわち、増値税は生産ベースから消費ベースへと転換され、これは年間数千億元の税収減になると推定されている。2006年頃、全国各地で農業税が廃止され、農民への料金徴収が大規模に廃止された。2008年には外資と内資企業の所得税率が一本化され、内資企業の所得税率は従来の33％から一律25％に引き下げられたが、これは現在試行されている営業税改革、すなわち増値税の範囲拡大（営業税が増値税へ移行・統合）と相まって、減税効果をもた

らすものと思われる。そのほか、構造的な減税措置も数多く検討されている。

　多くの減税措置が講じられたにもかかわらず、GDP に占める税収の割合は上昇し続けている。ここで税収の伸びと GDP に占める税収の割合の伸びを区別することは重要である。税収の伸びとは税収量の増加であり、これはまず経済発展と成長に基づき、同時に税制の完全性と税の種類の構造および状態に影響される。税収総額の拡大は、国民所得に占める税収の割合の上昇を意味しない。国民所得に占める税収の割合が顕著に上昇するのは、他のすべての条件が変わらずに税収が国民所得よりも長期にわたって速く成長する場合、あるいは、国民所得の成長率が一定である場合、政府税収が企業や住民の所得よりも長期にわたって著しく速く成長する場合に限られる。一般的な意味での税収増の場合、収入引き締め政策がとられたわけではない。なぜなら、政府税収総額の増加は、企業や住民の所得がより速く増加することに伴う場合もあれば、税金の種類を減らすとともに税率を引き下げる一方、経済活力の向上や企業の効率化によって税収総額が減少するどころか増加する、いわゆる「減税は増税に等しい」場合もあるからである。しかし、国民所得に占める政府税収の割合が上昇し続けるのであれば、財政収入政策に関しては、前の時期より相対的に引き締め志向が強まると捉えることができる。財政支出政策の拡張によって景気を刺激し得るが、同時に収入引き締め政策は、実際には市場力の拡大を抑制するものである。強まった財政支出の拡大効果は、市場力の拡大を抑制する能力の強化にある程度基づいており、このような収入政策と支出政策の逆方向の組み合わせの最終的な効果は極めて不確実である。この不確実性には主に二つの側面がある。一つは、引き締め的収入政策が市場需要を減衰させる効果と、拡張的財政支出政策が市場需要を拡大させる効果のどちらが大きいかである。もう一つは、拡張的財政支出政策による市場需要刺激効果が、引き締め的収入政策による市場需要減衰効果より大きいとすれば、

政府の財政支出政策による投資効果はどうなるのかである。資源配分のミクロ的効率性という観点からは、政府投資の効率性は競争市場の効率性よりも低いのが一般的である。したがって、財政収入政策の方向性は、税収増か税収減かという量的なことではなく、国民所得に占める税金の割合を増やすかどうかに基づいて決定されるべきである。

　1994年の分税制改革以来、一連の減税措置がとられてきたが、GDPに占める税金の割合は1996年以降上昇を続け、2010年には18.25％に達した。1996年から2010年までの間、GDPに占める税収の割合は年々上昇し、その間に波動はほとんどなく、ほぼ二年ごとに1ポイント以上上昇している。その理由は三つ挙げられる。

（1）税収は長い間、経済を上回るペースで伸びてきた。1994年の「分税制」改革から2010年まで、中国の名目GDPの年平均成長率は現行価格で14.2％（財政収入の成長率は現行価格で計算されるため、価格の不可比要因を除いた）であったが、同期の政府税収総額の年平均成長率は現行価格で18.1％であり、税収の年平均成長率は国民所得の成長率を4ポイント上回った。

（2）国民所得のマクロ的な分配構造について、政府（財政収入）、企業（GDP成長率を反映）と住民（住民所得）を比較すると、財政収入が長期にわたって最も急成長している。2011年の財政収入成長率は現行価格で22.6％だったのに対し、価格要因を除いた現行価格のGDP成長率は17.5％（不変価格では9.2％）と、前者が後者を大きく上回った[19]。同期では、住民所得の年平均成長率はさらに低く、GDP成長率を大幅に下回った。「十二五」（第十二次五カ年計画）では、住民所得の成長率をGDP成長率に歩調を合わせるよう明確に要求せざるを得なかったほどである。この国民所得の分配面のマクロ構造的不均衡は、財政収入政策の引き締め傾向をより顕著にしただけでなく、市場需要の拡大、特に消費者需要の伸びをある程度抑制した。住民所得の伸び率は長期にわ

たって GDP の伸び率より低く、財政収入の伸び率よりもさらに低いため、国民所得に占める住民所得の割合は低下し続けている（推計によると、1998 年から世界金融危機が発生した 2008 年まで、中国の国民所得に占める住民所得の割合は約 68％から約 58％へと 10 ポイント近く低下したという）。これはまた、中国の経済成長が長期にわたって主に投資需要の拡大、特に政府投資によって推進されてきた一方、消費需要が成長の推進力として比較的弱かった理由でもある。

（3）税種の構造面で、中国には比較的多くの流通税があり、現行の 19 のうち半数が増値税、営業税、消費税などといった流通税である。また、同じ産業に対して複数の流通税が課されており（他の多くの国では全産業に対して一つの流通税しか設定されていない）、例えば、増値税や営業税に加えて、タバコやアルコール産業では消費税、自動車産業では自動車取得税、不動産譲渡の過程では営業税と契税（不動産の権利移転に係る契約をする際に課される税）など、特定の産業に複数の流通税が付帯している。加えて、全産業に「城建税」（都市インフラの整備等に使用される目的税）が課されている。同時に、流通税系の税が税収全体に占める割合も高く、そのなかで増値税は主な流通税として、1994 年から 2010 年（分税制改革後）までの年平均成長率が約 15％と、同期の GDP 成長率（14.2％）をわずかに上回っている。税収に占める増値税の割合は 1994 年の 45％から 28.8％に低下したものの、依然として総税収に占める割合が最も高い税金であった[20]。営業税も同様に流通税であり、現在では税収全体に占める割合が年平均 15％を超えている。1994 年の分税制改革以降の年平均成長率は 19％を超え、GDP の年平均成長率を大きく上回った。さらに、「養路費」（道路負担金）の消費税への統合など、「費改税」（費用から税金への変更）も財政収入の成長率上昇に一定程度寄与している。

その結果、中国の現段階における財政政策は、支出と収入の両面で顕著な構造的特徴、すなわち、拡張的な財政支出政策と引き締め的な財政収入政策の逆方向の組み合わせによって特徴付けられている。財政政策そのものの論理体系から言えば、この逆方向の組み合わせには正当性がある。つまり、拡張し続ける財政支出政策は、増加し続ける財政収入によって支えられなければならないのである。しかし、財政支出の拡大を支えるための財政収入の増加は、国民所得に占める財政収入の割合の持続的な増加を意味するものでもなければ、財政収入が長期的に GDP や住民所得よりも速く成長することを意味するものでもない。さもなければ、一般的な収入増加ではなく、収入引き締め政策、すなわち企業や住民の所得増加率の低下を犠牲にして高い財政増加を図ることとなる [21]。

二、財政支出政策と財政収入政策の逆方向の組み合わせにおける発展傾向

拡張的な財政支出政策について言えば、一般的に、危機時の短期的な成長には大きな効果をもたらすが、危機後に長期的かつ強力な拡張的財政支出政策を採用した場合、経済成長にプラスの効果はもたらさない。それどころか、巨額の赤字を生み出し、インフレを促進するため、経済成長に深刻なマイナスの効果をもたらす。よって、経済危機に対しては、長期的に拡張的な財政支出政策を採用するのではなく、危機的状況が緩和され次第、そうした政策を早期に撤回すべきである。当然のことながら、財政支出政策の早期撤回は、市場力、すなわち企業の投資需要や住民の消費需要が徐々に回復することが前提である。中国の現状は、制度的な革新、特に要素の市場化の欠如と不十分な市場競争のため、独占的な力を持つ大型国有企業や超大型国有企業の革新能力が抑制され、効果的な投資機会を見出すことが阻害されている。小規模な民間企業は、金融などの要素市場による支援をほとんど受けることができないため、投資ニーズを効果的な投資需

第三章　経済成長における規模全体の不均衡とマクロ・コントロール　　127

要に結びつけることが難しい。市場が回復しにくい状況では、経済成長は主に政府（中央と地方）の投資によって推進される傾向があり、拡張的な財政支出政策を適切なタイミングで撤回することが困難となる。この状況を変えるカギは、改革を深化させ、制度革新と技術革新の能力を向上させることにあり、より長期間の努力が必要となる。

　引き締め的な収入政策の発展傾向という点で、財政収入総額の伸びの勢いを維持することは必要かつ可能である。重要なのは、国民所得に占める財政収入の割合が上昇し続けているかどうか、すなわち国民所得を大幅に上回る増加率を続けているかどうかである。ここで議論すべき問題はいくつかある。

　（1）中国の財政収入の伸びは、長い間、減税の背景で達成されてきた。しかも税種を増やしたり、税率を引き上げたり、課税範囲を拡大したりしなかった場合を前提として、経済発展と厳格な徴収・管理によって達成されるものであるため、これまでの「減税」の慣行が継続される限り、新たな減税政策が必要かどうかは問題にならない。真の問題は、「減税」という背景にもかかわらず、GDP に占める財政収入の割合が上昇し続けているのはなぜかということである。これは、財政収入の増加率が経済成長率を大きく上回っていることでしか説明できず、この場合、その増加率をコントロールすることを検討する必要がある。この意味で、新たな減税措置の採用が提案される。その目的は、財政収入総額の伸びを鈍化させることではなく、国民経済の成長と調和させるようにその伸び率をコントロールすることである。特に、長期的に市場力（企業、住民）の収入の増加を深刻に抑制しなかったり、実体経済に対する持続的な「クラウディング・アウト効果」（押し退け効果）をもたらさなかったりすることである。

　（2）GDP に占める財政収入の割合が増え続けているのは、国民経済計算において GDP が少なく計上され、同時に収入が多く計上されているからだと言えるのか。静的には、例えば特定年度の割合から見れば、当年度

の計算において財政収入の過大計算とGDPの過小計算という問題が発生する可能性はあるが、動的には、財政収入とGDPの統計基準と方法が安定的かつ継続的である限り、この問題は両者の比較結果に影響を与えない。GDPに占める財政収入の割合の経年変化を観察してみると、上昇傾向にある場合、政府の財政収入が他の収入よりも確かに速く増加していることを示している。財政収入の計算とGDPに関する統計が不正確であったり、非科学的であったりしても、一貫して同じ水準と方法に基づいていれば、その割合の変化は統計的に有意であり、傾向を反映することができる。

（3）「減税」に客観性はあるのか。すなわち、今後の発展において、客観的に、財政収入の総額増加と並行して増加率が鈍化することはあるのか。そのような客観性はあるというべきである。一方で、経済成長は鈍化する。分析によると、中国の経済成長は中所得発展途上国のレベルに達した後、2020年までに小康社会（経済発展が上位中所得国のレベルに達する）を全面的に完成させ、2030年前後に高所得発展途上国になるという目標を達成し、年平均成長率も現在の8％程度から、十年ごとに1ポイント以上低下すると予想される。これが財政収入の伸び鈍化の主な理由の一つである。同時に、地域経済構造調整や産業構造調整を含む経済構造の調整は、財政収入の構造調整を必要とし、客観的には財政収入の伸びの鈍化にもつながる。構造的減税は長期的には、国民経済の構造を調整することによってその質を向上させ、財政収入を増加させるが、短期的には、あるいはかなりの期間、財政収入の通常の成長に影響を与えるまでに至らなくても、その伸び率には影響を与える。さらに、国際金融危機は財政収入の伸びにも影響し、それは輸出入による税収の伸びへの影響に直接反映される。現在、中国の税収構造において、輸出入による税収の割合は大幅に上昇しており、特に輸入による増値税、消費税、関税等を含む税収が比較的高い割合を占めている（輸出における一部の流通税は輸出企業に還付される）。具体的に言えば、近年、輸入税収は中国の税収総額の16〜18％を

占めており、特に中央財政収入に占める割合が高く（輸入税収のほとんどが中央税収であるため）、2011年にはその約35％を占めた。世界金融危機とそれに伴う経済危機が中国の輸出入、特に輸入に与える影響は、財政収入（特に中央財政収入）の成長率だけでなく、その増加にも影響を与える可能性がある。また、世界貿易保護主義の台頭や、それに伴う人民元切り上げ圧力の高まりといった要因は、輸入量の伸びを刺激するかもしれないが、為替レートの変動により輸入税収が減少する可能性もあり、輸入税収の変動の不確実性をさらに高めている。

（4）「減税」の要求はあるのか。現在のマクロ経済の不均衡は、インフレ圧力と景気下押し圧力の脅威という両方によって特徴付けられる。伝統的な需要管理は深刻な困難に直面しており、財政政策も金融政策も全面的な拡大であろうと引き締めであろうと立ち往生している。実際、マクロ的な管理手法では、特に「スタグフレーション」の脅威がある場合、需要管理と並行して供給管理も行う傾向が確実にある。供給管理の基本政策として、減税は、企業のコストを削減することでコストプッシュ型のインフレ圧力の軽減に限らず、生産者と労働者の意欲を高めることで経済成長を刺激することもできる。「減税」のような供給管理措置を通し、生産者や労働者のコストや効率に影響を与えることの最大の特徴は、インフレ率水準を引き上げることなく景気拡大を達成できることであり、それは中国の現段階において極めて必要なことである[22]。もちろん、ここで言う「減税」とは、財政収入総額の減少ではなく、主に経済発展における財政収入の伸び鈍化を指している。

（5）「減税」の可能性はあるのか。財政収入がマイナス成長になる（総額が減少する）可能性は低いため、「減税」の可能性とは、やはり収入の伸びが鈍化することを指す。主に財政収入と支出における不均衡と国民経済がその不均衡を吸収する能力によるところが大きい。短期的には財政収支のバランスの問題であり、赤字や債務、それに伴う財政リスクなどに関

わる一方、長期的には政府機能の転換と公共財政システムの構築の問題となる。すなわち、短期的には、中国の現在の財政不均衡の程度は高いわけではなく、財政赤字も政府債務の規模と割合も比較的安全でコントロールできる範囲内にある。この意味で、課税政策の一部調整や税制改革を含む「減税」の措置を講じても、財政収支にはある程度余裕がある。例えば、増値税範囲の拡大、個人所得税の最低限の引き上げ、中小企業・零細企業に対する税制上の優遇措置などが施し得るのである。しかし、長期的に、GDPに占める財政収入の割合を適切にコントロールできるかどうかは、制度的には、政府機能の転換と市場化プロセスに伴う公共財政システムの構築にかかっているのである。市場化が進まず、政府機能の転換が遅れ、政府が依然として投資、社会保障、インフラ建設、国民生活サービスなど多くの社会経済的責任と機能を担っているのであれば、市場メカニズムが効果的に機能し、政府と市場の協調が実現することは難しく、財政収入が経済成長を上回るペースで増加し、GDPに占める割合が高まり続ける勢いを逆転させることは不可能である。財政制度が公共財政に、公共財の供給を主たる機能とする財政に、また過度に中央集権的な政策決定から、納税者の公共的選択に基づく民主的かつ法治的な政策決定へと着実に移行することが困難であれば、制度的に収入増加率と経済成長率の調和をとることは困難となる。したがって、長期的に見れば、「減税」を成功させるカギは、高度な市場化という状況下での政府機能の転換と公共財政システムの構築にある。これは短期的には実現が難しい。結論として、中国の現段階での経済発展の持続可能性と、経済成長の均衡性という目標では、財政収入の増加率を国民経済の成長率と協調させ、財政収入総額の継続的な拡大に基づき、財政収入の伸び率を効果的にコントロールした上でGDPに占める割合をコントロールすることが必要である。

三、現段階での税負担のレベルとその増加率は高すぎるのか

現段階での税負担のレベルと増加率が高すぎるかどうかは、複雑で極めて議論の多い問題である。ここでは、二つの側面の問題についてのみ論じる。一つ目は、フォーブス誌の「Tax Misery & Reform Index」に反映されている中国の税負担をどのように見るかである。二つ目は、名目税負担と実質税負担をどう見るかである。この二つの問題に関する議論は、現段階での中国の税負担の基本的な判断だけでなく、今後の財政収入政策の方向性の選択にも関わっている。

フォーブス誌は毎年、世界の主要国・地域の企業所得税率、個人所得税率、富裕層税率、売上税率／増値税率、被用者・雇用者の社会保障への寄付に基づき、いわゆる「Tax Misery & Reform Index」を算出・発表している。中国は 2002 年に第 3 位、2004 年に第 4 位、2005 年に第 2 位、2008 年に第 5 位、そして 2009 年には再び第 2 位となった。何はともあれ、フォーブス誌によれば、中国は高負担国であるため、さらなる税制改革が必要となる。そのインデックスは、ある国（または地域）における六つの税金（費用）の法定最高税率を単純に合計することで算出される。この六つの税金（費用）には、企業所得税、個人所得税、被用者・雇用者が支払う社会保険料（Employer and Employee Social Security）、売上税、固定資産税などが含まれる。例えば 2009 年の中国の Tax Misery & Reform Index は以下のように算出される。

企業所得税最高税率（25％）＋個人所得税最高税率（45％）＋雇用者の納付した社会保険料最高料率（49％）＋被用者の納付した社会保険料最高料率（23％）＋増値税最高税率（17％）＝ 159％

しかし、これは中国の税負担を評価するアプローチとしては明らかに問題がある。

まず、中国の Tax Misery & Reform Index の算出に使われたデータに問題がある。雇用者（企業）が被用者に支払う社会保険料の割合は被用者の給料の 49％、被用者自身が支払う社会保険料の割合は給料の 23％であるが、実際のところ、中国の現行の社会保険制度では、雇用者が支払う社会保険料である養老保険（年金保険）、失業保険（雇用保険の失業手当）、工傷保険（労災保険）、生育保険[23]、基本医療保険は被用者の給料の約 30％であり、被用者の個人負担の分は給料の約 10％に相当する。このような実態を踏まえると、他の条件がすべて同じであれば、中国の 2009 年 Tax Misery & Reform Index は、フォーブス誌が算出した 159％ではなく、127％であったと考えられる。

　次に、ここでの比較は、最高限界税率の比較であるが、中国の最高限界税率は世界で最も高い水準にある。そして、最高税率は税負担のレベルと等しいわけではない。個人所得税を例に見ていく。フォーブス誌によると、中国の個人所得税の最高税率は 45％であり、フランス（52.1％）、ベルギー（53.5％）、スウェーデン（61％）、オランダ（52％）、日本（50％）などの先進国より低く、カナダ、米国、オーストラリア、ドイツとほぼ同じとなる。所得税の最高税率が中国より高いか、ほぼ同じぐらいであるこれらの国は、一人当たりの GDP が中国よりかなり高いだけでなく、所得分配の格差が全般に小さい先進国である。先進国では発展途上国よりも所得格差が小さいのが普通である。平均所得や所得分配の格差が顕著でない状況であれば、累進課税制度の違いは確かに負担水準の違いを説明することができる。Tax Misery & Reform Index はこれらの先進国間で比較可能であるが、中国は現段階では発展途上国である。経済規模が大きく、経済成長率も速いものの、一人当たりの水準も低ければ、所得分配の格差も大きく、しかもまだ拡大過程にある。このため、最高税率を先進国と比較することで、中国の全体的な税負担を反映させることはできない。中国の最高税率層における納税者の占める割合は極めて小さく、低税率が適用さ

第三章　経済成長における規模全体の不均衡とマクロ・コントロール　　133

れる企業や個人の割合のほうがはるかに大きい。中国の全体的な税負担を
反映するために個人所得税の最高税率を用いるというアプローチは、中国
の現実とあまり合致しているとは言えない。中国の現段階での問題は、最
高税率が高すぎることではなく、低所得者層に対する減税が必要だという
点である。とはいえ、引き続き最高限界税率で税負担を反映させるのであ
れば、低所得者層の税負担が全般的に軽減されたとしても、Tax Misery
& Reform Index は下がらないであろう。経済先進国では、最高税率が適
用される納税者の割合が中国より高いため、それを比較に用いれば、実態
はより正確に反映できる。ただし、中国の実態は反映できず、他国との税
負担の比較の基準を用いれば、大きなズレが生じることとなる。

　ついでに、中国の現段階における表面税率と実効税率の違いの問題に目
を向けよう。制度と政策の変化という点では、中国は21世紀に入ってか
ら確かに減税を推進しており、一連の減税措置が施されただけでなく、制
度改革のトレンドから見れば、今後もそうした措置が施される可能性が高
い。例えば、2012年、中国はエネルギー製品、先端設備とその主要部品
の輸入関税をさらに引き下げ、中小企業・零細企業の増値税と営業税の最
低限度を引き上げた。また、所得税を減免し、企業に関する不合理な費用
をさらに撤廃し、営業税から増値税への転換の試験的な範囲を拡大し、物
流企業に税制上の優遇措置を講じるなど、多くの税制改革を推進した。し
かし、全体として、市場主体、特に実体経済主体は、明らかに減税を実感
しているわけではなく、むしろ税負担が増加していること、しかも実際の
税負担が企業の発展速度よりも速く増加していることを強く感じている。
企業の発展に応じて税負担が増えるのは当たり前のことであるが、多くの
場合、税制や税種は変わらず、税率はやや引き下げられる。その一方で企
業の発展は進まず、あるいは企業の生産高や利益は増えないながらも、実
際の納税額は増えているのが実情である。これによってパラドックスが生
み出されている。すなわち、企業や住民の税負担が実際に増加しているの

に対し、政府、特に中央政府は常に減税していると感じているのである。

　この問題は主に二つの側面で発生している。一つは、政府、特に地方各級政府が財政難に陥ると、さまざまな方法で企業や住民に税外費用を求める。もう一つは、税制と税種に変更がなく、税率が少し引き下げられたという状況下では、各レベルの税務当局は徴収と管理を強化する。引き下げ前と比べ、税率はある程度下がったものの、政府部門は引き下げられた税率に厳格に従うため（以前は、税率は比較的高かったが、関連する政府部門は本格的に決まった税率にあまり従わず、一部の企業に対して「包税」[24]を採用することさえあったため、名目上の税率は高いにもかかわらず、実際の税負担はあまり高くないという状況が生じた）、企業や住民の実際の納税額は、減税前のそれよりもさらに高くなる可能性がある。一連の減税措置にもかかわらず、財政収入が急増しているだけでなく、GDPに占める割合も上昇し続けていることは基本的な事実である。純粋に量的な増加は、経済成長からの押し上げと解釈できるが、GDPに占める割合の上昇は、税負担の相対的な増加と、それに対応する企業所得と住民所得の割合の相対的な低下、特に住民所得の割合の低下を示している。

　では、現在の税負担をどのように受け止めればよいのであろうか。横の比較では、現在のマクロ税負担（GDPに占める税収と社会保険の割合）は、先進国と発展途上国のいずれと比べても決して高くはなく、発展途上国においては中ほどの位置にある。しかし、縦の比較では、過去十年間で国家財政収入の伸びが著しく加速し、現行価格での国民所得をはるかに上回るペースで伸びており、その結果、政府が支配する国民所得の割合がますます上昇している。すなわち、中国のマクロ税負担が高すぎるとは一概に言えず、あるいはフォーブス誌の Tax Misery & Reform Index に反映されているように現代世界で最も高いレベルにあるということもできず、これは中国の現実に即していない判断なのである。マクロ税負担（税収入と税外収入を含む）は、先進国で平均43.3%（うち社会保険料の割合が

10.4％）、発展途上国で平均 35.6％（うち社会保険料の割合が 6.9％）、中国では 2009 年に約 30％（うち国有土地用権譲渡収入の割合が 4.2％、社会保険基金収入の割合が 3.8％）であった[25]。しかし、中国の現段階における財政収入が急速に増加し、国民所得に占める割合が上昇し続けている傾向は、適切にコントロールする必要があることを認めなければならない。工業化加速と市場化の移行時期にある中国と先進国との一つの重要な違いは、GDP に占めるマクロ税負担の割合が、先進国では一般的に安定しているのに対し、中国では急速に上昇していることである。このため、中国のマクロ税負担の増加率をコントロールすることが極めて重要となる。GDP に占める政府財政収入の割合が上昇し続けることは、需要構造における市場力への「クラウディング・アウト効果」（押し退け効果）を意味し、国民経済における政府、企業、住民間の所得分配のマクロ構造の不均衡をもたらすだけでなく、経済成長の需要構造を歪め、ひいては消費需要の低迷を招き、市場力がその役割を十分に発揮することを困難にする。また、経済成長を政府需要、特に政府投資需要に過度に依存し続けることを余儀なくさせるのみならず、市場化プロセス、特に要素市場化を阻害し、さらに資源配分の効率性を損ない、独占、特に政府自身による独占をいっそう強化することさえある。中国の現在の経済構造における国有経済と国有企業のシェアと役割、そして政府と国有企業のつながりを考えると、その所得は政府の収入ではないが、国有企業の主導的かつ主要な役割は、GDP に占める政府収入の割合が上昇する傾向にある程度呼応しているため、中国のマクロ税負担が増加するにつれ、政府の市場への代替はより高くなるのである。したがって、マクロ財政収入政策に関して言えば、その伸び率を、過去十余年の経済成長率を大幅に上回る高い伸び率から、国民経済の成長と調和する水準へと徐々に調整し、政府、企業、住民の間でバランスの取れた収入の伸びを徐々に実現することが必要である。財政収入の伸び率を調整するという角度からは、現段階では適度な減税、あるいは

その伸び率を合理的にコントロールすることが必要となる。

　財政収入の伸び率を国民経済の成長に合わせてコントロールするという意味での「減税」の重点は、単に財政収入の伸び率を下げるのではなく、税負担の構造を調整し、その上で国民経済の構造転換の要求に沿った構造的減税を推進することにある。税種において流通税が多いことが、中国の税収が急速に伸びている主な理由である。流通税には、増値税、営業税、消費税、城建税（都市維持建設税）、自動車取得税、不動産契税、タバコ・アルコール消費税などがあり、それらの税の属性はすべて消費税である。2011 年の総税収（社会保険料を含む）に占める消費税の割合は50.9％であり（OECD 加盟国では 31％）、先進国並の割合より 20 ポイント近く高く、中国の税負担が国民消費の分野に集中していることを示している。同時に、中国の個人所得税は低く、2011 年の税収総額の 5.7％と、先進国の割合よりはるかに低く（OECD 加盟国では 25％）、税負担が現在、個人所得に集中していないことを示している。また、国民に対する一般的な消費税の割合が高く、消費税全体の 97％を占め（OECD 諸国では 65％）、高所得者層に対する特定商品課税（贅沢品など）の割合が低く、消費税全体のわずか 3％を占めるため（OECD 諸国では 35％）、事実上、低所得者層が税負担の主体となっている。個人所得税が占める割合が低いため、個人所得税の調節機能は実際には効果的ではなく、個人所得を調節することによって構造的公平性や合理性を向上させることは困難なのである[26]。

四、中央財政と地方財政の構造的不均衡

　全体として中国の中央と地方の収支パターンは収入の方では中央財政の割合が相対的に高く、支出の方では地方財政が主導するという特徴がある。

　まず、中央と地方の財政収入の構造を見てみよう。顕著な点は、財政収入、特に税収に占める中央政府の割合が地方政府よりも高いことである。

第三章　経済成長における規模全体の不均衡とマクロ・コントロール　　137

2010 年を例とすると、財政収入全体に占める中央政府の割合は 51.1％、
地方政府の割合は 48.9％である。2009 年の両者の差はさらに大きく、前
者は 52.4％、後者は 47.6％であった。2000 年以降、中国の財政収入に占
める中央政府と地方政府の割合は 2 ポイント以内の変動で安定しており、
中央政府の割合は終始一貫して地方政府の割合を上回っている。このうち
厳密な意味での税収（現在では財政税収の 88％近くを占める）において、
国税（中央税）が 55.3％、地方税が 44.7％を占めている。しかし、税外収
入の割合は地方に比べ中央のほうが著しく低い。例えば税外収入では中央
と地方の比が 20：80、特別収入 [27] では 14.6：85.4、行政事業性手数料で
は 13.2：86.8、その他収入では 33.2：66.8、没収収入では 3：97 など、地
方において税外収入の果たす役割が相対的に大きいことがわかる。

　次に、中央と地方の財政支出の構造に目を向けよう。21 世紀に入って
から、中国の財政支出規模は拡大しており、2000 年から 2010 年までの年
平均成長率は 19.1％であった。国家財政支出に占める中央財政支出と地方
財政支出の割合を見ると、過去十年間、地方の割合が中央の割合を上回っ
ているだけでなく、さらに上昇が続いており、2000 年の 65.3％から 2010
年の 82.2％へと約 17 ポイント増加した。それに伴い、国家財政支出に占
める中央政府支出の割合は、一貫して年々減少する傾向にあり、いかなる
回復や変動も見られなかった。

　これにより、収入は地方よりも中央の方が一貫して高く、この状態が長
期にわたって安定している一方、支出は中央よりも地方の割合が一貫し
て高く、長期にわたって上昇しているという対照的な結果となっている。
例えば、2010 年の中央と地方の財政収入の比率は 51.1：48.9 であったが、
財政支出の比率は 17.8：82.2 であった。2000 年から 2010 年にかけての変
化を見ると、中央と地方の財政収入の割合はほとんど変動しておらず、両
者の比率は基本的に安定しており、中央の割合は概ね 53％前後（変動幅
は 2 ポイント以下）、地方の割合は概ね 47％前後となっている。両者の差

が最も大きかったのは 2002 年で、中央が 55％、地方が 45％と、その差は 10 ポイントであった。中央財政支出と地方財政支出の割合は、2000 年から 2010 年にかけて大きく変化した。中央は 2000 年の 34.7％から 2010 年の 17.8％へと減少し続けたが、地方は 65.3％から 82.2％へと上昇した。この不均衡は、中国と世界の多くの国々との重要な違いである。欧米諸国も分税制（税を中央政府と地方政府に分ける制度）を採用しているが、一般的に大規模な中央移転支払はなく、地方税支出は基本的に地方予算収入に依存してバランスをとっている。その利点は、地方経済発展と地方財政収入および公共財供給が密接に関連しており、「税金を納めた者が利益を得る」という原則をより十分に反映させ、納税者のモチベーションを高め、それに見合った責任を明確にするのに役立っている。一方、その欠点は、地域間格差の是正における政府の役割が限定的な点である。これは主に要素市場の流動によって達成され、その流動は緩慢で不安定であるが、長期的にはより効率的である。中国における中央政府と地方政府の収入構造と支出構造の間の深刻な不均衡は、一連の矛盾をもたらす可能性がある。

　第一に、国の財政収入総額が GDP に占める割合の継続的な上昇を基として、中央財政収入の割合が地方財政収入の割合を長期にわたって上回っていることは、国民所得を支配する過程において政府の役割が増大しているだけでなく、中央政府の統制も強まっていることを示している。中央政府による経済への介入の垂直性や集中度が一層強まり、社会主義市場経済の改革の深化に影響を及ぼしているのである。しかし、中央政府による経済への直接介入の取り組みが強化されたからといって、中央のマクロ・コントロールの効率が向上したとは言い切れない。これは、中央財政が国民所得をより多く占めるようになっただけのことで、地方財政支出の占める割合は大きくなり、この割合は継続的に上昇しているのである。このような財政支出の構造は、中央政府の財政政策におけるマクロ効率性を大きく損なっている。これはある意味で、権利と責任の非対称性でもある。財政

収入のうち、特に税収において中央政府の占める割合が高ければ、地方政府が関連税源を開拓し、関連課税政策を実行する意欲に影響を与えることは避けられない。一方、財政支出は主に地方政府が負担するため、地方財政への圧力が高まる一方、中央政府の財政政策効果の不確実性が高まる。また、地域によって経済力や社会経済発展に格差があるため、財政支出政策の目的を達成するために主に地方財政支出に頼ることによる政策効果は、地域によって大きく異なる。例えば、2010年の中国の公財政教育支出が中央財政支出に占める割合は5.7％であるのに対し、地方財政支出に占める割合は94.3％となっている。しかし地方の発展レベルや環境の違いは、教育の均衡ある発展に深刻な影響を与えることは間違いない。他に、社会保障・雇用（中央と地方の比は4.9：95.1）、農林・水利（同4.8：95.2）、都市・農村社会問題（同0.2：99.8）、医療・衛生（同1.5：98.5）、環境保護（同2.8：97.2）などの分野にも同様の問題が存在する。

　第二に、このような中央と地方の財政収支の構造的不均衡は、必然的に中央からの移転支払の増加につながると見られる。中国の30以上の省（直轄市と自治区）は、社会経済の発展状況に関わらず、一般予算支出が一般予算収入を上回っており、支出対収入の比率は1を超えている。すなわち、各地域が中央からの移転支払という財政的支援を受けていることを意味している。制度的・政策的要件から見れば、中央と地方の収支の構造的不均衡は、中央政府の財政移転支払能力を高め、後進地域の発展への支援を強化し、地域間の均衡のとれた社会経済発展を促進することができる。例えば、2010年、中国の省（直轄市・自治区）の一般予算収入に占める一般予算支出の割合は平均180％、すなわち、地方の支出は収入の1.8倍であった。そのうち、チベットが15倍と最も高く、青海省、甘粛省、寧夏回族自治区、新疆ウイグル自治区、貴州省など他の西部の省・自治区の支出は収入の3倍以上であった。東部沿海地域の主要省・市の支出は収入の1.5倍未満の場合が多く、そのうち北京市と上海市における支出の収入に対する

倍率は 1.15 倍と最も低かった。中部地域や四川省、雲南省、広西チワン族
自治区などでは、2 倍以上がほとんどである。後進地域であればあるほど、
中央からの移転支払の力が大きくなり、その結果、その地域の一般財政支
出が一般財政収入を上回る程度が大きくなり、中央からの移転支払への経
済的依存度がそれに応じて高くなるのは明らかである。同時に、比較的先
進的な省であっても、中央政府からの純移転支払があることは見逃せない。
北京市と上海市の支出が収入を上回っていることは、先進的な省であって
も財政支出の自主性が大きく制限されていることを示唆している。財政収
入の大部分はまず中央財政収入として納められ、次に中央が地方財政支出
を移転支払の形で補填する。このため、特に社会経済的に比較的発展した
地域では、地方政府の自発性や積極性がある程度抑制され、地方の省は一
般的に、自らの一般予算支出と一般予算収入のバランスをとることができ
なくなる。ということは、制度的に中央財政収入が過度に中央集権化され
ていることを示している可能性がある。ここで言う「中央集権化」は、中
央財政収入の割合が高いということだけでなく、制度上、地方財政支出の
実現が、主として自らの社会経済的発展に基づく一般会計歳入予算の安定
的な伸びよりも、むしろ中央財政からの移転支払に大きく依存していると
いうより重要な点を指している。このことは、地方財政の収支バランスと、
その安定的かつ持続可能な発展に悪影響を及ぼしかねない。

　第三に、このような中央と地方の財政収支の構造的不均衡は、地方政府
の債務リスクをある程度悪化させる。特に中央財政支出が拡大しながら地
方財政のマッチングを必要とする場合、地方政府の債務リスクはさらに
高まる。中央と地方の財政収支構造の長年にわたる非対称性を背景に、中
国は 2008 年に金融危機に全面的に対応するために、より積極的な財政政
策を採用した。地方財政を支える資金が不足しているという矛盾を緩和す
るために、中央政府は地方政府に代わって地方債を発行し、地方政府が資
金調達プラットフォームを利用して投資プロジェクトの資金を調達すると

いう資金調達方法もとり始めた。中央政府が地方政府に代わって発行した地方債務の規模はそれほど大きくなく、例えば2010年には2000億元の地方債務を発行したが、最終的なリスクと責任は実際には中央政府が負っている。地方政府にとってのリスクと責任は大きくなく、本当のリスクをもたらすのは地方政府債務である。地方政府債務とは、地方政府、補助金を受けている事業体、公共サービス事業体[28]、地方政府資金調達プラットフォーム企業およびその他の機関・事業体の直接借り入れ、債務不履行、あるいは保証、買戻しといった信用補完の提供、または公共福祉プロジェクト建設により形成された債務を指す。地方政府債務は、地方政府だけが負債を抱えているわけでないのは明らかである。ここで述べている地方政府債務の主体には、地方政府のほか、補助金を受けている事業体、公共サービス事業体、地方政府資金調達プラットフォーム企業なども含まれ、その範囲は政府債務よりも広いのである[29]。審計署の審計結果によると、第十一次五カ年計画末（2010年末）までに、地方政府の債務総額は10兆7000億元を超える（これは証票を持って検査できるもので、証票がないことにより検査できないものもある）。同時に、審計署の検査基準には、社会保障資金不足のような負債の評価は含まれていない。したがって、地方政府の実際の負債規模は、審計署が公表した結果よりもさらに大きい可能性がある。地方政府債務の資金源は主に銀行借入（79.1％）であり、上級財政や債券発行、その他の借入は合わせて約20％に過ぎない。しかもそのうち70％は「十二五」（第十二次五カ年計画）期間中に満期を迎える。推計によると、第十一次五カ年計画期間中に形成された地方政府債務の中の7.5兆元の満期を考慮し、利払いや新規借入による旧債務の返済などの要因を合わせると、2011年から2015年にかけて合計12兆5000億元以上の資金需要が形成されるという。これに社会保障基金の隠れ債務（基本年金保険、失業保険、基本医療保険、労災保険、生育保険など）が加わり、そのうち年金保険は社会保障基金の支出の70％を占め、さらにこの割合は増

加の傾向にある。しかし、現在の実際の支払いでは、基本年金保険の資金不足の一部を地方政府が負担しており、これが実は地方債務の重要な隠れ債務を構成している。「十二五」期間中の資金需要はこの 12 兆 5000 億元を上回る見込みである。以上が、「十一五」末時点の地方債務総額の概況である。

「十二五」期間の発展において、地域経済の成長、工業化、都市化など多面的要求を考慮すると、「十二五」期間中の地方政府の公共投資総需要は 29 兆 3000 億元〜 33 兆 9000 億元と予測され、同期間中の地方政府の投資能力（地方政府の収入と地方政府の消費支出の差額）は 22 兆 1000 億元〜 24 兆 6000 億元と予測される。具体的な数字は改めて検討することができるが、そのギャップが存在することは否めない。このギャップの存在が、地方政府の財政収支の不均衡をさらに悪化させていることは間違いなく、「十二五」期間中に新たな負債を抱える基本的な要因となっている[30]。「十二五」期間中、地方政府の債務増加率は年々低下し、全体では依然として警戒ライン内にコントロールできているものの、その債務規模は引き続き拡大し、旧債務の返済と新債務の形成という両面の圧力が高まるため、軽視するわけにはいかない。よって、中央と地方の財政関係を調整し、財政制度の改革を深め、資金の一部を中央から地方へと移譲し、両者の債務分担メカニズムを確立し、長年にわたる財政収支構造不均衡を徐々に是正することが極めて必要となる。

最後に、中央と地方の収支構造における長期的かつ深刻な不均衡は、中央政府の財政収入に対するコントロールを制度的に一層強化しつつ、中央からの移転支払の取り組みを強化することになる。同時に、地方の経済発展を中央からの移転支払に大きく依存させると、地方政府の責任を曖昧にさせることとなり、結果的に事は希望どおりにいかず、移転支払が地域間格差を効果的に縮小できないどころか、地域間の競争力と効率性の格差を拡大させてしまう恐れがある。実際、地域間の発展段階が異なるため、中

央政府から地方への一般的な移転支払、特に後進地域に対するより大きな支援が存在する。にもかかわらず、地域によって基盤が異なり、地方政府の投資能力、投資需要、拡大ペースに差があり、特に地域によって政府投資の効率に大きな差があるため、財政収支と直面する矛盾も異なってくる。後進地域であるほど財政収入と財政支出の矛盾が深刻であり、政府の消費支出能力の差は言うに及ばず、投資能力や効率性の面で先進地域が後進地域を大きく上回っている。さらに重要なことは、投資需要の伸び率において、中国はかなり長い期間、地方経済成長率（地方 GDP 成長率）とそれに対応する地元住民の貯蓄の伸び率、地方固定資本形成の伸び率に相関関係はなかった。一般的に高度経済成長期には、両者は極めて強い正の相関を有するはずである。中国がこのような状況になっている主な理由は二つある。

　一つは、独占的かつ垂直的な管理下の金融・銀行システムは、地元住民の貯蓄と地方の固定資本形成との間の体制的つながりを断ち切るため、地域経済との間に十分な市場的融合が欠けている点である。

　もう一つは、銀行や金融市場からの支援を得ることが困難であるだけでなく、地方財政を通じた政策保証を得ることも困難である中で、企業誘致と資本導入にかなりの程度依存する点である。すなわち地方経済力の限界を超え、企業誘致と資本導入を通じて次々と地方の発展を促進するのである。しかし近年、経済発展と市場化に伴い、新たな事態が発生し始めている。それは、経済発展のレベル（経済成長率ではなく、一人当たりの GDP と GDP 総額が達した絶対水準）と固定資本形成の伸び率との間に負の相関関係が現れ始めたのである。その主な理由は、経済先進地域における成長のベース効果の強化に伴い、成長率が鈍化し始めたこと、そして経済発展のレベルが高いほど成長率が鈍化する傾向があり、それに応じて固定資産の成長率も鈍化し始めたことである。同時に、相対的に後進的な地域における成長のグラディエンド効果も徐々に現れつつあり、経済発展の

レベルが相対的に低い地域ほど、経済成長率や固定資産の成長率が相対的に高くなっている。当然のことながら、先進地域ではコストが相対的に高く、一部の地域では資本の「過密」にさえなり始めているという事実とも関係している。近年、中国の固定資産成長率ランキングを見ると、発展が遅れている中西部地域がリードし、東部沿海の省・市が相対的に後進的となり、上海は最下位にランクされているほどである。これは、比較的発展した地域における地方投資需要の伸びと地方投資能力の伸び（地方政府の収入能力—地方政府の消費支出需要）との矛盾が緩和されつつあることを示している。地方政府の支出が収入を上回ったとしても、中央政府による後進地域への移転支払の取り組みが相対的に強化されたとしても、後進地域における地方財政収支の矛盾は先進地域よりも深刻になる可能性が高い。中央の財政転移支払の総力は限られており、その効率性の要件も考慮しなければならないため、問題のカギはやはり地方政府自身の一般財政収入と一般財政支出のバランスにある。中央と地方の財政不均衡という同じ条件下では、先進地域の地方収支均衡能力は、後進地域よりも明らかに高く、それ故、この普遍的な収支不均衡の構造は、長期的には地域間格差を拡大する可能性が高い。

第五節　地方政府資金調達プラットフォームの借入に関する理論的議論

一、はじめに

　伝統的な貸借理論では、地方政府資金調達プラットフォーム（以下、「資金調達プラットフォーム」）の負債による借入を説明することは難しい。地方政府は無制限の増税権限を持たず、資金調達に大きな制約を受けている。逆に、地方政府が主導する、あるいは絶対的に支配する資金調達企業は、大規模な資金を調達することができる。融資プラットフォーム企業と

は、地方政府およびその部門、機関が、財政撥款（財政の資金支給）や土地、株式などの資産の投入を通じて設立した経済主体であり、政府投資プロジェクトへの融資機能を担い、独立法人としての資格を有する[31]（国発〔2010〕19号文件より）。

地方政府の負債が増加していることは、資金調達プラットフォームが資金を調達する上で重要な背景となっている。審計署が2011年6月27日に発表した「全国地方政府性債務審計結果」（以下、「審計署報告」）によると、「十一五」末時点（2010年）で、中国の地方政府の債務は総額10兆7000億元に達している。主な資金源は銀行借入（79.1％）で、上級財政、債券発行、その他の借入を合わせたものが全体の約20％を占めている。「十一五」期間中に形成された地方政府債務の中の70％（約7.5兆元）は、第十二次五カ年計画期間中に満期を迎える。利払いや新規借入による旧債務の返済などの要因を合わせると、2011年から2015年にかけて合計12兆5000億元以上の資金需要が形成されると推測される[32]。「十二五」期間中の地方政府の公共投資総需要は29兆3000億元〜33兆9000億元と予測され、同期間中の地方政府の投資能力（地方政府の収入と消費支出の差額）は22兆1000億元〜24兆6000億元と予測される。両者のギャップを埋めることは、地方政府の債務増加の重要な原動力となりうる。地方政府自身の経済力と『予算法』の制約を受け[33]、資金調達プラットフォームの借入は、主に銀行借入、債券・手形発行を通じて資金を調達し、地方政府の資金不足を補う主な手段となっている。2012年6月末時点で、資金調達プラットフォームの借入残高は9兆元を超えている[34]。

資金調達プラットフォームの負債による資金調達行動には三つの特徴がある。一つ目は、不十分な情報開示と投資者保護の下、プラットフォームが資金調達するための信用は、主に財政信用によるものである。財政信用がなければ、プラットフォームは、その財務状況（通常、高い資産負債率[35]と低い収益性）を以て大規模な資金を調達しにくい。二つ目は、資金

調達プラットフォームによる負債性投資（インフラ・プロジェクトなど）
は、物的資本ストックを増加させ、生産水準の向上に寄与することである。
三つ目は、地方政府官員がGDPを追求するという業務上のインセンティ
ブは、資金調達プラットフォームが資金を調達する意欲を強めることであ
る。

　本節では、債務返済能力、借入意欲、資源配分効率の観点から、限定的
コミットメント（limited commitment）の条件下における動的な債務モ
デルを構築し、生産的物的資本に転換することで市場の失敗を補う公共投
資の役割を紹介する。政府の信用を維持し、資源配分を最適化するために
は、金融プラットフォームの資金調達の拡大傾向を防ぐ必要がある。長期
的には、地方政府は資金調達プラットフォームの借入への依存度を下げな
ければならず、プラットフォームは市場の失敗を補う範囲内で節度ある借
入を行うべきである[36]。

　この節のモデリング技術にはいくつかの革新的な点がある。一つ目は、
公共投資が民間生産に与える影響を考慮に入れることである。バロー・リ
カード等価定理（The Barro-Ricardo Equivalence Theorem）に基づいて
最適な債務規模を考察する文献では、一般に公共投資は非生産的であると
仮定しており、生産における公共投資の役割は考慮されていない。二つ目
は、資金調達プラットフォームの借入行動を説明するために、政府官員が
GDPを追求するという政治的な業績に基づくインセンティブが導入され
ることである。その追求が、プラットフォームの存在と拡張の重要な原動
力となる。三つ目は、資金調達プラットフォームによる比較的多額の資金
を調達する行動が資源配分に及ぼす悪影響を、民間投資に対する「押し退
け効果」の観点から分析する点である。プラットフォームの借入金額が大
きくなればなるほど、資源配分の歪みは目立つようになる。すなわち、民
間投資の不足と社会全体の投資過剰という現象が顕著になるのである。劉
溶滄・馬拴友（2001）とは異なり、本節では、公共投資の正の外部性と民

間投資に対する「押し退け効果」が併存すると仮定する。四つ目は、資金調達プラットフォームの負債による借入が税収に与える影響を検証するために、本節では限界生産力が逓減し、生産関数が凹関数であると仮定する。これは、負債の多期間動的モデリングに関する先行研究（例えば Barro 1990）でよく用いられる生産関数の規模効果が一定であるという仮定とは異なる。

　資金調達プラットフォームの適切な負債規模に関する経済学的分析は未だに少なく、関連する研究の中には、肯定的な見解と否定的な見解の両方がある。プラットフォームの資金調達規模が適度であれば、経済発展を促進する上でプラスの役割を果たす。そして、民間部門が投資に消極的な産業や地域への資本流入を促進し、産業構造、地域構造、経済総額の不均衡を緩和することに資する。資金調達プラットフォームの借入による投資行動は、市場的かつ準企業的であり、市場化プロセスの促進にプラスの効果をもたらし（洪銀興 1997）、それによって経済的後進地域の自己発展能力を高め、市場化の程度を引き上げる。しかし、プラットフォームの資金調達規模が過度であれば、マクロ経済を不安定にさせ（郭慶旺、賈俊雪 2006）、財政を強く圧迫する恐れがある（賈康、趙全厚 2000）。資金調達プラットフォームの借入による投資は、民間投資の限界利益を減少させ、要素価格を上昇させる（Aiyagari and McGrattan 1998）。

　この二つのタイプの先行研究を結びつけ、中国の国情を考慮に入れたモデルを再構築してみる。一つのタイプは、Sanches and Williamson（2010）に代表される、限定的なコミットメントを伴う多期間動的モデルに関する先行研究である。Sanches and Williamson（2010）に比べ、本章のモデルは、生産関数、税収、市場の失敗を追加した上で、動的モデルにおける最も関連性の高いコア・コンポーネントを保留したまま、二期間動的モデルを考察している。もう一つのタイプは、Acharya and Rajan（2011）に代表されるソブリン債務危機の二期間動的モデルに関する先行

研究である。Acharya and Rajan（2011）とは異なり、本章のモデルでは、資金調達プラットフォームの債務を生産的マテリアルコストに変換することを可能にしており、民間投資に対するプラットフォームの「押し退け効果」を検証している。

　本節の構成は以下の通りである。第二部分では、有限期間動的モデルを用い、資金調達プラットフォームの負債規模、債務返済能力と資源配分の最適化との関係について検討する。第三部分では、プラットフォームの借入のインセンティブ制約と「拡大偏向」について検討し、第四部分では、プラットフォームの適切な負債規模について分析する。そして、第五部分で、シミュレーションの結果を示し、結論を導く。

二、資金調達プラットフォームの債務返済と資源配分の最適化：有限期間動的モデル

　不十分な情報開示と投資者保護を背景に、資金調達プラットフォームの借入は政府の財政収入（税収）を基とする財政信用に基づき、その税収は民間部門がその借入にどのように対応するかにかかっている。以下の分析では、三つのポイントを説明していく。①資金調達プラットフォームの債務に頼った財政信用は、最終的には民間部門の生産性と資本規模に左右される。生産性が高ければ高いほど、地方政府の税収は増加し、債務返済能力も高まる。同様に、民間資本の規模が大きければ大きいほど、債務返済能力も高まる。②資金調達プラットフォームによる新発債の規模が大きくなればなるほど、民間資本の不足と社会全体資本の過剰が顕著になる。③資源配分の効率を高めることは、民間資本に対する「押し退け効果」を下げることと合致している。

　インプットとアウトプットは同じ商品と仮定する。生産的な企業や家庭からなる民間部門は、技術や賦存を有しており、その賦存の一部を資本として投資し、資本を形成しない部分は資金調達プラットフォームが発行し

た債券の購入に使用する。プラットフォームがその資金を集めることにより生産的マテリアル資本を形成する（郭慶旺、賈俊雪 2006、傅勇、張晏 2007、張軍、高遠他 2007）。この二期間分のモデルでは、資金調達プラットフォームがその債務を公共投資に使用し、その債務を1対1で資本に変換するように設定する。プラットフォームは第一期間と第二期間にそれぞれ q と d を借入する。総社会資本には、民間資本と公共投資によって生み出された資本の両方が含まれる。生産的企業は資本と技術を使って商品を生産し、その一部は税金として政府に納められ、一部は消費に使われる。

労働などのその他の投入は生産関数において固定されており、資本は減価償却されないと仮定する。第一期間と第二期間のアウトプットはそれぞれ $f(k+q)$ と $f(k+q+d)$ であり、生産関数は $f' > 0, f'' < 0$ を満たす。資金調達プラットフォームの借入は財政信用に基づいており、税収は債務返済のための基本的な資金源となる。便宜上、税金は地方政府に納められたものと仮定し、中央政府と地方政府間の税収の分配については考慮しないこととする。負債の満期は一期間と仮定し、その後、満期が一期間を超える場合について議論する。割引歩合と粗利益率は1とし、所得税率は両期間とも同じとする。すなわち $t1 = t2 = t$ となる。

（一）資金調達プラットフォームによる新規債務を発行しない場合の資本と生産

資本の社会的費用は、消費をやめることによる限界効用（モデルでは1と仮定）であり、資源の最適配分は資本の限界生産力を1とする。図3-1の原点を通る45°の線（傾きは1）が資本の限界費用に相当する。生産関数曲線の接線の傾きが1であれば、接点に対応する資本の限界生産力は1（資本の限界費用に等しい）であり、接点は（資源配分の効率性という意味で）社会的総資本が最適な状態にあるときの規模に相当する。

図3-1の横軸の原点は資金調達プラットフォームの初期の借入額が0（$q = 0$）であることを表している。生産関数は、aa' と bb' の間の凹曲線に対

応している。凹の生産関数と横軸との交点は原点の左側にあり、この交点と原点との距離は民間投資によって形成された資本を表している。民間資本（$\tilde{k}$）は、資源配分の効率性と同じレベルにあると仮定する。すなわち、

$$f'\left(\tilde{k}+q^*\right)=1$$

これは図 3-1 の q^*（点 D に対応）の定義でもある。$f'\left(\tilde{k}+q^*\right)=1$ という条件を満たすということは、継続的な借入を伴わない場合（$d = 0, q > 0$）、民間資本（$\tilde{k}$）と資金調達プラットフォームの初期の借入額（q^*）の組み合わせによって形成される資本が、社会的最適資本水準に達することを意味している。すなわち資本の限界生産力が限界費用、つまり 1 に等しいのである。プラットフォームの借入に依存した財政信用を考慮すると、地方政府の税収がその借入の元利金を返済できる場合、プラットフォームには債務を返済する能力がある。生産関数 $f(\cdot)$ に税率 t（$0 < t < 1$）をかけると、図 3-1 の生産関数の下にある凹状の税収曲線が得られる。分析の便宜上、生産コストの影響は税収の計算には考慮しないこととする。$d = 0$ の場合、図 3-1 の点 G（横軸の点 $\tilde{q}$ に対応）は、資金調達プラットフォームが返済できる初期債務 q に対応し、以下の式を満たす。

$$tf\left(\tilde{k}+\tilde{q}\right)=\tilde{q}$$

$\tilde{q}$ と q^* の相対的な大きさは、税率と生産関数によって決まり、二つのケースが考えられる。図 3-1（a）は $\tilde{q} < q^*$ の場合、図 3-1（b）は $\tilde{q} > q^*$ の場合をそれぞれ示している。

（二）資金調達プラットフォームの新発債による税収への影響

以下は、地方政府は借入による投資に成功したが、その代償として民間投資が減少したという方紅生、張軍（2009）の推論について検討していく。

民間部門の意思決定問題は、以下の利益関数を最大化するように資本規模 k を選択することである。

$$\max_k (1-t)[f(k+q)-k] + (1-t)[f(k+q+d)-k] \tag{3-1}$$

式 (3-1) を解くための一階条件[37]は次の通りである。

$$(1-t)[f'(k^*+q)-1] + (1-t)[f'(k^*+q-d)-1] = 0 \tag{3-2}$$

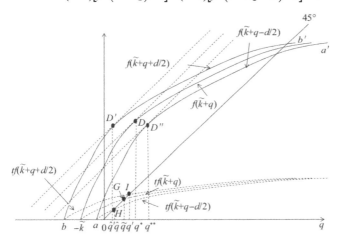

(a) $\tilde{q} < q^*$ の場合

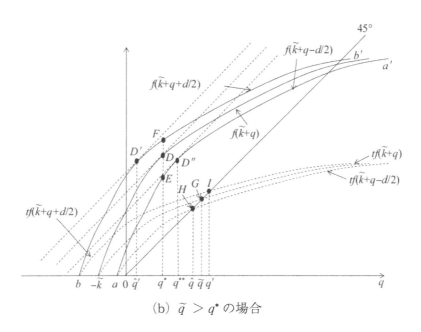

(b) $\tilde{q} > q^*$ の場合

図 3-1　借入金額、債務返済能力と社会的な最適資本水準の関係

　式（3-2）は、資金調達プラットフォームへの借入によるが民間資本に対して「押し退け効果」を持つことを示している。プラットフォームの借入金 d の増加は、式（3-1）の意味で民間部門の最適資本規模 k^* を縮小させる。

　次のような生産関数が用いられる。

第三章 経済成長における規模全体の不均衡とマクロ・コントロール 153

$$f\left(k+q^*\right)=f\left(\tilde{k}+q^*\right)+f'\left(\tilde{k}+q^*\right)\times\left(k-\tilde{k}\right)+\frac{f''\left(\tilde{k}+q^*\right)}{2}\times\left(k-\tilde{k}\right)^2$$

$$f\left(k+q^*+d\right)=f\left(\tilde{k}+q^*\right)+f'\left(\tilde{k}+q^*\right)\times\left(k+d-\tilde{k}\right)+\frac{f''\left(\tilde{k}+q^*\right)}{2}\times\left(k+d-\tilde{k}\right)^2$$

そこから、$f'\left(\tilde{k}+q^*\right)=1$、民間資本の水準 k^* は $\tilde{k}$ より小さく、両者の差

は資金調達プラットフォームの借入金額に比例することがわかった[38]。

$$k^*=\tilde{k}-\frac{d}{2} \tag{3-3}$$

　式 (3-3) は、プラットフォームが発行する新規債務が民間投資に与え
る「押し退け効果」は、各期間において $d/2$ であり、二つの期間によっ
て押し退けられた民間投資の規模は、プラットフォームが発行する新規債
務の規模に等しいことを示している。

　生産関数の凹性は、式 (3-1) が最適化されたときに二階条件を満たす
ことを保証するだけでなく、プラットフォームの借入による税収効果の大
きさと方向を決定する。プラットフォームが新規債務を発行するときの二
期間の資本はそれぞれ $\tilde{k} + q^* - d/2$ と $\tilde{k} + q^* + d/2$ であり（図 3-1 の生
産関数と横軸の交点に対応し、第一期は点 a、第二期は点 b）、生産関数
が凹のため（$f''(\tilde{k} + q^*) < 0$）、新発債のときの平均産出水準は、新規債
務を発行しないときの平均産出水準よりも小さくなる。すなわち、

$$\frac{f\left(\tilde{k}+q^*-d/2\right)+f\left(\tilde{k}+q^*+d/2\right)}{2}<f\left(\tilde{k}+q^*\right)$$

政府税収はこれにより減少する。減少の程度は、プラットフォームの新

規債務規模の大きさ（d）と生産関数の凹性（（$\left\|f''\left(\tilde{k}+q^*\right)\right\|$））に正比例する。

（三）資金調達プラットフォームによる新規債務を発行する場合（$d>0$）の返済能力

　資金調達プラットフォームが債務を発行する際に依存する財政信用は、最終的に民間部門の生産性とその資本規模によって決まる。生産性が高ければ高いほど、地方政府の税収は増加し、返済能力も高くなる。同様に、民間資本の規模が大きければ大きいほど、返済能力は高くなる。

　新規債務の規模 d が決められれば、第一期間の地方政府の返済能力 $\hat{q}$ を求めることができる。逆に、もとの債務規模 $\hat{q}$ が与えられれば、それに対応し、第一期間の返済能力が十分に確保される新規債務の最大規模 $\tilde{d}$ （$\hat{q}$）を求めることができる（図 3-1 の横軸上の点 a と点 b の間の水平距離）。点 a は、凹の税収曲線 $tf\left(\tilde{k}+q-d/2\right)$ と 45°線との交点をちょうど点 $\hat{q}$ に位置させる。新規債務の規模がさらに大きくなり、税収曲線が点 a から原点に向かって右にシフトし、凹の税収曲線 $tf\left(\tilde{k}+q-d/2\right)$ と 45°線との交点が原点に向かって左にシフトし、第一期間の返済能力がもとの債務規模 よりも小さくなった場合、部分的に債務不履行となる。すなわち、もとの債務の一部が返済されないことは避けられないのである。

　第一期間の返済能力と合わせた初期の債務規模 $\hat{q}$ と第二期間の返済能力を合わせた初期の債務規模 q' を、それぞれ以下の式を満たすように定義する。

$$tf\left(\tilde{k}+\hat{q}-d/2\right)=\hat{q}$$

$$tf\left(\tilde{k}+\hat{q}+d/2\right)=\hat{q}$$

すると、資金調達プラットフォームの第一期間の返済能力が、資源配分の効率性と合わせた借入金額にちょうど等しくなるような税率 t^* を見つけることができる。すなわち、下記の式（3-4）を満たすのである。

$$t^* f\left(\tilde{k}+q^*-\tilde{d}\left(q^*\right)/2\right)=q^* \tag{3-4}$$

$t = t^*$ の場合、式（3-4）は $\hat{q} = q^*$ に対応する。資金調達プラットフォームが第一期間に債務を返済できるように、新規債務の最大規模は $\tilde{d}$ (q^*) を超えてはならない。

（四）資源配分の最適化と民間資本に対する「押し退け効果」の軽減との整合性

政府が借入を続けることを考える（$d > 0$）と、民間部門は、第一期間と第二期間の資本投資を減らし、その結果、第一期間の生産関数は aa' の位置へと右シフトする。一方、第二期間に新規債務 d を資本に転換したあと、その生産関数は bb' の位置へと左シフトする。図 3-1 の横軸上の点 a と点 b の間の水平距離は新規債務の規模 d に対応する。生産関数がシフトするにつれ、最適資源配分に一致する初期の債務規模は、基準点の q^*（$d = 0$ の場合に対応）から、第一期間の q^{**}（aa' 曲線の上の点 D″ に対応）、第二期間の $\hat{q}'$（bb' 曲線の上の点 D' に対応）へと変化し、後者の二つはそれぞれ下記の式で定義される。

$$f'\left(\tilde{k}+q^{**}-d/2\right)=1$$

$$f'\left(\tilde{k}+\hat{q}'+d/2\right)=1$$

　点 D' と点 D'' に対応する社会的総資本（民間資本および資金調達プラットフォームの借入によって形成される資本を含む）は変わらず（いずれも $\tilde{k}+q^*$）、生産関数の平行移動は、点 D' と点 D'' の間の距離を変えない（d で一定）。点 $\hat{q}'$ と点 q^{**} の間の変化幅は依然として d に等しく、$\hat{q}'=q^* - d/2$、$q^{**}=q^*+d/2$ を満たす。

　$t=t^*$、初期の債務規模が q^* のレベルに達したと仮定すると、第一期間と第二期間における資源配分の歪みはそれぞれ $q^{**}\text{-}q^*$ と $\hat{q}'\text{-}q^*$ となる。両者とも絶対値は $d/2$ であり、符号は逆となる。資金調達プラットフォームの新規債務が民間資本に及ぼす「押し退け効果」は、新規債務の規模に正比例し、新規債務の規模が大きいほど、第一期間の民間資本不足と第二期間の資本過剰の度合いが高くなり、資源配分の歪みの度合いの変動が激しくなる。

三、資金調達プラットフォームの借入のインセンティブ制約と「拡大偏向」

　改革開放以来、地方各級政府は経済発展の促進に重要な役割を果たしてきた。他国の政府が非効率的（Easterly 2005）なのとは対照的に、中国の地方政府官員は地域経済の成長を促進するために特に積極的に活動している。「昇進トーナメント」で有利なポジションを得るためには、政治的な業績を上げる必要があり、資金調達プラットフォームの借入は官員たちの業績目標の達成に資するものである（周黎安 2007）。では、過去にはあまり起きなかったプラットフォームのそうした現象が、なぜ近年急速に発展してきたのであろうか。それは、借入意欲の観点から説明することができる。過去には、外部収益はプラットフォームの意思決定に十分に導入されていなかったが、現在の地方政府官員間の競争は、税制上の優遇措置や

安価な土地の提供、投資誘致を競争し合うレベルから、財政的なレベルにまで上昇している。資金調達プラットフォームの借入で借用した政府信用を保護するため、関係部門はその債務の拡大偏向を防止しなければならない。

地方政府官員のGDPを追求するという政治的な業績に基づくインセンティブを表す外部利益関数 $e(\cdot)$（外部利益と略称）は、社会的総資本の関数であり、$e'(\cdot) > 0$、$e''(\cdot) > 0$ を満たすと仮定する。地方政府官員が民間部門の生産規模の拡大から得るプラス、かつ凸の外部利益は、生産関数の凹性が税収の動機づけに与える影響を相殺し、資金調達プラットフォームの債務規模がますます拡大していることの説明ともなる。以下では、政治的な業績に基づくインセンティブと借入意欲との関係を分析していく。

（一）資金調達プラットフォームの借入の「拡大偏向」：無限定的なコミットメントの場合

無限定的なコミットメント（unlimited commitment）の場合、資金調達プラットフォームの利益最大化は参加制約（participation constraints）という条件が考慮されていない。プラットフォームの初期の債務規模 q^* が与えられれば、利益を最大化するために選択された新規債務規模 d の目的関数は次のようになる。

$$\max_d tf\left(\tilde{k}+q^*-d/2\right)+e\left(\tilde{k}+q^*-d/2\right)+tf\left(\tilde{k}+q^*+d/2\right)+e\left(\tilde{k}+q^*+d/2\right)-d$$

(3-5)

資金調達プラットフォームは、民間投資に対する「押し退け効果」を考慮に入れており、生産関数の凹性と外部利益の凸性との相対的な大きさが肝心な条件となる。$e''\left(\tilde{k}+q^*\right) > -tf''\left(\tilde{k}+q^*\right)$ という条件のもとで[39]、プ

ラットフォームの収益最大化に対応する新規債務規模は無限大であり、その発行には「拡大偏向」がある（方紅生、張軍 2009）。

（二）政治的な業績によるインセンティブと債務規模：限定的なコミットメントの場合の参加制約に関する分析

限定的なコミットメントの場合、過去の負債を返済するかどうか、新規債務規模を決定するために、資金調達プラットフォームは、税収、およびアウトプットによる外部性（地方政府官員の昇進の機会）が、以下の参加制約条件を満たすかどうかを検討する。

$$tf\left(\tilde{k}+q^*-d/2\right)+tf\left(\tilde{k}+q^*+d/2\right)-q^*+e\left(\tilde{k}+q^*-d/2\right)+e\left(\tilde{k}+q^*+d/2\right)-d \geq$$

$$tf\left(\tilde{k}+q^*\right)+tf\left(\tilde{k}+q^*\right)+e\left(\tilde{k}+q^*\right)+e\left(\tilde{k}+q^*\right)-q^*$$

$$(3\text{-}6)$$

上述した参加制約条件をさらに簡略化すると、

$$d^2\left(tf''\left(\tilde{k}+q^*\right)+e''\left(\tilde{k}+q^*\right)\right)/4 \geq d \qquad (3\text{-}7)$$

式（3-7）によれば、業績によるインセンティブの強さ（すなわち $e''\left(\tilde{k}+q^*\right)$ の値）と新規債務規模には相補性がある。業績によるインセンティブが強ければ強いほど、式（3-7）を満たす新規債務規模の最小値は小さくなり、逆にインセンティブが弱ければ弱いほど（ただし依然として $e''\left(\tilde{k}+q^*\right)>-tf''\left(\tilde{k}+q^*\right)$ を満たす）、式（3-7）を満たす新規債務規模の最小値は大きくなる。

$d=0$、すなわちプラットフォームが新規債務を発行しない場合、少なくとも第一期間の利益水準を達成することができる（式3-7の等号が成

立）。$d > 0$ の場合、第二期間の新規債務の利益を発行しない場合の水準よりも上回るためには、$d > \hat{d} > 0$ を満たさなければならない（式3-6参照）。式（3-7）が成立する新規債務の最小（ゼロでない）規模 $\hat{d}$ は以下の式を満たす。

$$\hat{d} = \frac{4}{tf''\left(\tilde{k}+q^*\right)+e''\left(\tilde{k}+q^*\right)} > 0 \tag{3-8}$$

四、市場配分、業績インセンティブと資金調達プラットフォームの適切な債務規模

　以下では、市場の失敗の程度、政府官員の評価方法、生産性と民間資本の規模[40] という枠組みの中で、市場配分の長期的な支配的役割と整合的な、資金調達プラットフォームの適切な債務規模をどのように決定するかを分析していく。経済の安定運行を保障するため、プラットフォームは、短期的にはその水準から限定的に逸脱することができる。ここでプラットフォームが返済能力の範囲内で借入を行うべきであることは疑いない。議論すべきなのは、返済能力の範囲内であればプラットフォームの債務規模が大きければ大きいほど良いのか、ということである。賈康、趙全厚（2000）が提唱した、債務規模と債務効果の間の逆「U」字型の関係に近く、ここで提唱する適切な債務規模は、資源配分効率の損失（プラットフォームの債務が民間投資に及ぼす「押し退け効果」）を可能な限り小さくするものである。まず、経済発展の状態、総合的返済能力、資源配分、借入意欲などの要因を区別することから始める。

　長期的な安定的状態の下での市場の資源配分が主導するプラットフォームの適切な債務規模に比べ、特定の地域や特定の状況下での債務規模は、合理的な理由に基づき、短期的には上記の適切な規模から限定的に逸脱することができる。その理由として、高くない生産性、大きくない民間資本

規模、相対的低開発の経済、下押しなどが考えられ、これらを合わせて見ると、資金調達の制約が地域経済発展のボトルネックになっているというほぼ同じ問題を反映している。

（一）資金調達の制約が地域経済発展のボトルネックになる場合の短期的な逸脱状況

　高くない生産性、大きくない民間資本規模、あるいは下押しの状況において、地方政府の財政状況は悪く、資金調達プラットフォームの債務返済能力も高くない。借入意欲が足りない場合（$\hat{d} > \tilde{d}$）、プラットフォームは、返済能力の範囲内で新規債務を発行しないことにする。この場合、地方政府に何か成果を上げるよう促すため、政治的な業績インセンティブを適度に強化することでプラスの役割を果たすことができる。それを強化するには、ただ$\hat{d} = \tilde{d}$にすれば良いのである。このアプローチは、地域の生産性水準と民間資本の規模によってもたらされる資金調達の余地をフルに活用し、資金調達のボトルネックを軽減し、期間を跨ぐ投資を円滑化し、地域間・産業間の不均衡を縮小すると同時に、財政に債務返済の負担を強いることはない。無為無策で借入を行わない行動に比べ、資金調達プラットフォームによる（返済能力の範囲内での）持続可能な借入は、地域経済の発展により資するものであり、そうでなければ、経済的後進地域と先進地域との格差はますます拡大することとなってしまう。経済的後進地域が発展すればするほど、プラットフォームの返済能力は急速に伸び（図3-2のEG線はFH線の位置まで右にシフトする）、政治的な業績インセンティブへの依存は弱まる（図3-2の点Eに対応するインセンティブよりも点Fに対応するインセンティブの方が弱い）。地方経済の発展が主に資金調達のボトルネックに直面する中、プラットフォームの債務管理の焦点は、その債務規模を最適目標（$d° = \tilde{d}$）に近づけ、債務の持続可能性を確保することを前提に、プラットフォームが適度に借入金を増加させるよう奨励

第三章　経済成長における規模全体の不均衡とマクロ・コントロール　　161

することである。

　負債の返済期限が一期間より大きければ、初期の債務 q を第一期間末に返済する必要はなく、第二期間末に新規債務とともに返済してもいい状況を指す。返済期限という制約を緩和すれば、新規債務をより大きくすることができる（すなわち $\tilde{d}$ を大きくしてもかまわない）。ここで議論しているような経済状況においては、期限の選択は比較的重要である。プラットフォームは通常、債務規模を拡大するために、より長い期限を選択する。

（二）市場の失敗が地域経済発展のボトルネックの定常状態

　生産性が比較的高く、民間資本の規模が比較的大きい場合、地方政府の財政状態は良好であり、プラットフォームには一定の返済能力がある。では、これらの地域の資金調達プラットフォームが一定の収益性を有しており、地方政府が財政的に強い場合、地方政府は返済能力の限界まで公共投資を拡大できることを意味するのであろうか。管見の限りであるが、地方政府はプラットフォームの借入への依存度を減らし、民間企業を投資と経済成長の柱に育てるべきである。その場合、返済能力を代替するための合理的な借入意欲が、適切な債務規模を決定するカギであり、資金調達プラットフォームの債務管理の焦点は、返済能力をフル活用することではなく、その範囲内で適切な債務規模を決定することであろう [41]。

　以下では、市場の失敗を適度に補うという政治的な業績インセンティブが、資金調達プラットフォームが合理的な借入意欲を決定する要因として考慮されている。市場の失敗によって失われた投資意欲の一部は、本来市場が提供すべきであったもので、それができなかった投資収益に相当する。したがって、この部分を、業績インセンティブによって補うことは合理的である。具体的には、民間企業は自社にとっての資本収益のみを基準として投資決定を行い、プラットフォームの借入による投資がもたらす外部利益（インフラ整備による波及効果など）は考慮しないことが多い（傅勇、

張晏 2007)。GDP に基づく地方政府官員の業績評価制度は、市場が投資動機を提供できないことをある程度補うものである。

業績インセンティブ e（・）が市場の失敗による投資動機の欠如 $\tilde{e}$（・）を適度に補うと仮定すると、プラットフォームが発行する新規債務の純利益を（新規債務を発行しない場合の純利益よりも）大きくする新規債務の最小規模 $\tilde{d}$（$\tilde{e}$（・））は、以下の式を満たす。

$$d^2\left(tf''\left(\tilde{k}+q^*\right)+e''\left(\tilde{k}+q^*\right)\right)/4-d=0 \tag{3-9}$$

資金調達プラットフォームの債務管理の目的は、一つにプラットフォームの合理的な借入需要を満たすことと、もう一つは民間投資に対する「押し退け効果」とその結果としての資源配分の効率性への悪影響を回避することとの間でバランスをとることである。このような考慮のもとで、適切な債務規模は $\hat{d}(\tilde{e}''(\tilde{k}+q^*))$ となる。プルーデンス管理の目的は、プラットフォームの債務規模を適切な規模に近づけることである（$d^o=\hat{d}(\tilde{e}(\cdot))$）。市場の完備性が高ければ高いほど（図 3-2 の点 E に対応する市場の失敗の程度から点 F に対応する市場の失敗の程度への低下）、プラットフォームの返済能力が提供する資金調達スペースはフルに活用できる（図 3-2 では、返済能力の範囲内で、許容される債務規模が横軸の点 G から点 H に右シフト）。

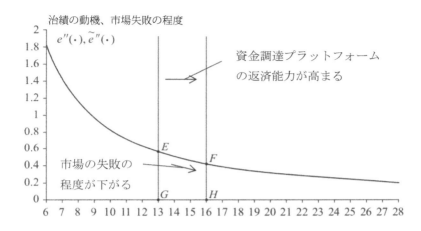

図3-2 資金調達プラットフォームの返済能力、借入意欲と適切な債務規模

この場合、期限制約の緩和は、必ずしも適切な債務規模 $d°$ の拡大につながるわけではない。言い換えれば、資金調達プラットフォームが長期の債務を発行するなり、あるいは他の方法（例えば、初期の債務を返済するために新規債務を発行すること）を用いるなりして債務の期限を延長することができたとしても、その適切な債務規模を拡大できるということを意味しないのである。

(三) さらなる議論

上記でカバーされていない問題については、以下でさらに議論する。

1. 最終債務の返済

上記の分析では、第二期間末時点で資金調達プラットフォームの最終債務の返済については議論されていない。プラットフォームは、最終期間中に借入することはできず、しかもその債務を返済するかどうかは、債務

不履行のコストに左右される。プラットフォームが $\overset{>>}{d}$（$\overset{>>}{d} < d$）を返済

したとすれば、債務不履行により残りの部分（$d - \overset{>>}{d}$）を返済できなくて

も、民間部門はそれを受け入れることができる。最終的に返済されない債

務が $\overset{>>}{d}$ を上回った場合、社会と政府に課したコストは $z\overset{>>}{d}$（$z > 1$）とな

る。プラットフォームが最終債務を返済する意欲は、インセンティブ条件

によって決まる。プラットフォームにとって債務不履行のコストが債務規

模よりも大きくなることは以下の条件によって保証される。

$$d \leqq z\overset{>>}{d},\ z > 1 \tag{3-10}$$

　上記の条件が満たされた場合、プラットフォームは債務不履行のコスト

を避けようとするため、最後の一期間で債務を返済する。現実には、経済

的に発展している地域ほど、金融部門も発展している傾向がある。よって、

プラットフォームによる債務不履行が発生した場合、その地域の金融発展

への悪影響が大きくなるため、これらの地域の債務返済の意欲は高まると

考えられる。

2．資金調達プラットフォームの借入と産出額の増加との関係

　資金調達プラットフォームの借入は、経済成長という偽りの印象を与え

るが、それは民間部門がプラットフォームの借入に「押し退け」られたこ

とによってもたらされる部分もあり、目指すべき成長ではない。具体的に

は、プラットフォームが新規債務を発行しなければ、経済成長率はゼロに

なる。ゼロ成長は、生産性向上が考慮されないという技術的仮定のもとで

のみ発生するものであり、生産性要因の導入は以下の主要な結論には影響

しない。プラットフォームの発行する新規債務によって民間部門の投資は

「押し退け」られ、その結果、第一期間には資本があまり形成されず（資

本の限界生産高が1より大きい）、経済活動のレベルが低下する。第二期

間には、新規債務が資本に転換され、資本がより多くなる（資本の限界

生産高は1より小さい）。この二期間の間に、経済活動のレベルは低レベ

第三章　経済成長における規模全体の不均衡とマクロ・コントロール　　165

ルから高レベルとなり、経済が成長するが、それはプラットフォームの借
入によって実現できるものである。プラットフォームの債務規模がコント
ロールされれば、経済成長率は低下しつつも、より合理的で真の経済成長
が成し遂げられるのである。

3．貸金業者の理性

　資金調達プラットフォームの債権者は、プラットフォームが債務返済を
拒否するのを防ぐための効果的なメカニズムを欠いているように見える
（方紅生、張軍 2009）。しかし、これは多額の資金を調達する際に観察さ
れたプラットフォームの行動と矛盾する。債権者ができることは、プラッ
トフォームが債務不履行をした場合、将来的にプラットフォームへの貸出
を拒否することである（Eaton and Gersovitz 1981; Sachs 1983）。

　資金調達プラットフォームが将来の債務返済を完全に約束できるかどう
かについては、理論上論点が分かれる。1780 年代末、債務者は債権者と
債務返済をリスケジュールする（rescheduled）ことができた[42]。リスケ
ジュールを伴う債務は、市場ではより低い価格（より大きな割引）で取引
されていた[43]。そして債権者は損失の一部を負担する必要があった。債
務がその価値をすべて失ったというわけではなく、実際、政府は債務の一
部を返済し、一部を債務不履行とした（Bulow and Rogoff 1989）。政府の
債務者と債権者の債務返済に関する交渉は、当事者が駆引きできる継続的
なプロセスである可能性が高い。したがって、政府の債務不履行に対す
る寛容な姿勢は、厳しい罰則よりも役に立つ可能性がある。1990 年代以
降、発展途上国による大規模な債務不履行は発生していないため、厳しい
罰則が課されることもなければ（Eaton and Gersovitz 1981; Sachs 1983）、
多くの債務リスケジュールが行われることもなかった（Bulow and Rogoff
1989; Acharya and Rajan 2011）。

　中国の国情に照らし合わせ、債権者は資金調達プラットフォームが債務
不履行に陥る可能性を認識しているものの、プラットフォームが多額の資

金を調達できることに変わりはない。債権者は政府債務者の債務返済の動機づけが「アメ」と「ムチ」という二つに分けられると認識している。少なくとも債務の一部を返済すれば融資をし続けることができるものの、債務不履行の政治的コストは高すぎる。

　要するに、プラットフォームによる多額の借入債務は、一方では、プラットフォームの債務者が、債務規模を中長期的な税収が支えられる返済能力（中長期的な返済能力を突破する可能性はあるが、特に過大な程度にならない）の範囲にコントロールすることに十分なインセンティブを持っていると債権者が考えていることを示唆している。一方、プラットフォームとその地方政府は、完全な債務不履行に対して極めて高い代償を支払うことになるため、完全な債務不履行を免れることが妥当であると考えられる。

4．$t < t^*$ の場合

　税率が定められた限界税率を下回る（$t < t^*$）と仮定する。第一期間では、返済能力の制約により、資金調達プラットフォームの初期債務は q^* の水準に達せず、返済能力と整合的な初期債務の水準は $\hat{q}$ となり（図3-1a を参照）、しかもその制約により、資源配分にさらなる歪みが生じる（これは $q^* - \hat{q}$ で測定できる）。第二期間では、以前は不利であった返済能力の制約が、資源配分の効率改善という形で利益をもたらした（効率改善の大きさも $q^* - \hat{q}$ で測定できる）。返済能力の制約の結果、第一期間の資本の限界生産高は限界費用より高くなるが、第二期間の資本の限界生産高はより合理的で、限界費用に近い。

　返済能力の制約がない場合、初期債務が q^* の水準に達したとすると、資源配分の歪みの程度は、第一期では $q^{**} - q^*$、第二期では $q^* - \hat{q}'$ となる。返済能力の制約により、$\hat{q} < q^*$ となり、資源配分の歪みの程度は、第一期間では $(q^{**} - q^*) + (q^* - \hat{q}) = q^{**} - \hat{q}$、第二期間では $(q^* - \hat{q}')$

$- (q^* - \hat{q}) = \hat{q} - \hat{q}'$ となる。要するに、返済能力の制約は、平均的な意味での資源配分の歪みの程度を変えないが、そこに新たな変動を引き起こすのである。

五、シミュレーション結果

本節では、中国の国情に照らし合わせ、モデルのパラメータと生産関数の特定の形式を設定し、さらに数値シミュレーション結果を示す。

(一) パラメータの設定

中国のデータの特徴を組み合わせ、生産関数を $f(x) = \varphi\sqrt{x}$ (φ は生産率を表す。$\varphi > 0$) とする。その理由は以下の通りである。馬拴友 (2000) によれば、国内における公的資本の生産弾力性は約 0.55 である。本節のモデルでは、公的資本を民間資本とともに生産関数に入れ、公的資本の生産弾力性 0.55 に近い 0.5 を生産関数の資本生産弾力性とする。ここでは、外部性による限界利益は $e'(\tilde{k} + q^*) = f'(\tilde{k} + q^*) = 1$、$e''(\tilde{k} + q^*) = 2h/\varphi^2$ (h > 0) を満たすと仮定する。特に説明がない限り、税率は 0.2 である。

(二) 特定の生産関数の形でのシミュレーション結果

生産性水準は資金調達プラットフォームの第二期間における返済能力を保証し、民間資本規模は上記の生産性水準のもとで、プラットフォームの第一期間における返済能力を保証すると仮定する。図 3-3 (a) と図 3-3 (c) は、それぞれ $t = 0.2$ と $t = 0.1$ の場合の生産性、民間資本、プラットフォームの返済能力のシミュレーション結果である。

(1) 税率が一定であるとすると、資金調達プラットフォームの債務規

模が大きいほど生産性は高くなるはずであり、そうでなければプラットフォームは第二期間における返済能力を持たない（図 3-3a の実線と点線に沿う）。

（2）返済すべき第二期間の債務規模が一定である場合、税率と生産性の間には補完関係があり、税率が低いほど高いレベルの生産性が必要となる（図 3-3a の A 点から A′ 点へシフトする）。

（3）税率が一定であれば、生産性は資金調達プラットフォームが第二期間の債務を返済できる水準に維持される。プラットフォームが返済する第一期間の債務の規模が大きいほど、それに応じて民間資本の規模も大きくならなければならない（図 3-3c の実線と点線に沿う）。

（4）資金調達プラットフォームが返済する第一期間の債務の規模が定められれば、生産性はプラットフォームが第二期間の債務を返済できるレベルに維持される。税率と民間資本の間には補完関係があり、税率が低いほど民間資本の規模が大きくなる必要がある（図 3-3c の B 点から B′ 点へシフトする）。

特定地域の生産性と民間資本の規模は通常、あらかじめ与えられており、図 3-3（b）では水平線 BB と CC にそれぞれ対応している（$\varphi = 10.84685$ は線 BB、$\tilde{k} = 19.02832$ は線 CC）。線 BB と点線との交点の横軸上の対応点は、地域の現在の生産性条件のもとで、第二期間にプラットフォームが返済可能な債務規模に対応する（図 3-3b の A 点に対応する。$d = 13$）。線 CC と実線との交点の横軸上の対応点は、地域の現在の民間資本と生産性条件のもとで、第一期間にも第二期間にもプラットフォームが債務を返済できる場合の新規債務の規模に対応する（同様に図 3-3b の A 点に対応する。$d = 13$）。

第三章　経済成長における規模全体の不均衡とマクロ・コントロール　　169

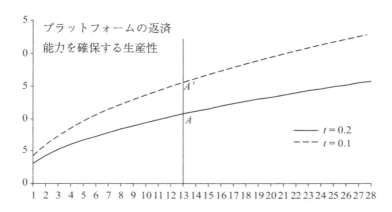

資金調達プラットフォームの第二期間の債務 d
(a) 生産性と資金調達プラットフォーム返済能力のシミュレーション結果

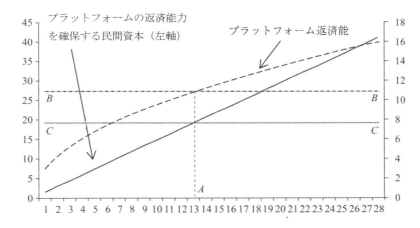

資金調達プラットフォームの第二期間の債務 d
(b) 民間資本と生産性のシミュレーション結果

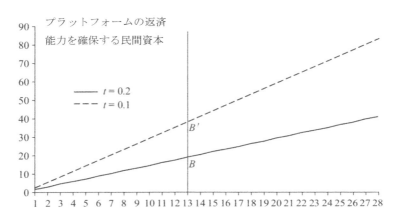

（c）民間資本と資金調達プラットフォーム返済能力のシミュレーション結果

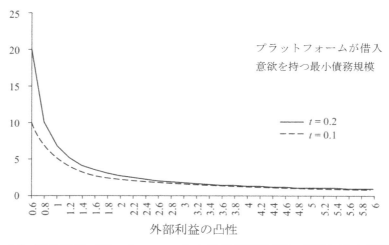

（d）資金調達プラットフォームの新規債務発行に必要な最小規模

図3-3 シミュレーション結果

第三章　経済成長における規模全体の不均衡とマクロ・コントロール　　171

　$\varphi = 1$ の場合、図3-3（d）は、異なる税率における $e''(\cdot)$ と $d(e(\cdot))$ の補完関係を示している。外部利益の凸性 $e''(\cdot)$ が大きいほど、プラットフォームが新規債務の発行を選択する際に達成する必要がある新規債務の最小規模 $d(e(\cdot))$ が小さくなる（図3-3dの実線と点線に沿う）。税率が比較的低い場合、相殺が必要な生産関数の凹性 $tf''(\cdot) < 0$ は重要でなく、外部利益の凸性 $e''(\cdot)$ が大きくなる[44]こととほぼ相当し、新規債務の最小規模 $d(e(\cdot))$ はさらに小さくなる（図3-3dの実線は点線の上にある）。

　シミュレーション結果は、理論モデルにおける生産性と民間資本の規模が資金調達プラットフォームの返済能力に及ぼす影響を裏付けている。返済能力に関しては、税率と生産性、生産性と民間資本、税率と民間資本の間に補完関係を有している。借入意欲に関しては、税率の引上げは外部利益の凸性 $e''(\cdot)$ が大きくなることを意味し、外部利益の凸性と新規債務の最小規模の間に補完関係を有している。一言で言えば、異なる水準の生産性、民間資本の規模、外部利益などの要因を考慮した上で、異なる地域の経済発展の現状を区別し、プラットフォームが借入を行う際の適切な規模を決定する必要があるのである。

　要するに、政府の財政力は、長期的には資源の市場配分に取って代わるべきものではないのである。本節で提案する資金調達プラットフォームの借入の適切な規模は、市場配分で長期にわたって支配的かつ整合的役割を果たし、長期的には合理的な規模である。経済の安定運行を保障するため、政府は短期的には、プラットフォームの債務規模の長期的に合理的なレベルから逸脱することができるが、そのような逸脱は限定的、一時的、かつ保障的なものでなければならない。上記の短期的な逸脱に基づき、短期的には地方政府の外部資金への依存度が高まっていること、地方政府が主導または絶対的に支配する組織が重要な投資主体となってきていることが見

られるかもしれないが、これらが長期的な変化傾向になってはならない。

　資金調達プラットフォームの情報開示や投資者保護が不十分であること
を背景に、プラットフォームが借入を行う際に頼りにしているのは、地方
政府の財政的信用で、事実上は中央政府の財政的信用である。このため、
関連部門は、プラットフォームによる政府信用の借用への管理を強化し、
政府の信用を保護し、特にプラットフォームの借入の拡大偏向を防止する
という点について配慮する必要がある。

　資金調達プラットフォームの巨額借入は、政府の資金調達の優位性を反
映しており、円滑な資金調達ルートは、政府が経済発展のための重要な投
資主体となることを一層後押ししている。資源配分の最適化には、投融資
メカニズムが最終的に政府投資ではなく、効果的な市場メカニズムに基づ
くことが求められる。そうでなければ、現在の経済成長の減速が終わった
あとでも、市場力が政府の拡張的投資という財政政策に取って代わるわけ
はないのである。2010 年 10 月以降、国内外の経済成長鈍化という二重の
圧力に直面する中、中国は積極的な財政政策を実施し、短期的にはより大
きな成長効果を達成したが、市場メカニズムの条件が不十分であったため、
そのために支払われた長期的な代償も比較的大きかった（劉偉 2012）。

　政府債務に裏打ちされた公共投資は、基本的に財政支出政策のカテゴ
リーに属する。資金調達プラットフォームの債務管理は、財政政策の前進
と後退に沿ったものである必要もあれば、逆にプラットフォーム自体の債
務規模の適切な範囲における明確な境界線を引く必要もある。この二つの
側面は時に対立しているように見えるかもしれないが、完全に歩調を合わ
せることができないわけではない。政府債務を適度な範囲に抑えること自
体は財政政策を補完するものである。

　資金調達プラットフォームの債務管理の重点の一つは、地域経済の不均
衡、不合理な産業構造、不十分な公共投資といった市場の失敗の中で、財
政支出政策が機能するよう支援することである。長期的に見れば、地方政

府はプラットフォームへの依存度を下げなければならない。市場経済その
ものが正常な変動を経験している場合、プラットフォームの負債を増やす
より、市場化の改革を深め、市場メカニズムを完備し、民間投資の環境を
改善し、市場の失敗の程度を下げた方がよい。地方政府は、政治的な業績
の追求を奨励するより、投資者の保護、市場の失敗の補填、市場化程度の
引き上げ、自主的なイノベーションのための良好な環境の提供に力を注ぐ
べきであり、決して短期的な並外れた成長を追求するべきではない。

　すなわち、本節の結論は、中国の資金調達プラットフォームの借入の適
切な規模を包括的に捉え、プラットフォームの借入に対する慎重な管理を
強化する参考となるものである。特に、プラットフォームの借入に関する
実証分析、情報開示、および投資家保護の面では、本研究にはまだ深める
余地が多くあり、今後さらに深く掘り下げていくことが可能である。

第六節　金融危機の衝撃に対応した中国のマクロ政策の変化と特徴に関する体系的考察

一、金融危機に対応したマクロ経済政策調整は時宜を得たものであったか

　なぜこのような問題が提起されるかというと、金融危機に対応するため
のマクロ経済政策の導入時期という点で、中国は他国に比べて立ち後れて
おり、それ故導入された政策の強さがより大きく見えるためである。金融
危機に対応する中国のマクロ・コントロール政策を考察するには、まずこ
の問題を分析する必要がある。

　時間的に見れば、2007 年半ばに米国でサブプライム危機が発生し、そ
の後、経済のグローバル化の中で、それが世界的な金融危機へと発展し
た。それに伴い、2007 年後半以降、米国、EU、日本などが金融危機への
体系的な対応策を打ち出した。経済を強力に刺激するために財政政策と金

融政策が全面的に拡張し、貿易保護主義が台頭し、長年にわたり貿易自由主義を堅持してきた米国のような国々でさえ、危機に対応するために自国企業支援のための貿易保護主義に転じ始めた。一方、金融危機に対応するための中国の政策調整は2008年後半に始まり、厳密に言えば第4四半期に行われた。2008年年初の政府活動報告で採用されたマクロ経済政策の基調は、「二重の防止」であった。一つは景気過熱に対する防止、すなわち、景気がやや過熱から全面的な過熱に移行するのを防止することであった。もう一つはインフレに対する防止、すなわち、インフレが構造的インフレから全体的インフレに移行するのを防止することであった。言い換えれば、世界が危機への対応として完全な拡張政策をとっていたのに対し、中国のマクロ経済政策の方向性は正反対であり、包括的な引き締め政策をとっていたことになる。年の半ばまでに、金融危機の影響が中国の経済に徐々に現れ始め、同時に輸出が打撃を受け、内需低迷の兆しがますます顕著になった。中国は「二重の防止」マクロ引き締め政策を「一保証、一コントロール、一調整」へとシフトした。すなわち、経済成長を保証し、物価をコントロールし、構造を調整し、経済成長の維持が第一の課題としたが、同時に、インフレを抑制するという目標はまだ諦めておらず、引き締めから拡張への経済政策には依然として大きな留保があった。そして、第4四半期までに、マクロ経済政策は再び調整され、「一保証、一拡大、一調整」へとシフトされた。すなわち経済成長を保証し、内需を拡大し、構造を調整するのである。全面的な反危機政策路線に入り、マクロ経済政策は、「二重の防止」を目指した従来の引き締め的「積極的な財政政策と穏健な金融政策」から、「より積極的な財政政策と適度に拡張的金融政策」へと変化した。

客観的に見れば、このタイムラグとコントラストには主に三つの理由がある。一つ目は、経済発展段階の違いである。21世紀に入ってからも、中国経済は工業化と都市化の加速期にある。欧米などの先進国とは異なり、

第三章　経済成長における規模全体の不均衡とマクロ・コントロール　　175

工業化という経済発展の段階から見れば、中国はまだ途上国である。工業化の目標達成の（第17回党大会で提案され、第18回大会で再び強調された）タイムテーブルによると、新型工業化は2020年頃まで、すなわち、小康社会（ややゆとりのある社会）を全面的に完成するという目標（GDP水準が世界銀行が定義する現代の高所得国のスタートレベルに相当、すなわち一人当たり12,476米ドル）に達する限り実現できると予想される。歴史的に見て、急速な経済成長の段階から工業化が完了するまでの間、投資需要と消費需要は通常、長期的に速い成長傾向を示す。経済成長率は、変動はあるものの、全体的な傾向としては高成長もしくは比較的高成長である。歴史上、英国は約七十年間、フランスは約六十年間この段階にあった。したがって、この発展段階における中国経済は客観的に見てより強い成長モメンタムを持ち、経済危機に比較的強いのである。高度成長期の中国経済と先進国の危機に対する判断基準とでは異なっている。先進国は経済成長率が3～4％に達することができれば正常ひいては繁栄に見えるが、現段階の中国がそれを繁栄の指標とすれば、それは現実と著しく離れていると言える。中国の経済成長率には、特別な段階的要件があり、一連の社会矛盾を解決し、危機の影響により円滑に対処するためには、往々にして先進国よりも高い成長率が必要とされる。そのため、この段階において、中国経済は長期にわたって高度成長状態にあり、特に金融危機前の2003年から2007年にかけては、年平均成長率が11％以上に達し、2007年には14.2％という超高水準に達した。マクロ経済コントロールの目標という点では、経済規模が飛躍的に拡大しすぎるのを防止し、需要、特に投資需要の過度な拡大を抑制する必要性が高まっている。2007年の14.2％という高い成長率に直面し、比較的深刻な過剰生産能力の存在と相まって、需要の過熱と経済のバブル化の傾向を抑制する必要性から、2008年にマクロレベルで「二重の防止」という政策要求を打ち出したのは当然のことである。それはまた、同時期に中国が行った反危機政策の選択と世界の他

の国々が行った政策の選択との間にコントラストを形成した[45]。

　二つ目は、気候変動など偶発的要因の影響である。2008 年第 1 四半期に入り、中国の経済成長率は前年の 14.2％から 10.6％へと明らかに低下し始めた。その原因は、成長を支える需要に落ち込みの傾向が見え始めたからである。電力消費の伸び率の顕著な低下は、工業生産の伸び率の鈍化を示し、貨物輸送の伸び率の顕著な低下は、市場の活況度の低下と企業のストックの増加を示している。とはいうものの、これらの兆候は、金融危機がすでに中国経済を直撃したことを示しているのであろうか。世界金融危機による世界的な景気後退が中国の市場や企業に影響を与え、さらにはその経済成長を妨げているのであろうか。これらは明確に判断できる問題ではない。2008 年春、中国の多くの地域は深刻な雪害に見舞われた。それは主に電力ネットワークと交通機関に影響し、さらに電力消費と貨物輸送の成長率にも影響が及んだ。そのため、2008 年年初の経済成長の落ち込みが、金融危機の影響によるものなのか、それとも雪害の影響によるものなのかは、紛らわしい問題となっている。しかし、2007 年の経済成長率が確かに高すぎたことは明らかであり、その主なモチベーションは投資需要の力強い伸びであったため、総量規制の政策の均衡という目標と、過剰生産能力の解消という構造政策の目標の両面から、経済の過熱を防ぐ、特に投資の拡大を抑制することには根拠があった。

　三つ目は、コスト増による物価上昇圧力で、消費者物価指数（CPI）における食料品価格の大幅な上昇である。特に「猪周期」[46]の始まりでは、豚熱が広範囲に発生し、豚肉の価格が高騰すると予想された。中国の住民の食品構造においては豚肉が高い割合を占め、食料品価格においても豚肉価格が突出した地位を占めており、両者の前年比成長率の正の相関関係は最も強かった（2005 年以降 0.91 まで上昇）。したがって、食料品価格の急騰ひいては一般的な労働コストの上昇により、各業界におけるコストプッシュ型のインフレ圧力が高まり、構造的インフレから全体的インフレへの

転換につながる恐れがあった。そのため、それらに対する防止策はマクロ・コントロールの検討において自ずと重要事項となっていた[47]。さらに当時、鉄鋼、石炭、アルミニウムなどの重要な工業原料やエネルギーパワーなどの投入物の価格は、2003年から2007年にかけての高度成長トレンドの下、長年にわたって高レベルで推移しており、川下の工業製品のコスト上昇に大きな圧力をかけていた。上記の要因こそが2008年の中国のマクロ経済政策の目標と方向性の選択に影響を与え、世界的な反危機政策に明らかなタイムラグとコントラストをつけたのである。このような影響により、2008年第1四半期から2009年第1四半期まで5四半期連続で中国の経済成長率が直線的に低下し（14.2%から6.2%へ）、2008年第4四半期から2010年10月にかけて強力な拡張的マクロ経済政策、財政政策、金融政策の全面的な緩和を行うことを余儀なくされた。これらの政策は、金融危機の影響に対処する上で大きな効果をもたらしたが、それは受動的なものであり、そのコストは高く、吸収されるまでには長い時間がかかると見られる。このようなコントロール政策の受動性と強度は、政策調整のコントラストとタイムラグに関係しているのであろうか。この点については真剣に考えるべきだと思われる[48]。

二、金融危機に対応するマクロ経済政策の強度は妥当なものであったか

2008年第4四半期から、中国は「一保証、一拡大、一調整」、すなわち経済成長を保証し、内需を拡大し、構造を調整するというマクロ政策の目標を明確にし始めた。この目標を達成するため、マクロ経済政策は「より積極的な財政政策と適度に拡張的金融政策」の組み合わせへとシフトした。2009年にはいわゆる「4＋10」の景気刺激策が導入された。すなわち、財政政策の拡張を通じて投資支出を4兆元増加させ（一部はすでに当初の計画に含まれていたプロジェクト）、金融政策の刺激を通じて信用貸付支出を10兆元近く増加させるというものであった。2009年の財政赤字

は過去最高の 9500 億元に達し、GDP の 2％以上を占め、マネーサプライ（M2）は 27％以上のペースで増加した。2010 年も強力な景気刺激策というマクロ経済政策の姿勢が維持され、極めて大きな反危機的成長効果を達成したと言えよう。金融危機以来の五年間、中国経済は力強い成長の勢いを維持してきた。2008 年年初から年末にかけて成長率は低下していたにもかかわらず、通年の平均成長率は 9％であった。2009 年、世界経済がマイナス成長の中、中国の経済成長率は 8.7％に達した。2010 年も世界経済は低迷していたが、中国の経済成長率は 10.2％に達した。2010 年 10 月に全面的拡張政策からの撤回が発表された後の 2011 年であっても、経済成長率は 9.3％に達し、世界的な景気後退とは全く対照的であった。しかし、中国の経済もそのために、二つの側面を中心に高い代償を払った。一つは、インフレの潜在的な圧力を高め、M2 ストックは大幅に増加し、対 GDP 比は妥当な範囲から大きく外れていた。市場の需要が弱含みであり、マネーの追加発行によって形成される現実的インフレのタイムラグはそれに応じて長くなったにもかかわらず、流通中の大量のマネーは最終的に物価水準に影響を与え、潜在的な需要インフレの圧力を生み出した。国民経済の発展が上位中所得国に入った後（為替レート方式により米ドルに換算すると、中国の一人当たりの GDP 水準は 2010 年以降、世界銀行が定義する現代の上位中所得国の基準に達した）、各種生産要素の価格が大幅に上昇し、学習と技術進歩のコストも大幅に上昇した。そして、国民経済全体の総生産コストはスピードアップ期に入ったため、巨大なコストプッシュ型のインフレ圧力が形成された。このような需要インフレとコストプッシュ型のインフレの相互作用が、国民経済の均衡に深刻なショックをもたらした。もう一つは、過剰生産能力の矛盾を深刻化させ、低水準の拡大という経済の「バブル」を膨張させた。過剰生産能力の矛盾は、工業消費財から工業投資財へと拡大し、伝統的産業から一部の新産業へと広がり、一部の部門の生産能力は相対的過剰から絶対的過剰へと発展し、危機後の経

済回復と調整期間中の過剰生産能力の解消に困難を加えていた。

　では、金融危機の影響に対処するための景気刺激策が強すぎたと言えるのであろうか。実は、強すぎたかどうかを評価するための客観的な基準は存在せず、危機対策による経済成長効果と払った代償を比較することは極めて困難かつ疑わしいと言うべきである。重要なのは、危機に対処するために採用された政策が、経済不均衡の方向性と特徴に合っているかどうかである。欧米先進国における 2008 年の金融危機の発生、その伝播、そしてそれが生み出した経済不均衡の特徴は、中国とは異なった。その発生という点から見れば、米国のサブプライム危機（これが後に世界的なサブプライム問題、そして世界的な金融危機へと発展していった）に端を発しており、最初に危機を生み出したのは金融システムそのものであった。それが経済全体へと波及し、やがて本格的な経済危機へと発展していったのである。その伝播のプロセスという点から見れば、経済のグローバル化の中で、アメリカから世界へ、そして金融分野から実体経済やその他の分野へと広がったのである。それによって生じた不均衡の特徴は、金融や銀行システムが一次的な危機に陥り、経済における資金（資本）市場の供給能力の急激な低下を招いたことである。金融システム自体が資金供給能力を欠き、それ自体さえも深刻な危機に陥っているのに対し、実体経済自体は資金（資本）に対する需要を有していた。金融システムの資金供給能力が危機に瀕している状況下では、実体経済の資金需要が完全かつ予定通りに満たされることは困難であるため、その需要は相対的に強く見え、対応する市場では、資金供給不足と旺盛な資金需要という不均衡が特徴となっている。この不均衡は、市場における資金供給の失敗に対応するため、政府が強力な刺激策を講じて資金供給を拡大し、金融市場における資金供給能力を強化し、緩和的な金融政策を採用しながら銀行システムを直接救済する。こうしたさまざまな方法で実体経済に関わる企業に直接的を絞って支援を提供することにより、その金融チェーンを維持し、危機に耐える能力を向

上させることが求められる。しかし中国の場合は違って、金融危機は中国発のものではなく、外部から伝播されてきたものであった。しかも仮に中国で発生したとしても真っ先に金融分野を襲うものではない。米国のサブプライム危機は世界金融危機の引き金となって中国経済に影響を及ぼしたが、それはまず実体経済などの非金融分野および、その実体経済が直面する市場環境の変化をもたらした。市場需要は弱含みとなり、実体経済の成長モメンタムを弱めた。しかし、中国の金融システムは制度的な「ファイアウォール」により、国際市場から隔てられているため、それ自体は危機に陥っておらず、資金供給能力も強かったため、直接的なショックにさらされることはなかった。かくして中国市場の不均衡は、金融システムからの強力な資金供給と、それに対応する実体経済や非金融分野からの有効な資金需要の欠如によって特徴づけられた。このような市場の不均衡は、マクロ経済政策が、欧米のようにマネーサプライを増やすのではなく、国民経済、特に実体経済における有効な資金需要の創出と刺激に焦点を当てることを必要とする。実体経済における有効な資金需要を創出・刺激するために、マクロ経済政策のコントロールは供給管理を重視し、財政政策と金融政策の供給効果を強化し、実体経済の税負担と資金調達コストの削減に努める必要がある。また、政府サービスの質を向上させ、市場の秩序を改善し、実体経済の取引コストの削減に取り組むべきである。そして実体経済における革新を指導・奨励し、成長方式の変化を促進し、要素効率と全要素生産性を向上させ、これに基づいて産業構造のアップグレードのためのミクロ的基礎を形成し、それを通じて実体経済の投資需要を効果的に成長させる[49]。単にマネーサプライを増やすだけでは、危機後期の景気回復に遅延性のある需要インフレ圧力を強くさせるばかりか、即座に二つの面で悪影響を及ぼす恐れがある。一つは、実体経済が十分な資金有効需要を持っていないため、短期的に市場でのマネーサプライを増やすことは、有効な投資機会を見出すことが難しく、低水準の拡大を繰り返し、すでに

第三章　経済成長における規模全体の不均衡とマクロ・コントロール　　181

深刻な過剰生産能力を悪化させがちとなる。もう一つは、市場にストックしている大量の資金が効果的に実体経済に入るための投資機会を見出すことができない場合、投機に手をつけ、バーチャル経済に流れ込み、金融市場の秩序を乱す可能性が高い。これにより実体経済への資金の流れが妨げられ、その分野における真に資金需要のある企業の資金調達コストが上昇し、人々のインフレ期待が妨げられることとなってしまう。金融危機のショックに対応する場合でも、不均衡の特徴を考えると、ある程度の拡張的な金融政策が必要であり、マネーサプライを大まかに増やすよりも、構造的に的を絞った刺激策に焦点を当てるべきである。マネーサプライを増やし、実体経済における有効需要を創出するという点で、マクロ経済政策の役割は、特に実体経済における需要を創出・刺激することに焦点を合わせる必要がある。マクロ的供給管理と需要管理という点で、焦点は供給管理に移るべきである。

　金融危機に対応するため強力な景気刺激策を採用した際、不均衡の特殊性に留意したが、総じて採用されたマクロ経済政策の方向性は欧米諸国と同じ、すなわち総量上の全面的拡張であった。中国市場の不均衡は、全体的に実体経済における有効な資金需要が弱く、金融部門が健全な運営をしており、資金供給能力が強いのが特徴である。欧米では逆に、金融危機によってまず資金供給能力が損なわれ、供給不足に伴って実体経済における資金需要が旺盛であった。欧米が不均衡を是正するためにマクロ介入でマネーサプライを増やす必要があるとすれば、中国は不均衡を是正するために実体経済における有効な資金需要の創出に取り組むべきである。実際の取り組みと不均衡の特徴とのズレは、政策介入による不均衡に対する是正効果を下げると同時に、比較的重い政策コストを累積させ、払った代償が得られた効果よりも大きく見られるため、介入政策が強すぎるのではないかとの疑問が投げかけられた。実際、問題の本質は政策が強すぎたかどうかではなく、その方向性が不均衡の方向性と一致しているかどうかであ

る[50]。

三、金融危機に対応するマクロ経済政策の撤回は時宜を得ていたか

2010 年 10 月以降、政府は率先して包括的な反危機の政策路線から離脱し、より積極的な財政政策と適度に緩和的な金融政策の二重の拡張路線から、積極的な財政政策と穏健な金融政策という 2008 年の金融危機以前の緩和と引き締め政策の組み合わせに戻すと発表した。いわゆる「積極的な財政政策と穏健な金融政策」は、1998 年後半に提唱されたもので、当時発生したアジア金融危機に対応するために採用されたマクロ経済政策の組み合わせである。それ以前の中国のマクロ経済の不均衡は、需要膨張、供給不足、巨大なインフレ圧力によって長期的に特徴づけられていた。改革開放以降、比較的深刻なインフレが三回起こったのは 1998 年以前のことである（CPI は 1984 年末に 9％以上、1988 年に 18％以上、1994 年に 24％以上上昇した）。それぞれの具体的な理由は異なるが、根本的な理由は、資金不足と需要膨張によって特徴づけられるマクロ経済の不均衡が、高いインフレ期待をもたらしたという事実にあった。したがって、改革開放の初期から 1998 年まで、そして第六次五カ年計画から第九次五カ年計画までの期間中に、マクロ経済政策は需要膨張を抑制し、ハイパーインフレの発生を抑制するために、一貫して引き締め政策をとってきた。しかし 1998 年後半から、アジア金融危機の中国経済への影響が現れ始める。1999 年から 2001 年まで三年連続で CPI がマイナス成長となり、デフレ現象は明らかであった。輸出は制限を受け、国際市場を志向する郷鎮企業の多くが倒産し、国有企業の従業員の多くが解雇され、農村部の出稼ぎ労働者の多くが前倒しで帰省を余儀なくされた。さらに内需不足に加えて、特に工業消費財の過剰生産能力の矛盾が徐々に深刻化し、中国は改革開放以来約二十年も使用してきた引き締め的マクロ政策をあきらめ、積極的な財政政策と穏健な金融政策への調整を余儀なくされた。この調整は、そ

れまでの長期にわたる引き締めと比較すると、拡張への方向転換であった。2003年から2007年まで、アジア金融危機の影から世界金融危機が始まるまでの間、中国は積極的な財政政策と穏健な金融政策を採用し続けたが、その意味合いは以前とは異なっていた。一方では、この間、中国経済は年平均11％以上という極めて高い成長率を維持し、2010年までにGDPを2000年比で倍増（不変価格）させるという当初の目標を三年前倒しで（2007年に）達成することができた。ところが、もう一方で、投資部門と消費部門の不均衡が正反対になっていたことからもわかるように、経済構造の不均衡はますます深刻になっていた。投資部門では需要が過熱し、重要な投資財の価格が上昇を続けていたのに対し、消費部門では需要が弱含みであり、多くの工業消費財で深刻な過剰生産が続いていた。その結果、マクロ経済政策は全面的拡張と全面的引き締めのいずれをとることも難しかった。全面的拡張は消費分野の不均衡を是正することができるかもしれないが、投資の不均衡を悪化させることは避けられない。全面的引き締めは過熱した投資を抑制することができるかもしれないが、同時に消費需要の低迷を悪化させる。財政政策と金融政策を同時に「二重の緩和」や「二重の引き締め」にすることができない以上、投資分野と消費分野で逆方向に生じた不均衡を解消するためには、この「緩和と引き締め」の組み合わせよりほかなかった。実際、積極的な財政政策と穏健な金融政策の組み合わせであることに変わりはないと言われているが、アジア金融危機への対応とは異なり、以前の長期にわたる引き締めに対する全面的拡張ではなかった。むしろその前の全面的拡張を踏まえ、政策の総量的な効果を希薄化し、マクロ政策の構造的な効果を強化することで、一方に気を取られると他方がおろそかになり、構造的な不均衡が深刻化することを回避するものであった。2010年10月の包括的な反危機政策の撤回以降、再び実行された積極的な財政政策と穏健な金融政策は、前期の全面的な力強い拡張に対し、概ね引き締め姿勢に戻った。しかし、今回の引き締めでは、財政

政策の拡張方向は基本的に変わっていなかったが、拡張の強度が相対的に低下（「より積極的」から「積極的」へ）したこと、金融政策の方向性が逆転（「緩和的」から「穏健」へ）したことなど、前回との違いがあった。同じ「積極的な財政政策と穏健な金融政策」とはいえ、この表現に含まれる政策の意味合いや志向が、時代や不均衡の特徴の違いによって異なるのは明らかである。

　時間的に見れば、中国が 2010 年 10 月に包括的な反危機の政策を撤回したのは、世界的には比較的早かった。米国政府は 2014 年第 4 四半期に撤回を始めたが、EU と日本はまだ明確に撤回を表明していない。では、中国の撤回は早すぎたのであろうか。これは極めて複雑な問題である。政府の反危機の政策を撤回すべきかどうかは、一般的に、市場の不均衡の深刻さとそれに対応する国民経済がどの程度まで耐えられるか、市場の回復の度合いとそれに対応する市場関係者がどの程度自信を取り戻すか、という二つの要因に左右される。しかし、実際の経済運営における判断基準を把握するのは難しいため、詳細に分析してみると状況はさらに複雑になる。例えば、一般的に言われる失業率を基準とした場合、その指標自体が経済の不均衡や回復の度合いを客観的かつ忠実に反映したものであるかどうかは言うに及ばず、国民経済がどの程度の失業率（自然失業率）に耐えられるかについてもかなりの不確定性がある。国によって発展段階、経済構造、経済システムや体制、文化的・歴史的伝承、政策伝達メカニズムなどが異なり、これは各国の異なる時期に耐えられる失業率に劇的な違いをもたらすと考えられる。経験的には、EU が提唱した 7％（マーストリヒト条約）と、米国が長年使用してきた 6％（非農業失業率）を警戒レベルとし、世界金融危機に対応するプロセスにおいて、この警戒レベルが景気刺激策から各国政府が参入するか撤回するかを決める際の重要な参考となった。しかし中国では、正式な統計指標である「城鎮登記失業率」（都市部における登録失業率）が、非農業部門の失業状況をより忠実に反映できるかどう

かという問題以上に、より重要な問題がある。それは、中国は典型的な二元経済の発展途上国であり、現在に至るまで農業部門の労働力が総労働力人口の30％以上を占めるという大きな特徴がある一方、都市化と工業化が加速期にあり、毎年大量の農村労働者が構造的に都市の非農業部門に移動して就業する点である（近年は年平均約700万人）。そのため、いわゆる「自然失業率」を統計することは困難であり、実際、経済がどの程度の失業率に耐えられるかは極めて不確定なのである。さらに中国の経済構造は劇的な変化の時期にあり、都市化の加速によって都市と農村の構造に大きな変化がもたらされ、近代化の加速によって産業構造にも大きな変化がもたらされた。こうした変化の場合、一つは国民経済の雇用吸収力を高め、同じ経済成長率でも雇用機会を増やす可能性がある。例えば、サービス業（2013年に初めて製造業を上回り、2014年には48.2％に上昇）の割合が増えれば、雇用吸収力が高まるかもしれない。もう一つは、構造的失業の圧力も高まる恐れがある。特に、労働力の技術・知識の構造変化において経済の構造変化と歩調が合っていない場合（2013年以降、国内総労働力の伸びは絶対値で低下し始めている）、失業の主な圧力は総量的圧力から構造的圧力へと徐々に移行していく。その結果、失業率の警戒レベルを認識し、決定することがより不確実となっている。この不確実性は、ここ数年、中国のGDPが1％ごとに増加した場合に創出される雇用者数の増加が極めて不安定であり、年によって大きく変動していることにも反映されている。実際、中国の国情では、都市部における登録失業率を明確に反映するに耐え得る水準（自然失業率）を、政府の参入・撤回政策の選択の基準として用いることは困難である。2010年10月、政府は率先して包括的な拡張政策の撤回を発表した。同年、中国の都市部の登録失業率は5％程度であり、率先して撤回することを正当化することができたが、その後の動向は、成長率が2011年第1四半期から2012年第3四半期まで7四半期連続で低下し続け、2008年初めに成長率に打撃を与えた金融危機（5四半期続

いた）よりもさらに長く続いた事実が示すように、市場の原動力が回復したとは言い難い。中国は 2012 年第 4 四半期以降、景気刺激策の一部を再開したが、成長に対する市場の原動力不足は、さまざまな理由で、特に一連の根深い構造的理由によって、根本的には回復していなかった。危機対策を撤回するタイミングは、市場原動力の増加と回復を前提としなければならず、そうでなければ撤回は時期尚早となりかねない。

　中国経済が経済危機の影響に耐える能力が高いのは、政府が他国の政府よりも能動的な役割を担っているためである。特に各級政府は投資動員においてより強い能力を持っている。これは中国の反危機への取り組みにおける重要な制度的優位性であるが、長期的には政府の力を主として頼ってはならない。地方政府は、土地財政（地方政府の財政収入が「土地用権譲渡収入」を含んだ土地関連費用と土地・不動産関連税収に依存する状況を指す）を担保に、資金調達プラットフォームの借入による投資を促進することができるが、その債務リスクと財政的困難は甚大である。中央政府は、赤字を拡大することで投資を支援するために借入を行うことができるが、インフレ抑制という目標に制約されることなく無闇に行うことはできない。この段階における中国の市場の需要が不足なのは、投資需要の観点から、主に企業の行動力不足のためである。大企業、特に大型国有企業と超大型国有企業は、基本的に円滑な資金調達ルートがあるにもかかわらず、技術革新が普遍的に不足し、産業構造高度化スペースの拡大が不十分であり、投資の拡大が重複投資につながりやすく、過剰生産能力を一層悪化させる。一方、中小企業、特に民間企業は、投資意欲があっても、金融市場、特に国有商業銀行が支配する金融システムからの信頼を得ることが難しく、その結果、企業の投資需要の成長モメンタムは不十分となる。消費需要の面では、これは所得分配構造の不均衡によるところが大きい。マクロレベルでは、国民所得の最初の分配は、政府、企業および労働者、すなわち、税金、資本余剰および給与と報酬の間で行われ、長い間、財政収

第三章　経済成長における規模全体の不均衡とマクロ・コントロール　　187

入は三つの中で最も高い成長率を維持してきたが、労働者の給与と報酬の
成長率は低いほうであった。しかし、消費、特に住民の個人消費を実際に
形成するのは労働者の給与と報酬（住民所得）であり、このような所得分
配のマクロ構造は、消費需要の伸びを制限し、国民経済の均衡ある成長の
目標から大きく外れている。ミクロレベルでは、個人間、すなわち住民間
の国民所得分配の格差が拡大し、ジニ係数は通常言われる警戒レベルで長
期に高止まりしていた。国家統計局が発表した計算によると、中国の都市
住民と農村住民の所得分配のジニ係数は、2002 年以来常に 0.40 を超えて
おり、2007 年には 0.49 を超えた。近年はやや減少したとはいえ、2014 年
には 0.47 に近く、一部の学者が計算した結果ではさらに高かった[51]。所
得格差がある限界を超えて拡大することは、所得分配の平等という目標の
達成にも、経済成長という目標の達成にも寄与せず、社会全体の消費性向
を低下させ、経済成長の需要ダイナミクスを低下させる。したがって、国
民経済における企業の投資需要の伸び悩みと消費需要の伸び悩みの傾向を
根本的に覆さなければ、政府が反危機政策を撤回することは、危機の影響
を強めるのみで、その役割を果たせないことは避けられない。政府が「機
に応じた撤退」を行う際のいわゆる「機」は、主に市場力がどの程度回
復したかに基づいて選択されるべきである。2010 年 10 月に政府が政策撤
回を発表して以来、経済成長率の低下が続いており、撤回は時期尚早で
あり、市場が完全に回復したわけではないことが示唆された。それゆえ、
2008 年末に採用された政策の強さにははるかに及ばないものの、2012 年
第 4 四半期以降、景気刺激策を再び実施したのである。もちろん、中国政
府が金融危機への対応プロセスで率先して撤回したのは、反危機政策の実
施コストが高かったことによるところが大きい。その主な理由は、政策強
度そのものが極めて高く、財政政策も金融政策も強力な拡張政策は改革開
放以降三十年以上にわたる歴史上一度もなかったからである。もう一つは、
マネーサプライを増やすという政策の方向性は、市場の不均衡の特徴、特

に中国の金融資本市場の不均衡の特徴（需要が供給を上回る欧米とは異なり、供給が需要を上回る）と一致せず、政策のコストを増大させることになるからである。したがって、金融危機後の吸収圧力を最小限に抑えるため、中国は世界のどの国よりも早く、率先して反危機のための拡張政策路線から離脱したのである[52]。

四、緩和と引き締めの組み合わせのマクロ政策を根本的に変える必要があるのか

　2010年10月に率先して反危機政策路線から離脱して以来、中国のマクロ経済政策は緩和と引き締めの組み合わせ政策、すなわち財政政策と金融政策の緩和と引き締めの組み合わせ（積極的な財政政策と穏健な金融政策）をとってきた。財政政策では、特に財政支出と財政収入の間に両者の組み合わせを、金融政策では、特に総量目標と構造目標の間に両者を組み合わせる形をとってきた。このような組み合わせは、実際に異なる政策の逆方向の組み合わせであり、その最も顕著な限界は、政策効果が互いに相殺されている可能性があることである。なぜこのような政策の組み合わせが採用されたかというと、基本的に、新常態に入った後の中国経済の不均衡の特徴によるもの、すなわち潜在的なインフレ圧力と経済の下押し圧力という両方の深刻な脅威に直面していたからである。したがって、中国のマクロ経済政策は、全面的拡張（「二重の緩和」）でも、全面的引き締め（「二重の引き締め」）でもなく、一方の不均衡の是正を重視する一方で、他方の不均衡を悪化させ、マクロ経済の不安定とマクロ経済コントロールのリスクを高めるようなものであってはならないのである。マクロ・コントロールの安定を保ちつつ経済成長を促すには、緩和と引き締めの政策的組み合わせが必須[53]となる。

　問題は、2014年に入り、中国経済が直面する二重リスクのうちの下押しが強まり、「デフレ」現象まで出てきた今、緩和と引き締めの組み合わ

せを根本的に変え、新たな総合的景気刺激策を打ち出す必要があるのか、ということである。総需要の観点からは、トロイカ（経済成長を牽引する投資・消費・輸出の三要素）が同時に妨害されている状態が形成された。投資に関して言えば、中国の固定資産投資の成長率は 2009 年以降年々低下しており、2013 年には 20％を割り込み、2014 年には 16％前後まで落ち込み、2015 年も低下が続くと見られ、少なくとも 2014 年の水準を上回ることは難しいとされた。その主な原因は、過剰生産能力と構造アップグレードの力不足である。そのため、製造業への投資増長率が回復しにくく、インフラへの投資増長率も、全体としては比較的安定しているものの、政府の投資と資金調達能力が制限されているため、上昇しにくいのである。不動産業界への投資も、短期的には回復しにくい状態にあり、特に総人口と構造変化などの要因によって、住宅の価格を回復することは困難である。長期的な変曲点が徐々に近づいており、二線都市の過剰供給はすでに顕著である。消費に関して言えば、消費財小売総額の成長率は 2010 年以降低下が続いており、2014 年には 13％を下回った。所得分配構造に根本的な変化がなければ、2015 年にはさらなる落ち込みが予想される。純輸出に関して言えば、不確定要素はさらに増えた。FRB の利上げが増加する期待が高まることは、人民元を対ドルで下落させ、輸出を促進するかもしれないが、ユーロ圏と日本が実行した量的緩和金融政策は、人民元の対ドルでの上昇を促進し、これがある程度輸出の伸びを抑制する可能性があり、近年の中国経済成長に対する純輸出の一貫したマイナス寄与を短期的に逆転させることは難しいと予想される。したがって、他の条件に大きな変化がない限り、総需要の伸び率は低下し続け、物価水準はデフレに向かい、さらに経済成長率を低下させる可能性が高いことは明らかである。

　供給から見れば、一方では、上位中所得の発展段階（2010 年以降一人当たりの GDP 水準は、為替レート方式で換算すると、世界銀行が定義した上位中所得ラインに達した）に入った後、国民経済の労働コスト（給

与・社会保障費等）、資源価格、土地価格、学習・技術進歩コスト、環境
管理コストなどを含んだ総生産コストは、軒並み上昇する可能性が高い。
成長方式の転換が遅れ、効率化が遅れれば、コストプッシュ型のインフ
レ圧力が強まるだけでなく、経済成長の伸び率も阻害されかねない。した
がって、新常態の下では、中国の経済成長率は需要の低迷とコストの上昇
の両方の影響を受け、成長率が高速から中速、ないし低速に変化すること
は客観的に見ても避けられない。他方、供給側では 2014 年以降、主に国
際原油価格の下落（年初に比べ 2014 年末には 30％以上下落）の影響を受
ける。また改革の全面深化により、国民経済における総生産コストの低
下など、新たな変化も起きた。計算によると、国際石油価格の下落だけ
で、国民経済の総生産コストを 0.9 ポイント削減できる [54]。総生産コスト
の低下は、GDP 成長率、CPI、資本利益率という三つの指標の変化に分解
することができ、これだけで（他の条件がすべて同じであれば）GDP 成
長率は 0.3 ポイント上昇し、CPI は 0.3 ポイント低下し、資本利益率は 0.3
ポイント上昇する。その幅は相当なものだと言うべきであろう。改革の全
面深化によって打ち出された政策や措置については、その配当が徐々に放
出されるにつれ、企業のコストを削減し、その効率を向上させ、その活力
を高めることにもなる。実際、ここ数年の中国の経済成長率は、かつての
10％近く、あるいはそれ以上から 7％をやや上回る程度にまで低下してい
るが、本業の総収入に占める企業の赤字の割合は、ここ数年の平均 1.4％
以上から 0.8％程度へと大幅に低下しており、経済成長率の低下に対する
企業の適応力が向上し始めていることを示している。中国共産党第 18 期
中央委員会第三回および第四回全体会議の決議の推進により、特に「改革
施策実施計画（2014 〜 2020）」の採択と実施の加速に伴い、財政・税制、
金融制度、価格制度、土地制度、国有企業、社会保障制度、医療衛生制度
などの新たな改革と「一帯一路」戦略の推進により、企業の取引コスト、
資金調達コスト、税負担・手数料負担、参入障壁の削減にはプラスの効果

がもたらされるであろう[55]。これらの要因は、供給面では経済成長にプラスの影響を与えると同時に、物価にも影響を与え、他の条件が同じであれば、物価水準を押し下げることにつながるとされる。

　需要の低迷でも供給の変化でも、デフレを促進し、2015年には年間CPIがさらに低下すると予想される。2％を超えることはなく、一定の期間内に2％以下に低下する可能性さえある（通常、統計誤差の存在を考慮に入れ、CPIが2％以下に低下するとデフレを警戒する必要がある）。それでは、マクロ政策は二重のリスクに配慮を加えるものから、全面的に反デフレ的で成長を刺激するものへとシフトすべきなのであろうか。緩和と引き締めの組み合わせのマクロ経済政策は、全面的な拡張へと移行すべきなのであろうか。

　これは、少なくとも二つの面から分析する必要がある。一つは、現段階で中国が直面している二重のリスク（インフレ圧力と経済の下押し圧力）の原因は依然として存在しているのであろうか。インフレの場合、潜在的なインフレ圧力を高める三つの主な要因が依然として存在している。第一に、前期の反危機コストを吸収するために形成された後追い的な需要主導型圧力が依然として存在し、流通において累積されたM2ストックのGDPに占める割合が正常範囲をはるかに超えている点である。そのCPIへの伝播のタイムラグ期間はあまり明確ではないものの、経済が徐々に回復するにつれ、その伝播がますます明白になることは確実である。第二に、コストプッシュ型のインフレ圧力は上位中所得段階を通じて持続する点である。特に効率改革が遅れている状況下では、国民経済の総コストが急速に上昇することによるインフレ圧力が顕著になる。第三に、国際収支の不均衡が短期的に解決することは困難な点である。外貨準備を維持するための外貨準備増加に伴う自国通貨の放出額のマネーサプライにおける役割は弱体化しているが、ベースマネーを注入するための中央銀行の重要なチャネルとしての為替決済は、短期的に変更されるわけがなく、外貨準備の絶

え間なき増加を除き、国際収支のリバランスの困難さも、インフレ圧力を激化させると考えられる。経済の下押し圧力の場合、需要の弱含みの動きが見られ、すなわち投資、消費、純輸出などを含む需要の伸びの鈍化傾向が明らかであり、この状況を根本的に是正するためには、国際的な景気回復プロセスに関心を寄せ、機会を見て行動する必要がある。それ以外にも、中国経済自体として、主に産業構造の高度化の矛盾を含む根深い構造的矛盾を緩和しない限り、投資需要を高めることはほとんど不可能であろう。また、国民所得分配構造の不均衡を是正しなければ、消費需要を高めることも難しい。こうした構造的不均衡を是正するには、短期的な総量規制政策だけでは効き目が現れず、技術革新と制度革新が必要である。したがって、中国におけるマクロ経済の不均衡という二重のリスクの基本的な原因は変わっておらず、マクロ経済政策は依然として、反インフレと安定成長という二重の目標を考慮に入れ、緩和と引き締めというマクロ経済政策の組み合わせの採用をしっかりと堅持しなければならない[56]。

　二つ目は、デフレ現象の根本的原因を分析する必要がある。総需要の低迷によって市場不況が引き起こされれば、物価水準は下落し、同時に経済成長率を押し下げ、マイナス成長すら引き起こし（厳密な意味でのデフレは、物価水準と経済成長率がともにマイナス成長である。物価水準の上昇率だけが低下したり、マイナス成長になったりすることは、「デフレ現象」の発生としか言えず、厳密な意味での「デフレ」の発生とは言い難い。しかし、デフレ現象を抑制しなければ、厳密な意味でのデフレ、すなわちマイナス経済成長の発生につながりかねず）、必然的に失業の増加につながるのである。このようなデフレは悪質である。供給コストの低下によって国民経済の生産コストが低下し、それが物価水準の下落を引き起こすのであれば、他の条件がすべて同じ場合、それは経済成長の加速、ひいては雇用の増加につながるのであり、このようなデフレは良性である。中国の現段階におけるデフレ現象は、悪性デフレと良性デフレの共同作用の結果で

ある。このデフレ現象が経済成長率の低下、ひいてはマイナス成長、高失業率につながるのか、あるいは経済成長の加速を促し、ひいては雇用の拡大につながるのかは、良質な動機と悪質な動機の相互作用の結果次第であり、単純に悪性デフレに帰結してはならない。したがって、マクロ経済政策を抜本的に見直すことはない。マクロ経済政策が緩和と引き締めの組み合わせから全面的な拡張へとシフトする必要があるかどうかは、多くの要因を考慮に入れる必要があり、現在現れているデフレの兆候を単純に重要な根拠とする必要もないし、そうすべきでもない[57]。

五、緩和と引き締めのマクロ経済政策の組み合わせは効果的に不均衡を是正できるのか

　マクロ経済の不均衡には二重のリスクが存在するため、積極的な財政政策と穏健な金融政策の組み合わせを引き続き堅持する必要がある。不均衡を是正し、マクロ経済政策を効果的に活用するためには、まず、財政政策と金融政策、財政支出政策と財政収入政策、金融の量的手段と価格手段などの引き締めと緩和の強弱を調整する必要がある。このような強弱の調整では、二重リスクの動きの変化に照らし、顕著な矛盾や不均衡に焦点を当てつつ、他の矛盾や不均衡にも配慮できるように、異なりかつ矛盾しあった不均衡間の政策のトレードオフが必要である。このため、政策の強度調整の上限と下限を設定することが極めて重要となる。いわゆる上限、すなわち目標成長率の上限を設定し、それに基づいて一連のマクロ対策を策定するのである。目標成長率の上限は、国際市場や国内経済などさまざまかつ複雑な要因に影響されるが、国内経済の場合、国民経済のインフレに対する抗力は主な要因の一つである。いわゆる下限、すなわち目標成長率の下限を設定し、その下限も多くの要因に影響されるが、主な要因は国民経済の失業に対する抗力である。現段階での経験から、近い将来のCPIの目標水準の上限を3％程度に設定することが考えられ、上下0.5％を変動

幅（つまり一般に言われる四捨五入）とすれば、2015年の目標政策のインフレ率の上限は3.5％を超えないことを意味する。CPIが2012年以降一貫して3％を下回り、2014年はわずか2％であったことを考慮すると、大きな変化がない限り、2015年にこの政策目標を達成することは可能である。逆に、CPIの上限水準が低すぎて人々の物価や市場に対する期待に影響を与えることを防ぐ必要さえあるかもしれない。したがって、政府はインフレ水準に下限を設定せざるを得なくなる可能性がある。下限を下回る場合、逆の介入措置を行うのか。中国の経験では、他の条件に大きな変化がない限り、現段階の経済成長率が8％前後（変動幅は最大8.5％）であれば、インフレ率は一般的に3％（変動幅は最大3.5％）を超えることはない。下限については、現段階でどの程度の失業率（自然失業率）に耐えられるかを判断するのは難しいが、少なくとも実質失業率が上昇し続けないことが必要である。中国の現在の都市部の登録失業率は4～5％（社会調査の失業率はもう少し高くなる）であり、現在の農村労働力の非農業産業への移転のペースや、都市部に年々新たに拡大する労働力の規模、本来の労働力の実際の昇給率（住民の所得がGDPの成長率に見合うようにするため）を制約条件とした場合、2015年の経済成長率が6.5％以上に達する限り、雇用目標は達成される[58]。このように、目標成長率の範囲、すなわち[6.5％、8.5％]が得られる。また、中国が2020年までに全面的小康を達成し、不変価格でのGDP水準を2010年比で倍増させるなどの目標を考慮に入れれば、年平均経済成長率は7.2％に達する必要がある。過去四年間の経済成長率はこの目標成長率を上回っているため、倍増目標のスケジュールが2020年と変わらなければ、その後の六年間で、年平均成長率が6.8％（正確には年率6.73％）程度で達成できる。こうすることで、マクロ経済目標成長率を上限8.5％、中限6.8％、下限6.5％の範囲内で調整でき、それに応じてマクロ経済政策の強弱を調整することができるのである。

マクロ経済政策組み合わせの強弱をコントロールするためには、経済成長政策目標の上限と下限を合理的に決定することに加えて、経済不均衡の各段階の特性に照らし、組み合わせの方向を調整することも必要である。関連する実証研究によると、危機において、短期的な経済成長に対する拡張的な財政政策は大きな効果を持ち、景気後退を緩和することができるが、危機からの回復後の長期的な成長には効果がなく、マイナスの効果さえあり、特に赤字によるインフレ圧力が徐々に現れ始めたとある。また、危機の影響における拡張的な金融政策は、短期的に経済成長を牽引する大きな役割を持たず、価格にだけプラスの効果をもたらす。危機の影響下でのデフレを緩和することはできるが、危機後の長期にわたるインフレには有意な効果がない[59]。したがって、危機後の回復期にインフレと下押しの二重のリスク（いわゆる「スタグフレーション」に似ている）がある場合、財政政策と金融政策の緩和と引き締めの組み合わせの方向性は調整されるべきである。危機時には、拡張的な財政政策が可能な限り中心となるべきであり（成長を刺激）、金融政策はあまり拡張的であってはならない（成長を牽引する役割を果たさない）。危機後の回復期には、拡張の強度を可能な限りタイミングよく下げることが必要であり（長期的な成長には有意な効果がなく、むしろインフレ圧力になる）、金融政策は適度に緩和的にすると考えられる（危機後の長期的なインフレ水準には大きな影響を与えない、あるいは資金調達コストを削減し、市場主体の活力の回復を刺激し得る）。そのため、危機対策として、より積極的な財政政策と適度に緩和的金融政策を採用したのは間違いなかった。金融政策が緩和的なものであるべきかどうかは議論の余地があり、特に、過剰な拡張政策であればなおさらである。この時点では、特に当時の不均衡の中で実体経済に有効な資金需要がなかったことを考えれば、市場における資金の必要性はまったくなかったのである。包括的な反危機の政策路線からの離脱後、財政政策を「より積極的」から「積極的」に転換し、深刻なラグを伴うインフレの

発生を防ぐための拡張の強度を下げることは必要であるが、適度に緩和的金融政策から穏健な（引き締め的）金融政策への転換は検討する値打ちがある。金融緩和政策は、金融危機後の長い回復期間においてインフレに大きな影響を与えないが、企業の市場ダイナミクスを高める促進効果はある。引き締め的な金融政策は、市場回復のダイナミクスを抑制し、企業の資金調達コストを上昇させ、その需要を減衰させ、政府の撤退を困難にする恐れがある。したがって、二重のリスクと下押し圧力が徐々に強まる状況に直面した場合、穏健な財政政策と積極的な金融政策の組み合わせがより適切と考えられ、強弱を柔軟かつ効果的に調整するのに適しているのである。

　実際には、緩和と引き締めの強さが合理的に確立されたとしても、経済不均衡の解消における総量政策の役割は未だに限定的である。特に緩和と引き締めのマクロ経済政策の組み合わせは、不均衡を緩和するために二重のリスクの間で継続的に調整することはできても、規模全体の不均衡につながる根深い構造的矛盾を根本から緩和することは困難であり、構造的不均衡を緩和するには発展モデルを転換しなければならない。発展モデルの転換に向けた努力の基本目的（主な方向）は、構造高度化を促進することである。発展モデルの転換の根本は、技術革新と制度革新を含むイノベーションにある。技術よりも制度が重要であるため、制度革新がことに肝心となり、それを通じて公平性と効率性を高めることができるのである。中国の発展の現段階において、制度革新の基本的な歴史的意味合いは、次のようなところにある。一つは、社会主義市場経済体制の改革を全面的に深化させ、市場メカニズムが資源配分において決定的な役割を果たすようにすると同時に、政府がマクロ経済のコントロール、市場の失敗と社会発展の分野において、適切で効果的かつ模範的で不可欠な役割を果たすことを可能とし、政府と市場の相互関係という体制上のカギをしっかりと調和することである。もう一つは、「依法治国（法による国家統治）」を全面的に推進し、民主化と法制化を推進し、社会主義民主化を政府権力の基礎とし、

第三章　経済成長における規模全体の不均衡とマクロ・コントロール　197

社会主義法制化を政府権力の制約とする一方、市場競争秩序の公平性と完全性を維持し、社会主義市場経済を法によるものへと効果的にしていく必要がある[60]。実際、いわゆる「中所得国の罠」に陥っている国々から学んだ教訓をまとめると、その原因は多岐にわたり、しかも深刻であるが、際立っているのは次のようなことである。経済システムにおいて、資源配分の市場化のレベルが高くないため、市場が真に決定的な役割を果たすことが難しく、広範かつ深刻な市場の失敗が存在し、資源配分の権利が政府部門に集中している。政治制度において、法制化のレベルが低く、民主化と法制化が著しく遅れている。その結果、政府による中央集権は、大衆の支持も法規範も欠いており、政府官員の手にある中央集権が「濫用」される恐れがある。すると、企業がある資源を手に入れたい場合、市場競争の経路では手に入れることができず（市場の失敗）、政府と交渉し、官員を「説得」して承認してもらうことでしか手に入れることができない（政府による権力の中央集権化）。しかし官員を「説得」する効果的な手段はまさに「レントシーキング」[61]（権力とカネの取引）であり、そのせいで官員の権力はまた（民主的・法的制約を受けずに）「濫用」することができる。この制度的欠陥によって、これらの国々では、資源配分が市場競争のルールに従って行われず、市場競争の効率性のレベルではなく、「腐敗認識指数」（レントシーキングの強さ）に基づいて行われるという、不公平で非効率な資源配分が行われており、資源配分の効率性を向上させるための制度的基盤が、必然的かつ根本的に解体されることになるに相違ない。政府権力の中央集権化、民主的・法的制約の不在、権力とカネの取引の一般化は、それ自体が公正な競争秩序と法律制度に基づく社会の構築を根底から破壊するものである。公正と効率性の原則が根本的に損なわれ、解体されたシステムでは、社会が革新的であることは難しい。人々は革新への圧力も意欲もなく、革新を追求することも、革新のための環境もなくなる。中所得の段階に入った後、「中所得国の罠」という課題に直面し、新たな

段階における社会経済発展の条件の重大な変化に直面したこれらの国々は、適応することが困難であり、その発展モデルは転換の原動力を欠き、一連の根深い構造的矛盾を緩和することができない。「中所得国の罠」に陥った典型的な国々（例えば「ラテンアメリカの所得格差」、「東アジアのバブル」、「西アジア・北アフリカの危機」など）の歴史や現実が、この点を証明している[62]。したがって、中国が持続可能で健全かつ協調的な社会経済発展を達成するためには、問題の根本は制度革新にあり、そのカギは社会主義経済の市場化と法制化にある。

註

1) 第二章第二節を参照。
2) 劉偉 " 当前我国経済失衡的特点与宏観政策的効応 "《経済学動態》2011 年第 7 期。
3) 劉偉、張輝、黄沢華 " 中国産業結構高度与工業化進程和地区差異的考察 "《経済学動態》2008 年第 11 期。
4) 劉偉 " 経済失衡与深化改革 "《経済研究》2014 年第 1 期。
5) 劉偉 " 我国現階段財政与貨幣政策反方向組合的成因、特点及効応 "《経済学動態》2012 年第 7 期。
6) 姚余棟、譚海鳴 " 央票利率可以作為貨幣政策的綜合性指標 "《経済研究》2011 年第 52 期。
7) インフレに対する金融政策形成のタイムラグは二年程度と推定されている。劉偉、李紹栄ほか " 貨幣扩张、経済増長与資本市場制度革新 "《経済研究》2002 年第 1 期。
8) 計算によると、中国のインフレは、現段階では、コストプッシュの部分が 40％を超えている。
9) 劉偉 " 我国宏観経済最新趨勢分析 "《北京工商大学学報》2014 年第 4 期。《高校学術文摘》2014 年第 6 期転載。
10) EU のマーストリヒト条約は、加盟国に対し、赤字を対 GDP 比で 3％未満に抑え、債務を同 60％未満に抑えるよう求めている。
11) 蘇剣ほか " 金融危机下中美経済形勢的差異与貨幣政策的選択 "《経済学動態》2009 年第 9 期。
12) 馬勇、陳雨露 " 貨幣与財政政策后続効応評估：40 次銀行危机様本 "《改革》2012 年第 5 期。
13) 潜在成長率は、資本成長率、全要素生産性成長率、労働力人口成長率に依存する。中国の現段階では、労働力人口成長率がマイナスとなり、総労働力人口が減少に転じたこと以外に、資本成長率と全要素生産性成長率は低下しておらず、そもそも労働力人口成長率が高くないため、潜在成長率への影響は大きくない。
14) 劉偉、蘇剣 "" 新常态 " 下的中国宏観調控 "《経済科学》2014 年第 4 期。
15) 劉偉、蘇剣 " 中国経済目標増長率的確定 " 北京大学経済研究所宏観経済研究課題組工作論文、2014 年 7 月。

第三章　経済成長における規模全体の不均衡とマクロ・コントロール　　199

16) 中国人民銀行《2009 年中国货币政策执行报告》（各季）。

17) 第三章第一節を参照。

18) 実際、ほとんどの先進国はこの上限を超えている。例えば、国際通貨基金（IMF）は、2010 年の政府債務総額が GDP に占める割合は、米国が 92％、ドイツが 80％、フランスが 82％、イタリアが 119％、英国が 77％、カナダが 84％と予測している。庄健 " 由美债危机而想到的 "《上海证券报》2011 年 8 月 11 日。

19) 朱青 " 对我国税负问题的思考 "《财贸经济》2010 年第 7 期 p7-8。

20) 生産面から見れば、GDP は各部門の増量の合計であるが、第一次産業では増量のかなりの部分が非課税であるため、GDP が過大なのか過小なのかは、さらに検討する余地がある。

21) 刘伟 " 我国现阶段财政支出与财政收入政策间的结构特征分析 "《财贸经济》2012 年第 10 期。《新华文摘》2013 年第 3 期転載。

22) 刘伟、苏剑 " 供给管理与我国现阶段的宏观调控 "2007 年第 2 期。

23) 中国の生育保険とは、日本の医療保険における出産に関する手当と雇用保険における育児休業給付を合わせた制度であり、出産に係る医療費や出産休暇中の手当が給付される保険になる。

24) 包税とは、国家が民間の個人や団体にある種の税の一定額の徴収を委託する制度のことを指す。

25) 肖捷 " 走出宏观税负的误区 "《中国改革》2010 年第 10 期。

26) 朱青 " 对我国税负问题的思考 "《财贸经济》2010 年第 7 期 p7-8。

27) 環境保護、水利、土地部門が特定の目的で徴収する公共予算収入を指す。

28) 公共サービス・インフラの維持管理を担う事業体。

29) 現在のところ、中国には「地方政府債務」に関する統一した統計基準はなく、より権威のある統計は審計署（会計検査院に相当）が公表する検査結果である（中華人民共和国審計署審計公告 2011 年第 35 号）。

30) 刘尚希他 "" 十二五 " 时期我国地方政府债务压力测试研究 "《经济研究参考》2012 年第 8 期。

31) 2010 年 7 月 30 日、財政部、国家発展改革委員会、中国人民銀行、中国銀行業監督管理委員会は共同で、「关于贯彻国务院关于加强地方政府融资平台公司管理有关问题的通知相关事项的通知」を発表し、さらに融資プラットフォームを「地方政府およびその部門、機関、またはその関連事業体等が、財政撥款や土地、株式などの資産の投入を通じて設立する経済主体であり、政府公共福祉プロジェクトへの投融資機能を有し、独立企業法人としての資格を有する」と定義した。建設投資会社、建設開発会社、投資開発会社、投資持ち株会社、投資発展会社、投資グループ会社、国有資産運営会社、国有資本経営管理センター、交通投資会社といった産業投資会社など、さまざまな種類の総合的投資会社がその範囲に含まれる。2012 年国務院政府活動報告では、「地方政府の債務管理とリスク予防を強化する。分類管理、差別化処理、段階的解消という原則に基づき、引き続き債務ストックを適切に処理する。融資プラットフォーム企業のクリーンアップと規制をさらに進める」ことが求められている。

32) これに社会保障基金の隠れ債務（基本年金保険、失業保険、基本医療保険、労災保険、生育保険など）が加わり、そのうち年金保険は社会保障基金の支出の 70％を占める。さらに

この割合は増加の傾向にあるが、現在の実際の支払いでは、基本年金保険の資金不足の一部を地方政府が負担しており、これが実は地方債務の重要な隠れ債務を構成している。

33) 予算法第 28 条は、「地方各級の予算は、収入とにらみ合わせて支出を決め、収支の均衡を図るという原則に従って作成するものとする。超過分は赤字に含める。法律または国務院からの特別な規定がある場合を除き、地方政府は地方債券を発行してはならない」と明確に規定している。

34)" 地方融資平台発債超出去年 1 500 亿偿债压力加大 "《経済参考報》2012 年 11 月 16 日。

35) 資産負債率＝総負債／総資産× 100%

36) 劉偉、李連髪 " 地方政府融資平台挙債的理論分析 "《金融研究》2013 年第 5 期。

37) 一階条件（3-1）は、民間部門の税率と資金調達プラットフォームの負債が固定であり、後者が k によって変化しないと仮定して投資水準を決定することを意味する。民間部門は、課税政策や債務モデルに関する情報を持っていない。

38) 結論（3-3）に至るまでには、次のような条件がさまざまな役割を果たす。(1) 資金調達プラットフォームの借入は、民間投資の意思決定後に行われ、債務は資本に転換され、他の資本とともに逓減の限界収益率を享受し、民間企業は資金調達プラットフォームの借入による投資から得られる外部利益を考慮しないこと。(2) $f'(\tilde{k}+q^*) = 1$。このモデルでは、初期の社会的資本ストックが最適な水準にあると仮定され、この仮定は分析の便宜のために設定されたものであること。(3) 税率は両期間とも同じであるため、税率が民間投資に与える影響はちょうど相殺されること。(4) 割引歩合と粗利益率は 1 と設定しておいたため、式（3-3）の右辺の押し退けられた民間投資の規模は、$d/(1+r)$ から $d/2$ へと単純化されること。(5) 生産関数は凹であること。

39) このことは、資金調達プラットフォームによる新規債務発行の純利益（外部利益を含む限界利益が限界費用を超える部分）は、新規債務の規模が大きくなるにつれ上げることを意味する。この条件が成立しない場合、資金調達プラットフォームの利益を最大化するのに対応する新規債務規模はゼロとなる。つまり、プラスの外部利益が存在するにもかかわらず、生産関数の凹性が支配的なのである。

40) 具体的には、民間経済の生産性水準が高く、民間資本の規模が大きく、地方政府の財政状況が良いほど、資金調達プラットフォームの債務返済能力は高くなる。また、政府官員の政治的な業績インセンティブが強いほど、プラットフォームの借入意欲が高くなる。プラットフォームの借入に付随する現象としては、プラットフォームの債務規模が大きいほど、社会的総資本に占める民間資本の割合が低くなる。

41) 経済的に後進地域に関する上記の分析には、これらの地域の妥当な q は小さいはずだという仮定が含まれている。つまり、政治的な業績インセンティブを強化する目的は、合理的かつ小さい $f(k+q)$ を達成することではなく、単に資金調達プラットフォームがその返済能力の範囲内で新規債務を発行する意欲を持ち、それによって地元の資金調達の潜在力を合理的に発揮することである。

42) 1980 年代には、多くの後発開発途上国が対外債務をリスケジュールした。1983 年には 18 カ国が 610 億ドルの対外債務をリスケジュールし、1984 年には 19 カ国が 1360 億ドルの対外債務をリスケジュールした。1985 年までに対外債務をリスケジュールした国の数は 14 カ国であり、510 億ドルの対外債務が関わっていた（Bulow and Rogoff 1989）。

43) 1987 年 7 月 27 日、ソロモン・ブラザーズはアルゼンチン、ブラジル、チリ、コロンビア、メキシコ、ペルー、フィリピン、ポーランド、トルコ、ベネズエラの政府債務をそれぞれ額面の 47%、55%、67%、81%、53%、11%、67%、43%、97%、67% で購入した。

44) 生産関数の凹性と外部利益の凸性の両方とも、$f(k+q+d)$ を通して $f' > 0$、$f'' < 0$ に影響を与える。

45) 劉偉《转轨中的经济增长》p417。

46) 豚肉の生産および価格の周期的な変動を指す。すなわち、豚価格が上昇→養豚農家が増産→豚供給量が増えすぎ→豚肉価格が下落→養豚農家が減産→供給量を減らす→豚肉価格が上昇という周期的な変動過程である。

47) 劉偉、蘇剑 "良性与恶性 " 通缩 " 冲击下的中国经济增长和宏观调控 "《经济学动态》2014 年第 12 期。

48) 劉偉 " 我国应对金融危机的宏观经济政策演变及特点 "《中共中央党校学报》2015 年第 2 期。

49) 蘇剑ほか " 金融危机下中美经济形势的差异与货币政策的选择 "《经济学动态》2009 年第 9 期。

50) 劉偉《转轨中的经济增长》p427。

51) 例えば、西南財経大学の関連グループが計算した結果は 0.6 以上であり、北京大学社会調査センターが発表した民生報告書（2014 年）で計算された結果はさらに高かった。

52) 劉偉 " 我国现阶段财政与货币政策反方向组合的成因、特点及效应 "《经济学动态》2012 年第 7 期。

53) 北京大学中国国民经济核算与经济增长研究中心《中国经济增长报告 2014》北京大学出版社 2014 年版。

54) 劉偉、蘇剑 " 良性与恶性 " 通缩 " 冲击下的中国经济增长和宏观调控 "《经济学动态》2014 年第 12 期。

55) 劉偉 " 市场经济秩序与法律制度和法治精神 "《经济研究》2015 年第 1 期。

56) 劉偉 " 我国经济增长及失衡的新变化和新特征 "《经济学动态》2014 年第 3 期。

57) 劉偉、蘇剑 " 良性与恶性 " 通缩 " 冲击下的中国经济增长和宏观调控 "《经济学动态》2014 年第 12 期。

58) 劉偉、蘇剑 " 从就业角度看中国经济目标增长率的确定 "《中国银行业》2014 年第 9 期。

59) 馬勇、陳雨露 " 货币与财政政策后续效应评估：40 次银行危机样本 "《改革》2012 年第 5 期。

60) 劉偉 " 市场经济秩序与法律制度和法制精神 "《经济研究》2015 年第 1 期。

61) 経済主体が行政権力を持つ官僚に贈賄し、行政の市場介入によって生み出された独占状態から不当利益を得ることを指す。

62) 劉偉 " 突破 " 中等收入陷阱 " 的关键在于转变发展方式 "《上海行政学院学报》2011 年第 1 期。

第四章

経済成長における産業構造の変化

第一節　新時代以降の各段階における産業構造の変化の特徴

　ある国や経済の産業構造（industrial structure）は、異なる産業間の資源や製品の配分として定義することができる[1]。産業構造とは、産業（industry）という角度から研究されるものであり、すなわち生産の分野から、各産業（あるいは業種、部門）の活動やその分布が国民全体の経済活動に与える影響を考察するものである。改革開放以来三十年以上にわたる急成長によって、中国は貧しく後進的な低所得国から世界有数の経済大国へと変貌を遂げ、一人当たりの国民所得は世界の中所得レベルに達した。具体的な指標で測ると、経済成長はGDPの継続的な成長に反映される。しかし、成長過程において、個々の産業の拡大ペースにはばらつきがあり、それが産業構造の変化をもたらした。ペティ＝クラークの法則によれば、経済が発展するにつれ、第一次産業の規模と労働力の割合は徐々に低下し、第二次産業の割合は徐々に上昇する。経済がさらに発展すると、第三次産業の割合が上昇し、最終的には、第三次産業が最大の割合を占め、次いで第二次産業、第一次産業が最小の割合を占めるという産業構造が形成されるという[2]。この法則は、世界各国の経済発展の歴史が証明しており、先進国の産業構造は、ほとんどこの道筋に沿って発展し、最終的に第三次産業が支配的な産業パターンを形成してきた。

　ペティ＝クラークの法則は、産業構造の高度に一般化された分類であり、その変化の長期的な傾向を明らかにするものにすぎず、それを異なる国、異なる経済体制、異なる経済発展段階に具体化すれば、産業構造の変化は異なる特徴を持つことになる。産業がさらに細分化され、個々の産業の生産活動とその相互関係がさらに検討されれば、より分析的な結論が導き出されるであろう。改革開放以降、特に21世紀に入ってからの中国の産業構造の変化がそうである。　改革開放後、中国は貧しい発展途上国として、

まず10億人を超える人々の衣食住の問題を解決するために第一次産業を発展させた。その後、十年以上の歳月をかけて計画経済から市場経済への移行を行い、経済成長を達成した。そして計画経済によって歪められた産業構造を改善したのである。この改善には、少なくとも二つの主要な側面があった。第一に、各産業の成長は、計画経済の下での権力者の意志ではなく、むしろ生産効率を継続的に向上させるという条件の下、社会の最終需要を満足させ、資源配分において効率も発展の可能性も高い産業を優先的に発展させるべきである。第二に、市場は次第に資源配分の主役となり、あらゆる種類の商品、サービス、生産要素の価格の変化、あるいは需要と供給の関係が、資源配分の基本的かつ重要なシグナルとなることを意味する。このような移行を遂げてはじめて、個々の産業の付加価値やそれがGDPに占める割合は、国民経済における個々の産業部門の位置づけや相互関係を客観的かつ比較的忠実に反映することができる。概して、国民経済計算では、経済成長率や各部門の成長率は不変価格で測定されるが、産業構造の変化は現行価格で測定される。すなわち、産業構造の変化は、実質成長率（各産業部門の効率向上を反映する）だけでなく、需給関係の変化に伴う各産業の一般物価水準の変化にも影響される。また、市場化の改革が実現され、各産業の付加価値総額やそれが国民経済に占める割合が現行価格に反映されてはじめて、これら二つの要因が産業構造に与える影響を科学的に反映することができるのである。1990年代半ば、中国は経済体制改革の目標として社会主義市場経済体制の確立を明確に打ち出し、21世紀に入る頃にはその枠組みが基本的に構築された。そのため、2003年に工業化の加速を特徴とする新たな経済成長サイクルに入った後、産業構造の変化は、もはや当初の計画価格の下での各部門の経済活動とその相互関係の歪んだ反映ではなく、産業構造の現状やその発展、変化のより客観的な反映となった。改革開放後、特に21世紀に入ってからの中国の産業構造の変化とその特徴を、経済改革と発展の各歴史段階における各産業部

門の実質成長と価格変動に照らして分析していく。

　また、ペティ＝クラークの法則からもわかるように、個々の産業の生産額とその相互関係の変化は、産業構造の変化の一側面に過ぎず、これが狭義の産業構造の変化と定義づけられた。広義の産業構造の変化には、雇用構造の変化も含まれるべきである。後述するように、経済活動のバランスがますますよくなる結果として、二つの構造の変化は最終的に収束、すなわち、雇用構造は最終的に価値構造に近づくのである。しかし、発展途上国、特に経済成長が加速している新興工業国にとって、価値構造の変化が雇用構造の変化を先導して牽引することとなり、その過程で高い労働生産性を達成した産業部門が優先的に成長することとなる。この二つの構造変化の特徴、それらによる中国の経済成長、雇用および所得分配の改善への貢献、そしてその発展における問題点を分析していく。

　上述したことを踏まえながら、中国の経済成長における産業構造の変化について、動的な比較と静的な比較を行っていく。改革開放以来、中国は経済成長において大きな成果を上げてきたが、その重要な理由は、産業構造の高度化が経済発展と国際市場の要求に適合し、経済成長を促進したことにある。国際比較からわかるように、一方では、産業構造の変化と高度化は、経済成長と経済発展の一般法則に沿ったものであり、我々は構造調整が近代化の目標によりよく役立つように、他国の経験を研究し、そこから学ぶべきである。その一方で、中国の経済成長には独自の特殊性があり、天然資源、人的資源、生産要素における優位性などの比較優位性を活用し、現在の有利な時機を捉えて優位性のある産業を発展させることで、その産業発展や構造変化を、安定的で比較的急速な経済成長と経済発展を達成するための要求に適合させることができる。

一、総量増長と物価デフレーター

　不変価格で計算すると、2014 年の中国の GDP は 1978 年の 28 倍であり、

同期間の年平均経済成長率は 9.70 ％と世界最速であった。現行価格で計算すると、1978 年の中国の GDP（3645 億元）に対し、2014 年は 63 兆 6500 億元で 174.62 倍となり、現行価格での指数は実質成長率に加えて物価変動の影響を受けることを示している。現行価格と不変価格での結果を比較すると、この期間中、物価変動の影響は 6.23 倍で現在の価格での GDP の変化に含まれ、年平均 5.22 ％の上昇となったことがわかった。高度経済成長を背景に、さまざまな商品、サービス、生産要素の価格関係は絶えず変化しており、同時に経済活動に必要なマネーサプライも絶えず増加している。このため、客観的には、経済成長のニーズを満たすために、価格レベルの全般的な引き上げが必要である。しかしながら、国民経済の各産業部門においては、成長率と物価変動の幅は異なっており、両者の変化を合わせた結果が、現行価格に反映された各産業部門の付加価値の変化とそれが国民経済に占める割合の変化、すなわち産業構造の変化となる。経済成長は、生産効率の継続的な改善の結果であり、技術進歩の観点から見ると、この効率改善は二つのレベルで反映される。一つ目は、技術進歩がない条件下では、より多くのアウトプットを得るためにインプットを増加させることにより、生産活動の時間効率が改善する。二つ目は、技術進歩を通じて、生産要素（資本、労働、土地、エネルギー、原材料などを含む）1 単位あたりの生産量を増やし、生産活動の技術効率を向上させることである。これら二種類の効率向上ははっきりと分けられるものではなく、むしろ相互に絡み合って経済成長に寄与しているのである。改革開放後、経済成長は中国の経済と社会発展の最も重要な目標となり、農村経済体制の改革、国有企業と財産権市場の改革、金融制度の改革、社会主義市場経済の確立、政府機能の向上など継続的に打ち出されてきたさまざまな改革は、実際、生産効率を向上させ、成長を促進し続けてきたものである。制度革新の観点から見ると、経済成長に関して達成すべき目標は主に二つある。一つ目は、効率は何よりもまず人為的なものであるため、経済発展の各段階

において、管理者、生産者、労働者の積極性を最大限に発揮させることである。二つ目は、あらゆる種類の資源の合理的配分を実現するメカニズムを確立することである。このため、長期にわたる探求を通じ、世界各国の先進的な経験を取り入れ、中国の特殊な状況に照らし、最終的に社会主義市場経済体制を選択した。そのうえで、市場秩序を継続的に改善することにより、市場化プロセスをさらに推進していくのである。価格と市場は現在、中国の資源配分を導く主要な力となっており、市場を基礎とする政府のマクロ・コントロールと行政手段は、資源配分をさらに改善した。技術進歩の観点から見ても、制度革新の観点から見ても、改革開放後の中国の経済成長は、生産効率の継続的な改善に基づくものである。改革開放の初期に、時間効率の改善により多くの注意を払っていたとすれば、現段階では、生産要素の効率をいかに向上させるかにより注意を払うようになった。経済成長や経済発展のモデル転換は、それを踏まえて提案されたものである。生産性の向上は、総量の問題のみならず、構造的な問題でもある。国民経済全体の生産性を向上させるためには、一方では、産業部門自体の生産性（成長率、労働生産性、要素生産性など）を向上させ、他方では、国民経済に占める生産性の高い産業部門の割合を高める必要がある。発展途上国、特に工業化の過程にある新興国は、異なる産業部門間の合理的な資源配分を通じ、生産性がより高く、改善の可能性がより大きい部門の優先的かつ迅速な成長を促進し、さらに他の産業部門の発展を導くべきである。とはいうものの、経済発展の段階が異なれば、生産性が高く、改善の可能性が高い産業や部門も異なるため、各時期の経済成長のホットスポットも異なり、需給関係の違いや変化により、各産業や製品の間の価格関係も絶えず変化する。産業構造の変化は、実際には、効率性の原則の下、各産業部門の成長率や需給関係が国民経済に与える総合的な影響を反映している。したがって、単純に国民経済の総量の拡大の程度を研究する場合には、国民経済と各産業部門の成長から価格要因を差し引く必要があることが多い

が、各産業部門の構造変化も研究しようとするならば、数量と価格の両方の変化の総合的な影響を考慮し、統合的に分析しなければならない。

　国民経済計算では、GDPの物価水準の変動を直接反映する指数を暗黙の物価デフレーター（Implicit Price Deflator for GDP）と呼ぶ。「暗黙（Implicit）」と呼ばれるのは、GDP統計の結果を公表する際に、この指数を直接公表していない国もあるからである（中国も公表していない）が、現行価格表示のGDP（名目GDP）を動的に比較した結果（ここではGDPバリュー指数と呼ぶ）とGDP指数（価格要因を取り除いた動的比較結果）を再比較することで、国民経済や各産業の価格変動を反映することが可能となる。

　国民経済全体の観点から見た総合的物価水準の変化は、CPIによって測定されるものとは異なる。なぜなら、CPIが生産者物価の変動を反映していないのに対し、暗黙の物価デフレーターは両方の変動を含んでいるからである。そのため、生産者物価の変動が消費者物価の変動より大きい場合、暗黙の物価デフレーターはCPIより大きくなる。中国における近年の物価水準の変化は、この点を検証している。改革開放の初期には、まず消費財の価格制度の改革が行われたが、それにより、消費者物価の変動が大きくなり、CPIは暗黙の物価デフレーターよりも大きかった。一方、経済における価格メカニズムが改善されれば、生産者物価の変動と消費者物価の変動の差は縮小し、CPI、PPI（生産者物価指数）、暗黙の物価デフレーターの差も縮小する可能性がある。表4-1からわかるように、改革開放初期の1978年から2014年にかけての中国の長期平均年間経済成長率は9.7％であったが、国民経済全体の長期平均年間物価変動率は5.4％であった。しかし、この二つの変化の表れ方は異なる。経済成長率は長期にわたって10％を上回ったり下回ったりして変動したが、総合的物価水準の変化はよりはっきりと二つの段階に分かれた。1985年から1994年までは波状的な上昇を示し、経済成長率が比較的低かった1990年と1991年でさ

え上昇率は5％を超えていた。しかし、1997年以降、総合的物価水準の上昇率は明らかに低下し、インフレ率が極めて高いと広く考えられていた2007年、2008年、2011年には8％を下回った。改革開放の初期と中期に比べ、人々のインフレに対する許容度はますます低くなり、国家はマクロ・コントロールの過程でそれをますます重視するようになった。これは、国内における市場化の度合いが著しく高まっていることを示している。当然のことながら、市場経済の発達した諸国と比較すると、中国の現在の物価水準の変動はまだ大きい方である。これは、一方では、より高い成長率では、それに歩調を合わせるように一定の物価上昇の必要性を示しており、他方では、現段階の中国のマクロ・コントロールでは、総合的物価水準の変化をコントロールするための観察指標としてCPIを使用するだけでは十分ではないことも示している。現在の中国の経済成長は明らかに投資主導型であるため、CPIが反映する総合的物価水準の変化は遅れている可能性がある。それ故、その変化を観察する際には、CPIだけでなく、暗黙のGDP物価デフレーターも重要な参考ツールとして使用すべきである。

　改革開放後の長期的な発展から見ると、中国の総合的物価水準と経済成長率の間にはタイムラグ的な正の相関関係がある。経済成長率が上昇すれば、暗黙のGDP物価デフレーターに反映されるインフレ率はその後上昇し、逆に経済成長率が低下すれば、インフレ率もそれに付いて低下する。経済成長と総合的物価水準の変動の角度から、改革開放後の経済成長期を大きく二つの段階に分けることができる。一つは、20世紀最後の二十年間における市場化改革の段階であり、この段階には経済成長率と物価水準の両方が大きく変動した。もう一つは、21世紀の比較的安定した成長期であり、この段階には経済成長率とインフレ率の変動幅は著しく小さくなった。中国の経済改革の核心と目標は、社会主義市場経済を確立することであり、1980年代にはこの目標を明言していなかったが、実際にはすでにこの目標に向かって取り組んでいた。また、価格制度の改革はこの改

第四章　経済成長における産業構造の変化　　211

表 4-1　中国の GDP バリュー指数とデフレーター（1978 〜 2014 年）[3]

年分	GDP（億元）	GDP バリュー指数 （前年 = 100）	GDP 指数 （前年 = 100）	暗黙の物価 デフレーター （前年 = 100）
1978	3 645.2	—	—	—
1979	4 062.6	111.4	107.6	103.6
1980	4 545.6	111.9	107.8	103.8
1981	4 891.6	107.6	105.2	102.3
1982	5 323.4	108.8	109.1	99.7
1983	5 962.7	112.0	110.9	101.0
1984	7 208.1	120.9	115.2	104.9
1985	9 016.0	125.1	113.5	110.2
1986	1 0275.2	114.0	108.8	104.7
1987	1 2058.6	117.4	111.6	105.2
1988	1 5042.8	124.7	111.3	112.1
1989	1 6992.3	113.0	104.1	108.5
1990	1 8667.8	109.9	103.8	105.8
1991	2 1781.5	116.7	109.2	106.8
1992	2 6923.5	123.6	114.2	108.2
1993	3 5333.9	131.2	114.0	115.1
1994	4 8197.9	136.4	113.1	120.6
1995	6 0793.7	126.1	110.9	113.7
1996	7 1176.6	117.1	110.0	106.4
1997	7 8973.0	111.0	109.3	101.5
1998	8 4402.3	106.9	107.8	99.1
1999	8 9677.1	106.2	107.6	98.7
2000	9 9214.6	110.6	108.4	102.1
2001	10 9665.2	110.5	108.3	102.1
2002	12 0332.7	109.7	109.1	100.6
2003	13 5822.8	112.9	110.0	102.6
2004	15 9878.3	117.7	110.1	106.9
2005	18 4937.4	115.7	111.3	103.9
2006	21 6313.4	117.0	112.7	103.8
2007	26 5810.3	122.9	114.2	107.6
2008	31 4045.4	118.1	109.6	107.8
2009	34 0902.8	108.6	109.2	99.4
2010	40 1512.8	117.7	110.4	106.6
2011	47 3104.0	117.8	109.3	107.8
2012	51 9470.1	109.8	107.7	101.9
2013	56 8845.2	109.5	107.7	101.7
2014	63 6463.0	111.9	107.4	104.2

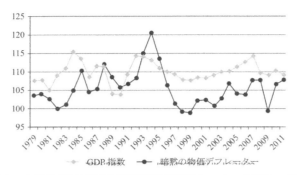

図4-1　中国のGDP指数と暗黙の物価デフレーター（1979～2011年）

革の突破口であり、ここからその後の財産権制度の改革やその他の生産要素の市場化を推し進めた。価格制度の改革とそれに対応する経済改革（企業の自主権拡大改革、所得分配制度の調整など）は、当時すでに深刻な歪みを生じていたさまざまな商品と要素の価格関係を調整し、当時の経済成長を刺激するものであった。これは改革のプラスの側面であったが、このような改革は、短期的には全体の物価水準を大幅に押し上げるという代償を伴うものでもあった。中国の商品価格改革は消費財の改革から始まったため、この間、CPIは暗黙のGDP価格デフレーターよりも上昇率が高かった。1990年代以降、中国は新たな経済成長を迎え、改革の主な対象は生産手段であったため、この時期、CPIは暗黙のGDP物価デフレーターよりも上昇率が低かった。21世紀に入った後の2003年頃、中国は改革開放後三回目の加速成長を迎えた。20世紀と21世紀の変わり目に基本的に商品価格の市場化を達成し、社会主義市場経済の枠組みとマクロ・コントロールのシステムが確立されたため、総合的物価水準は安定する傾向にあり、10％を超えるような大きな変動は起こらなくなった。CPI、PPI、暗黙のGDP物価デフレーターの関係を見ると、この時期の経済成長は明らかに投資主導型であった。そのため、生産者物価は消費者物価よりも速

く上昇したが、暗黙の GDP 物価デフレーターはその中間にあった。この点から、CPI をマクロ・コントロールの基本的な観察指標とすることは十分に包括的なものとは言えない。特に投資財が不足し、消費財の生産能力が過剰である場合、経済情勢を誤算する可能性がある。市場経済が長い歴史を持ち、さまざまな商品、サービス、生産要素間の価格メカニズムが極めて整い、消費者向けの補償制度もさまざまな制度的保証を備えている欧米の先進国と異なり、中国では、これらのメカニズムはまだ発展と改善の過程にある。そのため、国民経済全体の総合的物価水準の変化を反映するために CPI を使用するには一定の限界がある。

　改革開放後の中国の経済成長と総合的総物価水準の関係は、図 4-1 に見られるように、1982 年に暗黙の GDP 物価デフレーターが 100 を割り込み、その後、経済成長率の上昇と低下に伴って波打つように上昇し始め、1985年の 110.2％、1988 年の 112.1％、1994 年の 120.6％という三つの高値を順番に記録した。同期間に経済成長率も大きく変動し、1984 年と 1992 年には 14％以上、1987 年と 1988 年には 11％以上に達したが、1989 年は 4.1％、1990 年は 3.8％にとどまった。図 4-1 からもわかるように、1994 年以降、経済成長率と暗黙の GDP 物価デフレーターは二重に低下し、1999 年のGDP 指数は 107.6％まで、暗黙の GDP 物価デフレーターは 98.7％まで低下した。当時、中国は外的にはアジア金融危機、内的には国有企業の経営難や自然災害などのショックを受けており、その年の経済成長やデフレに一定の影響を与えたことは確かであるが、中長期的な発展という観点から見れば、この反落は短期的なショックによるものではなく、むしろ 1994年以降の中国経済の長期的な調整によるものであったと言うべきであろう。2000 年以降、経済成長率が上昇し、デフレの影から徐々に抜け出したことが示すように、経済は好転し始めた。このプロセスは 2007 年まで続き、同年の経済成長率は 14.2％に達し、暗黙の GDP 物価デフレーターは前年の 103.8％から 107.6％に急上昇したが、これは明らかに景気過熱を示して

いる。世界的な金融危機がなかったとしても、中国経済自体が調整を余儀なくされていたはずであり、世界的な金融危機の発生はただそのプロセスを加速させたにすぎない。この間、中国経済の年平均成長率と安定性は上昇したが、長期的な暗黙のGDP物価デフレーターは改革開放後の平均から1ポイント低下した。

二、改革開放後の各段階における産業構造の変化の特徴

　経済発展水準が相対的に低い大国が先進国に「追いつき、追い越す」という目標を達成するためには、まず経済成長を加速させ、その成長率で先進国に追いつき、さらに継続的な発展を通じて、経済総量で徐々に追いつき、最終的には一人当たりの水準で追いつき、追い越すことを実現する。ソ連も日本も、このような努力の過程を経てきた。後進国にとって、「追いつき、追い越す」、あるいは近代化の過程とは、実際には工業化の過程である。この過程では、第二次産業とともに、製造業の急速な発展に引っ張られてサービスを提供する第三次産業が発展し、それに伴って第一次産業の割合が減少する。ある発展段階を経ると、サービス業の付加価値と雇用の割合が第一次産業と第二次産業を上回り、最大の産業部門となる。これまで、経済規模が小さく経済カテゴリーが比較的単純な国を除いて、世界各国の経済発展と産業構造の高度化は基本的にこの法則に従っており、中国の経済発展もこの点を証明している。

（一）国民経済における産業分類と部門分類

　産業構造の研究は、国民経済の生産分野における比例関係に関する研究であり、それゆえ産業の分類も生産活動の性格に基づいている。ウィリアム・ペティの時代には、近代的な政府経済統計制度がまだ設けられておらず、人々は経済活動を単純に農業、工業、商業に分けていた。産業三分類という概念はまだ現れていなかったが、経済活動を大雑把に農業、工業、

商業に分類したことは、すでに産業三分類の原形が出来上がっていたと言える。20世紀半ば、産業三分類という概念が明確に打ち出され、広く受け入れられるようになった。第一次産業は主に自然の恵みを受けての生産活動を指し、第二次産業は人間の生産活動によって得られた製造品の加工や再加工を指し、第三次産業は製造品の最終使用や労働によって直接消費にサービスを提供するものである。ここで言う三つの産業とは、農業、工業、商業という従来の概念の拡張されたものである。現在、世界各国で一般的に使用されている経済活動分類は、使用される原料の類似性、生産プロセスの類似性、そしてサービス対象の類似性に基づいている。ただし、上述した二つの分類では、分類境界がはっきりしない問題がある。例えば、鉱業活動は、自然界を対象としての生産活動という性格から第一次産業に属するべきであるが、生産プロセスから見れば、それは製造業活動により似ているため、研究に従事する学者は、多くの場合、各自の認識によって鉱業を異なる産業に分類している。実際的な応用という観点からは、産業三分類は統計分類というよりも経済学の理論分類に属するものであり、世界各国が政府統計の実務でそれを使用することはほとんどない。経済活動分類は一般的に使用されており、例えば、北米諸国（米国、カナダ、メキシコ）で、生産方式別にGDPを公表するために使用される北米産業分類システム（North American Industry Classification System, NAICS）[4]は、経済活動分類に属する（表4-2参照）。

　1980年代半ば、中国は国民総生産を4倍にし、「三段階」という発展戦略を打ち出した。このような背景から、中国における経済総量の統計は、従来の計画経済国に用いられた物質生産システム（Material Product System, MPS）による工業総生産や農業総生産、物質生産による国民所得の統計から、市場経済国で一般的に使用されている国民経済計算システム（System of National Accounts, SNA）による生産方式別国内総生産の統計へと移行した。しかし、多くの市場経済国と異なり、中国は産業三分類

表 4-2　米国の産業別付加価値（2010 年）[5]

大分類	付加価値額（百万ドル）
国内総生産（Gross domestic product）	14 5265
民間部門（Private industries）	12 5580
農業、林業、漁業、狩猟業 （Agriculture, forestry, fishing, and hunting）	1 570
鉱業（Mining）	2 395
公共事業（Utilities）	2 649
建設業（Construction）	5 116
卸売業（Wholesale trade）	7 973
小売業（Retail trade）	8 849
運輸・倉庫業（Transportation and warehousing）	4 025
情報通信業（Information）	6 235
金融業、保険業、不動産業、物品賃貸業 （Finance, insurance, real estate, rental and leasing）	30 072
プロフェッショナルサービス、ビジネスサービス （Professional and business service）	17 828
教育、医療、社会福祉 （Educational services, health care, and social assistance）	12 723
芸術、娯楽、エンターテインメント、宿泊および飲食サービス （Arts, entertainment, recreation, accommodation, and food service）	5 558
サービス業（政府以外のもの） （Other services, except government）	3 568
政府（Government）	19 685
連邦（Federal）	6 496
州および自治体（State and local）	13 190

を採用した。そこには、旧来の工業総生産統計や農業総生産統計から国内総生産統計への移行が比較的スムーズに行えたこと、各級地方政府が生産方式別に国内総生産を統計できたこと、当時の計画経済体制の下で、上級政府が下級政府の実績を評価するための優れた総合指標となったことなどの利点があった。また、産業三分類に対する分析は、経済研究において最

第四章　経済成長における産業構造の変化　217

も一般的に用いられている分類方法でもある。単純で直感的でありながら、生産活動における最も基本的な構造関係を反映するのに十分な包括性と汎用性を備えている。このような世界標準に沿いつつ、中国の特徴を備えたGDP計算や国民経済計算は、経済成長の測定と分析に積極的な貢献を果たしている。その後の二十年間、中国の国民経済計算は大きな発展を遂げたが、産業三分類に基づいて統計する生産方式別のGDPは、一貫してその基本的な流れであり、各産業部門を基本的な分類とする産業構造の研究を行う上で、良好な時系列データを提供してくれている。

　2002年、中国は改訂版の『国民経済行業分類』（GB/T4754-2002）を公表した。この基準では、すべての経済活動を20のカテゴリー、95の大分類、396の中分類、913の小分類に分けている（表4-3参照）。

　表からわかるように、中国の『国民経済行業分類』は産業三分類をカバーしていないが、GDP計算や国民経済計算においては、統計活動の現状やマクロ経済分析のニーズが依然として残っており、国民経済部門（産業）の最も重要な分類となっている。2003年、国家統計局は新たに『三次産業画分規定』を制定し、国民経済の産業を分類するために三級分類方法を採用した。そして、各産業に厳密な定義を与え、その後の経済センサスやGDP計算のための分類の枠組みを確立した。第一級の分類は産業三分類であり、第二級と第三級の分類はそれぞれ『国民経済行業分類』のカテゴリーと大分類に基づいている（表4-4参照）。

　工業の付加価値に関する統計は、中国のGDP計算の重要な内容である。『国民経済行業分類』では、1994年に「工業」というカテゴリーが廃止され、鉱業、製造業、電気・ガス・水道水の製造・供給業が分類に含まれるようになった。しかし、中国では工業の付加価値は未だに広く使われているため、GDP計算の二級分類にはこのカテゴリーを残す必要がある。したがって、鉱業、製造業、電気・ガス・水道水の製造・供給業を三級分類として扱い、新国民経済行業分類のこれら三つのカテゴリーにおける大分

表 4-3 『国民経済行業分類』（GB/T4754-2002）

カテゴリー		大分類（個）	中分類（個）	小分類（個）
A	農業、林業、畜産業、漁業	5	18	38
B	鉱業	6	15	33
C	製造業	30	169	482
D	電気、ガス、水道水の製造・供給業	3	7	10
E	建設業	4	7	11
F	運輸業、倉庫業、郵便業	9	24	37
G	情報通信業、情報技術サービス業、ソフトウェア業	3	10	14
H	卸売・小売業	2	18	93
I	宿泊・飲食業	2	7	7
J	金融業	4	16	16
K	不動産業	1	4	4
L	物品賃貸業、ビジネスサービス業	2	11	27
M	科学研究、技術サービス、地質調査業	4	19	23
N	水利・環境・公共施設管理業	3	8	18
O	住民サービス、その他のサービス業	2	12	16
P	教育	1	5	13
Q	医療衛生、社会保険、社会福祉業	3	11	17
R	文化・スポーツ・娯楽業	5	22	29
S	公共管理、社会組織	5	12	24
T	国際組織	1	1	1
合計（個）	20	95	396	913

類は、第四級の分類として扱う必要がある。このように、世界各国の産業
分類では一般的な部門分類とみなされる製造業が、中国の国民経済計算で
は第三級分類となっている。そうすることは、中国の政府管理に対応する
と同時に、統計活動の現状と統計データの歴史比較の可能性を考慮した
メリットがある。一方、GDP の進度統計では往々にして製造業、建設業、
公共事業の分類の進捗状況が見えないデメリットがある。さらに経済セ
ンサスの年には、より詳細な情報とデータが得られるため、GDP 計算の
ための産業分類はより詳細になる。『国民経済行業分類』におけるカテゴ
リーは直接採用され、大分類も残されている。例えば、製造業の付加価値
額はさらに各種製造業の付加価値額、運輸・倉庫・郵便業の付加価値額は

第四章　経済成長における産業構造の変化　219

表 4-4　中国の産業別付加価値（2009 年）[6]

業種	付加価値額（億元）	割合（%）
合計	340 902.8	100
第一次産業	35 226.0	10.3
農業、林業、畜産業、漁業	35 226.0	10.3
第二次産業	157 638.8	46.2
工業	135 239.9	39.7
鉱業	16 726.0	4.9
製造業	110 118.5	32.3
電気、ガス、水道水の製造・供給業	8 395.4	2.5
建設業	22 398.8	6.6
第三次産業	148 038.0	43.4
運輸業、倉庫業、郵便業	16 727.1	4.9
情報通信業、情報技術サービス業、ソフトウェア業	8 163.8	2.4
卸売・小売業	28 984.5	8.5
宿泊・飲食業	7 118.2	2.1
金融業	17 767.5	5.2
不動産業	18 654.9	5.5
物品賃貸業、ビジネスサービス業	6 191.4	1.8
科学研究、技術サービス、地質調査業	4 721.7	1.4
水利・環境・公共施設管理業	1 480.4	0.4
住民サービス、その他のサービス業	5 271.5	1.5
教育	10 481.8	3.1
医療衛生、社会保険、社会福祉業	5 082.6	1.5
文化・スポーツ・娯楽業	2 231.0	0.7
公共管理、社会組織	15 161.7	4.4

　さらに鉄道運輸業、道路運輸業、水運業、航空運輸業、パイプライン運輸業、倉庫業、郵便業の付加価値額へと細分化されている。これこそがこれらのデータを用いて産業構造をより詳細に分析するための基礎となるのである。

　表 4-4 からわかるように、中国の『国民経済行業分類』によれば、製造業は最大の生産部門であり、その付加価値は 2009 年の GDP の三分の一近くを占めている。一般的に、国の経済発展段階が中所得レベルに達すると、製造業の割合はこのレベルよりも低くなるが、これは、新たな世界的

製造業の中心地でもあれば、高度成長過程におけるトップ輸出国でもある中国の工業化プロセスの特徴を反映している。また、産業構造の高度化を通じて経済成長のさらなる原動力を提供する可能性が高いことも示唆している。これが極めて有用な分類別データであることは明らかである。しかし、これまでのところ、この種のデータの公表にはタイムラグがあり、例えば2009年のデータは2011年の統計年鑑が出るまで入手できなかった。とはいえ、これは中国政府の統計活動の進歩を反映している。政府統計のさらなる発展に伴い、中国の基本的な流れである生産方式別のGDPの進捗データは、中国の特色ある産業三分類を保留する上で、国民経済部門や産業のより詳細な分類へと確実に拡大され、さまざまなレベルの産業構造を分析するためのより良いデータベースを提供してくれることになるであろう。

(二)改革開放後の経済成長の五段階

　並の市場経済国とは異なり、中国経済のテイクオフと高成長は、体制移行を背景に起こったものである。伝統的な計画経済体制が生産者や労働者の意欲や効率を制約していたため、中国の経済改革は当初から、経済成長の時間的効率（明確な経済成長目標を打ち出すことによる高成長の達成）、制度的効率（生産者や労働者の生産意欲の喚起）、技術的効率（設備能力の向上と技術進歩の促進）、経営的効率（経営管理レベルの向上）、市場的効率（資源配分などの最適化）など、国民経済全体の効率向上に重点を置いてきたのが特徴である。長い間（現在においても）、経済成長、すなわちGDP成長は中国の経済と社会発展の基本目標である。これは多くの問題を引き起こしてきたが、中国の長期的な経済成長を促進してきたことは否めない。このように、制度的要因は中国の経済成長において重要な役割を果たしてきた。

　制度改革の段階的な特徴と経済成長の周期的な特徴に応じて、改革開放

から現在までの経済成長を五つの段階に分けてみる（表4-5参照）。

　中国共産党第11期中央委員会第三回全体会議は、経済建設を将来の発展の焦点と定め、農村経済システム改革の展開と深化は、その後の改革と経済建設の基礎を築いた。経済成長の始動段階である第一段階では、農村経済システムの改革によって農業生産がまず開始され、関連産業の発展へとつながった。第一次産業の生産性、特に労働生産性は他のどの部門よりも常に低かったが、当時の状況において、人民公社という制度が農民の生産意欲を大きく束縛していたこと、そして制度革新によって農業労働生産性を急速に高めることができたことが、農村経済が当時の生産力の中で最も活発な部分となった基本的な理由である。1981年から1984年まで、第一次産業は四年連続で7%以上の成長率を維持した（表4-6参照）。これは、第二次産業や第三次産業よりは低いものの、第一次産業としては稀なことである。この成長は、中国経済の将来の成長にとって大きな意味を持つ。ひとたび生産者と労働者の生産的積極性を発揮させれば、経済活動に埋め込まれている潜在能力を刺激する可能性がある。その後の都市部や非農業分野における経済システムの改革は、それをさらに実証した。また、供給の面では、数千年にわたって中国を悩ませてきた衣食住の問題を解決することができ、その後すぐに、計画経済体制のもとで三十年以上にわたって使用されてきた食糧配給切符、綿布配給切符を廃止し、人民の最も基本的

表4-5　GDP指数および各産業部門の付加価値指数（1978〜2014年）[7]

年	GDP指数	第一次産業	第二次産業	第三次産業
1978〜1984年の平均指数	109.2	107.3	108.9	111.9
1985〜1991年の平均指数	109.6	104.7	111.4	111.6
1992〜2002年の平均指数	110.2	103.8	112.7	110.3
2003〜2011年の平均指数	110.8	104.5	111.8	111.2
2012〜2014年の平均指数	107.6	104.2	107.7	108.1
1978〜2014年の固定基準指数	2 801.6	494.4	4 405.0	3 829.6
1978〜2014年の平均指数	109.7	104.5	111.1	110.7

注：前年＝100

表 4-6　GDP 指数および各産業部門の付加価値指数（1979 ～ 2014 年）[8]

年	GDP 指数	第一次産業	第二次産業	第三次産業
1979	107.6	106.1	108.2	107.9
1980	107.8	98.5	113.6	106.0
1981	105.2	107.0	101.9	110.4
1982	109.1	111.5	105.6	113.0
1983	110.9	108.3	110.4	115.2
1984	115.2	112.9	114.5	119.3
1985	109.7	104.5	111.1	110.7
1986	108.8	103.3	110.2	112.0
1987	111.6	104.7	113.7	114.4
1988	111.3	102.5	114.5	113.2
1989	104.1	103.1	103.8	105.4
1990	103.8	107.3	103.2	102.3
1991	109.2	102.4	113.9	108.9
1992	114.2	104.7	121.2	112.4
1993	114.0	104.7	119.9	112.2
1994	113.1	104.0	118.4	111.1
1995	110.9	105.0	113.9	109.8
1996	110.0	105.1	112.1	109.4
1997	109.3	103.5	110.5	110.7
1998	107.8	103.5	108.9	108.4
1999	107.6	102.8	108.1	109.3
2000	108.4	102.4	109.4	109.7
2001	108.3	102.8	108.4	110.3
2002	109.1	102.9	109.8	110.4
2003	110.0	102.5	112.7	109.5
2004	110.1	106.3	111.1	110.1
2005	111.3	105.2	112.1	112.2
2006	112.7	105.0	113.4	114.1
2007	114.2	103.7	115.1	116.0
2008	109.6	105.4	109.9	109.6
2009	109.2	104.2	109.9	109.6
2010	110.4	104.3	112.4	109.6
2011	109.3	104.3	110.3	109.4
2012	107.7	104.5	107.9	108.1
2013	107.7	104.0	107.8	108.3
2014	107.4	104.1	107.3	108.1

注：前年 = 100

なニーズを確保することが可能となった。もしそれができなければ、真の工業化のプロセスとは言えない。改革開放の初期における農村経済体制の改革と農業の発展は、衣食の問題を解決し、小康社会に入るための物質的基礎を確立しただけでなく、広大な農村に多くの労働者を収容し、農民の基本的な生活を保障し、土地との自然な結びつきによって社会の安定を保つ基礎を確立し、その後の都市部の経済体制の改革と経済発展の社会的基礎ともなった。一方では、世界各国の普遍的に経験した、工業化の初期段階における農村人口の都市への大量移動によって引き起こされた雇用の圧力や社会の矛盾を緩和し、他方では、食糧や食料品の不足による大きな混乱もなく、長期にわたる安定した経済成長に恵まれてきた。この段階の第二次産業と第三次産業の成長率も決して低くなく、しかも人々の生活に配慮した結果、第三次産業の年平均成長率は10％以上にさえ達した。しかし、改革開放と経済成長への長期的な貢献という点では、この段階の第一次産業の成長は依然としてより奥深く長期的な意義を持っていたと考えられる。

　1985年から1991年にかけての第二段階は、経済システム改革の試行段階であり、産業構造調整の段階であった。中国共産党第12期中央委員会第三回全体会議後、経済システム改革の焦点は農村部から都市部へと移行し、改革開放後の中国を第二ラウンドの発展へと導いた。早くも第11期中央委員会第三回全体会議の時点で、党と国の仕事の中心を経済建設に移すことが提案されていた。第12回全国代表大会では工業と農業の総生産額を4倍にするという目標を打ち出したが、それまでは伝統的な計画経済体制のもとで経済成長を促進しようとしてきた。ところが、間もなくそうした制度のもとでは高度経済成長を達成することが不可能であることに気づいたのである。当時、「十年浩劫」（文化大革命）後の中国は、近代化を推進し、世界の先進レベルに追いつきたいという願望が、過去のどの時期よりも強かった。そこでこの時期から、経済システム改革を通じて経済成

長（とりわけ第二次・第三次産業の成長）を促進するようになった。1985年頃、かつての工業総生産統計や農業総生産統計から、世界各国に共通する国内総生産統計へと移行し、産業三分類に従って定期的に公表されるようになった。第13回党大会では、鄧小平が提唱した、GDPに反映される「三段階」発展戦略が、党と国の近代化の推進の重要な指導思想として大会報告に全面的に盛り込まれた[9]。財政・税制、価格制度、企業管理制度、所得分配制度、対外貿易制度、さらには計画制度に至るまで、一連の試行的改革を実施したのである。その中核的目的は、生産に対する各方面の積極性を引き出し、経済成長を促進することであった。この間、改革の目的はまだ明確ではなく、経済成長の大きな変動や二度の深刻なインフレなど、経済発展は何度も荒波に呑まれたが、経済成長率は確かに加速し始めた。第一次産業の成長率は4％程度に下がり、その後長くその水準を維持していたが、第二次産業と第三次産業の成長率は追いついてきた。経済体制は依然として計画体制であったが、産業や技術ルートでは明らかな調整が行われている。産業ルートでは、国民生活に密接に関係している軽工業と紡績業が急速に発展し、テレビ、洗濯機、冷蔵庫に代表される新型家電機器の発展が国民の消費構造を高度化させた一方、これまで重視されてきた国防工業と重工業の発展が調整された。技術ルートでは、独りよがりの低レベルな研究開発をするよりも、外国の先進技術の導入（導入、吸収、消化、再創造）が重視され始めた。工業化の加速期における産業高度化について見てみると、改革開放後の経済成長の第二段階において、中国は改革開放後初めての産業構造の高度化、すなわち農業主導の経済成長から軽工業および紡績業主導の経済成長への転換を開始したのである。

　1992年から2002年の第三段階は、市場化改革を深化させ、工業化加速を立ち上げる段階であった。鄧小平の「南巡講話」以降、中国は新たな成長加速期に入り、同時に経済改革のペースも加速した。この時期、党と国家は、経済改革の目標を、社会主義市場経済を確立することであり、生産

力、特に市場経済システムの発展を促進し世界の優れた文明や成果をすべて吸収することとした。また、社会主義市場経済の確立と改善には三十年かかるとし、最初の二十年は市場経済の基本的枠組みの確立を、後の十年は社会主義市場秩序の改善に充てられる、という計画も打ち出された。この発展目標の下、商品、財産権、資本、労働力、技術といった生産要素など、一連の徹底した市場化改革をさらに進める必要があるものの、社会主義市場経済システムの基本的枠組みは確立され、その後の経済成長とマクロ経済コントロールのための優れた制度的基盤が構築された。この段階の初期は、依然として軽工業が工業化の主役であったが、消費者製品のアップグレードが工業製品のアップグレードを牽引し、コンピューター、通信製品、電子製品、エアコンなど、ハイテクコンテンツの工業製品が開発されるなど、具体的な主導産業にも変化が見られた。第三次産業の発展にも新たな特徴が現れており、伝統的な第三次産業の発展と同時に近代的な第三次産業（金融、通信、不動産、航空・高速道路輸送など）の発展も見られた。この時期の後半、すなわち 20 世紀と 21 世紀の変わり目あたりから、マクロ経済コントロール、アジア金融危機、産業調整などの影響を受け、中国の経済成長率は 10％以上（1996 年以前）から 8％前後に低下し始め、1992 年に始まったインフレは 1998 年にデフレへと転じた。このような状況において、中国はインフラへの投資を増やし、国有企業の株式制改革を加速させ、経済構造を調整することで、新たな産業高度化、すなわち二度目の産業高度化を推進し、主導産業は軽工業から重化学工業へと転換し始めた。消費のアップグレードを背景に新たな産業構造の転換が発生し、自動車や住宅などのより高度な需要の創出や、国際市場における中国製品の需要拡大が、重工業の発展に大きな牽引役を果たした。また、改革開放後の二十年にわたる経済成長により総合的な国力が向上したことも、産業の高度化のための確固たる物質的基礎を提供した。この時期以降、第二次産業の成長率が第三次産業の成長率を上回るようになり、中国は事実上、工

業化の加速プロセスを開始したのである。

2003 年から 2011 年までの第四段階は、市場経済のもとで工業化を加速させた段階である。この間、制度面では基本的に社会主義市場経済の枠組みを構築し、国有企業、私営企業、外資系企業の経営環境を改善し、新たなミクロ的基礎に基づくマクロ・コントロールシステムを発展させてきた。加えて、改革開放以来の長年にわたる急速な経済成長によって形成された総合力と、輸出型経済の発展に有利な国際環境にも恵まれ、経済成長は改革開放以来最大の進歩を遂げた。2002 年後半から、中国経済は第四の成長サイクルに入った。成長率が加速したのみならず、主導産業も前サイクルの初めとはまったく異なり、鉄鋼、セメント、建築材料などの原材料や技術設備の生産量が急上昇した。多くの製品の生産量が世界のトップクラスに躍り出るとともに、重化学工業がかつてない発展を遂げ、国際製造業の中心地としての新たな地位も確立され始めた。前サイクルの後半に二度目の産業構造高度化が始まったとすれば、この段階ではその高度化が達成されたことになる。高度化の理由は、需要面では国内外の投資と消費の持続的な牽引にあり、供給面では、長期にわたる成長で蓄積された生産能力と技術水準の絶え間ない向上により、産業がより高いレベルで発展できるようになったことにある。この間、中国の第二次産業の成長率は前期と同程度であったが、そのベースと規模は大きく、依然として経済や社会の発展に大きな影響を与え、総合的な国力、国民生活、国際的地位の大幅な向上につながった。

2012 年から 2014 年までの第五段階は、世界金融危機に対応するために、マクロ刺激政策の「機に応じた撤退」が実施された後、中国の経済成長が「新常態」に入った段階である。この段階で、中国の経済成長率はそれまでの段階に比べて大幅に低下し、8％を下回り、その後も長年にわたってその水準にとどまった。そして、この時期の各産業の発展は、過去のそれとは異なる特徴を示した。第一次産業の成長率は以前の成長率を上回っ

たままであったが、第二次産業と第三次産業の成長率は2〜3ポイントほど急激に低下した。第二次産業と第三次産業の比較では、第三次産業の成長率が再び第二次産業の成長率を上回った。この現象は改革開放の初期に起こったことがあるが（それぞれ第一段階と第二段階）、当時は改革開放前の不当に高い成長率への調整によるものであった。産業間関係が合理化された後、第二次産業は再び加速することになる。しかし、現在の状況は異なっている。長期にわたる工業化のプロセスを経て、2010年頃から中国は徐々にポスト工業化の段階に入りつつあった。この段階は、第三次産業が第二次産業に代わり、国民経済で最も急成長している主要産業となったこと、国民経済に占める第三次産業の割合が第二次産業を上回り始めたこと、という二つの特徴がある。このような産業関係とその構造の変化は、必然的に経済成長率に反映される。したがって、現段階での経済成長率の低下には、景気循環などの理由も確かにあるが、それ以上に重要なのは、経済発展水準が上昇し、工業化が進むにつれ、第二次産業、とりわけ工業の発展が鈍化し、それによって経済全体の成長率に影響を及ぼすという、産業発展の新たな段階に入った点である。

　表4-5からわかるように、経済成長率は最初の四期間に上昇し続ける勢いを示し、それぞれ9.2%、9.6%、10.2%、10.8%となっており、経済成長の加速を意味する。しかし、各産業部門の成長率は、段階によって大きく異なってくる。

　第一次産業に関しては、成長の加速は主に改革開放の初期、すなわち第一段階で起こった。年平均成長率は7.3%に達したが、その後、年平均経済成長率は約4%に反落した。第一次産業の性質上、この成長率を長期にわたって維持できることは極めて得難い。第二次産業は改革開放以降、中国で最も成長率の高い産業であり、長期的な年平均成長率は11.1%にも達した。その成長は段階的に加速しており、第三段階と第四段階の成長率はそれぞれ12.7%、11.8%と、第一段階や第二段階よりも高かった。第三次

産業の長期的な年平均成長率は10.7％と、第二次産業よりわずか0.4ポイント低いにとどまり、第二次産業との間に大きな差はなかったと言える。しかし、段階別に見ると、第三次産業のパフォーマンスは第二次産業とは正反対であり、第一段階と第二段階の年平均成長率は第三段階と第四段階のそれを上回った。これは、中国の経済発展がいまだに工業化の加速段階にあり、製造業と建設業を主体とする第二次産業が依然として経済成長をリードしていることを示している。産業構造に対する実質成長の影響のみを考慮する場合、1978年のGDPと各産業部門の付加価値額にその年を基準年としての固定基準指数を掛けると、1978年価格での各年のGDPと付加価値額が得られ（表4-7参照）、これを基に各年のGDP構成を計算することができる。不変価格で計算すると、第一次産業は低成長を続け、2010年までに経済全体に占める割合が5.1％に減少し、約23.1ポイント低下した。第二次産業の割合は66.3％に上昇し、18.4ポイント増加した。第三次産業の割合は28.6％に上昇し、4.7ポイント増加した。この分析結果から、改革開放後の実質成長率では、第二次産業がGDPに最も貢献しているのがわかる。第三次産業は比較的低く、第一次産業も成長しているが、その成長率は他の二つの産業に比べて著しく低かったため、国民経済に占める割合はかなり低下していることが見てとれる。要するに、急速な工業化は、中国の経済成長に積極的に貢献したのである。

図4-2から直感的にわかるように、価格要因を考慮しなければ、各産業部門の中で第二次産業が最も拡大している。改革当初（1978〜1984年）の比較的安定した時期（1980年前後は浮き沈みがあったが）を除けば、その後も拡大基調を維持し、不変価格での割合は1985年の約48％から2011年には約66％まで着実に上昇している。これとは対照的に、第一次産業の割合は着実に低下している。改革開放当初の農村経済システム改革において農村経済は比較的良好な発展を遂げたにもかかわらず、その成長率が第二次産業や第三次産業に比べて依然として低かったため、その

第四章　経済成長における産業構造の変化　　229

表 4-7　1978 〜 2014 年の産業構造の変化（1978 年の不変価格で）

年分	1978 年の不変価格での付加価値額（億元）				GDP 構成比（％）			
	GDP	第一次産業	第二次産業	第三次産業	GDP	第一次産業	第二次産業	第三次産業
1978	3 645	1 028	1 745	872	100	28.2	47.9	23.9
1979	3 920	1 090	1 888	941	100	27.8	48.2	24.0
1980	4 216	1 074	2 144	997	100	25.5	50.9	23.7
1981	4 435	1 149	2 185	1 101	100	25.9	49.3	24.8
1982	4 832	1 282	2 306	1 244	100	26.5	47.7	25.8
1983	5 367	1 389	2 545	1 433	100	25.9	47.4	26.7
1984	6 192	1 568	2 914	1 710	100	25.3	47.1	27.6
1985	7 072	1 596	3 455	2 021	100	22.6	48.8	28.6
1986	7 722	1 649	3 808	2 265	100	21.4	49.3	29.3
1987	8 646	1 727	4 329	2 590	100	20.0	50.1	30.0
1988	9 659	1 771	4 958	2 930	100	18.3	51.3	30.0
1989	10 057	1 825	5 144	3 088	100	18.1	51.2	30.7
1990	10 426	1 959	5 307	3 160	100	18.8	50.9	30.3
1991	11 489	2 006	6 043	3 440	100	17.5	52.6	29.9
1992	13 290	2 100	7 321	3 868	100	15.8	55.1	29.1
1993	15 314	2 199	8 775	4 339	100	14.4	57.3	28.3
1994	17 494	2 287	103 87	4 821	100	13.1	59.4	27.6
1995	19 524	2 402	11 828	5 295	100	12.3	60.6	27.1
1996	21 578	2 524	13 260	5 794	100	11.7	61.5	26.9
1997	23 677	2 612	14 649	6 415	100	11.0	61.9	27.1
1998	25 610	2 704	15 955	6 952	100	10.6	62.3	27.1
1999	27 633	2 780	17 253	7 601	100	10.1	62.4	27.5
2000	30 067	2 846	18 879	8 342	100	9.5	62.8	27.7
2001	32 596	2 926	20 473	9 197	100	9.0	62.8	28.2
2002	35 654	3 011	22 485	10 158	100	8.4	63.1	28.5
2003	39 544	3 086	25 335	11 123	100	7.8	64.1	28.1
2004	43 672	3 281	28 150	12 242	100	7.5	64.5	28.0
2005	4 8742	3 452	31 551	13 739	100	7.1	64.7	28.2
2006	5 5082	3 625	35 776	15 681	100	6.6	65.0	28.5
2007	6 3113	3 760	41 165	18 188	100	6.0	65.2	28.8
2008	6 9274	3 963	45 231	20 080	100	5.7	65.3	29.0
2009	7 5856	4 128	49 727	22 000	100	5.4	65.6	29.0
2010	8 4304	4 305	55 897	24 102	100	5.1	66.3	28.6
2011	9 2512	4 490	61 654	26 368	100	4.9	66.6	28.5
2012	9 9592	4 694	66 535	28 492	100	4.9	66.6	28.5
2013	10 7231	4 882	71 755	30 849	100	4.7	66.8	28.6
2014	11 5167	5 082	76 993	33 348	100	4.6	66.9	28.8

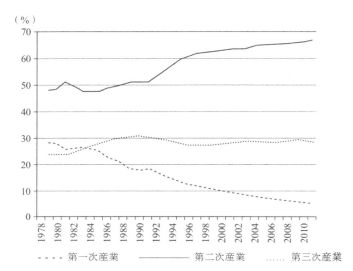

図 4-2　改革開放後の中国の産業構造の変化（1978 年の不変価格で）

GDP に占める割合も 1978 年の 28％から 2014 年の約 4.6％まで低下した。グラフにすると下向きの傾斜線に近似している。第三次産業の急成長は主に 1990 年代以前に見られ、その成長率は第一次産業と第二次産業の成長率を上回り、1990 年頃には付加価値額（不変価格）に占める第三次産業の割合は 30％に達し、史上最高水準となった。その後、第三次産業の年平均成長率は第二次産業よりも相対的に低かったため、不変価格での割合は、その発展から見れば小幅反落しては再び上昇したものの、長期的に見れば 1990 年の水準に達することは一度もなかった。これは決して合理的な現象ではない。経済発展法則からすれば、発展水準の向上に伴い、第三次産業はより良い発展を遂げるはずであるが、さまざまな要因により、その発展は第二次産業の発展に遅れをとっており、これがまさに「新常態」に入った後、第三次産業の発展が相対的に加速する基本的な理由である。

（三）価格変動が産業構造に与える影響

産業構造に関する通常の分析では、構造変化は不変価格ではなく、当年価格で計算されている。構造関係の場合、個々の産業部門の成長だけでなく、その関連も反映しなければならない。しかも現代の経済状況では、その関連は市場における商品の取引を通じて構築され、商品（コモディティ、サービス、生産要素を含む）の価格がそのような取引や部門間の関連の基礎となる。当年価格で計算すると、2014 年の GDP に占める各産業の付加価値の割合は、表 4-7 の 4.6：66.9：28.8 ではなく、9.2：42.6：48.2 となる（表 4-8 参照）。

2014 年の長期成長率が最も高かった第二次産業の付加価値額の割合は、1978 年と比較すると増加するどころか減少している。第一次産業の付加価値額の割合も減少したが、その減少幅は不変価格での結果よりも低かった。一方、第三次産業の付加価値額の割合は上昇し、不変価格での場合よりも約 20 ポイント高くなっている。このような不変価格での結果との違いは、異なる産業部門における価格変動によるものである。直感的には、価格要因が各産業部門に与えた影響（すなわち、2014 年における不変価格と当年価格でのそれぞれの GDP 構成比の差）は、1978 年から 2014 年にかけての期間で、それぞれ 4.8 ポイント、-24.2 ポイント、19.2 ポイントであり、第二次産業が最も影響を受け、第三次産業がそれに続く。また、第一次産業が最も影響を受けていないことがわかる。表 4-7 と表 4-8 のデータを比較すると、高度経済成長の過程ですべての産業部門の一般物価水準は全般的に上昇しているが、年平均成長率が高い産業部門の物価水準は、成長率が低い産業部門のそれよりも上昇率が低い傾向にある。各産業の割合が上昇するかどうかは、産業成長率と物価要因の両方の複合的な影響によって決まることがわかる。第二次産業は改革開放後、最も急成長した産業部門であるが、GDP に占める付加価値額の割合（現行価格）は増加しておらず、むしろ微減している。

表 4-8 各産業の付加価値額および GDP に占める割合 [10]

年分	総額（億元）				GDP 構成比（％）		
	GDP	第一次産業付加価値額	第二次産業付加価値額	第三次産業付加価値額	第一次産業	第二次産業	第三次産業
1978	3 645	1 028	1 745	872	28.2	47.9	23.9
1979	4 063	1 270	1 914	879	31.3	47.1	21.6
1980	4 546	1 372	2 192	982	30.2	48.2	21.6
1981	4 892	1 559	2 256	1 077	31.9	46.1	22.0
1982	5 323	1 777	2 383	1 163	33.4	44.8	21.8
1983	5 963	1 978	2 646	1 338	33.2	44.4	22.4
1984	7 208	2 316	3 106	1 786	32.1	43.1	24.8
1985	9 016	2 564	3 867	2 585	28.4	42.9	28.7
1986	10 275	2 789	4 493	2 994	27.2	43.7	29.1
1987	12 059	3 233	5 252	3 574	26.8	43.6	29.6
1988	15 043	3 865	6 587	4 590	25.7	43.8	30.5
1989	16 992	4 266	7 278	5 448	25.1	42.8	32.1
1990	18 668	5 062	7 717	5 888	27.1	41.3	31.6
1991	21 781	5 342	9 102	7 337	24.5	41.8	33.7
1992	26 923	5 867	11 700	9 357	21.8	43.4	34.8
1993	35 334	6 964	16 454	11 916	19.7	46.6	33.7
1994	48 198	9 573	22 445	16 180	19.8	46.6	33.6
1995	60 794	12 136	28 679	19 978	19.9	47.2	32.9
1996	77 177	14 015	33 835	23 326	19.7	47.5	32.8
1997	78 793	14 442	37 543	26 988	18.3	47.5	34.2
1998	84 402	14 818	39 004	30 580	17.6	46.2	36.2
1999	89 677	14 770	41 034	33 873	16.5	45.8	37.7
2000	99 215	14 945	45 556	38 714	15.1	45.9	39.0
2001	109 655	15 781	49 512	44 362	14.4	45.1	40.5
2002	120 333	16 537	53 897	49 899	13.7	44.8	41.5
2003	135 823	17 382	62 436	56 005	12.8	46.0	41.2
2004	159 878	21 413	73 904	64 561	13.4	46.2	40.4
2005	184 937	22 420	87 598	74 919	12.1	47.4	40.5
2006	216 314	24 040	103 720	88 555	11.1	48.0	40.0
2007	265 810	28 627	125 831	111 352	10.8	47.3	41.9
2008	314 045	33 702	149 003	131 340	10.7	47.5	41.8
2009	340 903	35 226	157 639	148 038	10.3	46.3	43.4
2010	401 513	40 534	187 383	173 596	10.1	46.7	43.2
2011	473 104	47 486	220 413	205 205	10.0	46.6	43.4
2012	519 470	52 374	235 162	231 934	10.1	45.3	44.6
2013	568 845	56 957	249 684	262 204	9.4	43.7	46.9
2014	636 463	58 332	271 392	306 739	9.2	42.6	48.2

GDP および各産業部門の付加価値額数量指数の計算では、商品やサービスの価格が対象期間中に変化していないこと、言い換えれば、期末の商品やサービスの総量が期首（または前期末）の価格で計算されていることが前提であり、指数の計算式は統計学的にラスパイレス式（Laspeyres formula）として知られている。すなわち、

$$\text{GDP Index} = \frac{\sum_i p_0 q_1}{\sum_i p_0 q_0}$$

ここで、p は商品やサービスの価格、q は商品やサービスの量を表し、下付きの添え字 1 は当期末、0 は前期末または当期首を表す。

それに対応し、暗黙の GDP 物価デフレーターの計算式では、期末時点の商品やサービスの量で総合的物価水準の変動を反映するパーシェ式（Paasche formula）が用いられ、以下のように表される。

$$\text{GDP Deflator} = \frac{\sum_i p_1 q_1}{\sum_i p_0 q_1}$$

ラスパイレス式で計算された GDP 指数に、パーシェ式で計算された暗黙の GDP 物価デフレーターを掛けると、当期と前期の GDP 総額の変化という結果が得られる。あるいは、GDP バリュー指数を GDP 指数と GDP 物価デフレーターに分解することができるとも言える。これを式で表すと、

$$\frac{\sum_i p_1 q_1}{\sum_i p_0 q_0} = \frac{\sum_i p_0 q_1}{\sum_i p_0 q_0} \times \frac{\sum_i p_1 q_1}{\sum_i p_0 q_1}$$

上式の等号の右側の第 1 項が GDP 指数、第 2 項が GDP 物価デフレーターである。具体的な計算では、GDP は社会的総生産の増加分のみを反映するため、GDP と付加価値額数量指数は特殊な技術処理を行う必要が

あるものの、その原理は同じである。GDPと各産業部門のバリュー指数を対応する年の数量指数で割ることにより（表4-7参照）、対応する年のGDPと産業別付加価値のデフレーターが得られる（表4-9参照）。

　同様に、五つの期間に分け、各期間における各産業部門と国民経済全体の総合的物価水準の変化を見てみよう（表4-10参照）。

　まず、改革開放以降の長期的な総合的物価水準の変化を見てみよう。1978年から2014年まで、暗黙のGDP物価デフレーターに反映された総合的物価水準の年平均上昇率は5.2％であり、第一次産業の物価上昇率が最も高く、2014年の物価は1978年の11倍以上（年平均上昇率7.0％）であった。第三次産業は第一次産業に次ぎ、2014年の物価は1978年の9.18倍（年平均6.4％上昇）であった。増加幅が最も小さかったのは第二次産業の3.53倍（年平均上昇率はわずか3.6％）であった。第二次産業を基準とした場合、第三次産業の一般物価水準は2倍上昇し、第一次産業は3倍上昇したことになる。各産業部門の物価上昇率をそれぞれの成長率と比較すると、その結論は、二つの構造的な違いの比較から導き出されたこれまでの分析と一致する。すなわち、中国の急成長過程では、長期的な年平均成長率が高いほど相対的な物価上昇幅は小さくなり、逆に成長率が低いほど相対的な物価上昇幅は大きくなるのである。図4-3は、改革開放後の各産業部門のGDP、付加価値の物価デフレーターとCPIの長期推移を可視化したものである。長期的な発展から見れば、GDP物価デフレーターとCPIが最も近接していることがこの図からわかる。期間別に見ると、1990年代まではCPIカーブの傾きがGDP物価デフレーターカーブの傾きを上回っているが、21世紀に入るとGDP物価デフレーターカーブの傾きがCPIカーブを上回り、二つの期間の間で両者が近接していることが見て取れる。これは、改革開放当初は、CPIの上昇幅が国民経済全体の物価水準の上昇幅よりも大きかったが、21世紀に入り、特に2003年以降は、投資の影響で国民経済全体の物価水準の上昇幅がCPIを上回っていることを

第四章　経済成長における産業構造の変化　235

表 4-9　中国の GDP および各産業の付加価値額の物価デフレーターと
　　　　CPI（1978 ～ 2014 年、前年＝ 100）

年	GDP 物価デフレーター	第一次産業付加価値デフレーター	第二次産業付加価値デフレーター	第三次産業付加価値デフレーター	CPI
1979	103.6	116.5	101.3	93.4	102.0
1980	103.8	109.6	100.9	105.4	106.0
1981	102.2	106.3	101.0	99.3	102.4
1982	99.8	102.2	100.1	95.7	101.9
1983	101.0	102.7	100.7	99.9	101.5
1984	105.0	103.7	102.5	111.8	102.8
1985	110.2	108.7	105.0	122.5	109.3
1986	104.8	105.3	105.5	103.4	106.4
1987	105.1	110.7	102.8	104.4	107.3
1988	112.1	116.6	109.6	113.5	118.8
1989	108.5	107.1	106.5	112.7	118.0
1990	105.8	110.6	102.8	105.6	103.1
1991	106.9	103.1	103.6	114.4	103.4
1992	108.2	104.9	106.1	113.4	106.4
1993	115.2	113.4	117.3	113.5	114.7
1994	120.6	132.2	115.3	122.2	124.1
1995	113.7	120.7	112.2	112.4	117.1
1996	106.4	109.9	105.2	106.7	108.3
1997	101.5	99.5	100.4	104.5	102.8
1998	99.1	99.1	95.4	104.6	99.2
1999	98.7	97.0	97.3	101.3	98.6
2000	102.1	98.8	101.5	104.1	100.4
2001	102.0	102.7	100.2	103.9	100.7
2002	100.6	101.8	99.1	101.8	99.2
2003	102.6	102.5	102.8	102.5	101.2
2004	106.9	115.9	106.5	104.7	103.9
2005	103.9	99.5	105.8	103.4	101.8
2006	103.8	102.1	104.4	103.6	101.5
2007	107.7	114.8	105.5	108.4	104.8
2008	107.7	111.7	107.8	106.8	105.9
2009	99.4	100.3	96.2	102.9	99.3
2010	106.6	110.4	105.9	106.7	103.3
2011	107.8	112.4	106.7	108.0	105.4
2012	102.0	105.5	98.9	104.6	102.6
2013	101.7	104.6	98.5	104.4	102.6
2014	100.8	101.3	98.5	102.9	102.0

表 4-10　期間別 GDP 物価デフレーター（1978 ～ 2014 年、前年＝ 100）

	GDP 物価デフレーター	第一次産業付加価値デフレーター	第二次産業付加価値デフレーター	第三次産業付加価値デフレーター
1978 ～ 1984 年の平均デフレーター	102.6	106.7	101.1	100.7
1985 ～ 1991 年の平均デフレーター	107.6	108.8	105.1	110.7
1992 ～ 2002 年の平均デフレーター	106.0	106.8	104.3	107.9
2003 ～ 2011 年の平均デフレーター	105.1	107.6	104.5	105.2
2012 ～ 2014 年の平均デフレーター	101.6	104.1	98.8	104.0
1978 ～ 2014 年の固定基準デフレーター	623.2	1148.3	353.0	918.0
1978 ～ 2014 年の平均デフレーター	105.2	107.0	103.6	106.4

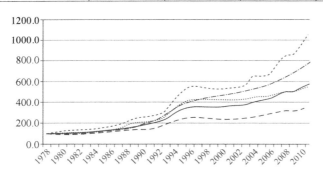

―― GDP 物価デフレーター　--- 第一次産業付加価値デフレーター　-- 第二次産業付加価値デフレーター　-・- 第三次産業付加価値デフレーター　…… CPI

図 4-3　中国の GDP および各産業の付加価値額の物価デフレーターと CPI（1978 ～ 2011 年、1978 年＝ 100）[11]

示している。産業部門別に見ると、第一次産業全体の物価水準は大きく上昇しただけでなく、大きく変動している。第二次産業全体の物価水準はわずかな上昇で安定しており、第三次産業は大きく上昇したが安定している。

次に、五つの異なる期間における物価変動の特徴に注目する。

発展の第一段階（1978 〜 1984 年）では、GDP 物価デフレーターに反映される総合物価水準の年平均上昇率は 2.6％と小さかった。この時期の物価上昇は、主に農産物を中心とする第一次産業におけるものであった。農村における経済システム改革の実施と農産物の価格規制緩和の結果、農産物の価格は年平均 6.7％と比較的大きく上昇した。この時期の農産物価格の年平均上昇率は、その後の三つの時期に比べて最も小さかったが、他の産業との上昇率の差は最も大きかった。この改革は、計画体制下の伝統的な「工業製品と農産物の鋏状価格差」を徐々に消滅させ、商品、特に農産物の価格を市場の需給に反映させた。これにより、農民の生産意欲を引き出し、農業生産の発展を刺激する上で積極的な役割を担った。同時期の第二次産業と第三次産業は引き続き計画体制に支配され、農産物価格の上昇が都市労働者の実質所得に影響を与えないようにするため、政府は国家幹部、企業労働者、都市住民の所得を補助金によって調整した。このような補助金は企業の労働コストを増加させたため、政府はそれに応じて一部の工業製品とサービスの価格を再び調整し、その結果、第二次産業と第三次産業の物価がわずかに上昇した。その年平均上昇率はそれぞれ 1.1％と0.7％である。大きさは小さいものの、数十年間変化しなかった商品価格のパターンに変化が始まったという点で大きな意義があった。

発展の第二段階（1985 〜 1991 年）で、中国は経済システム改革のペースを加速し始めた。この間、国は企業の自主権を拡大する改革試行、企業による流動資金の無償利用の銀行融資への転換、企業の利潤上納における国の税金納付への転換など、多くの改革措置を打ち出した。しかし、最大の改革は価格制度の改革である。すなわち、ほとんどの消費財の価格規制を緩和し、生産手段の価格について試験的な「二重制度」（いわゆる「双軌制」）を導入したのである。これは、商品の価格がその価値をよりよく反映し、今日の言葉で言えば、市場における需要と供給によって均衡価格

が達成されることを期待したものであった。こうした改革は中国の経済成長を促し、第一次産業の成長率は低下したものの、第二次産業、第三次産業の成長率は著しく上昇した。「三段階」発展戦略に従い、年平均成長率7.2％以上の達成を期待していた一方、このような高成長を達成・維持するのは難しく、たゆまぬ努力が必要だとも感じていた。実際、経済システム改革を通じて、この時期の経済成長率は予定目標を上回り、7.6％に達し、第三次産業の成長率は10％を超えた。それにもかかわらず、この時期の商品価格の上昇幅と変動幅は極めて大きく、国民経済全体の物価水準の年平均上昇率は7.6％に達し、改革開放以来最大となった。そのうち、第一次産業の年平均成長率は8.8％、第三次産業は10％以上、第二次産業は5.1％に達した。この改革によってもたらされた各産業部門の価格水準の変化は、一方では、計画体制下の歪んだ価格体系を改善し、市場メカニズムを機能させることによって、第二次産業（特に繊維産業）と第三次産業の急速な発展を促進したが、他方では、労働者とその家族の生活にも影響を与えた。1985年には、第二次産業付加価値デフレーターに反映される物価上昇率が23％を占め、1988年には第三次産業付加価値デフレーターが13％上昇した。今から見れば、経済システムの改革を通じて推進されている中国の近代化と「追いつき、追い越す」というプロセスは、困難なスタートを切ったように思われる。価格システムの改革を通じて経済成長を促進する必要性もあれば、正常な経済秩序に影響を及ぼす過度な価格変動を回避する必要性もあり、そのバランスをとることが難しかったのである。このような状況下では、経済成長の成果がより重要である。なぜなら、より高度な経済成長を達成することによってのみ、発展と改革におけるさまざまな矛盾を解決するための基盤を作ることができるからである。その意味で、この時期の改革と発展は、全体として予定目標が達成されたと言える。

　発展の第三段階（1992 ～ 2002年）では、GDP物価デフレーターに反

映される総合的物価水準の上昇率は前段階に比べて低下し、年平均6.0％の上昇を記録した。そのうち、第一次産業と第二次産業はそれぞれ6.8％、4.3％、第三次産業は7.9％であり、年平均上昇率が比較的大きかった。具体的な動きとしては、この時期、総合的物価水準が急上昇し、1994年をピークに（GDPと各産業部門の付加価値の物価デフレーターがそれぞれ21％、32％、15％、22％にも達し、CPIは24％も上昇した）、その後低下に転じた。1998年になると、政府による一連の規制措置の結果、景気循環そのものも相まって、インフレからデフレに転じ始め、第三次産業付加価値デフレーターを除くすべての物価指数がマイナスに転じ、このデフレ状況は2002年まで続いた。この時期の中国の総合的物価水準と各産業部門の物価変動は、経済体制改革の目標として明示された社会主義市場経済の確立を背景として起こったのである。この目標を念頭に置いて、商品の市場化改革を推し進めただけでなく（消費財と生産手段の価格規制は完全に緩和され、市場価格の商品は全商品の95％以上を占めている）、財産権、労働力、技術、資本などの生産要素の市場化改革も実施し、計画経済体制から市場経済体制への転換をひとまず完了させた。そして、価格が市場における資源配分のシグナル（指標）となり始め、計画体制下の価格が歪んだという現象は効果的に変化した。1998年から2002年にかけて、中国は国有経済の改革や金融システムの改革など、一連の抜本的経済改革を実施したが、いずれも価格システムに劇的な変化をもたらすものではなかった。1980年代初頭から21世紀初頭までの約二十年間の改革を経て、中国では基本的にすべての商品について市場価格が実現された。そこに反映された産業構造は、各産業部門の発展や相互関係をより客観的に反映できるようになったと言うべきであろう。

　発展の第四段階（2003〜2011年）では、中国の物価水準の上昇は前二期に比べてさらに鈍化した。GDP物価デフレーターに反映される年平均上昇率は5.1％であり、しかも変動幅は著しく縮小した。付加価値デフ

レーターにつけ CPI につけ、前二段階のように 10％以上上昇した年はな
かった。前二段階では、市場の物価水準の変動が制度的要因にかなりの程
度影響されていたとすれば、この段階では需給がその役割を果たしたと考
えられる。もちろん、制度的要因が市場価格にまったく影響を与えなかっ
たとは言い切れない。政府が規制する一部のエネルギーやサービスの価格、
および規制する生産要素（土地、鉱物資源など）の価格に関連する商品、
さらに改善が必要な不動産価格の形成メカニズムなどは、依然としてさま
ざまな面で国民経済全体の物価水準の変動に影響を及ぼしている。しかし、
ほとんどの商品やサービスの価格はすでに市場の需給関係を反映しており、
異なる商品やサービス間の価格伝達メカニズムもすでに形成されているた
め、大規模で長期的な価格の歪みは持続しにくくなった。具体的な産業別
では、第一次産業の年平均成長率は 7.6％、第二次産業は 4.5％、第三次産
業は 5.2％であり、これは現在の中国の需給の不均衡の特徴と一致してい
る。この時期、20 世紀末の市場化改革が、中国のマクロ・コントロール
のためのより良いミクロ的基盤を確立したため、金融政策はマクロ・コン
トロールにおいてより大きな役割を果たした。しかし、マクロ経済コント
ロールの重要な目的は、経済成長、インフレ、構造高度化のバランスを推
進することであった。安定的かつ比較的急速な経済成長を維持するため、
マクロ経済コントロール政策は比較的緩和的であり、それが一方では経済
成長を促進し、他方では、量的緩和政策によりマネーサプライが増えたた
め、総合的物価水準の年平均上昇率は、先進的市場経済国でコントロール
されている 2％程度を上回っていた。
　発展の第五段階（2012 ～ 2014 年）では、実際にインフレからデフレへ
の新たな移行期に入り、経済成長は調整期に入った。CPI から見れば、こ
の期間の年平均指数は 102.4％であり、世界金融危機後に実施されたマク
ロ経済刺激政策のあとの期間と比較すると著しく鈍化している。デフレー
ターから見ると、2012 年から 2014 年の GDP 物価デフレーターは 101.6％

であり、改革期間の最初の発展段階より高く、その後の三つの発展段階より低く、しかも CPI の上昇率より大幅に低かった。産業別では、第一次産業付加価値のデフレーターが104.1％と最も高く、第三次産業は104.0％とやや低く、第二次産業はわずか98.8％と最も低かった。価格変動に反映される需給関係の面では、第一次産業と第三次産業は供給が需要に追いつかなかったのに対し、第二次産業は供給が過剰であった。このことは、経済成長の「新常態」の下で、第二次産業の成長率が低下している一方で、第三次産業が比較的急速な成長を続けている理由を説明している。長い目で見れば、これは経済発展の水準がある程度高まった結果であり、短い目で見れば、市場における需給の変化を反映したものである。

（四）まとめ

　産業構造の高度化の度合いは、各産業部門の割合と比例関係を示す指標であり、大きな発展途上国の場合、経済発展の段階を反映するものでもある。このような発展は、資源配分の継続的な最適化と経済効率の継続的な改善に基づいて行われるべきである。経済成長の論理に反する手段によって経済発展の客観的制約を超えたり、資源配分の効率を犠牲にした上で、いわゆる産業構造の高度化を推進してはならない。改革開放以前、中国は計画体制の下で、農業、農民、農村の利益を犠牲にして「工業化」のプロセスを推進し、1978 年までに第二次産業の付加価値は GDP の47.9％にも達し（表 4-11 参照）、50％に接近した。計画経済の道をたどり続けていけば、わずか三～五年で第二次産業の割合が50％を突破できたであろうが、そのような「工業化」は、経済発展が遅々として進まないこと、長期的に人々の生活水準を向上させることができないこと、そして生産性が低いことを前提に達成されたものであり、その時点ですでに終焉を迎えていた。そのような背景から、各産業部門の割合が反映するものは、偽の産業高度化の度合いと考えるべきである。

第 11 期中央委員会第三回全体会議後、まず農村の経済体制改革を推進することにより、第一次産業がかつてない発展を遂げ、特に農業労働生産性が著しく向上し、農村市場が活性化し、農産物の価格がある程度その価値に戻ったことと相まって、GDP に占める第一次産業の付加価値の割合が著しく上昇し、都市と農村の住民の生活水準が顕著に改善された。この時期の産業構造は、国民経済における農業の割合の上昇と工業の割合の低下に反映されているように、逆方向の発展を示したが、第一次産業の割合は 1982 年に最高水準（33.4％）まで増加した。一方、第二次産業の割合は著しく減少し（44.8％、1990 年にはさらに 41.3％）、第三次産業の割合もある程度減少した。改革開放の初期におけるこうした反工業化のプロセスは、実際には、改革開放以前の計画経済体制における「工業化」の否定であった。産業構造の高度化の度合いは、本質的に生産性の測定に落ち着かなければならない。ある国や地域の産業構造が効率的であると言えるのは、その国や地域でより生産性の高い産業が占める割合が大きく、かつ急速に成長している場合に限られる。産業構造転換の方法は、基本的に市場主導型と政府主導型の二つのタイプに分けられる。後進途上国にとって、産業構造の高度化を達成するカギは、市場化改革を推し進めると同時に、市場主導型と政府主導型の有機的結合で産業構造転換を一体化させる方法を考えることにある。伝統的な計画経済から社会主義市場経済への移行期にある中国にとって、産業構造の高度化を推進するカギは、市場メカニズ

表 4-11　改革開放後の主要年における各産業付加価値の GDP に占める割合（％）[12]

年	第一次産業	第二次産業	第三次産業
1978	28.2	47.9	23.9
1984	32.1	43.1	24.8
1991	24.5	41.8	33.7
2002	13.7	44..8	41.5
2011	10.0	46.6	43.3
2014	9.2	42.6	48.2

ムの競争市場への徹底的な改革と改善の上で、政府の志向や介入が市場メカニズムを通じて産業構造の発展目標を達成することにある。言い換えれば、市場メカニズムと政府の介入の有機的結合によってのみ、産業構造に量的・質的変化をもたらし、真の意味での経済発展を実現することができるのである。

改革開放後、中国の産業構造はまず調整過程を経て、その後、継続的に高度化し始めた。直接的な影響要因という点では、この構造の高度化は産業成長と価格変動の両方から影響を受けている。これは、移行プロセスにおける中国の効率改善、経済システムの改革、政府主導のマクロ・コントロールを反映しており、これにより市場経済が資源配分において積極的な役割を果たすようになったため、経済規模の急速な拡大と産業構造の継続的高度化が促進されたのである。21世紀に入っても似たような状況が生じており、世界の製造業の新たな中心地として徐々に台頭するにつれ、第二次産業の成長が再び加速し、成長率は再び第三次産業を上回った。表4-11に示すように、2002年から2011年にかけての期間中、第二次産業と第三次産業の割合の上昇率は同率（ともに1.8ポイント）であったが、第三次産業の割合は成長率よりも価格変動によって上昇しており、しかも改革開放後の上昇率はそれ以前の時期よりも低くなっている。しかし、これは中国の産業構造の高度化が減速傾向にあることを意味するものではなく、この時期における特定の発展条件と影響要因によって決まるからである。例えば、工業化の加速化、都市化、グローバリゼーション戦略の下での輸出指向型経済の発展はすべて、この時期の経済成長において第二次産業の発展が支配することを決定づけた。この意味で、発展途上国は近代化の過程で、第一次産業の割合が低下し、第二次産業の割合が増加し、次いで第三次産業の割合が増加し、第二次産業の割合が低下することになるが、各国の出発点の違いや、特定の時期における発展条件の違いから、発展の過程で繰り返しが生じる可能性がある。そのような繰り返しは、客観的な

ニーズに適合していれば、逆に長期的な経済成長に資することとなる。

　時期別に見ると、経済成長の第一段階では、農村経済システム改革の結果、GDP に占める第一次産業の割合が 28.2％から 32.1％へと 4 ポイント近く上昇した。第二段階に入った後、中国の経済改革の中心は農村部から都市部へと移り、農業中心の第一次産業は落ち着いた発展段階に入った。第二段階から、第一次産業は年平均成長率と物価上昇率の両方が低下した結果、GDP に占める割合も低下した。第二次産業の割合は、改革開放初期の 47.9％から、段階末の 41.8％へと 6.1 ポイント低下し、緩やかな低下と上昇を繰り返した。これは、改革開放以前の計画経済のもとで、社会のニーズを無視した一方的な産業発展の追求による不均衡が是正された結果である。第三段階から、第二次産業の成長は加速し始め、物価の上昇率は他の産業よりも低かったものの、成長率が高かったため、その割合は継続的に上昇した。この時期は、中国における全面的市場化改革の時期であり、第二次産業の割合が再び上昇した時期でもあった。これは、市場化改革の後、第二次産業、特に製造業が十分な調整を経て、再び上昇傾向に転じたことを示している。後期に始まった重工業の発展に代表される「工業化」の加速過程では、商品の市場化改革の結果、資源配分において価格シグナルが支配的な役割を果たすようになり、産業構造の変化と高度化は、改革開放以前の「水増しの産業高度」を基本的に是正した。第四段階では、第一次産業の割合は引き続き低下したが、その減少率は第二段階、第三段階よりも顕著に緩やかであった。一方、第二次産業と第三次産業の割合の上昇率は接近している。第五段階では、工業化プロセスと産業構造の高度化が新たな発展段階に入った。工業化プロセスでは、工業化の後期段階に入り、産業構造では、近代国家の産業構造パターンが出現した（第三次産業の割合が最も大きく、第二次産業がそれに次ぎ、第一次産業が最も小さい）。この点から見ると、中国の近代化プロセスは発展の最終段階に入ったと言えよう。

第四章　経済成長における産業構造の変化　　245

　前節の図 4-2 から、改革開放後の中国の産業構造の変化の長期的なトレンドが見て取れる。改革開放後、第一次産業の割合は上昇しては低下し、第二次産業の割合は低下しては上昇し、第三次産業の割合だけが上昇の一途をたどっている。長期的な発展から見れば、2003 年以降十年近く工業化が加速してきた中国の経済成長には、第二次産業の割合の低下と第三次産業の割合の上昇がより明確に反映されると見られる。

第二節　産業構造の変化に関する国際比較

　先述したように、ある経済統合体の産業構造の分布と変化は、その経済発展水準と関連しており、その重要な指標は、国内総生産に占める第三次産業の割合である。一般的に言うと、経済発展水準が高ければ高いほど、国民経済に占める第三次産業の割合は高くなる。現状では、主要先進国における第三次産業の割合は 70％以上に達している。なぜなら、第一の理由は、分業化、専門化、大規模化が進む中で、天然物や製造品の加工（いわゆる第二次産業）は、企業の効率性を高めるために、サービス部門からの技術的・サービス的支援をますます必要とするようになり、第一次産業と第二次産業の生産プロセス、納品プロセスは、これらのサービスへのアクセスによって、第三次産業の付加価値を生み出すからである。第二の理由は、開放経済の条件下では、先進国は国際分業における優位性（資金、技術、経営上の優位性など）をより活用し、低レベルの産業（労働集約型産業など）を発展途上国に移転することができると同時に、近代的なサービス部門の発展を通じてサービスをグローバルに提供し、高付加価値の製品やサービスを発展途上国の低付加価値製品と交換することで所得水準を引き上げることができるからである。第三の理由は、先進国が海外から得た利益は、部門間のサービスを通じて国内に再分配される必要があるため、労働コストとサービス価格の上昇に反映され、サービス部門の付加価値の

割合の上昇につながるからである。

一、米国の産業構造の変化

　表 4-12 は、2000 年から 2010 年までの米国の付加価値構造を比較したものであり、その産業構造における二つの主な特徴を反映している。それは、第三次産業の割合が極めて高く、2010 年には約 80％に達していることと、第一次産業の割合が非常に低く、わずか約 1％にしかすぎないことである。中国の産業構造の特徴は、第二次産業の割合が最も高く、第一次産業が最も低いものではあるが、米国の数値をはるかに上回っている。動的に見ると、中国における第二次産業の割合は依然として増加しており、第一次産業の割合は急速に低下しているが、第三次産業の発展は比較的遅れている。このことは、経済発展の段階と産業構造高度化の度合いにおいて、米中の間に大きな違いがあることを示唆している。米国の産業構造とその変化は、ポスト工業化期の先進国の特徴を明確に反映しているのに対し、中国の産業構造とその変化は、追いつきの過程にある発展途上国の新興工業化の特徴を顕著に反映している。両国の産業構造とその変化を比較すると、一方では中国の経済発展水準が依然として相対的に低いことがわかるが、他方では、中国が引き続き急速な経済成長期にあり、発展の大きな可能性を秘めていることもわかる。表 4-12 からわかるように、米国の第一次産業の割合は 2000 年には約 1％であり、十年以上もの間、基本的に横ばいで推移している。産業構造の変化は主に第二次産業の割合の低下と第三次産業の割合の上昇に反映されている。過去十年ほどの間に第二次産業の割合が 3.1 ポイント低下（21.7％から 18.6％へ）した一方、第三次産業の割合は 77.2％から 80.4％へと 3.2 ポイント上昇している。これは、世界有数の二大経済大国として、モノの輸出入の不均衡が徐々に拡大している理由をある程度説明できる。すなわち、中国の製造業規模が急速に拡大する一方で、米国の製造業規模は縮小しつつあり、これは、貿易における両国間に存在

する問題だけでなく、産業における長期的な構造変化の結果でもある。米国の場合、第二次産業の割合が低下し、第三次産業の割合が上昇したことが、かえって雇用改善にはマイナス要因となっていた。こうした先進国にとって、製造業ひいては第二次産業全体の競争力をいかに高め、雇用吸収力を向上させるかは、むしろ研究すべき課題である。

　欧米の主要先進国では、ドイツの第二次産業の割合が他国より高く、一部の先進国では第一次産業の割合が米国よりも低いなど、各国の産業構造には一定の違いがある。しかし、全体として見れば、第一次産業の割合が5％未満、第二次産業の割合が20〜30％、第三次産業の割合が約70％と、発展の傾向は似ていると言える。

　表4-13は、近年の米国における雇用構造の変化を示すものである。

表 4-12　米国における付加価値構造の変化（2000〜2010 年）[13]　（%）

年	2000	2002	2004	2006	2008	2010
GDP	100	100	100	100	100	100
農業、林業、漁業、狩猟業	1.0	0.9	1.2	0.9	1.1	1.1
第一次産業合計	1.0	0.9	1.2	0.9	1.1	1.1
鉱業	1.1	1.0	1.3	1.7	2.2	1.6
公共事業	1.7	1.7	1.8	1.8	1.8	1.8
建設業	4.7	4.6	4.7	4.9	4.3	3.5
製造業	14.2	12.7	12.5	12.3	11.4	11.7
第二次産業合計	21.7	20.0	20.3	20.7	19.7	18.6
卸売業	6.2	5.8	5.8	5.8	5.8	5.5
小売業	6.9	6.9	6.7	6.5	5.9	6.1
運輸・倉庫業	3.0	2.8	2.9	2.9	2.9	2.8
情報通信業	4.2	4.7	4.7	4.4	4.5	4.3
金融業、保険業、不動産業、物品賃貸業	20.1	20.9	20.3	20.7	20.4	20.7
プロフェッショナルサービス、ビジネスサービス	11.2	11.3	11.4	11.7	12.5	12.3
教育、医療、社会福祉	6.8	7.4	7.6	7.6	8.1	8.8
芸術、娯楽、飲食サービス	3.8	3.9	3.9	3.8	3.8	3.8
サービス業（政府以外のもの）	2.8	2.7	2.5	2.5	2.4	2.5
公共サービス	12.2	12.7	12.7	12.5	13.0	13.6
第三次産業合計	77.2	79.1	78.5	78.4	79.3	80.4

2000 年には、第一次産業の雇用者数は 133 万人にまで減少し、その割合は付加価値の割合と同様に 1％にまで低下していた。過去十年間、第一次産業の雇用者数は減少が続き、2010 年には 2000 年比で 6 万人減少したが、その割合に大きな変化はなかった。大きな変化が続いているのは、やはり第二次産業と第三次産業である。第二次産業における雇用者数の割合は、2000 年の 18.4％から 2010 年の 13.6％へと 4.8 ポイント減少した（付加価値の割合の減少よりも大きかった）一方、第三次産業における雇用者数の割合は 4.8 ポイント増加した。米国については、短期的に第二次産業の割合が急速に低下したことが、その雇用に悪影響を及ぼし始めている。2000 年から 2010 年の間に、第三次産業は 552 万人の雇用が増加したにもかかわらず、第二次産業は 680 万人（うち製造業は 576 万人）の雇用が減少し、これが米国の雇用減少につながった。経済活動人口がほぼ横ばいであった場合、このような構造変化が、実際の失業率の上昇の重要な理由となる。このことは、米国の景気後退が金融部門の問題だけに起因するわけではなく、産業構造の発展の不均衡が経済成長に大きな影響を及ぼしていることもある程度示唆している。これも一方で、経済発展は通常、第三次産業の割合（付加価値と雇用の両方）の増加を伴うことを示唆し、他方で、製造業ひいては第二次産業全体があまりに急速に海外に移転すると、経済成長と雇用に悪影響を及ぼす可能性が高いことを示唆している。

二、日本の産業構造の変化

　日本は第二次世界大戦後、初めて高度経済成長を遂げた国であり、1950年代半ばから 1970 年代半ばまで、二十年以上にわたって高度経済成長を続け、先進国へと発展した。日本は 19 世紀の明治維新以降、欧米列強への追いつきを開始し、対外侵略を通じて国際的な影響力を拡大したが、産業構造の面では 1950 年代まで工業国とは呼べなかった。表 4-14 からわかるように、1950 年の日本の各産業部門の雇用構造は 48.5：21.8：29.6 で

第四章　経済成長における産業構造の変化　249

表 4-13　米国の産業別雇用者数と構成（2000 ～ 2010 年）[14]

	年	2000	2002	2004	2006	2008	2010
雇用者数（万人）	総雇用者数	13 769	13 658	13 781	14 224	14 328	13 634
	農業、林業、漁業、狩猟業	133	128	124	130	125	127
	第一次産業合計	133	128	124	130	125	127
	鉱業	52	51	52	62	72	65
	公共事業	60	59	56	55	56	55
	建設業	688	699	728	795	744	577
	製造業	1 729	1 527	1 431	1 417	1 343	1 153
	第二次産業合計	2 530	2 336	2 267	2 328	2 214	1 850
	卸売業	578	567	569	594	602	552
	小売業	1 548	1 522	1 528	1 561	1 554	1 474
	運輸・倉庫業	446	429	432	451	456	423
	情報通信業	362	336	311	305	300	272
	金融業、保険業、不動産業、物品賃貸業	786	796	814	843	822	774
	プロフェッショナルサービス、ビジネスサービス	1 673	1 611	1 649	1 762	1 796	1 697
	教育、医療、社会福祉	1 547	1 637	1 718	1 802	1 905	1 975
	芸術、娯楽、飲食サービス	1 183	1217	1267	1322	1358	1321
	サービス業（政府以外のもの）	673	689	698	697	710	674
	公共サービス	2 309	2 390	2 405	2 430	2 487	2 497
	第三次産業合計	11 106	11 194	11 391	11 767	11 989	11 658
雇用構成（％）	総雇用者数	100	100	100	100	100	100
	農業、林業、漁業、狩猟業	1.0	0.9	0.9	0.9	0.9	0.9
	第一次産業合計	1.0	0.9	0.9	0.9	0.9	0.9
	鉱業	0.4	0.4	0.4	0.4	0.5	0.5
	公共事業	0.4	0.4	0.4	0.4	0.4	0.4
	建設業	5.0	5.1	5.3	5.6	5.2	4.2
	製造業	12.6	11.2	10.4	10.0	9.4	8.5
	第二次産業合計	18.4	17.1	16.4	16.4	15.5	13.6
	卸売業	4.2	4.1	4.1	4.2	4.2	4.0
	小売業	11.2	11.1	11.1	11.0	10.8	10.8
	運輸・倉庫業	3.2	3.1	3.1	3.2	3.2	3.1
	情報通信業	2.6	2.5	2.3	2.1	2.1	2.0
	金融業、保険業、不動産業、物品賃貸業	5.7	5.8	5.9	5.9	5.7	5.7
	プロフェッショナルサービス、ビジネスサービス	12.1	11.8	12.0	12.4	12.5	12.4
	教育、医療、社会福祉	11.2	12.0	12.5	12.7	13.3	14.5
	芸術、娯楽、飲食サービス	8.6	8.9	9.2	9.3	9.5	9.7
	サービス業（政府以外のもの）	4.9	5.0	4.1	4.9	5.0	4.9
	公共サービス	16.8	17.5	17.5	17.1	17.4	18.3
	第三次産業合計	80.7	82.0	82.7	82.7	83.7	85.5

あったのに対し、中国のそれは 1998 年には 49.8：23.5：26.7、2003 年には 49.1：21.6：29.3 となっていた。すなわち第二次世界大戦後の日本の経済のスタートの初期段階の雇用構造は、20 世紀と 21 世紀の変わり目における中国の雇用構造に極めて近かったのである。付加価値の構造を見ると、1955 年の日本の各産業部門の付加価値構造は 19.2：33.7：47.0 であったのに対し、1993 年の中国は 19.7：46.6：33.7、1997 年は 18.3：47.5：34.2 であった。すなわち、GDP に占める第一次産業の付加価値の割合から見ると、1950 年代半ばの日本の付加価値構造は 1990 年代半ばの中国の付加価値構造に近かったのである。しかし、第三次産業の付加価値が GDP に占める割合で見ると、中国の発展は遅れており、2014 年時点では 1950 ～ 60 年代の日本の水準に匹敵する 48.2％にしか達していなかった。その重要な理由の一つは、計画経済から市場経済への移行前の国民経済全体の発展において、市場メカニズムが果たした役割が限定的であったことである。日本のような市場経済国における工業化・近代化の過程では、工業化は市場の発達程度が高いという条件に基づかなければ実現することができない。

表4-14　日本の産業別の雇用と付加価値の構造（1950 ～ 2010 年）[15]（％）

年	雇用構成			付加価値構成		
	第一次産業	第二次産業	第三次産業	第一次産業	第二次産業	第三次産業
1950	48.5	21.8	29.6	―	―	―
1955	41.1	23.4	35.5	19.2	33.7	47.0
1960	32.7	29.1	38.2	12.8	40.8	46.4
1965	24.7	31.5	43.7	9.5	40.1	50.3
1970	19.3	34.0	46.6	5.9	43.1	50.9
1975	13.8	34.1	51.8	5.3	38.8	55.9
1980	10.9	33.6	55.4	3.5	36.2	60.3
1985	9.3	33.1	57.3	3.0	34.9	62.0
1990	7.1	33.3	59.0	2.4	35.4	62.2
1995	6.0	31.3	62.7	1.8	30.4	67.8
2000	5.2	29.5	65.3	1.7	28.5	69.8
2005	4.9	26.3	68.6	1.2	25.8	73.0
2010	4.2	25.2	70.6	1.2	25.2	73.6

言い換えれば、市場化の発展が工業化に先行しなければならず、そのような市場化の特徴の一つが商業と第三次産業の発展であった。中国の工業化の初期では、経済資源は主に政府によって配分されており（現在でも、経済活動への中国政府の直接関与の度合いは、市場経済国に比べてはるかに高い）、市場化のレベルが低ければ、第三次産業の発展も当然遅れる。改革開放後、中国は経済の近代化と市場化を進め、第三次産業の発展に率先して取り組んだが、その後、高成長を追求するため、工業および第二次産業全体に重点が置かれるようになった。それ故、第三次産業の発展は全体として遅れているのである。

　構造全体、特に雇用と付加価値の構造における第一次産業の位置づけで比較すると、1950年代初めから半ばにかけての日本の産業構造と経済発展は、1990年代後半の市場化改革前後の中国とほぼ同様であり、今日の基準からすれば、当時の日本は発展途上国に分類されるべきである。そのため、第二次世界大戦後の日本の経済発展の歴史は、経済発展水準の高い発展途上国から先進国への移行の典型的な例とみなすことができる。その発展のプロセスにおいて、産業構造の変化はまず付加価値構造の変化に反映される。第一次産業の割合は徐々に低下し、労働力構造も同様の変化を遂げるが、労働力構造の変化は付加価値構造の変化に遅れをとり、付加価値構造の変化が落ち着くと、平均利潤の法則により、雇用構造は変化し続けていく。すなわち、一人当たりの所得が低い産業部門の労働力は所得の高い産業部門に移動し続け、最終的に、各産業部門の一人当たりの所得水準が近いという条件の下で、その雇用構造は産業構造に収束するのである。これは、先進国における産業構造の変化によく見られるパターンである。

　日本の高度経済成長も、市場化改革と輸出型経済の発展の中で達成されたものである。この点は日本と同様、中国においても飛躍的な経済成長の実現と高度経済成長の持続における制度革新の重要性を示している。1950年から1980年にかけての期間は、日本の経済発展の最良の時期であった。

高度経済成長を達成する一方で、付加価値構造と雇用構造は大きく変化し、GDP に占める第一次産業の付加価値の割合は 20％以上から 5％を下回り、雇用の割合は 1950 年の 48.5％から 1980 年には 10.9％に低下した。このことは、経済成長が単に規模の変化ではなく、産業構造の高度化を必然的に伴うこと、あるいはむしろ、産業構造の高度化が長期的な経済成長を達成するための必須条件であることをさらに示している。

　1970 年代初頭の石油危機の影響と、1980 年代のプラザ合意調印後の円高の結果、日本の経済成長は黄金期を終える。1980 年から現在までの三十年間で、日本経済はポスト工業化時代を迎え、経済成長率の著しい低下、特に 2000 年から 2010 年までの期間では、年平均成長率わずか 0.7％と、低成長段階に入った。しかし、表 4-14 からわかるように、日本の産業構造は変化を続けている。第一次産業の付加価値額の割合は 1.2％まで低下して米国の水準に近づき、第二次産業はすでに 30％を割り込んで 25.2％まで低下し、第三次産業は 73.6％まで上昇している。雇用構造の変化も同様であり、第一次産業における雇用の割合は 10.9％から 4.2％に低下し、第二次産業は約 25％に低下、第三次産業は 70％以上に達し、先進国の典型的な産業構造パターンを示している。ただし、日本の経済成長は、製造業と輸出によって駆動される一方、米国の経済成長は金融、ハイテク、文化産業によって駆動されるという大きな違いがある。日本の産業構造の高度化は、近代的サービスそれ自体の発展や輸出を通じてというよりも、サービス部門における製品の付加価値の増大（より端的に言えば、消費者がより高いコストまたは価格でサービスを購入しなければならない）という形で行われてきた。したがって、日本の産業構造の高度化は、高い労働コスト、高いサービスコスト、高い物価を伴い、日本製品の競争力に明らかな影響を及ぼし、過去三十年間の成長鈍化における重要な原因ともなった。

三、中国と世界各国の比較

三十年以上にわたる急速な経済成長を経て、中国の産業構造は大幅に高度化したが（表4-15参照）、付加価値構造、雇用構造、あるいは両者の関係という点で、先進国との間には依然として大きな差がある。

まず、第一次産業を見ると、付加価値の割合は2010年には10％程度まで低下しているが、雇用の割合は依然として30％を超えている。この点から比較すると、中国の産業構造は、1963年頃の日本の水準とほぼ同等であり、工業化の過程にある国にとって最もダイナミックな段階となる。次に、第三次産業の発展については、近年、その付加価値と雇用の割合は第二次産業を上回っているものの、全体の7割以上を占める先進国とは、付加価値の割合にしても雇用の割合にしても、依然として相当な開きがあった。最後に、第二次産業については、2014年の付加価値額の割合は42.6％であり、日本や米国よりも明らかに高い。具体的には日本よりも約20ポイント、米国よりも30ポイント近く高かった。中国の第二次産業の規模は、日本よりもはるかに大きく、米国のそれを上回ることさえある[16]。これは経済発展の利点であり、大規模な商品生産と輸出を通じて、世界の商品市場における競争において比較優位を保つことができる。しかし、第二次産業における雇用者数は日本や米国をはるかに上回り、雇用に

表4-15　中国の産業別の付加価値と雇用の割合の変化（1978 ～ 2014 年）（%）

年	付加価値構成			雇用構成		
	第一次産業	第二次産業	第三次産業	第一次産業	第二次産業	第三次産業
1978	28.2	47.9	23.9	70.5	17.3	12.2
1980	30.2	48.2	21.6	68.7	18.2	13.1
1985	28.4	42.9	28.7	62.4	20.8	16.8
1990	27.1	41.3	31.6	60.1	21.4	18.5
1995	19.9	47.2	32.9	52.2	23.0	24.8
2000	15.1	45.9	39.0	50.0	22.5	27.5
2005	12.1	47.4	40.5	44.8	23.8	31.4
2010	10.1	46.8	43.1	36.7	28.7	34.6
2014	9.2	42.6	48.2	—	—	—

占める割合も大きかった（2010年時点で28.7％）ため、その平均付加価値や労働生産性と先進国のそれとの間には依然として大きな開きがあった。

　日本の経験から言えば、高度経済成長期は産業構造が大きく変化する時期でもある。当然のことながら、中国の資源、歴史的・世界的状況、経済発展は日本とは大きく異なる。例えば日本が近代化の過程で、世界市場の低価格の原油資源を活用してきたのに対し、中国は主に自国のエネルギー生産によって急速な経済成長を支えてきた。これは、中国が鉱業を発展させた結果、第二次産業の割合が上昇した可能性があるという点で、産業構造に現れている。しかし、他の国と比べた場合、同じ東洋の国である日本とは経済成長という点で似ており、ただ近代化プロセスにおいて日本が一歩先を行っていたに過ぎない。したがって、付加価値構造や雇用構造を含む産業構造の変化や高度化を含む中国の産業構造の進化は、日本と類似する進化プロセスを経ることになり、それも韓国などのより大きな新興経済国が辿った道と同じである。シンガポールのような、モノカルチャー経済の小規模エコノミーは、発達した輸出指向型経済といった都市経済が特徴であり、産業構造は世界市場における自国製品の需要によって決定されるため、産業構造の変化や高度化は典型的なものとは言い切れない。

（一）付加価値構造

　2003年以降の工業化の加速に伴い、中国の第二次産業は発展の全盛期を迎えたが、引き続き比較的急速な成長ペースを維持することが可能である。構造的には、第二次産業は拡大の中後期段階に入った。短期的には労働集約型製造業が優位に立つ可能性があるため、雇用者の割合は上昇する可能性があるが、それほど高くはない。しかし、長期的発展から見れば、大規模な資本集約型企業や技術集約型企業に道を譲ることになり、第一次産業でより多くの労働力を吸収する役割は、主に第三次産業が果たすべきである。表4-14のデータとの比較からわかるように、中国の第二次産業

の付加価値額の割合は、第二次世界大戦後のどの発展期においても、日本のそれを上回っている。日本の高度経済成長の過程でも、第二次産業が急速に発展した時期があったが、それは第三次産業の拡大も伴っていた。比較してみると、中国の第三次産業の発展は遅れている。経済発展の新時期にその発展が大幅に改善され、全体的な技術進歩と経済発展モードの転換につながらない場合、第二次産業の発展も鈍化する恐れがある。

　表 4-16 は、2010 年の世界のいくつかの国と地域における各産業の付加価値額の割合を示すものである。表からわかるように、世界経済の発展に伴い、世界の産業構造の一般的な水準は、以前よりも大幅に上昇している。第一次産業の付加価値額の占める割合は、高所得国では 2％未満、中所得国および中低所得国では 10％前後にまで低下した。2010 年の中国の一人当たりの国民所得（4,940 米ドル）は、世界銀行が定める中所得国の基準（一人当たり 4,200 米ドル）をわずかに上回っており、第一次産業の占める付加価値額の割合が約 10％であったことは理に適っている。なお、中国は大豆などの個別品目を除き、食糧やほかの食料品などは基本的に国内生産に依存しており、さらに農村には第一次産業の労働者が多数暮らしているため、こうした背景から、その付加価値額の割合は今後も長期的に10％前後で安定すると考えられる。

　第二次産業の付加価値額の割合に目を向けると、2010 年には高所得国で約 25％、中所得国で 34.3％であったが、中国は 44.6％に達し[17]、表4-16 を見ると、第二次産業の割合がこれほど高かったのは、中低所得国である東アジア・太平洋諸国だけであった。このことは、中国の一人当たり国民総所得（GNI）が中所得国の平均を超えたとはいえ、その産業構造は世界銀行が発表した中低所得国のそれに類似したことを示唆している。表4-16 に挙げた具体的な国・地域は、ほとんどが世界の経済規模の大きなエコノミーであり、そのうちイラン、インドネシア、タイ、カザフスタン、マレーシア、中国の 6 カ国が、第二次産業付加価値額の割合が 40％以上

であることがわかった。これらの国に共通する特徴は、いずれも発展途上
国であり、経済がダイナミックであることである。

表4-16の国々は、GDPに占める第一次産業の割合が低い国から高い国
へとランク付けされている。このランキングは、特定国・地域の経済発展
レベルのランキングと相関関係があることがわかる。すなわち、より高度
な産業構造（第一次産業の占める割合が低い）を持つ国ほど、一般的に発
展レベルが高いということである。例えばロシアの場合、ソ連崩壊後は経
済成長が停滞し、今や経済総量は中国に抜かれた。しかし、早くも1930
年代に工業化のプロセスを推進し始め、ソ連が崩壊した時点で、ロシアの
経済発展レベルはすでに一定の高度に達しており、一人当たりの所得水準
や産業構造の面では、中国をリードしていることを見過ごしてはならない。
現時点において、ロシアでは、第一次産業の付加価値額の割合は5％未満
に低下し、第二次産業の付加価値額の割合は35％を下回る一方、第三次
産業の付加価値額の割合は60％を超えている。メキシコの状況も似てい
る。中国の産業構造の高度については、CIS諸国やラテンアメリカの中所
得国に立ち遅れているが、アジア、アフリカ、ラテンアメリカの発展途上
国よりは進んでいる。中国国内には、不均等な発展により、各地域の経済
発展の水準と構造は大きく異なっており、一部の先進地域は世界でも高い
経済発展水準に達しているが、他の多くの地域はアジア、アフリカ、ラテ
ンアメリカの発展途上国に近い段階にある。経済発展の不均衡を是正する
ことは、中国にとって経済発展の次の段階における重要な課題となってい
る。

（二）雇用構造

過去十年間、工業化を加速させるプロセスで多大な進歩を遂げた中国は、
雇用の促進においても大きな成果を上げてきた。農業人口の非農業への移
動と農村労働力の都市部への移動には、経済成長によって多くの雇用がも

第四章 経済成長における産業構造の変化　257

表 4-16　世界の特定国・地域における各産業の付加価値額割合 (2010 年) (%)

	第一次産業	第二次産業	第三次産業
高所得国	1.5	25.1	73.4
OECD 加盟高所得国	1.5	24.9	73.6
OECD 非加盟高所得国	1.4	31.1	67.5
中所得国	9.7	34.3	55.9
上位中所得国	7.8	35.3	57.0
下位中所得国	15.5	31.3	52.8
中低所得国	10.0	34.1	55.8
東アジア・太平洋地域	10.7	44.0	44.9
ヨーロッパ・中央アジア	7.4	30.2	62.4
ラテンアメリカ・カリブ海地域	6.4	29.8	63.8
中東・北アフリカ地域	11.6	40.6	47.9
南アジア	17.0	27.9	55.2
サブサハラ・アフリカ	13.1	29.6	57.3
低所得国	25.7	24.4	49.9
後発開発途上国 (国連分類による)	25.3	27.1	47.6
重債務貧困国	27.0	25.9	47.1
英国	0.7	21.1	78.2
ドイツ	0.8	26.5	72.7
米国	1.2	21.4	77.4
日本	1.5	28.0	70.5
オランダ	1.7	23.9	74.4
フランス	1.8	19.0	79.2
イタリア	1.8	25.1	73.1
チェコ	2.3	37.2	60.5
オーストラリア	2.5	29.1	68.4
韓国	2.6	36.4	61.0
スペイン	2.6	26.1	71.3
南アフリカ	3.0	31.3	65.7
ポーランド	3.6	30.2	66.2
メキシコ	4.1	34.8	61.1
ロシア連邦	4.7	32.8	62.5
カザフスタン	5.4	42.4	52.2
ブラジル	6.0	26.0	68.0
ウクライナ	8.1	29.0	62.8
アルゼンチン	9.4	30.2	60.4
中国	9.5	44.6	45.9
マレーシア	9.5	44.3	46.2
トルコ	9.8	28.0	62.2
イラン	10.1	44.9	45.0

エジプト	10.1	29.0	60.9
フィリピン	12.3	32.6	55.1
タイ	12.4	44.7	42.9
スリランカ	13.6	26.9	59.5
インドネシア	15.9	48.8	35.3
インド	16.2	28.4	55.4
モンゴル	18.1	36.8	45.1
バングラデシュ	18.8	28.5	52.6
ベトナム	19.8	39.6	38.9
パキスタン	21.8	23.6	54.6
ラオス	31.3	31.8	36.9
カンボジア	35.3	22.6	42.0

注：データの出所は世界銀行 WDI データベース、中国国家統計局『国際統計年鑑 2011 版』
を参照。国や地域によっては 2009 年や 2008 年のデータもあるが（『国際統計年鑑 2011 版』
の関連注釈を参照）、産業構造は比較的安定しているため、各国相互間の産業構造の水平
比較には影響しない。

たらされる必要がある。そうでなければ、これまでの雇用圧力は解消され
ないまま、新たに巨大な雇用圧力に直面することとなってしまう。中国は
世界有数の人口大国であり、農業の近代化によって多くの農業労働者が土
地から解放されたため、非農業雇用の増加がますます重要な経済発展目標
となっている。この点で、中国と先進国との間には大きな違いがある。そ
れらの国や地域では、産業構造や雇用構造が比較的安定しており、雇用問
題を解決するためには、労働者の雇用問題をストックベース、あるいは相
対静的ベースで解決、言い換えれば、雇用失業問題を解決することがカギ
となる。しかしながら、中国の都市部の登録失業率は比較的安定しており、
より重要な課題は、雇用問題をフローまたはダイナミクスの観点から解決
することである。したがって、中国の現状では、雇用問題の焦点は失業よ
りもむしろ雇用であり、これは中国経済が一定の成長率を維持しなければ
ならない重要な理由ともなっている。世界各国の発展から見れば、ある国
の経済発展レベルが高ければ高いほど、雇用を重視する傾向が強くなり、
経済成長は雇用拡大や雇用構造の変化のニーズに応えるものでなければな
らないことを示している。過去三十年余りの間、中国は雇用よりも経済成

長を重視してきた。しかし、先進国や工業国では、往々にして人々は経済成長よりも雇用を重視する傾向がある。なぜなら、雇用が全般的に改善してはじめて、すべての世帯が収入を得ることができ、真に景気回復を示すことができるからである。経済成長が上向くだけでは、就業人口の一部にしか影響を与えない恐れがある。

　表 4-17 は、2008 年の世界の特定国・地域の雇用構造を、産業別の就業者数割合に従ってランク付けしたものである。表 4-16 と表 4-17 を比較すると、ほとんどの国では第一次産業における雇用の割合が、その付加価値額の割合よりも低く、先に挙げたロシアやメキシコのように、第一次産業における付加価値額の割合は 5％を割り込んでいるが、雇用に占める割合はそれぞれ 9％、13.5％と比較的高かったことがわかる。このことは、経済の二重構造が経済発展水準の比較的高い一部の国にも存在することを示している。中国は、表 4-17 の 33 カ国・地域のうち 29 位であり、産業構造の高度化があまり進んでいない国の一つである。第三次産業から見ても、結果は同様であり、その雇用の割合から見ると、中国はこれらの国・地域の中で最下位に位置している。すなわち、中国は長年にわたる高度成長を達成し、経済規模は世界の先進レベルに達しているにもかかわらず、第三次産業の雇用の割合で見ると、その産業構造は依然として世界でも比較的低いレベルに位置しているのである。これは直視しなければならない現状である。

　Chenery は、1950 年から 1970 年までの 101 カ国の統計を使って帰納的研究を行い、よく知られた「世界発展モデル」を構築した [18]。このモデルから、経済発展の「標準構造」、すなわち発展のさまざまな段階における経済構造の標準値が導き出されている（表 4-18 参照）。中国の付加価値構造を Chenery の標準構造と比較すると、GDP に占める第一次産業の割合で測定した一人当たりの所得水準はすでに 2,000 米ドル（1970 年ドル）を超えているが、第一次産業に占める労働力の割合で測定した場合、400

〜 600 米ドルの範囲であった。労働力構造と GDP 構造のこのギャップは、中国の経済成長における二重構造現象がかなり深刻であることを示唆して

表 4-17　世界の特定国・地域における雇用構造（2008 年）（%）

	第一次産業	第二次産業	第三次産業
アルゼンチン	0.8	23.7	75.2
米国	1.4	20.6	78.0
英国	1.4	21.4	76.9
イスラエル	1.6	21.9	75.6
ドイツ	2.2	29.7	68.0
カナダ	2.5	21.6	75.9
オランダ	2.7	18.2	73.1
フランス	3.0	23.1	72.9
チェコ	3.3	40.5	56.1
オーストラリア	3.4	21.2	75.1
イタリア	3.8	29.7	66.3
日本	4.2	27.9	66.7
スペイン	4.3	27.8	67.9
ニュージーランド	7.2	21.9	70.5
韓国	7.4	25.9	66.6
ベネズエラ	8.7	23.3	67.7
南アフリカ	8.8	26.0	64.9
ロシア連邦	9.0	29.2	61.8
メキシコ	13.5	25.9	59.9
ポーランド	14.7	30.7	54.5
マレーシア	14.8	28.5	56.7
ウクライナ	16.7	23.9	59.4
ブラジル	19.3	21.4	59.1
イラン	22.8	32.0	45.1
トルコ	26.2	25.7	48.1
エジプト	31.2	22.0	46.6
スリランカ	31.3	26.6	38.7
フィリピン	36.1	15.1	48.8
中国	38.1	27.8	34.1
モンゴル	40.6	15.2	44.2
インドネシア	41.2	18.8	39.9
タイ	41.7	20.7	37.4
パキスタン	43.6	21.0	35.4

注：データの出所は世界銀行 WDI データベース、中国国家統計局『国際統計年鑑 2011 版』
を参照。国や地域によっては 2007 年や 2006 年のデータもある。

第四章 経済成長における産業構造の変化 261

表4-18 Chenery による発展レベル別の GDP 構造と雇用構造（%）

	一人当たりの所得水準（1970 年米ドル）			
	400 ドル	600 ドル	1,000 ドル	2,000 ドル
GDP に占める第一次産業の割合	26.7	21.8	18.6	16.3
GDP に占める第二次産業の割合	25.5	29.0	31.4	33.2
GDP に占める第三次産業の割合	47.8	49.2	50.0	50.5
第一次産業における労働力人口の割合	43.6	34.8	28.6	23.7
第二次産業における労働力人口の割合	23.4	27.6	30.7	33.2
第三次産業における労働力人口の割合	23.0	37.6	40.7	43.1

いる。この二重構造は、中国の経済発展の不均衡の現れである一方、その成長の特徴でもある。発展から見ると、今後十〜二十年は中国の産業構造の高度化が加速する時期になると考えられる。特に GDP に占める第三次産業の割合が増加し、雇用構造における第一次産業の労働力の割合が減少することが特徴的である。世界各国と比べ、中国の産業構造の高度化はより急速に進むであろう。

第三節　産業構造の高度化と経済の新常態

　ある国の近代化は通常、工業化によって推進される。工業化のプロセスでは、多くの近代科学と技術、またそうした技術進歩を具現化した近代設備が生産分野、特に製造業に適用されたことにより、労働生産性や生産効率が包括的かつ急速に向上し、経済全体の急速な近代化につながった。そして、工業化が進むにつれ、産業構造も高度化の道を歩んでいく。工業化の段階を各産業の成長との関係から見ると、その国の工業化プロセスが連続的であれば、工業化前期、工業化中期、工業化後期という三つの時期に大別できる。各時期の各産業の成長には、それぞれ異なる特徴が見られる。工業化前期には、工業の成長が加速し始め、工業ひいては第二次産業

全体の成長が、第一次産業や第三次産業の成長よりも明らかに速い。工業化中期には、第二次産業の成長が依然としてリードしているが、そこには第三次産業の支援が必要である。例えば、（第二次産業に属する）建設業は、（第三次産業に属する）不動産業の支援があってこそよりよく発展し、同時に第三次産業の成長も加速し、両者の成長率の差は縮小する。工業化後期には、分業化と専門化のさらなる発展と最終消費におけるサービス需要の高まりの結果、第三次産業が第二次産業を凌駕し、国民経済の支配的部門となる一方、第二次産業の成長は鈍化するが、依然として比較的高い成長率を維持する。各産業の成長率の変化は、国民経済の産業構造の変化につながるため、産業構造の高度とその変化は、実際には工業化プロセスの段階を示しているのである[19]。長期的な発展という点で、中国の工業化は通常の市場経済国の工業化と同じプロセスを経てきた。しかし、中国の場合、計画経済から市場経済への移行という市場化改革を伴ってきたという点、産業構造の形成と製品の価格設定が行政指導から市場主導へと変化を遂げたという点にそれなりの特徴がある点で独特である。産業構造の長期的な進化を見ると、新中国建国以前、あるいはそれより前から改革開放の初期段階まで、中国は工業化前期の時期にあった。この時期、中国は徐々に独自の工業システムを確立していったが、工業発展のレベルは依然として極めて低く、世界の先進レベルとの間には大きな隔たりがあった。改革開放から21世紀の最初の十年間は、工業化中期にあった。この時期、中国は市場化改革を通じて工業化プロセスを加速させ、その上で三十年以上にわたって高い経済成長率を達成し、他の国々を抜いて世界最大の製造業の中心地となった。しかし、産業構造、およびそれに基づく雇用と最終需要の構造という点では依然として発展途上国から新興工業国に移行する段階にあり、先進国の産業構造との間には未だに大きな開きがあった。2010年頃、中国は徐々に工業化後期に入る。この新たな経済発展段階に入った後、中国の工業ひいては第二次産業全体は発展途上では

あったものの、分業化と専門化の発展と最終需要の高度化により、第三次産業が最も急成長する生産部門となり、第二次産業に代わって国民経済の支配的部門となった。この段階で第二次産業の成長率が鈍化し始めるため、国民経済全体の潜在成長率と長期成長率の低下につながると予測される。同時に、産業構造の高度化はさらに加速し、雇用構造の急速な高度化をもたらし、最終的には先進国とほぼ同じ産業構造（第三次産業が国民経済の60％以上を占め、第二次産業が30％前後、第一次産業が5％前後）が形成され、基本的に工業化を達成したこととなる。工業化目標達成に向けたマスタープランによると、2020年頃までに、全面的小康の達成に伴い、中国は基本的に工業化を完了すると予想されている[20]。その後、ポスト工業化の段階に入り、経済成長はさらに減速すると見られる。したがって、現在の新常態における経済の高速成長から中高速成長への移行は、中国の工業化が一定の段階まで発展し、産業構造が一定のレベルまで高度化した結果であり、歴史の必然性を有しているのである。産業構造の高度化の加速は、中国経済成長の新たなトレンドであり、新常態に入る際の重要な影響要因でもある。マクロ・コントロールと管理は、この発展に照らして調整・改善されなければならない。

一、中国の工業化プロセスと産業構造の高度化の段階的特徴

（一）改革開放以前の中国の工業化プロセス

新中国建国の初期、あるいはそれより前から改革開放に至るまで、中国は工業化前期の段階にあった。清朝末期の洋務運動や中華民国初期の実業救国など、中国が工業を発展させ始めたのはずいぶん前のことであるが、新中国建国までは内憂外患の真っ只中にあり、工業化が本格的に推進されることはなかった。新中国建国後、中国は大規模な工業建設に乗り出し、1950年代の第一次五カ年計画では、ソ連の援助を受けて156の重要プロ

ジェクトを遂行し、新中国工業化の新たな出発点を築いた。その後、二十年以上かけて徐々に自主的な工業システムと国民経済システムを確立・発展させ、その後進性を変えていったのである。改革開放の時点で、中国はすでに独自のエネルギー基地、鉄鋼基地、その他一連の大規模産業基地を完成させ、自動車、汽車、船舶、航空機を独自に生産できるようになり、「両弾一星（訳注：両弾は原爆・水爆とミサイル、一星は人工衛星を指す）」の開発にも成功したことから、その進歩はすさまじいものである。現在の中国の大型国有や国有資本の大株主企業は、そのほとんどが当時の企業から発展したものであり、現在でも資産、主要事業などの面で市場の半分を占めている（2013年、国有や国有資本の大株主企業が企業数に占める割合は8.5％、総資産に占める割合は66.2％、主要事業収入に占める割合は43.9％、総利益に占める割合は42.1％であった）。この時期の工業化は、改革開放後の新たな工業化と高度経済成長の発展基盤を確立した。

　この時期、内的および外的な理由により、中国の産業発展は「独立自主」の路線をたどり、国際分業・協力体制に加入することなく、基本的に自己閉鎖型の経済であった。もちろん、科学技術や経済発展の成果を世界とシェアすることはできず、工業化のプロセスは実際には低いレベルで進んでいたわけである。規模は大きく拡大しているが、技術や設備、工業製品の製造のレベルは、ソ連援助時代や新中国成立以前の水準に長くとどまっていた。技術の進歩が全くないとは言えないものの、一般技術の水準では欧米先進国との差が広がっていた。また当時の中国の工業化は、多くの場合、農業と第三次産業の発展を犠牲にしていた。工業の発展を支えるために農業税を納める一方で、農業部門は「工業製品と農産物の鋏状価格差」によって工業部門の資本蓄積を支えなければならなかった。第三次産業の発展に関しては、金融、情報通信、運輸などの近代的サービス業、卸売・小売業、住民サービス業などの伝統的サービス業を問わず、工業部門の発展に比べ深刻な遅れがあった。一方では、計画と手配上、サービス産

業に対する政府の投資が著しく不十分であり、他方で、住民や社会に提供されるサービスの多くは、福祉分配の形で提供されているため統計に反映されず、関連サービス部門の積極性を引き出すことができなかった。このように、供給の分野では、生産活動は十分な生産サービスによって支えられておらず、一方、最終需要の分野では、サービス消費の成長が伸び悩んでいた。さらに重要なことは、計画経済体制が、市場メカニズムに関連したサービス業の成長の可能性を根本から制限してきたことである。産業の発展そのものが、工業発展の供給側と需要側の双方において、サービス業による支援と牽引の欠如による影響を受けている。

　統計によれば、1978年の中国のGDPに占める第一次産業、第二次産業、第三次産業の付加価値額の割合は、それぞれ28.2％、47.9％、23.9％であり、第二次産業の付加価値額の割合は極めて高く、工業化のプロセスがかなり高い段階まで推し進められたかのように見えるが、実際には、第二次産業のこの「高い割合」は、次の二つの要因によって形成されている。一つ目は、「工業主導」を過度に強調するあまり、工業の発展とその他の側面との接続が断たれ、国民経済の比例関係が実際には深刻なアンバランスをきたしていた。1990年代の大量の国有企業の崩壊は、実のところこのアンバランスがもたらしたものである。二つ目は、「工業製品と農産物の鋏状価格差」と、多数のサービス活動の非市場化という制度的手配の下、第一次産業と第三次産業の規模は実際には過小評価されており、「水増しの産業構造高度」が存在することである[21]。

（二）改革開放以降の中国の工業化プロセスおよび産業構造の変化

　改革開放の初期から2010年頃まで、中国は工業化中期にあった。なぜかと言うと、この時期から、対内的には経済システムの改革を実施し、さまざまな改革、特にその後の市場化改革を通じて、工業と経済全体の成長効率を大幅に向上させ、対外的には対外開放を重視し、中国を世界経済シ

ステムに改めて組み込むことで、世界各国との設備レベル、技術レベル、経済管理レベルの格差を著しく縮小し、工業化の加速と高度経済成長を実現したからである。さらに細分化すると、産業発展と構造変化の特徴から、1980年代前後は調整期（工業化中期の前期段階）、1990年代前後は転換期（工業化中期の中期段階）、21世紀に入ってからの十年間は急速発展期（工業化中期の後期段階）と呼ぶことができる。実際の経済活動において、工業化のプロセスは徐々に進行しており、厳密な境界点を見出すことは難しいが、この大まかな区分を通じて、異なる時期や発展段階における中国の産業構造の変化の特徴を見出すことができる。

　三十年以上にわたる市場化改革と高度経済成長を経て、改革開放初期に生じた産業構造やデータの歪みは顕著に改善された。まず、経済システムの面では、社会主義市場経済が徐々に確立・発展し、95％以上の商品・サービスが市場によって価格決定され、福祉分配という形で提供されていた多くの住民サービスや社会サービスも市場に参入し始めた。しかもその価格に基づいて算出される経済規模と各産業部門の規模は、需要と供給の関係の実態をより客観的に反映できるようになった。次に、経済成長にはさまざまな構造的不均衡が存在したが、市場の制約のもとでその程度は改善されつつあり、工業化前期と中期における価格制度の改革や経済の過熱による激しいインフレや経済の乱高下は歴史的なものとなった。経済運行が比較的安定していたため、得られた経済規模や部門別・産業別のデータは、基本的にその時期や段階における経済発展のレベルや構造を反映している。最後に、中国の国民経済計算、特にGDP計算は近年大きな進歩を遂げている。2004年以降、中国は大規模な国民経済センサスを三回続けて実施し、そこから得られたデータを基に速報データおよび時系列データを改訂してきたため、統計の精度はますます向上している。したがって、新しい統計に反映された構造関係に基づいて中国の工業化の段階を判断することは、より客観的なものとなる。

改革開放後、中国は近代化と工業化の新たな段階に入った。工業が経済成長の中心であることに変わりはないが、単に工業への投資を増やして経済成長を達成するのではなく、計画経済から市場経済への移行を通じて経済を刺激し、資源を配分するための市場的手段をより多く用いることで、高度経済成長を維持・達成することができた。新たな状況の下、工業や第二次産業は、もはや他の産業から切り離されて発展するのではなく、相互に補強し合う関係を形成しているのである。第一に、改革開放後、農村部の経済システムの抜本的な改革を実施し、農産物の価格を調整し、農業の発展を全面的に推進した。その上で、第二次産業と第三次産業の発展が積極的な相互作用を実現し、これこそが中国の工業化と近代化のプロセスに真の推進力を与えたのである。改革開放後三十年以上にわたる工業化プロセスにおいて、物量ベースでは、工業を主とする第二次産業の成長が第三次産業よりも若干速かったが（1978年から2013年までの工業の付加価値の年平均成長率は11.24%、第二次産業は11.20%、第三次産業は10.73%であった）、価値ベースでは逆で、GDPに占める第三次産業の付加価値額の割合は1978年の23.9%から2013年には46.9%と23ポイント上昇し、第二次産業の付加価値額の割合は47.9%から43.0%へと低下した。これは、急速な工業化のプロセス、特に工業化の中前期において、一方では工業部門、特に製造業部門の労働生産性と平均利益が高く、大量の資源（特に資本と近代科学技術）がこの部門に流入し、新製品、新技術、新ソフトの絶え間ない出現により、一部の企業は超過利潤を得ることができ、より多くの企業を関連生産に参加させ、対応する製品と企業の急速な発展を促進したためである。他方、企業の急速な参加により、個別の製品や企業の短期的な超過利潤は急速に希薄化し、製品価格は相対的に、あるいは絶対的に下落し、平均利潤の低下をもたらした。生産高が急増し、競争が十分である場合、コストプッシュ型のインフレ圧力も需要インフレ圧力も、第三次産業や第一次産業に比べて著しく低くなったのである。当年価格での成長

率から見ると、第二次産業におけるこの低い、あるいはマイナスの成長率は、不変価格での高い成長率を相殺し、結果として第三次産業と比較するとかえってその割合は低下することとなった。第一次産業については、その成長率が第二次産業や第三次産業よりもはるかに低かったため、その製品価格は急上昇しているものの、その割合は 1980 年代半ば以降低下し続けた。これは工業化プロセスにおける必然的な結果である。

表 4-19 は、この三つの期間における各産業の成長率と割合の変化を示すものである。長期的な成長から見ると、この時期の経済成長率は 10.06％であり、中国の高度経済成長期であった。ところが、成長率は 1980 ～ 1990 年の 9.28％、1990 ～ 2000 年の 10.43％、21 世紀最初の十年間の 10.48％と段階的に変化しており、それぞれの段階が前の段階よりも速くなっている。これは、加速し続ける経済成長と言える。

それぞれの段階において、各産業の成長とその構造変化はそれぞれの特徴を持っている。

第一段階（1980 ～ 1990 年）では、改革開放前の「水増しの高度」が是正された。この時期の第二次産業の成長率は三段階の中で比較的低かったが、第一次産業と第三次産業の成長率は三段階の中で比較的高かった。この段階での実践では、工業化のプロセスは必ずしも第二次産業の発展のみによって推進されるものではなく、部門間の協調関係が第二次産業と経済

表 4-19　中国の各産業の成長率と割合の変化（1980 ～ 2010 年）（％）

	GDP	第一次産業	第二次産業	第三次産業
1980 年の割合	100	30.2	48.2	21.6
年平均成長率（1980 ～ 1990 年）	9.28	6.19	9.49	12.22
1990 年の割合	100	27.1	41.3	31.5
年平均成長率（1990 ～ 2000 年）	10.43	3.81	13.53	10.20
2000 年の割合	100	15.1	45.9	39.0
年平均成長率（2000 ～ 2010 年）	10.48	4.22	11.45	11.21
2010 年の割合	100	10.1	46.7	43.2
年平均成長率（1980 ～ 2010 年）	10.06	4.74	11.48	11.21

データソース：『中国統計年鑑 2014』のデータより筆者作成。

全体の成長に、より良い推進力を与えることもあることを示していた。この間、農業の付加価値額の割合は3%低下し、第二次産業も7ポイント低下したが、第三次産業では10ポイントも上昇した。これは改革開放以降、第三次産業の構造が最も変化した段階である。もちろん、経済成長だけでなく、価格調整もこの変化に一役買った。この期間中、中国では価格制度改革の模索が行われ、インフレ率が比較的高く（特に1984年から1988年にかけては、インフレ率が二桁に達した年もあった）、このようなインフレが形成されたのは、経済の過熱が原因であったことは確かであるが、同時に価格改革（総合的物価水準が上昇する中で、各種の商品・サービス間の価格比率を調整すること）によるものもあったことは否めない。この時期の改革を通じて、価格の歪みもある程度改善された。というよりも、各産業の成長率の変化と調整を通じて、産業構造の「水増しの高度」という矛盾が大幅に解消され、国民経済における各産業の比例関係がより合理的になったと言うべきである。工業部門においては、耐久消費財部門が大きく成長し、軍需産業など過去に過剰投資されていた部門は調整され、内部構造がいっそう合理化された。

　第二段階（1990〜2000年）では、第二次産業が新たな基盤の上に急速な発展を取り戻し、その年平均成長率は13.53%と、前段階より約4ポイント上昇した。第一次産業と第三次産業の年平均成長率はともに2ポイント以上低下した。第一次産業の成長は落ち着きを見せ始めているが、第二次産業の成長率は第三次産業を再び上回っている。この段階では、第一次産業の付加価値額の割合は12ポイントと大幅に低下したが、第二次産業は4.6ポイントと再び上昇し、第三次産業も7.5ポイントと引き続き上昇した。同様に、価格的な理由により、第二次産業の成長率は第三次産業より高かったものの、その割合は第三次産業より低かった。また、同段階における中国の高度経済成長の原動力は、主に地域間の不均衡な成長からもたらされたものである。沿海の開放都市（前段階に対外開放され、目覚ま

しい発展を遂げた経済特区はごくわずかであった）が並外れた発展を遂げ、「先に豊かに」が地域経済の成長に貢献すると同時に、中国の経済成長全体を強く促進した。動的には、この時期の経済成長率は高く、その後低くなり、1992年から1994年の約14％から1998年から2000年の約8％まで激しく変動した。中国が社会主義市場経済の確立を目標に、経済システムの抜本的改革に取り組み始めたのもこの時期である。国有企業の改革と民間企業の発展を特徴とする現代企業システムの確立と社会主義市場経済全体の確立・発展は、痛みをもたらしたが、計画経済下の需給の歪みを根本的に是正した。企業の生産・事業活動も、計画経済体制の一部から、市場向けの経済活動へと変化した。したがって、この時期を発展期と位置づけることは適切であり、社会主義市場経済、特にそのシステムにおける現代企業システムが全面的に確立・発展した時期であると同時に、市場経済を基礎とした工業化加速のスタート期でもある。中国の産業構造の調整が、前の段階には国民経済計画のより合理的な取り決めによって達成されたとすれば、この段階、特にこの段階の後半には、市場が資源配分の力となり始めたと言えよう。

　第三段階（2000～2010年）では、近代化に先立って工業化がさらに加速した。この段階で、中国は工業化プロセスの中後期に入った[22]。市場化改革や定期調整、マクロ経済政策の刺激などを経て、2003年、第二次産業の成長率は再び10％を突破し、改革開放以来まれに見る発展の勢いと継続時間をもって、新たな工業化加速期に再び突入したのである。この間、第二次産業の成長率は着実に上昇し、2007年には15％に達した。金融危機の影響を受け、2008年と2009年には落ち込んだものの、それでも約10％に達し、2010年には12.3％まで再び上昇した。第二次産業の年平均成長率は11.45％であり、前の段階よりある程度低下したものの、依然として第三次産業（11.21％）より高かった。高度経済成長は必然的にインフレ圧力を伴うものであるが、全体としてこの時期のインフレはコント

ロール可能な範囲内にとどまり、マクロ経済や国民生活に深刻な影響を与えることはなかった。この時期の工業と第二次産業全体の前例のない発展は、中国を新たな世界最大の製造業の中心地へと押し上げ、その第二次産業の生産規模は各国を凌駕して世界一となった。さらに、第二次産業と第三次産業の相互関係にも変化が見られた。二つの産業部門の相互依存度が高まり、成長率も極めて接近している。これは前の二つの段階とは明らかに異なっている。各産業の構成比を見ると、GDPに占める第一次産業の付加価値額の割合が低下し、第二次産業と第三次産業の割合が上昇している。具体的な数値で見ると、年平均成長率が同程度の中、第二次産業の割合は0.8ポイントしか上昇していないのに対し、第三次産業の割合は4.2ポイントの上昇が見られる。これは、第二次産業の製品の相対価格水準が低下しているのに対し、第三次産業のそれは上昇していることを示している。ただし、第二次産業は依然として最大の産業部門である。

　需給関係から見ると、この成長率と割合の逆の変化は、第三次産業の相対的需要が第二次産業のそれよりも大きく、第二次産業の相対的供給が第三次産業のそれよりも大きかったという事実を反映している。このことは、高度成長後、調整段階に入った際に、第二次産業の過剰生産能力が第三次産業よりも明らかに深刻であったことの解釈にもなる。高度成長のプロセスで、価格シグナルに反映される需給関係は、国民経済全体のバランスのとれた発展を達成するために、実際、第二次産業の成長の減速を求めているが、現実には工業部門への投資は増え続けているのである。2008年の世界金融危機の発生前後、中国の産業発展は調整されるべきであり、2007年と2008年には、インフレの圧力の下で、政府はすでに「二重の防止」（一つは経済過熱の防止、もう一つはインフレの防止）の目標を打ち出すなど、マクロ的引き締めを実施し始めていた。しかし、世界金融危機の発生後、経済成長への深刻な影響を避けるため、経済に対する強力な刺激政策を採用した。その主な内容は投資の拡大であり、その投資は主に第二次産業（工業と建設業）の製品供

給に依存するため、その発展が再び加速することへとつながった。2009 年、2010 年、2011 年の第二次産業の成長率はそれぞれ 9.9％、12.3％、10.3％であったのに対し、第三次産業の成長率は 9.6％、9.8％、9.4％であり、前者が後者をそれぞれ 0.3 ポイント、2.5 ポイント、0.9 ポイント上回っている。このことから、産業構造は実のところ悪化していることがわかる。これは、進退窮まる状況下での選択であり、実際、短期的な矛盾を長期的な矛盾へと変えてしまったのである。当時、石炭、電力、鉄鋼、セメントといった重要な生産手段ではすでに生産能力が過剰であったにもかかわらず、これらの分野への投資を増やし続け、より多くの生産能力を形成してしまった。2011 年頃、中国はマクロ・コントロール政策から「機に応じた撤退」を実施し、資源配分において市場が支配的、あるいは決定的な役割を果たすようになり、その結果としてそのような過剰生産能力の矛盾が表面化し始めた。第二次産業の成長率は低下し始め、2012 年、2013 年、2014 年にはそれぞれ 7.9％、7.8％、7.3％と第三次産業の成長率を 0.2 ポイント、0.5 ポイント、0.8 ポイント下回り、その差は年々拡大した。このような第二次産業の成長率の低下は、前の時期（工業化プロセスの中後期）における工業への過剰な投資と不当に高い成長の是正であると同時に、新たな時期（工業化プロセスの後期）における工業と第二次産業全体に対する潜在的需要の減少の反映でもある。全体として、第三段階の国民経済全体および各産業の成長率は、三十年間の長期平均年成長率に最も近く、その変動は比較的小さかった。後期には過剰生産能力と経済の不均衡が生じ、多くの工業企業が経営難に陥ったものの、比較的には経済成長と発展の最良の時期であったと考えられる。経済発展のレベルが上昇を続ける中、中国は工業化の後期段階に入り始めたのである。

二、アジア金融危機後の経済調整と世界金融危機後の経済調整の違いは何か

2010 年頃、多くの主要経済指標の変化は、改革開放後の長期にわたる

経済成長と発展を経て、中国経済が新たな段階に達したことを反映していた。貿易総額の面で、中国はドイツ（2009年）と米国（2013年）を相次いで抜き、輸出総額と輸出入総額で世界一となり、世界貿易総額の10％以上を占めるようになった。経済規模の面で、中国のGDPは日本（2010年）を抜いて米国に次ぐ世界第2位の経済大国となり、2013年に世界のGDPに占める中国の割合は12.2％に達した。経済発展レベルでは、一人当たりのGNIは2010年に世界銀行の発表した下位低所得国と上位中所得国の境界線を超え、上位中所得国の仲間入りを果たした。GDP成長率は過去三年間（2012〜2014年）、高成長率から中高成長率に移行して低下しているものの、GDPベースは目下のところ極めて大きく、1ポイント増加するごとに大きな増分をもたらし、世界経済における中国の地位は高まり続けている。2010年に中国のGDPは日本を抜いたばかりであったが、両国の成長率の差に加え、為替レートの変動により、2013年にはすでに日本の1.88倍となった。こうした国際比較の結果から、改革開放と高度経済成長を経て、工業化への道にしろ近代化への道にしろ、中国の成果は目覚ましいものであることがわかる。今後の発展段階は過去とはまったく異なり、産業発展の道筋も過去とは大きく異なることが予想される。

　2013年、GDPに占める中国の第三次産業の付加価値額の割合（46.9％）は、初めて第二次産業（43.7％）を上回り、国民経済における最大の産業部門となった。成長率の面でも、第三次産業は第二次産業を凌駕し始め、経済成長を牽引する、完全雇用を実現する主役となり始めている。この画期的な変化は、中国が工業化の後期段階に入ったことを示している[23]。国家統計局が発表した最新の統計によると、2014年のGDP成長率は7.4％、第一次産業、第二次産業、第三次産業の付加価値の成長率はそれぞれ4.1％、7.3％、8.1％であり、第三次産業は依然として経済成長に最も貢献する産業部門となっている。各産業の付加価値はそれぞれGDPの9.2％、42.6％、48.2％を占め、産業構造の高度化も一層進んでいる。中国

が新たな発展段階に入った以上、経済成長を達成するための道筋は過去とは異なることを見極めることが重要である。1997年のアジア金融危機の後、市場化改革と積極的なマクロ経済政策の実施によって経済構造を調整・最適化し、工業発展の加速を特徴とする新たな成長へと経済を押し進めたが、現在ではそのようなことが繰り返されることはないであろう。目下のところ中国の前期の経済成長と投資過熱などの影響要因は、アジア金融危機前後のそれに共通点はあるものの、制度的背景、発展段階、外部環境のすべてが大きく変化している。

　第一に、制度的背景が大きく変化した点である。アジア金融危機の前後は、持株制を中心とした現代企業システムの確立と発展を行う肝心な時期であり、工業部門が改革の焦点であった。改革のプロセスで、金融、航空、鉄道、高速道路、通信などの分野で第三次産業の多くの大型国有企業が維持され、その一部は持ち株制度改革や上場によってさらなる発展を遂げた。一方、多くの国有工業企業は、時代遅れの経営や市場から切り離された製品のために存続・発展し続けることができず、閉鎖や他の企業との合併を余儀なくされた。これらの産業を発展させる必要がないというわけではない。これらの企業はもはや新しい状況の要求に適応することができないのであり、将来の工業化プロセスで主要な役割を果たす新しい企業グループ（例えば、モデル転換が実現された国有企業、民間企業、三資企業[24]など）を育成しなければならないのである。このような改革、調整、再発展には時間がかかり、工業が支配的な第二次産業の「成長―衰退―成長再加速」というプロセスをもたらした。しかし、現在、20世紀と21世紀の変わり目における市場化改革を経て、中国では新しい企業制度が徐々に確立され、発展している。経済成長、さらには企業の活動に対する各級政府の介入や、若干の分野における大型国有企業による独占は依然として存在するものの、政府と企業との直接的な行政関係は、全体として、公有制を主体とし、多種類の所有制経済（民間、外資、株式会社、個体）がともに

発展する市場システムが確立された。国有経済が国民経済に占める割合は、企業数でも生産高や資産規模でも、過去に比べて著しく低下しており、市場全体の競争は比較的十分である。第三回経済センサスの結果によると、第二次・第三次産業の国有企業数は企業総数のわずか1.37％に過ぎなかった。工業部門において、国有企業や国有資本の大株主企業は依然として多くの政策支援（銀行融資支援など）を受けることができるものの、全体として、企業の存続と発展は主に企業自身の努力に依存している。過度な行政介入や企業の生産活動の盲目化によって、一部の産業や企業が市場の需要から乖離し、過剰に発展して産業構造の不均衡をもたらすことはあるが、この不均衡は市場制度のもとで発生するものであり、そのリスクや損失は企業自身が負担しなければならず、その拡大は企業、特に民間企業のリスク意識によって制約されるのである。これはまた、現段階での産業構造の不均衡を示している。特に産業部門の過剰生産能力は、確かに多くの企業や産業の経営に困難をもたらしたが、1990年代末のように、多数の企業の閉鎖や倒産には至らなかったし、至ることもない。制度改革を深化させ、新たなマクロ・コントロールを実施するプロセスで、政府の「機に応じた撤退」を実施することと、市場が資源配分の決定的な力となるよう奨励することは、一部の企業、特に前段階に拡大しすぎて十分なリスクコントロールができなかった企業に対して、資金調達や業務の標準化という点で、ある程度の圧力をかける恐れがある。存続し続けることができず、閉鎖する企業が出てくるかもしれないが、このような激動は1990年代末に比べればはるかに小さいと考えられる。国民経済全体がこのような激動に打たれ強くなっており、マクロレベルでの失業率は大幅に上昇しておらず、ミクロレベルでは、主要営業収入に占める企業の赤字の割合が、以前の高度成長期に比べてかえって低下していた[25]。経済調整後、工業部門の成長率はある程度回復しそうであるが、最終的な発展はやはり市場の需要次第である。

第二に、国内最終需要の面では、工業製品需要の伸び率が低下し始めている点である。改革開放後、中国の工業化はまず消費の高度化によって推進され、伝統的な「旧三件」（時計、ミシン、自転車）から「新三件」（テレビ、冷蔵庫、洗濯機）へ、そしてコンピューター、エアコン、携帯電話などの発展と普及へと進んだ。アジア金融危機の頃、これらの耐久消費財の生産はかなりの規模に達し、激しい市場競争の中で、ある程度の過剰生産能力がすでに生まれていた。当時の中国は、一方では旧来の経済成長分野の役割が低下し、他方では新たな経済成長分野がまだ育っておらず、一時的な調整期間が生じるという状況に直面していた。短期的には相対的な生産能力過剰が深刻であったが、産業化のプロセスから見れば、先進国の耐久消費財産業の発展水準や規模に比べれば、たかだか道半ば、すなわち工業化プロセスの中期にあると言える。消費水準という点では、所得や制度上の理由から、自家用車や住宅への有効需要が未だに創出されておらず、規模という点では、ほんの一部の国民がまず豊かになっただけで、耐久消費財の普及には依然として大きな可能性を残していた。したがって、工業発展の余地は大きく、高成長（10％以上）の条件も整っていた。しかし、現在の状況は大きく異なっている。20世紀末から、世帯年収の増加や住宅の商業化改革に伴い、中国は改革開放後三回目の消費アップグレード、すなわち自家用車の普及と住宅消費の急増を目の当たりにしてきた[26]。このアップグレードを重要な経済成長分野とする工業化加速のプロセスは、アジア金融危機発生後の中国における経済調整と市場化改革から数えてみると、すでに十年以上前から進行していることになる。成長という点では、この二つの産業の発展は、爆発的な成長から、より穏やかな通常の成長へとシフトした。この二つの産業の総合的価格水準の変化と成長見通しについては未だに多くの議論、特に不動産業の発展見通しに関する議論があるものの、実質成長と供給不足による価格上昇は今や明らかに緩和され、自家用車など、一部の商品では価格が下がっていることもあっ

た。過去において先進国や新興工業国との違いが、明らかに消費水準の違いに表れていると言うのであれば（例えば、改革開放以前は欧米では自家用車が普及していた一方、中国は依然として「旧三件」に留まっていた）、現在、この消費水準の差は極めて小さいものとなっている。耐久消費財の成長は、消費のアップグレードよりもむしろ、各種類の製品の消費者層の拡大が主因であり、耐久消費財メーカー間の競争激化は、必然的に工業および第三次産業全体の成長率の鈍化をもたらす。その結果、これらの製品を支える基礎工業部門（エネルギー、鉄鋼、材料、建材など）の生産・投資活動も減速する。

　第三に、輸出がすでに急成長から正常な軌道にシフトした点である。アジア金融危機前後、中国の輸出は大きな打撃を受け、近隣諸国・地域の利益を守り、また人民元の切り下げはないと約束したため、輸出指向型経済はさらに影響を受けた。しかし当時、中国は輸出指向型産業の発展における長期的な比較優位を有しており、国際市場におけるシェアは極めて低かったため、これらの国々の経済変動が中国製品の市場参入能力に与える影響は限定的であった。重要なのは、中国が国際市場、特に欧米市場において、同様の製品に取って代わる競争力のある製品を提供できるかどうかにあるとされた。これらの国々が不景気になると、世帯の所得が減少し、人々はより安価な中国製品を選択するようになり、逆に好景気になると、所得が向上するため中国製品の消費が増える可能性があると考えられる。WTO加盟後、国際舞台における中国の輸出商品に対する政策的差別は大幅に縮小され、中国商品の競争優位性と相まって、輸出指向型経済の発展はかつてない黄金期を迎えた。2003年以降、輸出成長率は何年も連続して30％を超え、急速に世界の新たな製造業の中心地となり、世界の経済パターンに重要な影響を与えただけでなく、国内の第二次産業と経済全体の成長も大いに刺激した。WTOが発表したデータによると、2009年、中国の輸出額はドイツを抜いて世界一となり、2013年には貿易総額（4兆

1600億ドル）が米国（3兆9100億ドル）を抜いて世界一となり、世界の貿易総額に占める割合は2003年の5.5％から2013年には11％へと倍増した。

　しかし、過去の発展を誇りに思う一方で、将来の展望を楽観視しすぎることはできない。歴史的に見れば、貿易保護主義の盛行と列強諸国による市場の分割により、ごく少ない国のみが製品の市場シェアにおいてこのような高いレベルに達することができるのであり、国際市場における中国製品の需要は飽和状態に近いと言える。輸出型経済がこのような規模に発展する場合、対外的に言えば、輸出の継続的な成長は国際市場のキャパシティによって制限され、世界各国の経済環境と政策の変化も輸出の成長に影響を与える。対内的に言えば、急速な拡大のプロセスで、輸出型経済の発展の比較優位の一部は徐々に弱まっているが（労働コスト、土地コスト、エネルギー・資源価格など）、新たな優位（輸出製品の国内産業チェーンの延伸、技術革新、設備輸出、対外直接投資など）は未だに構築されていないため、今後しばらくの間、中国の輸出の年平均成長率が鈍化することは避けられないと見られる。輸出は今後も中国の製造業と第二次産業全体の発展に貢献し続けるであろうが、その貢献の程度はもはやそれほど大きくはなく、その方法は単純な量的拡大ではなく、主に輸出製品の付加価値率の増加を通じて行われると考えられる。

　第四に、工業化のプロセスから見ると、中国が工業化の後期段階に入るにつれ、経済発展の段階性も、第二次産業の成長が相対的に減速する一方、第三次産業の成長が相対的に加速することを決定する点である。このような変化は、その国の工業化プロセスの継続的な進展に伴って起こるのである。規模の面では、為替レート[27]での中国の第二次産業の付加価値額は2010年にすでに米国のそれを上回って世界一となり、製造業の規模は米国を10％以上も上回ったが、GDPは米国の40.3％相当に過ぎなかった（表4-20参照）。2013年、米国のGDPは2010年から2.2兆米ドル増加

し、16.8 兆ドルとなった一方、中国は 9.2 兆米ドルに達した。これは、米国の約 55％に相当し、約 15 ポイントの増加となった。中国の第二次産業の付加価値は現在 4 兆米ドル以上に達し、米国のそれを 30％以上上回り、米国と日本（GDP4.9 兆米ドル）を除く世界各国の GDP を上回っている（ドイツは 3.7 兆米ドル、フランスは 2.8 兆米ドル、英国は 2.7 兆米ドル、ブラジルは 2.2 兆米ドル）。経済規模で見ると、中国と米国の差は工業発展の後れにあるのではなく（農業の規模も米国を上回る）、第三次産業が未だに発達していないことにある。2010 年の GDP に占める第三次産業付加価値額の割合は米国の 21.7％に過ぎず、これが中国の GDP が米国を下回る主な理由である。ダイナミックに比較すると、改革開放から現在に至るまで、中国の第二次産業の付加価値額の割合は 40％を下回ったことがない。しかし、工業立国である日本では、第二次産業の割合は 1955 年にはわずか 33.7％であった。工業化を特徴とする高度経済成長期を経て、1970 年に至ってはじめて 43.1％に達し、その後下方修正に転じ、2010 年には 25.2％まで低下した [28]。高度経済成長後、国民経済に占める第二次産業の割合が徐々に低下していったことは、日本における工業化の完了を示す重要な指標であった。中国の現在の製造業と第二次産業全体の発展は、四十年前の日本に比べれば、その類似点は、長年にわたる高度成長を遂げ、世界の新たな製造業の中心地となったあと、外需の伸びが鈍化し始めたという点にある。相違点は、中国の巨大な潜在内需が、経済成長をより速いペースで長期間維持させる可能性があるという点にある。このことは、現段階の第二次産業成長率の低下における周期的な変動だけでなく、発展傾向も反映している。すなわち、中国の工業化プロセスが後期に入るにつれ、第二次産業は高成長から中高成長へと移行するが、停滞することはないと見られる。

　第五に、持続可能な発展が中国の経済発展に新たな要求を提出する点である。2003 年から始まった新たな工業化加速のプロセスでは、エネル

ギーと天然資源への依存度が高い重化学工業が急速に発展した。この間、エネルギー供給と環境保護が経済発展の大きな課題となった。これまでの各発展期で、国内外の資源を有効に活用し、生産分野へのインプットを増やすことでいかに経済成長を促進するかが重要な課題であったとすれば、現在では、環境の保護と改善が経済発展においてより注意を払うべき課題となっている。近年、いくつかの大都市における環境問題（特にヘイズ）の深刻化は、各級政府に警鐘を鳴らしている。実際、工業化プロセスがもたらした環境問題は、ヘイズが発生する以前からすでに深刻であり、単に人々がその深刻さを認識していなかったに過ぎない。新たな状況の下、経

表 4-20　米中各産業の付加価値額と構造の比較（2010 年）

	付加価値額 （兆米ドル）		中国／米国 （％）	構成比（％）	
	中国	米国		中国	米国
GDP	5.9	14.6	40.3	100	100
第一次産業	0.6	0.2	370.0	10.1	1.1
第二次産業	2.7	2.7	101.1	46.7	18.6
工業	2.4	2.2	106.9	40.0	15.1
鉱業	0.3	0.2	131.4	5.2	1.6
製造業	1.9	1.7	111.8	32.5	11.7
電力、ガス、水道 水の製造・供給業	0.1	0.3	52.8	2.4	1.8
建設業	0.4	0.5	76.5	6.6	3.5
第三次産業	2.5	11.7	21.7	43.2	80.3
運輸業、倉庫業、 郵便業	0.3	0.4	68.6	4.8	2.8
情報通信業、情報 技術サービス業、 ソフトウェア業	0.1	0.6	20.7	2.2	4.3
卸売業、小売業、 宿泊業、飲食業	0.6	2.1	30.5	10.9	14.4
金融業、不動産業	0.6	3.0	21.2	10.9	20.7
上記部門小計	1.7	6.2	27.5	28.8	42.2

注：中国の構造データは「中国統計年鑑 2014 版」の GDP 部門別データ、米国の構造データはアメリカ合衆国商務省経済分析局の公式サイトより、比較のため両国の第三次産業の一部を統合している。両国の GDP データは、世界銀行が公表した国際比較データである。

済成長や国民生活の向上に影響を与えることなく、高エネルギー消費と高汚染物質排出の産業の発展をいかに抑制するかということが、新たな経済成長期になくすべき新たな矛盾となっている。一部の地方にとって、もはや発展の問題は、工業の付加価値をいかに高めるか、GDP成長率をどの程度まで高くするかということではなく、むしろ環境の悪化が人々や社会の発展に及ぼしている弊害にどう対処するかということである。このような状況下で、工業発展、特に重化学工業の発展が昔と同じ道をたどることはできず、環境保護と経済成長の矛盾を解決することに焦点を当てるべきであり、経済成長は環境が改善し続けるか、少なくとも悪化し続けない中で達成されるべきである。

　このような制度的背景や発展段階、それにより生じる発展上の課題の違いは、実際、中国の工業化プロセスが新たな発展段階、すなわち工業化後期段階に入ったことを意味している。工業化中後期から工業化後期への移行では、何らかの激動に遭遇すると見られるが、社会主義市場経済体制はすでに確立され、より長い期間をかけて発展してきたため、現段階ではそのような激動が経済成長に与える影響は、20世紀末に比べればかなり小さくなっていると言える。同時に、新たな発展段階は、国内の経済成長の条件、特に経済規模の不均衡が改善された後、経済発展の道筋が著しく異なることも示している。成長率は多少回復するが、工業成長の鈍化は短期的な落ち込みではなく長期的な傾向であるため、以前の成長率に戻ることはないと見られる。国民経済全体の発展パターンという点では、制度改革を深化させ、制度革新を強化することによって技術革新を促進し、経済成長を投入量の増加によって達成されるものから、経営管理と科学技術の進歩によって達成されるものへと転換させる必要がある。主導産業という点では、経済成長は第二次産業主導から第三次産業主導へと必然的に変化する。これはまさに中国の経済成長の段階性によって決まるものである。したがって、現段階の経済成長は、過去の段階を繰り返すのではなく、新た

な局面を切り開くことになると見られる。

三、第三次産業と中国の現段階の経済成長

中国の産業分類によれば、第一次産業は主に農業生産部門であり、農産物と関連製品を社会に提供する。第二次産業は工業と建設業を含み、工業製品と建造物を社会に提供する。これらの製品は直接的な物的形態で表される。一方、第三次産業の生産活動は、主に生産・生活サービスの提供に現れている。国民経済の三つの産業部門の中で、第三次産業は最も複雑である。例えば、国家統計局が2003年に発表した『三次産業画分規定』によると、第一次産業に含まれるのは農、林、畜産、漁業のみであり、第二次産業に含まれるのは工業と建設業のみである（工業は鉱業、製造業、電力、ガス、水道水の製造・供給業に細分化される）のに対し、第三次産業には、運輸・倉庫・郵便業、情報通信業・インターネット付随サービス・ソフトウェア業、卸売・小売業、宿泊・飲食業、金融業、不動産業、物品賃貸業・ビジネスサービス業、科学研究・技術サービス業・地質調査業、水利・環境・公共施設管理業、住民サービス業・その他のサービス業、教育、医療衛生・社会保険・社会福祉業、文化・スポーツ・娯楽業、公共管理・社会組織、という14の業種が含まれる。第三次産業が提供するサービスは極めて幅広く、生産部門に提供するサービス（農産物の輸送や販売など）と、住民部門に提供するサービス（世帯への最終製品の提供）の両方を含んでいることがわかる。経済が発展し、分業がより専門化するにつれ、実物生産部門の機能の一部は元の企業や部門から切り離され続け、産業チェーンは延伸し、生産効率は向上する。第三次産業もまた、国民経済における重要性を増している。例えば、住宅建設はもともと建設業（建築・リフォーム）と工業（建設資材）の分野、すなわち第二次産業の生産活動であったが、不動産業の発展に伴い、開発業者、金融機関、設計部門、営業部門がこの生産活動に果たす役割がますます大きくなり、付加価値に

占める割合も増加している。多くの住宅建設プロジェクトによって生み出された第三次産業の付加価値は、今や第二次産業のそれを上回っている。また、社会に提供する公共サービスや住民に提供する消費サービスなど、さまざまな最終ニーズを満たすためにサービス部門が提供するサービスもある。世帯の所得水準が上がれば、外食、旅行、文化娯楽への消費はアップグレードされたり、科学技術の進歩に伴い、テレビ、通信、インターネットサービスなどへの支出も増えたり、貯蓄の増加により、財務管理に対する需要も高まったり、教育や医療への支出も増えたりする傾向が見られる。経済が成長し、世帯所得が増加するにつれ、住民のサービス消費が家計消費に占める割合はますます増加していく。先進国のエンゲル係数が低い（多くの国で10％以下）のは、自動車やテレビなどの耐久消費財への支出の割合が大きいからではなく、家賃（住宅購入の場合も家賃を見積もる必要がある）、不動産管理、社会サービス、ファミリーサービスへの支出が多いためである。また、医療、教育、国防、行政などの社会サービスに対する国家支出など、公共消費であるサービスもあり、これらも国の経済が発展するにつれて拡大していくと見られる。

（一）GDP計算の発展から見た中国経済成長における第三次産業の重要性

　改革開放後の国民経済計算（GDP計算）の実務では、第三次産業の付加価値の統計をいかに改善し、より正確で体系的な統計を取るかが統計改革の焦点となった。農業、工業、建設業に関する統計は、中国では改革開放以前から一定の基礎のもとに行われており、経済システムの改革とともにさらに改善され、問題点は比較的少なかった。第三次産業の統計は、改革開放後、経済規模統計が物質生産システム（MPS）から国民経済計算システム（SNA）へと移行する中で確立・発展したものであり、統計的基盤が不足している。その上、第三次産業そのものの発展が複雑であることに加え、政府統計部門はこの作業の効率を改善するために多くの時間と

資金を費やす必要があった。サービス業の付加価値を統計する複雑さは、主に三つの側面に反映されている。第一に、改革開放後の資本市場の発展、近年のインターネットサービス（ネットショッピングなど）の発展など、常に新しいサービスが生み出されており、これらによって生み出された価値をどのように客観的に反映させるかは、継続的に解決していかなければならない問題である。第二に、第三次産業は最も活発な生産部門である。第三回経済センサスの結果によると、第三次産業は、第二次産業と第三次産業の全企業数の77.9％以上を占め、営業許可証を持つ自営業者の94.3％を占めている。多くの小規模企業や自営業者は、経済活動において最も活発な力であり、日々、あるいは刻々と変化している。彼らの経済活動の成果をタイムリーに追跡し、計測することは、統計部門が常に直面する難題であった。第三に、計画経済から市場経済への移行のプロセスで、その統計対象は多種多様を極めた。市場経済の発展に伴い、以前は国や企業、職場が担っていた多くの支出も、現在では市場化されている。例えば、計画経済体制では、国有単位の幹部は、職場が提供する住宅の家賃をほとんど支払う必要がなく、その支出が給料に占める割合はわずかであった。しかし、住宅の商品化改革後は、住宅が職場から分配されなくなり、自ら購入する必要が生じただけでなく、住んでいる間に受けるさまざまなサービス（管理費、暖房費、駐車場代、通信費、ケーブルテレビ料金など）も有料となり、これらの出費が都市部の世帯（特に若い世帯）の支出に占める割合はかなり高くなっている。これらの支出は、一方では、経済発展や社会進歩の結果、国民の生活水準が全体的に向上したこと（駐車場代や通信費の増加など）を反映し、他方では、もともと公的部門や社会が無償で提供していたサービスが、市場改革後、徐々に有償サービスに変わっていったこと（居住、教育・医療サービスの一部など）を反映している。こうしたサービスの付加価値を客観的に反映させることも極めて複雑である。また、住民が自分の住宅に住んでいるように、持ち家の賃貸サービスの見積

価値を国際基準に従って GDP に算入するべきサービスもある。これらは明示的な価格設定はされていないものの、第三次産業の付加価値に反映させなければならず、これらの付加価値を推計することにはかなりの困難が伴っている。全体的に言えば、中国の第三次産業の規模は長い間過小評価されてきた。初期の頃は、国際基準に従って第三次産業に算入されるべき部分が、制度やその他の理由でそこに反映されていなかったことが主な原因であった。現在では、新興産業や中小民間企業が急速に発展している反面、集計作業が遅れていることが主な原因である。こうした矛盾を克服するための最も重要な方法の一つは、経済センサスを通じて大量の基礎データを入手し、通常の統計の精度を検証することである。21 世紀に入ってから定期的に実施された三回の全国経済センサスは、国民経済計算、特に第三次産業に関する統計の質の向上に積極的に寄与している。

第一回経済センサス（2004 年）の後、2004 年の中国の修正後 GDP は合計 15 兆 9900 億元に達し、年速報値を 2 兆 3000 億元上回り、16.8％の増加となった。 増加した 2 兆 3000 億元のうち、第三次産業の付加価値額は 2 兆 1300 億元と、93％を占めた。GDP に占める第三次産業の割合は元の 31.9％から 40.7％へと上昇した。第二回経済センサス（2008 年）の後、2008 年の修正後 GDP は 31 兆 4000 億元に達し、年速報値より 1 兆 3000 億元、4.4％の増加となった。そのうち、第三次産業は 1 兆 1000 億元と、81％を占めた。GDP に占める第三次産業の割合は 40.1％から 41.8％に上昇した。最新の第三回センサスの結果、2013 年の修正後 GDP は元より 3.4％の増加となった。増加した GDP のうち、第三次産業の付加価値は 71.4％を占めた。GDP に占める第三次産業の割合は 46.1％から 46.9％へと上昇した。度重なる修正の結果から、第三次産業の調整幅が最も大きく、その付加価値の調整幅が GDP 全体に占める割合が最も大きい（三回の全国経済センサスでそれぞれ 93％、81％、71.4％）ように見えるが、相対的な調整幅は縮小している。三回の経済センサスにおいて、第三次産業の付

加価値額の割合はそれぞれ 8.8 ポイント、1.7 ポイント、0.8 ポイント増加
し、調整幅は縮小した。これは、大規模な全国経済センサスの継続的な発
展に伴い、中国の GDP 統計、特に第三次産業付加価値計算から得られる
統計データの精度が絶えず向上していることを示している。第十二次五カ
年計画では、サービス業（第三次産業）の付加価値額の割合をさらに 4 ポ
イント（年平均 0.8 ポイント）引き上げることを提案しているが [29]、最新
のデータから判断すると、その期間（2010 ～ 2015 年）におけるサービス
業の付加価値額の割合は平均 1 ポイント以上増加し、予想目標を上回った。

（二）経済発展の段階性から見た新常態下の経済成長における第三次産業の重
　　　要性

　各産業の発展の変化という点では、工業化の後期段階に入ってから、第
三次産業が経済成長の支配的な部門となった。これまでの分析では、この
時期に第二次産業の成長が鈍化した理由を主に分析してきた。すなわち産
業自体の需給の変化だけでなく、分業専門化や経済発展段階が客観的な要
件を出したのである。しかし、現段階では、中国の経済成長における第三
次産業の地位の上昇には、少なくとも次のような重要な理由がある。

　第一に、長い年月をかけて形成された第二次産業の生産実績のかなりの
部分が、第三次産業の生産条件へと大規模に転化し始め、その発展を大い
に促進した。1990 年代から、中国はインフラ建設に力を入れ始めた。か
つて国民経済における産業の包括的な生産性を向上させるために行ってき
た取り組みが、主に製造業と採掘業への投資拡大であったとすれば、この
時期にはインフラ整備が投資の中心となった。1998 年のアジア金融危機
後、積極的な財政政策を実施し、投資の成長を促した際、中央政府が行っ
た投資のほとんどがインフラ建設への投資であった。インフラ投資の中で
も特に重要なのは、鉄道、高速道路、空港、インターネット建設など、交
通、運輸、通信関連の投資である。これらの分野への投資は巨額であり、

経済成長への牽引効果も大きかった。投資と建設のプロセスでは、大量の鉄鋼、セメント、機械設備の使用など、主に工業・建設業の生産実績に反映される生産活動が行われ、同時に建設企業の生産活動も必要とされた。これらの投資や建設が完了し、各種インフラが整うと、工業・建設業の活動は基本的に終了し、これらのインフラの利用は第三次産業の価値創造となる。中国のインフラ整備にはまだやるべきことがたくさんあるが、建設の最盛期は過ぎたと言える（毎年増加する国民所得に占めるインフラ投資の割合は、年々減少していく）。現在の発展における主要な問題は、もはや深刻なインフラ不足ではなく、むしろすでに建設されたインフラをどのように有効活用するかという点にある。例えば、貨物や旅客の運輸効率を向上させ、運輸部門やインフラ管理部門の経済効率を向上させると同時に、このサービスによって、より効果的な産業配置を実現し（例えば、観光業の発展を促進するなど）、国民全体の生活水準を向上させることである。工業化プロセスの発展段階によって生産活動の焦点が変わる（初期の建設は生産条件の改善に重点を置き、後期の発展は投資成果をより効果的に機能させることに重点を置く）ことは、中国の産業発展の焦点も変わることを意味する。

　第二に、輸出指向型経済の発展という観点から見ると、中国は商品輸出大国から資本輸出大国へと発展し始めており、輸出指向型経済におけるサービス収入の割合が高まることになる。中国はすでに世界最大の商品輸出国であり、貿易総額も世界一であるが、米国の国際収支と比較すると、商品とサービスの輸出入の面では依然として下回っている。その原因は、サービス輸出の規模が比較的小さく、輸出全体に占める割合が低いことであったが、この状況は急速に変わりつつある。近年、特に世界金融危機以降、中国の対外直接投資は急速に増加し、世界最大の海外直接投資国の一つとなっている[30]。このような対外投資の最終的な発展は、対外工事請負、労働力輸出、設備輸出を積極的に推進し、現在の国際収支のバランス

表の経常収支でより多くのサービス収入を形成し、輸出指向型経済におけるサービスの割合を拡大しながら国際収支構造を改善することである。

第三に、現段階で持続可能な経済成長を達成するためのカギは、広義の技術進歩（制度・技術革新を含む）を通じて経済成長の質を向上させることである。これにより第三次産業の発展に対するより高い要求が出され、さらにその発展が促進される。経済発展の新たな段階において、投資の拡大を通じて経済成長を牽引するという従来の方法は、現段階での中国の経済成長のニーズを満たすことができなくなってきている。現在、中国の経済発展における主な矛盾は、生産能力の不足ではなく、相対的な過剰生産能力である。初期段階でのやみくもな投資によって、高エネルギー消費と高汚染物質排出という「両高」の建設が繰り返されていることに加え、金融、運輸、商業、対外貿易などの第三次産業の発展が工業の発展に見合っておらず、第三次産業の発展が不十分であることも、かなり大きな問題である。これは、第三次産業の規模拡大が引き続き必要であるという事実だけでなく、イノベーションが不足しているという事実にも現れている。現在、国が極めて重視している自由貿易区、「一帯一路」、インターネット経済は、ほとんどが第三次産業におけるイノベーションと建設である。技術革新、特にハイテクの開発も第三次産業の発展に属する。第二次産業は引き続き発展させる必要があるが、現時点では第三次産業の発展のほうがより重要である。

第四に、第三次産業は雇用を吸収する強力な能力を有しており、労働者供給が逆に第三次産業の発展を強力にサポートしている。1978 年から2013 年の間に、中国の第二次産業従事者の数は 6945 万人から 2 億 3200万人へと 1 億 6200 万人増加し、第三次産業従事者の数は 4890 万人から 2億 9600 万人へと 2 億 4700 万人増加した。現状を見ると、労働力人口の年間増加率は徐々に減少しているものの、第一次産業に従事する人の数は依然として多く、2013 年の時点でも 2 億 4200 万人が第一次産業に従事して

おり、就業人口全体の31.4％を占めている。世界各国の工業化の一般的な経験によれば、工業化プロセスが基本的に完了すると、三つの産業の雇用構造は産業構造（付加価値構造）に同調する。現在、中国の第一次産業における付加価値額の割合はすでに10％を下回っているが、雇用の割合は依然として30％を上回っている。すなわち、工業化が進むにつれて、農村の労働力の少なくとも20％を非農業産業に移さなければならず、これが達成されれば工業化の完成という目標を達成したことになるのである。2003年以降、新たな工業化の加速に伴い、第二次産業における雇用は着実に増加し、2013年には1億5900万人から2億3200万人へと増加し、その割合は21.6％から現在の30.1％へと8.5ポイント上昇した。一方、第三次産業従事者の数は2億1600万人から2億9600万人へと8000万人増加し、その割合は29.3％から38.5％へと9.2ポイント上昇し、第二次産業従事者の数を上回った。現在の状況では、一方では第二次産業の成長率が鈍化し、雇用吸収力が低下しているが、他方で、労働コストの上昇により、より多くの労働集約型企業が資本集約型企業や技術集約型企業へと移行している。すなわち、人間を機械に置き換えることで、生産能力を拡大しつつ、製品の単位労働コストを削減しようとする企業が増えているのである。人口ボーナスがなくなりつつある中、第二次産業の新規雇用の吸収力はさらに急速に低下する可能性がある。しかし、第三次産業の場合は事情が異なる。サービス産業は人間を通じてさまざまな生産サービスや生活サービスを直接提供するという特徴があるため、当然ながら雇用を吸収する能力を備えている。21世紀初め、中国経済は高度成長を遂げていたにもかかわらず、成長率1ポイントごとに増加する雇用者数は減少していた[31]。この三年間で、経済成長率は低下したものの、雇用情勢は改善し、都市部における新規雇用者数は毎年1000万人を超え（2014年は1322万人）、成長率1ポイントごとに増加する雇用者数は178万人に達した。その主な理由の一つは、第三次産業の成長が雇用改善を強力にサポートしたことであ

る。工業化が完了すれば、雇用構造は産業構造に近づくと思われるが、現段階では、中国における両者の間には依然として大きな差がある。2013年のGDPに占める各産業の付加価値額の割合はそれぞれ9.4％、43.7％、46.9％である一方、雇用者数の割合はそれぞれ31.4％、30.1％、38.5％である。これは中国の都市化プロセスが工業化プロセスに対し、遅れていることを示している。工業化の後期には、この構造的格差は急速に縮小し、最終的には先進工業国のように両者が接近することになり、実際に工業化が完了した証ともなる。現在の状況から判断すると、このプロセスはあと十年から二十年で完了すると予測される。この間、雇用の継続的な改善は経済発展の重要な目標であり、第三次産業の成長は、雇用創出の目標を達成するための条件を整えることになる。

　第五に、中国は小康社会（ややゆとりのある社会）を全面的に完成させる最終段階にある。これは、人々の生活が大幅に改善される時期であり、この段階における家計消費の増加は、主に消費されるサービスの量と質の向上に反映される。工業化の中期と中後期には、投資と輸出が経済成長の主な原動力である。この時期に行われた大規模な投資は、当時の人々の所得や消費にもある程度の影響を与えるが、将来の経済成長において長期的な基本的役割を果たすものになる。新常態の下、すなわち工業化が徐々に後期段階に入った後、中国における投資規模は依然として大きいが、成長は減速し、年間増加の国民所得のより多くの部分が人々の生活改善に使われるようになる。これは、小康社会を全面的に完成させるための必要条件でもあれば、経済が一定の発展レベルに達した後の最終需要構造の必然的な変化でもある。現在の経済発展レベルでは、国民の消費レベルの差は、第一次産業と第二次産業における物質的財貨の消費にあるというよりも、共有するサービスにあるといったほうがいい[32]。各地方や都市間の格差は、教育、医療、文化、交通などの分野における公共サービスの違いにも大きく反映されている。したがって、現段階では、中国人全体の生活

水準と生活の質を総合的に向上させるカギは、もはや衣食住や耐久消費財の使用ではなく、公共サービスと家庭サービスの質の向上にある。このため、政府は公共消費分野でのインプットとアウトプットを増やすと同時に、住民サービス業の発展を促進する必要がある。しかも後進地域であればあるほど、政府はこの分野での発展を強化しなければならない。これは、中小都市の発展と地元住民の生活向上に資するだけでなく、公共サービスの発展が比較的良好な都市に多数の人口が集中することを避けることもできる。サービス活動に対する需要の拡大は、必然的に供給部門により多くのサービスを創出または提供することを必要とし、それがサービス業のさらなる発展を促進するのである。

　第六に、制度転換のプロセスから見ると、中国の改革は三十年以上続いており、社会主義市場経済体制の建設は難関攻略の段階に入った。すなわち、社会主義市場経済を目標とし、公有制を主体とし、多種の所有制経済がともに発展することを基本制度とし、市場メカニズムを資源配分の決定的な役割とし、政府の標準化された科学的なマクロ・コントロールを重要な前提条件としての改革開放は、全面的に深化する新たな段階に入ったのである。現代金融、貿易、商業、保険、情報など、社会主義市場経済体制に適合した一連の現代サービス業はさらに発展していくと見られる。一方、先進資本主義国の多くでは、「商業革命」が「産業革命」に先行した。産業革命以前、ブルジョア革命と資本主義的生産様式の確立とともに、市場メカニズムに沿った一連の必要なサービス部門がすでに先行して成長した。サービス部門の割合はすでに極めて高く、工業と製造業をはるかに上回っていたが、これは主に、まずシステムの市場化が行われ、次いで工業化が促進されたためである。工業化段階では、工業の割合が大幅に上昇し、サービス業の割合は工業化初期から工業化後期まで基本的に横ばい状態にあったが、ポスト工業化段階に入ってからは、サービス業の発展が他の産業を上回り、主導産業となった。中国では、工業化と市場化の二重の転換

が同時に進められた。すなわち、発展と制度の二重のモデル転換が並行して行われたのである。工業化の初期段階では、より完全な市場メカニズムが存在せず、関連サービス業の割合も上回ることはなかった。二重の転換のプロセスにおいて、中国の第三次産業の発展は、発展（工業化の深化）と体制（改革の深化）から同時に力を得ていた。二重転換の深化と加速に伴い、工業化の後期と市場難関攻略の加速期には、第三次産業の発展はさらに加速するに違いない[33]。

　以上の分析から、現段階の経済成長において、第三次産業の地位向上は、調整期間中の一種の便宜上の措置ではなく、中国経済が一定の段階まで発展した必然的な結果であることがわかる。というよりも、工業化の後期段階に入った後の中国の経済成長によってもたらされた新たな常態であり、産業構造の高度化はこの「新常態」に入るための最も重要な影響因子なのである。2011 年頃に中国の積極的なマクロ経済政策の「機会に応じた撤退」を実施して以来、経済成長における資源配分の主役は市場となり、経済成長率は断続的な低下（すなわち、年平均成長率約 10% から現在の年平均成長率約 7.5% へ）を経験した。これは確かに景気循環によるものもあるが、それ以上に重要な理由は、工業化が新たな段階に入り、各産業の成長の関係が変化したことにある。サービス業は「即時消費」という特徴を持っているため、景気循環に対する抵抗力が比較的強い。中国には巨大な潜在需要があるため、サービス業は比較的安定した成長率を維持することができる。工業と第二次産業は全体として、新たな段階でも比較的良好な成長率（例えば、比較的長期間にわたって 7% 以上）を維持できるであろうが、上述のさまざまな理由により、さらに高い成長率は維持しかねると見られる。農業あるいは第一次産業は依然として 4% 前後の成長率維持が可能である。総合的に見れば、中国が比較的長期間（五〜十年）にわたって年平均 7% 以上の経済成長率を維持することは可能であり、これは小康社会の全面的完成と、党創立 100 周年に向けて設定された目標の

達成を支えることになる。したがって、経済成長についての伝統的な考え方を変更する必要があり、工業付加価値の成長率が低下したり、電力消費の成長率が低下したりするのを見て、「中国経済が大きな問題を抱えている。あるいは停滞が発生する可能性すらあるため、大規模な経済総量の刺激策を実施する必要がある」と断定することはできない。そうした策を実施するためには必然的に、すでに発生した過剰生産能力の上で「水増しの牽引」が作り出され、より深刻な過剰生産能力の形成につながるのである。中国の経済成長のメインストリームあるいはファンダメンタルズは健全である。あるいは、新たな段階で新たな不均衡に直面しているだけであって、それには新たなリバランス・プロセスを開始する必要がある。そうでなければ、雇用の安定、国民の所得向上、国際収支均衡の維持、インフレの克服、資源配分の効率化の面において、なぜこれほどの成果を上げることができたのかを説明することはできない。

　要するに、本節では、中国の工業化プロセスの各段階における産業構造の変化とその特徴をまとめた。現段階では、中国は工業化の中後期から後期へと移行しつつあり、国民経済の支配的産業は第二次産業から第三次産業へと転換していることを指摘する。この転換の主な特徴は、第一に、第三次産業の成長率が第二次産業を上回り、経済全体の成長を牽引すること、第二に、第三次産業の割合が第二次産業を上回った後も上昇し続け、第二次産業の割合が低下し続けることである。このような変化は、中国の経済発展が一定の段階に達した必然的な結果であり、将来の経済の成長と発展様式、雇用、国民生活に大きな影響を与えると見られる。

　中国の近代化プロセスは、実際には工業化プロセスである。長期的な発展から見ると、その工業化プロセスは三つの段階に分けられる。（1）工業化前期。新中国建国の初期、あるいはそれより以前から改革開放に至るまで、産業構造の変化は、工業と第二次産業全体が発展を加速して成長率が一位となり、国民経済における付加価値額の割合が高まるという特

徴を持っていた。(2) 工業化中期。この段階では、第二次産業の年平均成長率が第三次産業よりもわずかに高かった。改革開放後から現在に至るまで、産業構造は工業と第二次産業全体の発展が経済成長を牽引してきたが、そのためには第三次産業の協力が必要であるという特徴を持っていた。具体的には、この時期は中期の前期段階（1980年代前後）、中期の中期段階（1990年代前後）、中期の後期段階（21世紀最初の十年間）に細分化され、それぞれの時期で産業構造の変化の特徴が異なる。前期段階では前期の「水増しの高度」の是正が行われた。中期段階は合理化に基づく産業成長の再加速と、市場化改革による産業の配置と発展である。そして、後期段階では市場経済を基礎とした工業化をさらに加速し、三つの産業が協力し合う中で工業を急速に発展させた。(3) 工業化後期。この時期、第三次産業の成長率は他産業よりも高く、その割合は上昇の一途をたどると見られる。この産業構造の変化は雇用構造にも反映され、それが徐々に産業構造へと収束していく。これが、実のところ工業化が都市化を牽引するプロセスである。産業構造が安定すれば、雇用構造が産業構造に収束し、工業化プロセスが完了することを意味する。発展の傾向から見ると、このプロセスには十年から二十年かかる見込みであり、この間、中国が比較的高い経済成長率を維持することはあり得ることである。

　現在、中国の経済成長は産業構造を高度化し、さまざまな経済構造を最適化する肝心な時期にある。政府はまず、経済全体、特に第三次産業をよりダイナミックに発展させるために、その機能を改善し、市場メカニズムがその役割を十分に発揮できるようにしなければならない。特に政府機関の簡素化と権力の委譲を通じて市場の革新能力を十分に発揮させることに取り組むべきである。その上で、マクロ・コントロールを改善し、経済成長の促進と産業構造の継続的な高度化のための条件を整えるべきであろう。

第四節　産業構造の進化における経済成長と雇用

一、はじめに

本節では、改革開放以来、特に 21 世紀に入って以来の産業構造の進化が経済成長と雇用に与える影響について実証研究を行い、以下のような考察と分析の結論を導く。

第一に、改革開放以来、第二次産業は一貫して中国の経済成長をリードしてきた。2003 年以降の加速した工業化プロセスでは、この傾向がさらに顕著となった。第二次産業は高い成長率を示し、他の産業の発展を牽引しているだけでなく、雇用の改善、とりわけ農業の余剰労働力の非農業部門への移転にも多大な貢献を果たした。この時期、中国では非農業部門の雇用が最も急速に増加しており、それに対する第二次産業の寄与は第三次産業を上回っている。

第二に、中国の工業化プロセスが中後期に入り、上位中所得国になるにつれて、経済成長における支配的な産業は変化している。2013 年には初めて、GDP において第三次産業の付加価値が第二次産業を上回った。第三次産業が経済に占める割合が最も大きく、次いで第二次産業、最後に第一次産業が最も小さいという近代的な経済産業構造が形成された。発展の傾向としては、2015 年頃になると、第二次産業の雇用が第一次産業を上回り、雇用構造もそのようなパターンを示すようになる。中国は産業構造の高度化と転換の時期にある。この転換は、経済成長における支配的な産業を第二次産業から第三次産業へと変化させ、その経済成長と雇用に一連の重大な影響を与える可能性がある。

第三に、2010 年頃、中国の製造業と第二次産業の規模はすでに米国を抜いて世界一となったが、依然として比較的高い成長率を維持しており、新規就業者に対する需要も大きい。しかし、発展傾向の面では、需要、規模、エネルギー環境、生産要素の面で制約があるため、第二次産業の発展

は減速している。これとは対照的に、第三次産業の発展は依然として持続的な成長を維持し、より大きな潜在力を秘めており、第二次産業に代わって中国経済の主導産業となりつつある。

　第四に、国際比較を通じた産業構造の進化と高度化は、現段階における中国の経済成長の必要条件であるだけでなく、市場経済下の世界各国の経済成長に共通する特徴であり法則でもあることがわかる。日本の高度経済成長期における付加価値構造や雇用構造を比較すると、現在中国の産業構造の進化は1960年代後半の日本とほぼ同様であり、上位中所得国から高所得国への移行段階にあることがわかる。経済発展レベルが上昇し、産業構造が進化するにつれて、中国経済の自然成長率は減速し、雇用パターンにも影響を及ぼすであろう。

　第五に、人口の自然増加率の低下と年齢構成の変化により、中国の労働人口総供給の伸びは2014年頃に著しく鈍化し、その後はさらにマイナス成長に転じる可能性が高い。経済成長に伴う労働力需給の変化は、主に雇用構造の変化、すなわち非農業部門雇用の増加と第一次産業雇用の減少に反映される。経済成長率の長期にわたる減速を背景に、非農業部門における新たな労働力需要が減少する一方で、第一次産業から解放できる労働力はさらに減少しているため、新たな状況下で労働力需給の不均衡が生じる。集計分析と構造分析から、労働力需給の均衡は6～7%の経済成長率で達成できると結論づけた。

　第六に、本節では、2020年までに小康社会を全面的に完成させるための全体の成長目標（年平均成長率7%程度）に基づき、各産業の成長目標と雇用目標の量的研究を行った。また、経済発展レベルが上がり、産業構造が進化するにつれて、経済成長に新たな構造的特徴が現れることも指摘した。中国経済の年平均成長率が今後五～十年間に2～3ポイント鈍化する、すなわち7～8%にとどまるとすれば、その鈍化の程度は産業によって異なるはずである。第一次産業は改革開放以来の長期的な成長率（4～

5％）を維持でき、第二次産業の年平均成長率はGDPとほぼ同じ7～8％、すなわち2003～2010年の年平均成長率11％に比べて3～4ポイント低下する。第三次産業の成長率は第二次産業よりやや高く、8～9％程度、すなわち2～3ポイント低下するはずである。各産業における雇用のうち、第一次産業における雇用者数は徐々に減少し、2020年頃には約2億人となるが、これは中国の雇用者数（約7億7000万人）の約25％を占める。第二次産業における雇用は今後も増加し続けるが、年間成長率は低下し、2020年頃に33％に達し、その後は次第に減少する可能性がある。一方、第三次産業における雇用は安定した成長を続け、2020年までに40％以上に達すると予測される。

二、21世紀以降の経済成長と雇用

　過去二年間、中国の経済成長は減速傾向を示してきた。経済成長率は金融危機後の2008年の年平均9.64％（2008年9.6％、2009年9.2％、2010年10.4％、2011年9.3％）から鈍化し、2012年から2014年は年平均7.6％（2012年7.7％、2013年7.7％、2014年7.4％）となり、マクロ経済コントロール成長目標も引き下げられつつある。この経済成長率の鈍化は、外的要因の変化（世界金融危機と景気後退）と景気循環（2007年の中国の経済成長率は14.2％にも達し、客観的には経済成長率の下押しが求められている）の両方によるものであるが、根本的には、中国経済が一定の水準に発展した際に持続的成長と発展が作り出した客観的要件でもある。中国が工業化の中後期段階に入り、上位中所得国に入ったことは、客観的に、経済成長に量的拡大よりも質的向上を重視することを求めている。それ故、政府の景気刺激策の縮小を背景とした実質成長率の低下は、実際には経済の自然成長率の減速の現れであり、歴史の必然性を備えているのである。

　21世紀に入ってから、特に2003年以降、中国は経済の新たな加速成長を迎えた。2000年から2010年までの年平均成長率は10.5％であり、改革

開放以来、最も速く、最も安定した成長を遂げた。この時期の産業構造の特徴は、第二次産業の急成長（年成長率11.4％）が他の産業の成長を牽引する一方、第一次産業は通常の成長（年成長率4.2％）を維持し、第二次産業に牽引された第三次産業も力強い成長（年成長率11.2％）を遂げたことである。第二次産業の割合（2000年の45.5％から2010年の46.7％）は、価格変動により第三次産業（39.0％から43.2％）ほど上昇しなかったものの、依然として最大の割合を占めている。次に雇用について見てみよう。同時期、中国では経済活動人口[34]にも就業者数にも大きな増加はなかった。経済活動人口は2000年の7億4000万人から2010年には7億8000万人と4000万人増加し、就業者数も7億2000万人から7億6000万人と同じく4000万人、年平均400万人増加した。すなわち、高度経済成長の中で、新規経済活動人口が新規雇用に完全に吸収されたのである。しかし、中国における雇用の主な問題は、規模全体の問題ではなく、構造の問題なのである。すなわち、第一次産業に従事する多数の雇用者（2000年時点で3億6000万人）は実際には余剰であり、一人当たりの付加価値と所得は非農業部門に比べて著しく低かった。そのため、非農業部門へのシフトへの訴えは極めて強く、ひとたび条件が整えば、そうしたシフトは急速に進むと見られる。2010年には、第一次産業に従事する雇用者数は2億8000万人と、十年前より8000万人減少しており、これは同期間の経済活動人口または就業人口の純増数の2倍に相当する。このことは、現段階における中国の雇用問題の特殊性を説明している。すなわち、解決すべき重要な問題は、新規労働力の雇用や失業者の再雇用の問題ではなく、工業化と都市化のプロセスで、大量の余剰農業労働者が非農業部門や都市に移転し、雇用需要が生み出されるという問題なのである。それに対して、ほとんどの先進市場経済国では、産業構造や雇用構造がすでに安定しているため、雇用者数も比較的安定、あるいは減少している可能性さえある。そのため、解決すべき問題は、発展の中でいかにして失業率を下げるかとい

うことにしぼられる。一般的に言って、年平均2％以上の経済成長率さえ
あれば、雇用目標（失業率7％以下）はほぼ達成できる。中国とこれらの
国々の違いは、第一に、中国は経済活動人口が改革開放以来増加し続けて
いるのに対し、先進国の多くは準安定状態に入り、中には減少している国
さえあること、第二に、中国は産業構造や雇用構造が急速に変化している
のに対し、先進国・地域はすでに安定した傾向にあることである。このよ
うな状況下では、2％の経済成長率ではもちろん雇用改善のニーズを満た
すには十分ではなくなる。1990年代以降、市場化改革（労働市場の形成
と発展）と企業システムの変化（非国有経済の急速な発展）の結果、中国
の雇用構造は急速な変革期を迎えた。その高度化は産業構造の高度化に比
べて遅れているものの、その変化は依然として大きかった。10％もの経済
成長達成のため、新規雇用や20世紀末の国有企業制度革新に伴って大量
に一時解雇された労働者の再雇用問題を解決しただけでなく（都市部の登
録失業率は比較的低い水準に保たれている）、大量の余剰農業労働者を非
農業部門に吸収することもできた。すなわち、経済成長の雇用改善への寄
与を新規雇用の吸収と雇用構造の改善に分けると、年平均約10％の経済
成長のうち、新規雇用の吸収に当たる部分は約2％（約20％の寄与）、雇
用構造の改善に当たる部分は約8％（約80％の寄与）となる[35]。

三、21世紀以降に加速した工業化プロセスが雇用構造に与えた影響

（一）21世紀以降に加速した工業化プロセスおよび雇用構造に与えた影響

　21世紀に入ってから、特に2003年以降、中国は工業化の加速を特徴と
する経済成長段階に入った。世界金融危機の前後、中国は製造業と第二次
産業の付加価値の絶対規模で、米国を抜いて世界一となった。2010年の
米国のGDPは14兆9600億米ドルであり、そのうち製造業の付加価値額
の割合は11.7％、すなわち1兆7500億米ドルであった。一方、同年、中

国の製造業の付加価値は 13 兆 300 億元と、当時の平均為替レート 6.7695 で 1 兆 9300 億米ドルとなり、米国を 10％以上上回った。第二次産業の総規模を見ると、2010 年の中国の水準（2 兆 7700 億米ドル）は米国（2 兆 7800 億米ドル）に迫っているが、成長要因と為替レートの変動により、2011 年にはすでに米国を 20％以上上回り、世界一となっている。中国の製造業と第二次産業の規模拡大が止まり、産業構造の面で先進市場経済国の水準（第一次産業が 10％未満、第二次産業が約 30％、第三次産業が 60％以上）に達すれば、中国の GDP は米国の水準に達するか、さらにそれを超える可能性さえある。したがって、この段階は改革開放以降、第二次産業の雇用者数と割合が最も増加した時期でもある。1978 年から 2003 年の間に、全雇用者に占める第二次産業の割合は 17.3％から 21.6％と、二十五年間でわずか 4.3 ポイントの上昇にとどまった。しかし、2003 年から 2010 年にかけては、21.6％から 28.7％と、七年間で 7.1 ポイント、年平均 1 ポイントの上昇となった。雇用者数は 2003 年の 1 億 5900 万人から 2010 年の 2 億 1800 万人へと 5900 万人、年平均 840 万人以上増加した。第二次産業における労働力需要は伸び続けており、2012 年には雇用に占める割合が 30％を超えた。

　この時期、中国の第三次産業の発展も極めて急速であった。その付加価値額の年平均成長率は第二次産業のそれをわずかに下回る程度であった（2003 年から 2010 年までの年平均成長率は 11.4％）。雇用の面では、2003 年から 2010 年の間、第三次産業における雇用の割合は 29.3％から 2010 年の 34.6％へと 5.3 ポイント、年平均 0.75 ポイントの上昇にとどまり、第二次産業よりも低くなった。一方、1978 年から 2003 年の間、第三次産業における雇用の割合は 9.1％から 29.3％と、二十五年間で 20.2 ポイント、年平均 0.8 ポイント増加し、第二次産業よりもはるかに高い増加率を示した。このことは、21 世紀以降、特に 2003 年以降の中国の経済成長の工業化加速という特徴も反映している。すなわち、第二次産業は最も高い成長率を

示しただけでなく、雇用を吸収する能力もかつてないほど高かったが、この間、第三次産業の雇用は従来の発展を続けてきたのである。ところが、このような成長は、非農業部門の雇用改善への寄与も顕著である。2012年、第三次産業における雇用の割合は 36.1％に上昇し、雇用者数は 2 億7700 万人に達し、三つの産業の中で最大の雇用部門となった。

　第二次産業や第三次産業が急成長しているのに対し、第一次産業は従来のペースで発展している。同期間の第一次産業の年平均成長率は 4.5％であり、大きな変化はなかったが、雇用者数と雇用割合の変化は極めて大きかった。雇用者数は 2003 年の 3 億 6200 万人から 2010 年の 2 億 7900 万人へと、ドイツの総人口に相当する 8300 万人、年平均 1000 万人以上が減少し、雇用者の割合は 49.1％から 36.7％、さらに 2012 年には 33.6％へと低下した。その結果、雇用者数で測定される第一次産業における労働生産性の向上は、その規模の増加よりも著しく、第二次・三次産業との発展格差は縮小している。

（二）雇用構造のトレンドから見た中国の近代化
　図 4-4 は、1990 年から 2012 年までの中国の各産業の就業者数の推移を示している。図からわかるように、二十年以上の長期的なトレンドから見ると、第一次産業の就業者数は減少しており、第二次産業と第三次産業の就業者数は増加しているが、各段階におけるそれぞれのパフォーマンスは異なっている。第一次産業の雇用は 1990 年代初めに急速に減少したことがあったが、1995 年以降回復した。これは、農村人口の自然増によるところもあるが、都市部の国有企業改革によって多数の労働者が再雇用されたため、都市部の第二次産業が余剰農業労働力を吸収する能力が低下したことも一因である。2003 年以降、雇用者数は着実に減少し始めた。第二次産業の雇用者数の変化傾向は、第一次産業のとは正反対で、後者が減少すれば前者は増加し、その逆もまた然りである。こうした変化は、景気循

環と関連しており、経済発展の段階に影響を受けている。一般的に、経済成長の加速と減速は明らかに第二次産業の雇用需要に影響を与え、それがさらに第一次産業の雇用者数の変化へとつながる。しかし、今回の景気循環では、この二つの産業の雇用人口の変化に新たな特徴が見られる。それは、両者が逆方向に変動するトレンドは、2012年まで大きく変わっていないという点である。一方、第三次産業の雇用の変化は常に安定しており、景気循環やその他の要因の影響をあまり受けていないようである。

　長期的なトレンドを見ると、2003年頃から雇用構造の変化には産業構造の高度化という特徴がはっきりと見られるようになった。第二次産業と第三次産業における雇用が着実に増加し始め、第一次産業は着実に減少し始めた。2011年には、第三次産業の雇用が第一次産業を上回った。発展の傾向から見れば、2015年頃には第二次産業の雇用が第一次産業を上回り、上から順に第三次産業、第二次産業、第一次産業という近代的な雇用構造を形成する。これは中国の工業化と近代化のプロセスと密接に関連している。2014年、中国の各産業の付加価値額の割合は9.2：42.6：48.2と、第三次産業の割合がすでに第二次産業を上回り、近代的な産業構造を形成していた。今後は、付加価値構造の高度化により、雇用構造はさらに高度化し、次第に第三次産業が優位を占める（割合が50％を超える）発達した構造へ発展していくと見られる。

　（三）経済成長と雇用増加の違い

　GDP成長は雇用の増加（主に第二次産業と第三次産業）につながっているが、その成長率は一様ではない。図4-5は、GDP（不変価格での固定基準デフレーターで計算。1990年=100）と非農業部門雇用者数（1990年=100）を比較したもので、両者は著しく異なっていることがわかる。GDP指数[36]がほぼ等比数列的な伸びを示したのに対し（すなわち、毎年ほぼ同様の成長率を維持し、幾何平均を中心に変動し、年平均成長率は約

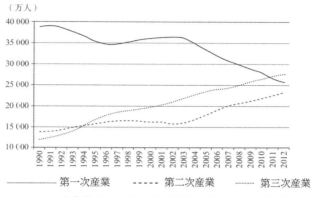

図 4-4　各産業における雇用の変化（1990 ～ 2012 年）

10％）、雇用者数はほぼ等差数列的な伸びを示した（毎年ほぼ同様の増加量を維持し、算術平均を中心に変動し、年平均増加数は約 1100 万人）。第二次産業と第三次産業の成長と雇用の間にも類似した関係が見られる。曲線の形状を見ると、成長曲線は単調増加の下に凸の放物線のようなものであり、年成長量は増加しているが、成長率は安定している。一方、雇用曲線は直線のようで、年増加量は安定しているが、増加率は低下している。この間、GDP は 7 倍増になったが、非農業部門の雇用は倍増にしかなっていない。このことは、中国の経済成長を左右する主な要因が依然として労働力人口ではないことを示している。そうでなければ、経済成長率が労働力人口増加率をこれほど大きく上回ることはありえない。むしろ資本注入の増加と技術進歩による労働生産性の向上のほうが、中国の経済成長にはより大きく寄与している。近年の経済成長、特に第二次産業の成長は、確かに人口ボーナスによって促進されたことは否定できないが、それだけで説明することはできない。逆に、経済成長の加速は、新規雇用や第一次産業における余剰労働力の雇用の改善にも大きく貢献しており、両者は相互に補強し合っているのである。

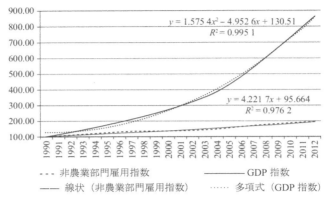

図 4-5　中国の経済成長と雇用（1990 ～ 2012 年）（1990 年＝ 100）

四、新時代の経済成長と雇用に関する分析

工業化プロセスが進むにつれて、国の近代的な産業構造と雇用構造が形成され始め、経済成長の量的拡大よりも質の向上を重視するようになる。社会発展、エネルギーと環境の持続可能な発展、国際環境などの要求から、三十年以上にわたって維持してきた約 10％の高い経済成長率は、客観的にも中国の経済成長を適度に減速させるよう求めている。今後（2020 年まで）の経済成長率目標を 6 ～ 8％に調整することは一般的に受け入れられており、実践から見ても達成可能である。この経済成長の減速は、もちろん国内の雇用にも影響を与えるであろうが、自然成長率が鈍化している一方で、歴史、医療衛生、出生率などさまざまな理由で、人口の増加と労働力の総供給も変化していることに留意すべきである。このため、経済成長と雇用の相互関係を、規模的・構造的に検討する必要がある。

（一）規模の需要と供給

第一に、規模から見れば、経済成長の鈍化は非農業労働力需要の減少につながる可能性が高いが、現段階では労働力の総供給も減少している。

2003年から2012年にかけて加速した工業化プロセスに反映される経済成長と非農業部門雇用の関係によると、GDPが10ポイント成長するごとに、非農業部門雇用は約1500万人増加し（都市労働力の純増と第一次産業からの労働力移動を含む）、GDPが1ポイント成長するごとに、吸収できる非農業部門雇用数は約150万人となる。1990年から2012年の長期発展における両者の関係によれば、GDPが1ポイント成長するごとに、吸収できる非農業部門雇用数は約110万人となる。今後五年間、経済成長が雇用にもたらす推進効果はその中間に位置するはずである。したがって、中国の年平均成長率を2ポイント下方修正して8％とした場合、他の条件が同じであれば、非農業部門雇用の吸収力は年間880万〜1200万人へと低下し、平均値は約1000万人となる。すなわち、GDPが1ポイント増加するごとに、約125万人の雇用が創出されることになるのである。

　このような労働力需要の減少は、実際、現在の労働力供給の変化の要件をある程度反映している。図4-6は、1990年代以降の経済活動人口と雇用者数の推移、および雇用者数の長期的傾向の外挿を示している。ここでは、雇用者数に当てはめた傾向線が良好に適合していることがわかる（決定係数＞0.99）。この曲線の一階微分は0より大きく、単調増加であることを意味し、二階微分は0より小さく、増加幅が減少する上に凸であることを意味する。長期的な発展傾向から見ると、中国の労働力総供給（総雇用者数）は、人口の自然増加率の低下や年齢構成の変化などにより、2010年頃から安定し始めた。外挿の傾向から見ると、総雇用者数は2014年頃に7億7000万人に達した後、毎年わずかしか増加しない程度で安定し始める。2012年には7億6700万人に達し、2013年と2014年の二年間にそれぞれ創出された新規雇用者数は約160万人（第一次産業の新規雇用を含む）であった。2014年以降、新たな労働力の年間供給量は年々減少を続け、2016年以降は100万人を下回り、2018年以降は総雇用者数の絶対数が減少する可能性さえ出てきた。このような状況下で、非農業部門労働力

人口の年間増加率が変わらないとすれば、第二次・三次産業の新規雇用に占める第一次産業から移動された労働力人口の割合はますます大きくなる（2003 年から 2010 年までの平均値は約 75％）。都市における生産年齢人口になった経済活動人口の雇用問題もあるが、人口の高齢化が進む中、満たされるべき雇用の数が多くなっているため、都市部における雇用問題は主に部門と職種の間でどのように配置するかという問題であり、総雇用者数が大幅に増加することはもはやありえないと考えられる。経済成長のための新たな労働力供給は、主に第一次産業労働力の移動に依存し、2016 年頃には、新たな非農業部門雇用者はすべて農業あるいは第一次産業からの労働移動によって供給されるようになると見られる。2012 年、中国の第一次産業における労働力人口は 2 億 5700 万人であり、同年の雇用者数の 33.6％を占めたが、付加価値額の割合は 10％に過ぎなかった。さらなる労働移動の余地があるのは明らかである。非農業部門の新規雇用が毎年すべて第一次産業から移動されるとすれば、1990 年から 2012 年までの長期供給トレンドによると、その新規雇用の平均人数は約 825 万人（=1100 万人× 75％）となる。すなわち、長期的な経済成長トレンドの変化により、非農業部門における労働需要が減少する一方で、新たな労働力の供給、特に都市部におけるその供給も減少している。そのため、非農業部門における新たな労働力は、主に農村部からの余剰労働力の移動によって供給されなければならなくなっているのである。

　したがって、他の条件がすべて同じとし、経済成長率が 2 ポイント低下した場合、今後五年間の労働力の需給はほぼ均衡し、年間平均供給量（825 万人）は年間平均需要量（1000 万人）よりもわずかに少なくなるはずである。需要を供給に基づいて決定し、GDP 成長率 1 ポイント成長するごとに 125 万人の雇用を吸収するという中長期的な関係によって予測すれば、GDP 成長率が 6.6％を達成する限り、労働需給の基本的なバランスは維持できる。もちろん、その数は年によって変動し、減少傾向にある。

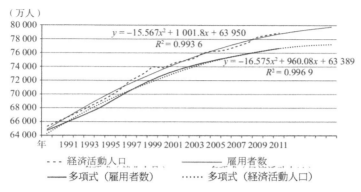

図 4-6　経済活動人口と雇用者数の推移（1990 〜 2010 年）

そのため、他の条件が同じであり、経済成長が労働供給だけで決まるのであれば、成長率も低下していくはずである。約 8％の経済成長率を維持するためには、労働投入量と経済成長率の関係を変える必要があり、労働生産性を向上させることで、相対的な労働力不足という矛盾を解決する必要がある。

また、図 4-6 からわかるように、中国では 1990 年から 2012 年にかけて、経済活動人口と就業人口の間の格差が拡大している。すなわち、労働力需給は逼迫しているものの、全体の失業率は緩やかな上昇傾向が続き、1990 年の 1％から 2012 年には約 3％へと上昇している。表面的にはこの数値は高くないように見えるが、実際には農業部門や第一次産業の失業者数を統計するのは容易ではないため、経済活動人口と就業人口の差が非農業部門の失業者数となる。すなわち、就業人口と経済活動人口からそれぞれ第一次産業における就業者数を差し引き、両者を割れば、非農業部門の失業率となるのである。この指標によると、中国の全体的な失業率は 1990 年の 2.2％から 2012 年の 4.2％に上昇し、ほぼ倍増している。失業率は、国際的に認められた警告レベルの 7％にはまだほど遠く、職種的失業率（特定の職種は他の職種よりも失業率が高い）という点では今のところ正常と考

えられるが、失業率の緩やかな上昇には依然として注目すべきである。

（二）経済成長と雇用に関する構造分析

1. 改革開放以降の経済成長における第二次産業の支配的役割

第二次産業は、改革開放の過去三十年あまりにわたる中国の急成長において主導的な役割を果たしてきた。この特徴は、中国経済が新たな景気循環に入った 2003 年以降、さらに顕著になっている。第二次産業の中でも、工業部門（主に製造業と鉱業）の成長率が最も重要視されており、統計部門は経済状況を判断する重要な根拠として、工業の付加価値額の推移を毎月公表している。第二次産業、特に工業部門に牽引される高度経済成長は、改革開放後の発展における工業化の特色を反映している。より長い期間（特に低所得国から中・上位中所得国への移行期）においては、製造業と第二次産業全体の発展を優先させること、すなわち工業化によって近代化を推進することが、経済発展のプロセスにおける正しい選択である。

第一に、中国経済は低いレベルから始まり、世界各国の先進的な科学技術と成功の経験を参考とし、先進国からの産業移転を引き受け、自国の比較優位を通じて製造業と第二次産業全体の発展を優先させることで、経済規模の急速な拡大を実現することができた。

第二に、需要による促進効果は高く、消費のアップグレード（耐久消費財から住宅購入へ）、インフラ建設、生産投資、それに輸出などの需要が改革開放以来総じて旺盛であり、これらはすべて、第二次産業（採掘業、製造業、建設業、公共事業）による支援が必要である。

第三に、労働生産性の面から見ても、第二次産業が最大の発展優位性を持っている。付加価値と雇用の比率を用いて労働生産性を計算すると、1990 年の第二次産業の労働生産性（5,570 元）は第一次産業の 4.28 倍、第三次産業の 1.13 倍となったが、2003 年の第二次産業の労働生産性（39,201 元）は第一次産業の 8.17 倍、第三次産業の 1.57 倍となり、この格

差拡大は必然的に第二次産業への資本流入を増やし、その成長加速を後押しする。しかし、第二次産業への生産要素の集中がさらに進むにつれて、超過利潤は徐々に減少していくと考えられる。そのため、2012年には、第二次産業の労働生産性（101,184元）は第一次産業の4.97倍、第三次産業の1.21倍にまで後退し、その時点での産業間格差は2003年に比べれば大幅に縮小したものの、それでも1990年時点よりは大きくなっている。20世紀末から21世紀初めにかけての中国は、製品と制度の革新に最も積極的な時期であり、多くの企業が資本と先端技術の導入を通じて新製品を開発したり（ハイテク製品の開発など）、新たな発展分野に参入したり（鉄鋼、セメントなどの製造業や建設業など、不動産開発やインフラ建設の関連産業に従事するなど）して超過利潤を得たため、デモンストレーション効果が形成され、関連産業により多くの資本が流入するようになった。これは、超過利潤が次第に減少していく、あるいはなくなるのを招き、特定の産業の相対的優位性が徐々に弱まり、さらには過剰生産能力が形成される恐れがある。しかし、製品のアップグレードは、新たなホットスポットとデモンストレーション効果をもたらすであろう。

　第四に、中国におけるこうした成果は、地方政府の支援なしには達成できなかったであろう。第三次産業と比べ、第二次産業はより細かい分業とより長い産業チェーンという特徴がある。第三次産業は、消費者に寄り添わなければならないサービス業であり、近代的な通信、交通、あるいは金融のようなハイエンドのものであろうと、観光、飲食、卸売・小売業のような伝統的なものであろうと、消費者のニーズなしにこれ以上拡大することは難しい。しかし、第二次産業は異なり、その製品は、業界を越え、地域を越え、さらには国を越えて流れることができ、発展の余地を多く持っている。そのため、多くの地方政府は、投資誘致と製造業発展の促進を地域の経済成長を促進するための最も重要な手段としている。実際、第二次産業におけるこのような発展は、地方に発展の機会をもたらす一方で、そ

の経済活動のリスクと盲目性を増大させる。したがって、経済調整が行われるたびに、第二次産業は最も影響を受ける部門となる。しかし、政治的業績のために、地方政府は目先の利益を重視するきらいがあり、客観的には第二次産業の発展を促進している。これらすべてが、第二次産業の優先的発展にとって現実的な根拠があるが、この発展パターンが長続きして維持されるわけではなく、経済発展のある段階になると、産業発展は本来の需要牽引型（投資、輸出、消費）と供給支援型（資源、資本、労働力、技術などの生産要素や他産業との協力）の役割を持たなくなる。その結果として、このパターンは変化する可能性が高いと説明されている。

2. 国際比較から見た産業構造高度化の動向

ペティ＝クラークの法則によれば、経済が発展するにつれて、第一次産業の規模と労働力の割合は徐々に低下し、第二次産業は徐々に上昇し、経済がさらに発展すると、第三次産業が上昇し、最終的には、第三次産業が最大の割合を占め、次いで第二次産業、第一次産業と続くという[37]。この法則では、産業構造は価値構造と雇用構造の両方に反映されることがわかる。一般的に、価値構造のアップグレードは雇用構造のアップグレードに先行する。雇用構造は最終的に価値構造に収束し、どの産業も似たり寄ったりの労働生産性を持つことになる。表 4-21 は、米国の付加価値構造と雇用構造の比較を示すものである。この表から、米国における雇用構造と付加価値構造はかなり接近しており、過去十年間ほとんど変化していないことがわかる。産業間、さらには国民経済の業種間における労働生産性の格差は小さく、しかも安定している。同じような状況は世界の主要先進国にも存在する。

一人当たりの国民所得で言えば、特別な事情がなければ、すなわち、中国が今後年平均7%以上の経済成長率を維持すれば、世界銀行の基準によると、2020年前後には高所得国の仲間入りをし、経済規模は米国を抜いて世界一になると見られている。この時期は、中国の産業構造の発展にお

ける転換期となる。すなわち、経済成長の主導産業が第二次産業から第三次産業へと移行するのである。2020年以降、第三次産業が経済成長の主導産業となると、中国の経済成長はさらに減速し（年平均経済成長率はさらに1〜2ポイント低下して6％程度になる）、中速成長の段階に入る可能性が高い。第二次産業の雇用と付加価値の割合はますます減少し、第三次産業は着実に増加していく。このような産業構造の高度化が長い間進んで経済成長を促進し、産業構造の高度化が先進国レベル、すなわち雇用と付加価値の構造が米国や日本に似たレベルにまで達してはじめて、低成長の段階（または安定成長期）に転じると見られる。

表 4-21　2000 年と 2010 年の米国の産業構造と雇用構造の比較（％）

	2000 年		2010 年	
	付加価値	雇用	付加価値	雇用
合計	100	100	100	100
農業、林業、漁業、狩猟業	1.0	1.0	1.1	0.9
第一次産業合計	1.0	1.0	1.1	0.9
鉱業	1.1	0.4	1.6	0.5
公共事業	1.7	0.4	1.8	0.4
建設業	4.7	5.0	3.5	4.2
製造業	14.2	12.6	11.7	8.5
第二次産業合計	21.7	18.4	18.6	13.6
卸売業	6.2	4.2	5.5	4.0
小売業	6.9	11.2	6.1	10.8
運輸・倉庫業	3.0	3.2	2.8	3.1
情報通信業	4.2	2.6	4.3	2.0
金融業、保険業、不動産業、物品賃貸業	20.1	5.7	20.7	5.7
プロフェッショナルサービス、ビジネスサービス	11.2	12.1	12.3	12.4
教育、医療、社会福祉	6.8	11.2	8.8	14.5
芸術、娯楽、飲食サービス	3.8	8.6	3.8	9.7
サービス業（政府以外のもの）	2.8	4.9	2.5	4.9
公共サービス	12.2	16.8	13.6	18.3
第三次産業合計	77.2	80.7	80.4	85.5

(三) 各産業発展動向に関する分析

図 4-7 は、1990 年から 2013 年までの、GDP に占める各産業の付加価値の発展動向を示している。図からわかるように、第二次産業の成長率は常に他産業より高く、その割合はどちらかといえば安定しているものの、近年 (2006 年以降) は右肩下がりの傾向を示している。第一次産業の割合は長期的に見れば低下傾向を示しているが、近年安定し始めた (2009 年から 2013 年までは 10％をわずかに上回った) 一方、第三次産業の割合は着実に増加する姿勢を見せている。

産業構造の変化は、不変価格ではなく現行価格で計算されるため、付加価値構造の変化は、各産業の成長率に加えて価格要因の影響を受けるのである。そして、価格は需給関係の影響を受け、一般的に、品不足であればあるほど、製品の価格の上昇は大きくなり、余剰が多ければ多いほど、その上昇は小さくなり、あるいは下落することもある。物価から見れば、三つの産業の一般物価水準の上昇は、実質的な伸びとは正反対であった (図 4-8 参照)。2009 年以来、第一次産業の成長率は 4％強で、GDP の年平均成長率 (約 5％) よりも低かったが、その付加価値額の割合は 10％以上を

図 4-7　中国における各産業付加価値額の割合の推移 (1990 〜 2014 年)

維持している。これは、第一次産業の一般物価水準の上昇が、比較的低い成長率による割合への影響を相殺したためである。各産業の名目成長率と実質成長率の比率をその一般物価水準の変化に反映させると、2003年から2013年までの国民経済（GDP）全体の年平均物価上昇率は4.52％となる。具体的には、第一次産業が7.09％、第二次産業が3.46％、第三次産業が5.09％であり、第三次産業の上昇率が国民経済全体の平均上昇率に最も近い。この物価変動の関係は、現段階における中国の各産業の需給状況を示している。第一次産業の供給は比較的逼迫しており、第二次産業の供給は比較的過剰であり、第三次産業の供給は適度である。このことはまた、第三次産業の成長率が第二次産業を長期にわたって若干下回っているにもかかわらず、その付加価値額の割合が著しく高い成長率を示している理由も説明している。労働・雇用が共に成長する状況下では、第二次産業と第三次産業の労働生産性の差は縮小していくと見られる。

　産業構造の高度化の度合いから見ると、中国の工業化プロセスは中後期に突入した。各国の経済成長に反映されている一般的な法則から見ても、中期・近期の需給関係から見ても、中国の第二次産業は減速の段階に入り、実際の経済成長もこの状況を反映している。過去二年間、中国の第二次産業の実質成長率は第三次産業のそれを下回り始めており、2012年の場合はそれぞれ7.9％、8.1％、2013年は7.8％、8.3％であった。今後の発展動向から見れば、このパターンは続き、両者の差はさらに広がると見られる。

　この新しいパターンの形成は、いくつかの要因に影響されている。第一に、発展段階から見ると、高い成長率を達成・維持するために、長期にわたって、空港、港、道路、鉄道、都市建設などのインフラ建設が経済建設の中心となっており、これらの建設によって創出される需要は、必然的に製造業と建設業、すなわち第二次産業の発展を促進する。建設が完了した後、長期的にその役割を果たし、生み出された価値の大部分は第三次産業に属することとなる。第二に、経済発展の初期段階では、関連産業が欠け

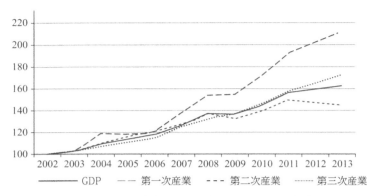

図 4-8　中国の各産業における物価上昇率（2002〜2013年）（2002年=100）

ていたため、経済成長を牽引するために比較的閉鎖的な近代企業を多く建設する傾向があり、多くの生産活動が一つの地域、あるいは一つの企業で完了していた。しかし、経済が発展するにつれて、分業化と専門化のレベルは次第に高まり、企業によって行われる多くの生産活動は、専門サービスを提供する企業や第三次産業によって行われるようになる。経済発展のレベルが高ければ高いほど、より専門的なサービスが開発され、第三次産業が急速に成長する。第三に、経済発展のレベルが上がるにつれて、住民生活の社会化が進み、それが第三次産業の発展にもつながる。第四に、第三次産業では、政府機関、教育、科学、文化、医療などの部門における非営利組織など、多くの部門の付加価値が労働報酬に基づいて計算されており、これらの部門の発展と雇用者の所得水準の向上も第三次産業の発展に影響を与える重要な要因となる。したがって、中国の経済成長における主導産業が変化し始めていることは認識すべきである。この変化の中で、第二次産業の成長率は低下し始め、経済成長のパターンに影響を与え、長期的な自然成長率を鈍化させる。というわけで、現在の経済成長の減速は、成長が一定の段階に達し、発展が一定のレベルに達したことの現れであるだけでなく、産業構造の重大な変化でもあり、経済成長モデルに新たな要

求を打ち出したものでもある。我々が設定する経済成長目標は、この発展傾向に適合したものでなければならない。

　以上の分析から得られる結論は、中国経済の年平均成長率が今後五年から十年の間に2～4ポイントすなわち6～8％となる場合、その低下のスピードは各産業で異なるはずである。第一次産業は、改革開放以来の4～5％の長期的な成長率を維持できる。第二次産業は2003～2010年の年平均成長率の約11％から3～4ポイント低下し、GDPとほぼ同じ7～8％となる。第三次産業は、第二次産業よりもわずかに高い8～9％であり、2～3ポイント低下すると予測される。総合的物価水準の上昇率については、第二次産業と第三次産業の格差は縮小し、国民経済全体の一般物価水準の上昇率とほぼ同程度になるが、第一次産業の総合的物価水準の上昇率は依然として高く、国民経済全体の平均水準よりも約50％高くなる。このような状況下では、第一次産業の付加価値額の割合は低下し続けるが、年間の減少幅はそれほど大きくなく、2020年には6～8％となる。第二次産業の割合は年間約1ポイント低下し、2020年には35～40％となる。一方、第三次産業の割合は年間約1ポイント上昇し、2020年には50～60％となる見込みである。

　2003年から2012年までの年平均成長率と雇用者数の関係を見ると、第二次産業は1％の成長につき約60万人の雇用を、第三次産業は約50万人の雇用をそれぞれ創出した。その他の要因（技術進歩など）を考慮しない場合、第二次産業と第三次産業の成長率がそれぞれ8％、9％に低下すると、年間労働力需要はそれぞれ約400万人、450万人、合計で約950万人となる。規模全体モデルによる前回の推計値の1000万人と比べて50万人の差はあるものの、それでも880～1200万人の範囲に収まる。供給側でも、農業部門における労働移動の条件は同様であるため、労働力の需要は供給よりも若干高くなる可能性があるという結論も成り立つわけである。

（四）産業構造の変化が雇用構造に与える影響についてのさらなる分析

　上記の分析では、2003 年から 2010 年までの経済成長と雇用の量的関係に基づき、将来の雇用動向を推定したが、実際には、中国の経済発展が新たな発展段階（産業構造の近代化、一人当たりの所得の上位中所得レベルから高所得レベルへの発展、経済成長モデルの転換）に入り始めたため、第二次産業の技術や資本への依存度が高まることは必然的に労働生産性の上昇につながり、その結果、成長に必要な労働投入量はさらに減少する。日本の高度経済成長期には、労働力人口に占める第二次産業の割合は一時 34.1％に達したが、中国のその割合は現在約 30％である。発展動向から判断すると、この割合は上昇を続け、2020 年には 33％に達する可能性はあるが、それ以上の上昇余地はあまりないようである。こうした判断を下す理由は、第一に、中国における第二次産業の付加価値額の割合が低下し始めていること、第二に、各国の発展の経験から、労働力人口に占める第二次産業の割合が三分の一以上に達することは稀であることである。第二次産業はそもそも、ヒトを機械に置き換えるものであり、科学技術と経済の発展水準が高くなるほど、労働力に対する相対的需要は小さくなるのである。中国の急成長のプロセスでは、都市と農村の二重構造によって労働コストが比較的低いことから、一部の労働集約型産業、特に輸出志向の製造業が発展する。確かに資本注入の一部は置き換えられたが、発展動向から見れば、資本注入と技術進歩から得られる生産高が労働投入のそれよりも高いため、この部分の労働集約型企業の多数は、最終的に技術集約型企業や資本集約型企業に置き換えられるのである。中国の第二次産業における雇用者数は、同産業の成長率が鈍化し、経済活動に占める割合が低下し、労働投入量 1 単位あたりの限界生産高と平均生産高が低下し続けるにつれて増加幅が鈍化し、2020 年頃には減少に転じると見られる。上位中所得段階から高所得段階への移行過程において、中国は、低生産コストという発展上の優位性から、科学技術、制度、イノベーションにおける優位性へ

の転換、すなわち経済成長と発展モデルの転換を達成することとなる。したがって、産業構造の高度化において中国も世界各国と同じ道をたどることになるであろう。

このような背景を踏まえ、第一次産業の発展目標を引き続き 4 ～ 5%、第二次産業の年平均成長率を 8% 前後、第三次産業を 9% 前後、GDP の年平均成長率を 8% とする。2020 年には第二次産業の雇用者数は増加せず、2011 年から 2012 年にかけての雇用者数の増加分（約 700 万人）を起点とし、年間約 79 万人減少し、第三次産業は依然として年間 450 万人の増加というペースを維持すると仮定すれば、表 4-22 の予測データを得ることができる。

表 4-22 からわかるように、もし中国の雇用者数がこの目標通りに推移すれば、2020 年には第一次産業の雇用者数は約 2 億人に減少し、第二次産業は約 2 億 5000 万人、第三次産業は 3 億人以上に達し、雇用構造は26.5：33.0：40.5 となる。当時の付加価値構造は 7：40：53 であったため、表 4-14 と比較すると、中国の産業構造は、1970 年頃すでに世界でも有数の先進国であった日本の水準に達していたことがわかる。その後、日本が経済成長と構造高度化を実現し、現在の経済発展水準と産業構造に到達するまでには長い時間がかかった。その意味で、中国が 2020 年に高所得国になったとしても、少なくとも経済構造の面では、先進国との間にかなりの隔たりがあり、経済成長と構造高度化を引き続き推進する必要がある。

先進国と比較すると、第一次産業の割合（26.5%）は依然として高く（先進国では 10% を下回る）、先に提唱された付加価値構造の目標（6 ～8%）よりも 20 ポイント近く高いが、これは現段階の中国経済発展の実態に沿ったものである。2012 年の中国の第一次産業の労働力人口は 2 億5700 万人である。これが 2 億人程度に減少するとすれば、毎年平均 700万人程度が移動しなければならないことになる。この値は、前回の集計分析で見積もられた供給量 825 万人よりも低い。集計分析では、事実上、農

表 4-22　2013～2020 年における各産業の雇用予測（万人）

年	第一次産業	第二次産業	第三次産業	合計
2013	24 949	23 794	28 140	76 883
2014	24 174	24 267	28 590	77 031
2015	23 444	24 662	29 040	77 146
2016	22 760	24 977	29 490	77 227
2017	22 122	25214	29 940	77 276
2018	21 529	25 372	30 390	77 291
2019	20 982	25 451	30 840	77 273
2020	20 481	25 451	31 290	77 222

注：総雇用者数は、図 4-6 の雇用モデルから推計される。

業部門の労働力供給は無限であるとし、農業そのものにおける労働需要について論じていない。現実には、農業部門の労働移動は依然として速いペースで進められているものの、非農業産業における単純労働に対する報酬（教育水準などの制約から、農業から移動した労働者が従事できる非農業活動は限られている）と農村の一般所得との格差が縮小しているため、農業労働者の移動意欲が低下し、それによる労働力供給が低下しているのである。また、現代経済における労働力需要の観点から、労働者の質に対する要求も高まっている。その結果、非農業産業の農業から移動した労働力に対する需要が減少する可能性もある。分析によると、中国は現在「ルイスの転換点」を通過しているという[38]。すなわち、農業から移動できる労働力は無限から有限のものへと変わり、農業から移出した労働力の使用コストは急上昇しているため、必然的に本来の需給関係が変わり、そうした需要も供給も徐々に低下するのである。したがって、先に述べたように、第二次産業における労働力人口の増加が徐々に減速するという目標は、中国の実情を反映しているだけでなく、世界各国の工業化プロセスに反映されている共通のパターンでもある。また、工業化のプロセスで第二次産業の労働力需要への依存度が弱まるのは、労働生産性の向上、とりわけ技術進歩に基づくものであることにも留意すべきである。もし技術進歩がなく、投資と雇用の拡大によってのみ生産規模を拡大するものなら、上記の

ような労働供給の条件下の場合、中国は経済成長率の面で犠牲を払わなければならなくなる。年間の労働供給が700万人しかなく、経済成長と雇用の一定の関係のもとで必要とされる労働力が950万人であるとすると、労働力不足の場合、経済成長率は6％程度しか達成できないことになる。このことは、今後の経済成長において、技術進歩を通じてそのパターンを転換する必要性をさらに説明している。図4-9の曲線の傾きの変化から、この目標に沿って達成される雇用増加を見ると、第二次産業の雇用者数は2015年頃に横ばいに転じ、第一次産業の労働移動は減速するが、総雇用者数は依然として減少傾向を維持し、第三次産業は依然としてこれまでの発展傾向を維持し、最終的により合理的な雇用構造を形成することが見てとれる。

　要するに、長い間、政府主導の高成長が中国の経済発展の主要な目標であり、それが近代化プロセスに客観的かつ積極的に貢献し、中国を世界において経済的影響力を持つ大国にしたのである。しかし、経済規模の拡大を目指した行き過ぎた急速な経済成長は、構造的な不均衡、生産能力の遊

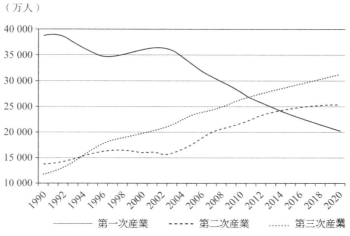

図4-9　各産業における雇用の長期的発展動向（1990〜2020年）

休化、ひいては浪費、非効率的な生産、エネルギーや環境の持続不可能な発展など、一連の問題も生み出している。もし各級政府がこうした問題の深刻さを認識することができず、「成敗は GDP 次第」という理念を押し付け続けるとすれば、その結果は極めて深刻なものになりかねない。したがって、かつてのように経済成長目標を常に「超過達成」する必要はもはやなく、現段階での中国経済の要求に合った経済成長目標の枠内で、発展におけるさまざまな矛盾を緩和し、解決し続けるべきである。問題は、過去十数年間（特に 2003 年から 2011 年まで）、10％前後の高い経済成長率を維持してきたことにある。この成長率が急激に低下すれば、高度成長期に急速に発展した産業や企業が、産業チェーンや資本チェーンの崩壊によって経営難に陥る恐れがある。しかし、本来の成長率を維持しようとすれば、経済発展におけるますます深刻化するさまざまな不均衡が拡大し、国民経済全体のリスクが高まる恐れもある。したがって、経済成長率の鈍化は、段階的なプロセスを通じて徐々に達成されなければならない。政府が市場経済の決定的な役割を発揮させ、改革の深化によって経済発展パターンの転換を実現することを提案したのは、まさにこのためである。これは経済モデルの円滑な転換に資するものであり、現在の中国の経済発展にとって正しい選択である。

　先進市場経済国では、経済成長の主な課題は雇用を改善することである。これもまたケインズが『雇用・利子および貨幣の一般理論』を著した際、経済成長をいかに刺激するかについて議論していたにもかかわらず、雇用をテーマとした主な理由である [39]。改革開放初期の中国にとって、経済成長は雇用需要を満たすだけでなく、貧困から脱却し、先進国に追いつくという意味合いも持っていた。しかし、経済発展水準が上昇を続けるにつれて、特に工業化プロセスの中後期に入り、上位中所得国から高所得国へと移行するにつれて、経済成長と雇用はますます密接に絡み合うようになっている。現段階では、中国における雇用の改善は都市化のプロセスを

推進しているだけでなく、所得分配と人々の生活を改善し、ひいては経済成長にも貢献している。このような状況下では、経済成長率が低すぎてはならない。低すぎると完全雇用に影響を与える。しかし、高すぎてもならず、高すぎると経済構造改革（主に需要構造の最適化と産業構造の高度化）と経済発展モデルの転換の実現に影響を与える。本節の分析を通じて、2020年までの経済成長率は6〜8％が適切であると考える。

五、所有制構造の変化が雇用に与える影響

2004年に初めて全国経済センサスが実施され（センサスの基準時点は2004年12月31日、調査の対象期間は2004年）、今後五年ごとに全国経済センサスを実施することが決定された。現在までに、中国では大規模な全国経済センサスが三回実施され（2004、2008、2013年）、マクロ経済管理や経済・社会発展に関する研究のための基礎的な統計情報を大量に提供している。本節では、その三回の経済センサスから得られたデータを通じて、中国の所有権制度改革後の所有制構造が異なる企業の発展と雇用の変化を分析する。結果として、中国の伝統的な公有制の市場化改革が、その経済成長と雇用の発展に新たな原動力を与え、新時代に長期的かつ持続的な役割を果たすことが明らかになった。

（一）所有権制度と市場化改革後の所有制類型が異なる企業の発展

1990年代の市場化改革以前は、経済活動の主体、もしくは生産・経営活動の主体は公有制企業（国有企業や集団所有制企業を含み、当時は全人民所有制企業と呼ばれていた）であった。第14回全国代表大会以降、中国は経済体制改革の目標として社会主義市場経済の確立を明示し、所有権制度の改革がその中核となった。その後、公有制を主体とし、多種の所有制経済（民間、外資、株式会社、個人事業者）がともに発展する市場システムを確立し、異なる所有制の法人や自営業者が、この制度における基本

的な生産・経営単位となった。2004年の第一回全国経済センサスが実施された時点で、この新しい制度はすでに基本的に確立されていた。したがって、中国における第二次・第三次産業に従事するすべての法人の登記類型別のグループ分けと、それに対応する各種のデータは、異なる所有制（公有制、混合所有制、私有制、外商投資など）の法人のグループ分けと、新しい所有権制度の下でのその発展と変化を反映している。このグループ分けにおけるさまざまなデータの推移は、実際、1990年代の中国の市場化改革、とりわけ所有権制度の改革を検証するものである。実際のデータは、この改革が中国の生産力発展の要求に適合していたことを示している。

　三回の全国経済センサスの結果によると、第二次・第三次産業の法人企業数は2004年には325万社であったが、2008年には495万9000社（2004年比52.6％増）、2013年には820万8000社（2008年比65.5％増）に増加した。企業の新規参入は生産能力を高め、経済成長と雇用に貢献している。表4-23は、三回の全国経済センサスにおけるさまざまな所有制（すなわち、センサスで定義された「登記類型」）の法人企業数の変化を反映している。表からわかるように、この期間のさまざまな種類の法人における構造変化の最大の特徴は、伝統的な公有制企業数の減少と新しいタイプの非国有経済の発展である。表4-23では、伝統的な公有制企業は、国有企業、集体企業（集団企業）、股份合作制企業（株式合作制企業）の三つに分類されている。2004年の第一回全国経済センサス実施開始時点では、株式制改革を受けずに存続していた伝統的な公有制企業はまだ52万3000社あったが[40]、2013年には存続企業が24万4000社しか残らず、2004年の半分以下となった。具体的には、国有企業[41]の数は2004年の17万9000社から2013年の11万3000社へと減少し、割合は5.5％から1.4％へと低下した。集体企業[42]の数と割合はさらに激減し、2004年の34万4000社から2013年には13万1000社に、割合は10.5％から1.6％へと低下した。2004年には国有企業と集体企業の合計が法人数の約16％

を占めていたが、2013 年には 3％にまで減少し、13 ポイントも低下した。一方、非国有経済を主とする有限責任公司（有限会社）[43]や私営企業はこの間に急速に拡大し、有限責任公司の数は 2004 年の 35 万 5000 社から 2013 年の 149 万 4000 社に、その割合は 10.9％から 18.2％へと 7.3 ポイント上昇した。私営企業数は 198 万 2000 社から 560 万 4000 社へと増加し、61.0％から 68.3％へと 7.3 ポイントの増加となった。この間、香港・マカオ・台湾企業と外商投資企業の数も 15 万 2000 社から 20 万 3000 社へとある程度増加したが、その割合は 4.7％から 2.5％へと減少した。

　三回にわたる経済センサスの期間中（2004 ～ 2013 年）、中国の国内総生産（GDP）は当年価格で 16 兆元から 57 兆元へと増加し、不変価格での年平均成長率は 10.2％であった。このうち第一次産業の成長率は年平均 4.51％、第二次産業と第三次産業はそれぞれ年平均 10.94％と 10.61％であった。すなわち、付加価値で見れば、中国の急速な経済成長は主に第二次産業と第三次産業が牽引してきたのである。企業を生産の最も基本的な単位と見なした場合、国民経済生産高の増加は、理論的には二つの基本的

表 4-23　三回の経済センサスの登記類型別の第二次・第三次企業の法人企業の変化

	2004 年		2013 年		伸び率（％）
	法人数（万社）	割合（％）	法人数（万社）	割合（％）	
合計	325.0	100.0	820.8	100.0	152.6
国有企業	17.9	5.5	11.3	1.4	-36.9
集体企業	34.4	10.5	13.1	1.6	-61.9
股份合作企業	10.7	3.3	6.5	0.8	-39.3
聯営企業	1.7	0.4	2.0	0.2	17.6
有限責任公司	35.5	10.9	149.4	18.2	320.8
股份有限公司	6.1	1.9	12.3	1.5	101.6
私営企業	198.2	61.0	560.4	68.3	182.7
その他の内資企業 [44]	5.4	1.7	45.6	5.6	744.4
香港・マカオ・台湾商投資企業	7.4	2.3	9.7	1.2	31.1
外商投資企業	7.8	2.4	10.6	1.3	35.9

注：第一回および第三回経済センサス主要データ公報（第 1 号）より作成。

な方法で達成することができる。一つは、企業数を一定に保ちながら個々の企業が生み出した付加価値を増加させることであり、もう一つは、企業が生み出した付加価値を一定に保ちながら新たな企業を創出し、総生産を増加させることである。しかしながら、経済活動において、この二つの方法による増加は、実際には交差（あるいは複数交差）して行われているのである。すなわち、成長している企業もあれば、生産が縮小したり、倒産寸前に陥ったりする企業もある。一方で新しい企業も絶えず誕生している。規模の経済の観点からは、経済発展のある段階において、企業の平均規模は比較的安定している（後に分析する企業の平均雇用者数からもわかる）。したがって、高度経済成長期において、新規企業の創出は、国民経済全体の総合的な生産能力を高め、さまざまな種類の投資需要や消費需要を生み出す重要な手段となるのである。このことは、三回の経済センサスにおける国内の企業数の増加にも明確に反映されている。しかし、この増加は企業の種類によって異なり、企業の構成にも変化をもたらした。表4-23の分析からわかるように、中国経済の急成長には、新しいタイプの企業の急速な発展が伴っているのに対し、市場経済という新しい情勢における伝統的な公有制企業は、かえって伸び悩んでいる。このことは、中国の経済成長と発展にとって市場化改革が重要であることのさらなる証拠となる。株式企業、民間企業、外商投資企業、自営業者の発展は、その後の経済成長に新たな原動力を与えた。もちろん、旧来の公有制企業、特に一部の大型国有企業の中にも、株式制改革後、国有企業や集体企業として表4-23に反映されなくなり、国有持株企業に属する有限責任公司や股份有限公司に分類されるものもある。それらの企業数は少ないかもしれないが、規模は大きく、国有商業銀行、大型国有資源企業、大型国有交通企業など、国民経済の支柱的役割を果たす上場企業もある。しかし、企業数の推移を見ると、非伝統的な公有制企業がより活発に発展している一方で、伝統的な公有制企業の多くは市場経済の新しい情勢に適応できず、すでに市場から淘

汰された。

（二）登記類型別の企業の雇用増加

　2004 年末時点での全国の第二次産業と第三次産業の雇用者数は 2 億 6920 万人であったが、2013 年末には 4 億 4615 万人となり、1 億 7695 万人増加し、成長率は 65.7％、算術平均で年間 1966 万人の増加であった（表 4-24 参照）。この間、職場の雇用者の累積増加率と営業許可証を持つ自営業者の増加率はともに 65％前後とほぼ同じであったが、これら二つのタイプの雇用の現れは時期によって異なっていた。第一回と第二回センサスでは、自営業の雇用の伸びが速かったが、第二回と第三回のセンサスでは、伸びがより速かったのは法人のほうであった。この二つの雇用の長期累積成長率は接近していたが、法人企業における雇用の割合が大きかったため、雇用の増加は主に法人企業の発展に依存していた。段階的発展という点では、国内の雇用増加率は第一回と第二回センサスの間で高く（四年間で 31.9％）、第二回と第三回の間で鈍減速した（五年間で 25.7％）。後者の期間中、中国経済は世界金融危機の影響と経済構造調整の試練に耐えてきたが、雇用情勢と都市化のプロセスは、主に法人企業における新規雇用に依存し、比較的順調かつ安定的に発展を続けている。これまでの分析で見てきたように、法人企業の中でより発展しているのは主に非公有制企業であり、中国の雇用情勢の発展・改善も主にこれらの企業に頼らざるを得ないということを意味しているようにも見える。ここでは、第二次産業で付加価値と雇用の割合の最も大きい工業と、第三次産業で割合の最も大きい卸売・小売業を選んで分析を進めることとする。

1．工業

　世界各国の国民経済部門や産業の分類では、工業はもはや独立した産業とは見なされず、それはまず三大産業（鉱業、製造業、電気・熱・ガス・水道水の生産と供給業）に分類され、その下でさらに細分化されていく。

表 4-24　三回にわたる全国経済センサスにおける雇用データの推移

	2004 年雇用		2008 年雇用			2013 年雇用			
	雇用者数 （万人）	割合 （％）	雇用者数 （万人）	割合（％）	前回比 増（％）	雇用者数 （万人）	割合 （％）	前回比増 （％）	前前回比 増（％）
法人 企業	21 460	79.7	27 312	76.9	27.3	35 602	79.8	30.4	65.9
自営 業者	5 460	20.3	8 195	23.1	50.1	9 013	20.2	10.0	65.1
合計	26 920	100	35 507	100	31.9	44 615	100	25.7	65.7

注：第二回および第三回経済センサス主要データ公報（第 1 号）より作成。

中国の『国民経済行業分類』（GB/4754-2011）もまた、国際基準に従って「工業」というカテゴリーの設定を廃止した。しかし、「工業」は中国の国家経済管理や統計活動で広く使われている概念であるため、『国家統計局関於印発「三次産業劃分規定」的通知』（国統字〔2003〕14 号）でも、依然として第二次産業の二級部門と見なされている。それゆえ鉱業、製造業、電力・熱・ガス・水道水の生産・供給業は三級部門に分類されているのである。工業は中国の第二次産業の主体であり（もう一つは建設業）、2013年の付加価値額の 84.3％、雇用の 73.5％と、その大部分を占めている。したがって、工業における雇用に対する分析は、第二次産業を代表するものであると考えられる。

　まず、工業の発展が中国の雇用にどのように寄与しているかを見てみよう。表 4-25 からわかるように、2004 年から 2013 年までの九年間で、工業の雇用は 1 億 995 万人から 1 億 4978 万人へと 4000 万人近く増加し、年平均 400 万人以上の増加となっている。工業の発展は、この間、国内の新たな非農業的雇用の創出に大きく貢献した。しかし、雇用の増加幅は時代によって異なっていた。第一回と第二回のセンサスの間では、工業雇用は算術平均で 2145 万人、年間 536 万人増加したが、第二回と第三回の間では1838 万人と、年間 368 万人の増加にとどまった。言い換えれば、工業が吸収した新規雇用の年平均増加数は、三回の経済センサス期間を通じて逓

第四章　経済成長における産業構造の変化　　327

減したのである。

　次に、法人単位と営業許可証を持つ自営業者の雇用の分布を見ていく。表 4-25 からもわかるように、自営業者数と雇用者数は第一回と第二回の間では小幅に増加したが、第二回と第三回の間では減少した。雇用者に占める自営業者の割合は小さく、2004 年の 12.3％から 2008 年の 11.9％、2013 年の 6.8％へと減少している。これは歴史的に理に適った展開である。工業化の初期段階において、工業の発展が依然として一部の小さな工場にある程度依存していたとすれば、中後期段階においては、機械制大工業の発展が必然的に大規模経営のレベルを引き上げることとなる。工業の特徴は、人間を機械に置き換え、個人経営を集団的な分業に置き換えることで

表 4-25　三回の経済センサスにおける工業部門の法人単位数、営業許可証を持つ自営業者数および雇用者数（登記類型別に分類）

	2004 年			2008 年			2013 年		
	企業数（万社）	雇用者数（万人）	平均雇用者数（人）	企業数（万社）	雇用者数（万人）	平均雇用者数（人）	企業数（万社）	雇用者数（万人）	平均雇用者数（人）
法人企業合計	145.1	96 44	66	190.3	11 738	62	241.0	14 026	58
国有企業	2.8	921	329	2.6	762	293	2.0	479	239
集体企業	15.2	730	48	6.6	345	52	4.0	174	43
股份合作企業	5.2	212	41	2.6	112	43	2.4	62	26
聯営企業	0.7	46	66	0.3	27	88	0.5	20	40
有限責任公司	10.7	1 727	161	14.5	1 967	136	32.1	31 95	100
股份有限公司	1.8	517	287	2.5	593	237	3.0	848	283
私営企業	94.7	33 71	36	145.7	5 206	36	176.0	6 272	36
その他の内資企業	2.5	61	25	3.4	97	28	9.3	210	23
香港・マカオ・台湾商投資企業	5.9	1070	181	5.7	1252	220	5.7	1343	236
外商投資企業	5.5	988	180	6.5	1379	212	5.9	1424	241
自営業者合計	217.4	1351	6	227.4	1402	6	176.9	952	5
総雇用者数		10 995			13 140			14 978	

注：第一回、第二回および第三回経済センサス主要データ公報（第 2 号）より作成。2004 年の自営業者雇用者数は、第二回・第三回経済センサスの基準（自営業者から許可証を持つ自営業者へ）に則って修正され、具体的な数値は第二回経済センサスの公報で公表された伸び率に基づいて推定される。

あり、それによって労働生産性を大幅に向上させ、経済発展を促進することにある。経済発展水準が高ければ高いほど、工業集約化の程度も高くなる。企業の平均雇用者数から見ると、これまで各回の経済センサスにおける自営業者の平均雇用者数はわずか5〜6人であり、法人企業の十分の一にも満たない。工業部門では長期にわたって存在し続けると見られるが、その発展の余地は極めて限られている。

　最後に、雇用増加に対する法人企業の貢献を見てみよう。2004年の第一回経済センサスの時点では、1998年頃の国有企業の改革（持ち株制度改革、市場経済に適応できない多数の国有工業企業の閉鎖、生産停止、合併、生産転換を含む）と、その後の政策・経済調整を経て、民間経済はかなり発展し、経済はデフレの時代から徐々に脱却し、新たな発展のサイクルに入っていた。このような背景から、私営企業は徐々に発展し、企業数および雇用者数で最大の割合を占めるようになり、具体的には企業数で65.3％、雇用者数で35％を占めるようになった。一方、国有企業のシェアは、企業数で2％未満、雇用者数で10％未満に低下した。量的な面では、私営企業の総規模が国有企業を上回り、工業部門の主力となっている。しかし、個々の企業の平均規模を見ると、私営企業は国有企業より明らかに小さかった。国有企業の法人数シェアが雇用者数シェアを大幅に下回った一方、私営企業では雇用者数シェアが法人数シェアを大幅に下回っているのもこのためである。すなわち、大企業（雇用者数で計る）では国有企業が優勢であり（表4-25に見られるように、2004年の平均雇用者数が最も多かった）、中小企業では私営企業が優勢であった。企業規模（平均雇用者数で計る）を見ると、私営企業の雇用者数に変化はなかったが、香港・マカオ・台湾商投資企業、外商投資企業の雇用者数は増加し、その他の企業の雇用者数はみな減少した。このことは、香港・マカオ・台湾商投資企業と外商投資企業が中国本土に投資する際、依然として労働供給の比較優位に依存しており、労働集約型企業を発展させていることを示している。

表 4-26 は、三回の経済センサス間の登記類型別の工業法人数と雇用者数の割合の推移を示すものである。

第一回と第三回の経済センサスの期間中、伝統的な公有制工業企業（国有企業、集体企業、股份合作企業、一部の聯営企業[45]を含む）は厳しい試練にさらされ、企業数と雇用者数のいずれも激減した。国有工業企業の数は 28.6％、雇用者数は 48％減少し、他の伝統的な公有制企業の減少幅はさらに大きかった。それに対し、私営企業、有限責任公司、外商投資企業の数と雇用者数は大幅に増加した（これら 3 種類の企業における雇用の割合は、2013 年にそれぞれ 44.7％、22.8％、10.2％に達した）。全体として、工業部門の雇用は第一回と第三回の経済センサスの間に 45.4％増加し、その中で 4 種類の伝統的な公有制企業（国有企業、集体企業、股份合作企業、一部の聯営企業）の雇用は約 1900 万人から 735 万人へと 61.5％減少したが、非伝統的な公有制企業（上記 4 種類以外の企業）の雇用は

表 4-26　三回のセンサス間の登記類型別の工業企業数と雇用者数の割合の推移

	2004 年シェア（％）		2013 年シェア（％）		成長率（％）		
	企業数	雇用者数	企業数	雇用者数	企業数	雇用者数	平均雇
法人企業合計	100.0	100.0	100.0	100.0	66.1	45.4	-12.1
国有企業	1.9	9.5	0.8	3.4	-28.6	-48.0	-27.4
集体企業	10.5	7.6	1.7	1.2	-73.7	-76.2	-10.4
股份合作企業	3.6	2.2	1.0	0.4	-53.8	-70.8	-36.6
聯営企業	0.5	0.5	0.2	0.1	-28.6	-56.5	-39.4
有限責任公司	7.4	17.9	13.3	22.8	200.0	85.0	-37.9
股份有限公司	1.2	5.4	1.2	6.0	66.7	64.0	-1.4
私営企業	65.3	35.0	73.0	44.7	85.9	86.1	0.0
その他の内資企業	1.7	0.6	3.9	1.5	272.0	244.3	-8.0
香港・マカオ・台湾商投資企業	4.1	11.1	2.4	9.6	-3.4	25.5	30.4
外商投資企業	3.8	10.2	2.4	10.2	7.3	44.1	33.9

注：表 4-25 のデータに基づいて作成。

7734万人から1億3292万人へと71.9％増加した。工業部門における雇用とその増加が、非国有企業の発展に大きく依存していることは明らかである[46]。したがって、中国の工業化と都市化のプロセスにおいて、国有企業、特に大型国有企業や国有持株企業の規模、技術、資源などの優位性を十分に発揮させることはもちろん必要であるが、それ以上に、非伝統的な公有制企業がこの分野でますます活躍し、経済活動に積極的に取り組み、発展の潜在力がより高く、雇用を吸収する力がより強く、現段階における中国の工業発展の重要な原動力となっていることを見極めることも必要である。中国の現在の工業成長は、調整あるいは下押しを経験している。その調整において、非国有経済は急速な発展、多くの矛盾、特別な優遇政策の欠如のために、国有企業よりも多くの困難に遭遇している。したがって、現段階において、工業発展の問題を解決しようとするなら、市場経済そのものの調節機能を十分に発揮させながら、発展においてまだ競争力のある非国有企業が直面するさまざまな問題を積極的に解決すべきである。これらの企業に活力を与え、大型国有企業の柱となる役割を果たさせさえすれば、工業発展全体に新たな原動力が生まれるであろう。

2. 卸売・小売業

卸売・小売業は、中国の第三次産業、すなわちサービス業において最大の部門であり、その付加価値は2013年のGDPの20％以上を占めており（第2位の不動産業、第3位の金融業はともにGDPの約12％に過ぎない）、雇用者数は7481万人に達し、総雇用者数の31％を占めている（第2位の運輸・倉庫・郵便業は2974万人、第3位の公共管理・社会組織は2707万人であり、それぞれ12.5％、11.4％を占めている）ため、第三次産業を代表するものと言える。しかし、第二次産業における工業の中心的な位置づけに比べ、第三次産業は生産・経営活動の種類が多く、労働集約型産業と資本集約型産業などそれぞれに特徴があるため、サービス業全体における卸売業・小売業の典型性は相対的に低い。さらに、改革開放の推進、経済

発展水準の向上、世界的な技術革新と経済統合に伴い、中国では多くの新規サービス企業が発展し、業界全体に変化をもたらしている。例えば、卸売・小売業は古くからのサービス業に属していた。金融業、不動産業、情報通信業、ソフトウェア業は中国で新しく発展した近代サービス業であるが、インターネット金融・商業の発展に伴い、オンライン卸売・小売業は新興産業になりつつある。サービス業は現在の経済活動で最も活発な部門であり、その発展は中国の将来の経済成長の主な方向性と傾向である。表4-27 からわかるように、工業とは対照的に、卸売・小売業は分散型経営を特徴としており、企業数は多いにもかかわらず、1 企業あたりの平均雇用者数は少ない。2013 年の全法人の平均雇用者数は 12 人（工業部門では 58人）、自営業者の平均雇用者数は 1.26 人（工業では 5.38 人）であった。

　まず、卸売・小売業の発展が雇用にどの程度寄与しているかに目を向けよう。2004 年から 2013 年にかけて、卸売・小売業における雇用者数は1383 万人から 3315 万人へと 1932 万人増加した。絶対規模では工業より小さいものの、成長率ではそれをはるかに上回り、累積増加率は 139.7％にも達した。第一回と第二回の経済センサスの間では 2098 万人、年平均525 万人の増加、第二回と第三回の間では 1913 万人、年平均 383 万人の増加であった。三回にわたる経済センサスを通して、年間新規雇用者数は工業と同様に減少傾向にあった。景気循環の観点から見ると、第一回と第二回の間は、中国が 21 世紀に入ってからの加速成長期にあり、比較的高い年平均成長率が伝統産業における雇用の急拡大を牽引した。しかし、第二回と第三回の間は、世界金融危機の影響を受け、経済が高成長から中高成長へと移行し、伝統産業の雇用が減少した時期にあった。これはまさに、経済成長と雇用の密接な関係を示している。

　次に、法人企業と許可証を持つ自営業者の雇用分布を見てみよう。表4-28 からわかるように、工業部門とは対照的に、卸売・小売業における個人経営は特に活発であり、許可証を持つ自営業者数は全体の半分以上

表 4-27　三回の経済センサスにおける卸売・小売業の法人企業数、営業許可証を持つ自営業者数および雇用者数

	2004 年			2008 年			2013 年		
	企業数（万社）	雇用者数（万人）	平均雇用者数（人）	企業数（万社）	雇用者数（万人）	平均雇用者数（人）	企業数（万社）	雇用者数（万人）	平均雇用者数（人）
法人企業合計	88.4	1 383	16	140.3	1 891	13	281.1	3 315	12
国有企業	7.0	261	37	3.8	157	41	2.7	103	38
集体企業	8.6	144	17	5.1	87	17	3.7	57	15
股份合作企業	2.6	30	12	1.5	21	14	1.6	15	10
聯営企業	0.4	8	20	0.3	6	19	0.7	8	12
有限責任公司	10.4	260	25	16.5	344	21	49.0	768	16
股份有限公司	1.6	90	56	2.5	114	45	3.2	150	47
私営企業	55.7	542	10	105.4	1 023	10	197.0	1 758	9
その他の内資企業	1.1	10	9	3.5	40	11	19.8	260	13
香港・マカオ・台湾商投資企業	0.3	12	40	0.6	37	62	1.5	89	60
外商投資企業	0.7	27	39	1.1	63	57	1.9	106	56
自営業者合計	1 160.3	2089	2	1 549.1	3 678	2	3 315.0	4 167	1
総雇用者数		3 471			5 569			7 482	

注：第一回、第二回および第三回経済センサス主要データ公報（第3号）より作成。このうち、2004 年の自営業者数と雇用者数は、第二回および第三回の基準に修正された（すなわち、許可証を持っているという基準に基づいている）。

を占めた。2004 年には 60.2％、2008 年には 66％まで上昇し、2013 年にはやや下がったものの、それでも 55.7％に達した。雇用の増加という点では、雇用者数は三回にわたる経済センサスを通して 115.6％（年平均増加率 8.91％）増加し、国内で雇用の最も急成長した部門の一つとなった。中でも、法人企業における雇用は 139.7％、自営業者における雇用は 99.5％増加した。このことは、卸売・小売業が起業に最も適した部門であること、その集約経営のレベルが、中国の経済成長と経済発展水準の上昇に伴って高まっていることを示している。

　最後に、雇用増加に対する各種法人の貢献度を比較する。卸売・小売業における法人企業の雇用は、全業種の半分以下ではあるものの、急速に増

加しており、2004年から2013年までの累積増加率は139.7％（年平均増加率10.2％）に達した。段階的に見れば、第一回と第二回の経済センサスの間では年平均増加率が8.1％、第二回と第三回の間では11.9％であった。すなわち、卸売・小売業全体の雇用増加が減速するにもかかわらず、法人の雇用増加は加速している。さまざまな種類の法人のうち、伝統的な公有制企業（国有企業、集体企業、股份合作企業、聯営企業）の割合は2004年にはすでに低く、その企業数は法人数の21％であり、雇用者数は32％（部門総雇用者数の12.7％）であった。2014年までに、企業数は3.1％に、雇用者数は5.5％（部門総雇用者数の2.5％）に減少した。その中で、国有企業、集体企業、股份合作企業の三種類の企業における雇用者数は、累計で50％以上も減少した。これは、市場競争の激しい卸売・小売業におい

表4-28　三回の経済センサスにおける卸売・小売業の法人単位数、営業許可証を持つ自営業者数における雇用分布および推移

	2004年		2008年		2013年		
	雇用者数（万人）	割合（％）	雇用者数（万人）	割合（％）	雇用者数（万人）	割合（％）	増加2004年比（％）
法人企業合計	1 383	39.8	1 891	34.0	3 315	44.3	139.7
国有企業	261	7.5	157	2.8	103	1.4	-60.5
集体企業	144	4.1	87	1.6	57	0.8	-60.4
股份合作企業	30	0.9	21	0.4	15	0.2	-50.0
聯営企業	8	0.2	6	0.1	8	0.1	0.0
有限責任公司	260	7.5	344	6.2	768	10.3	195.4
股份有限公司	90	2.6	114	2.0	150	2.0	66.7
私営企業	542	15.6	1 023	18.4	1 758	23.5	224.4
その他の内資企業	10	0.3	40	0.7	260	3.5	2 500.0
香港・マカオ・台湾商投資企業	12	0.3	37	0.7	89	1.2	641.7
外商投資企業	27	0.8	63	1.1	106	1.4	292.6
自営業者合計	2 089	60.2	3 678	66.0	4 167	55.7	99.5
総雇用者数	3 471	100.0	5 569	100.0	7 482	100.0	115.6

注：表4-27のデータに基づいて作成。

て、伝統的な公有制企業が競争力を欠いていることを示している。この部門において、雇用に占める割合が高く、近年急速に発展した法人は私営企業と有限責任公司であり、この点については工業部門に近い。このことは、市場化改革後、新しい種類の法人がより市場に適応し、よりよく発展できることを示唆している。上記の2種類の非国有経済に加え、他の種類の非国有企業も極めて良好な発展を見せている。特に香港・マカオ・台湾商投資企業や外商投資企業における雇用は急拡大しているが、卸売・小売業全体に占める割合はまだ比較的小さい。全体として、雇用増加への法人の貢献度は自営業者のそれを上回っており、法人の中でも伝統的な公有制企業は明らかに新しい情勢での市場競争のニーズに応えられず、規模が徐々に縮小している。一方、非国有経済の発展は極めて急速である。特に世界金融危機以降、企業数や雇用者数の増加がかえって加速していることは注目に値する。このことは、経済発展が一定の水準に達したとき、サービス業の発展に対する新たな要求を打ち出し、消費奨励政策と相まって、消費関連産業（卸売・小売業や交通・運輸業など）に一連の好影響をもたらすことを示している[47]。工業と卸売・小売業の新規雇用者数を比較すると、後者がはるかに多いことから、現段階での中国の雇用増加は主に第三次産業に依存していると言える。

　要するに、三回にわたる経済センサスのデータ公報に基づき、第二次産業と第三次産業における所有制の異なる法人（すなわち、センサスでいう「登録類型」）と自営業者の発展を分析し、第二次産業の工業部門と第三次産業の卸売・小売業部門をモデルケースとして、三回の経済センサスの間の所有制が異なる企業（自営業者を含む）の数と雇用者数の発展を検討し、以下の結論と見解を得た。

（1）1990年代以降、中国は企業の所有権制度の大規模な改革を実施し、伝統的な計画体制下の公有制企業を改革するだけでなく、新しい市場制度におけるさまざまな新しい所有制企業の創立と発展のための市場規範

と法制度も確立した。これにより、公有制を主体とし、多種類の所有制経済がともに発展する社会主義市場経済制度の発展が制度的に支えられ、経済成長の新たな原動力となった。経済センサスのデータによると、三回の全国経済センサスの期間中、第二次産業と第三次産業における法人企業数、自営業者数、雇用者数は全体として目覚ましい発展を遂げているが、所有制（登録類型）の異なる企業の発展と雇用への貢献は異なっている。法人と自営業者を比較すると、雇用への全体的な貢献は法人のほうが自営業者よりも大きい。これは、中国の経済発展水準が上昇し続けるにつれて、集約管理のレベルも上昇しているためである。部門別では、規模経営が進んでいる工業では自営業者数と雇用者数が減少している一方、事業が比較的分散している卸売・小売業ではそれらが増加している。法人企業においては、伝統的な公有制企業（国有企業、集体企業、股份合作企業）の数、企業総数に占める割合、雇用者数の全てが減少している一方で、市場化改革後に発展した新しいタイプの企業（とりわけ私営企業や有限責任公司）の数、割合、雇用者数が大幅に増加している。

(2) 三回にわたる経済センサスの基本調査の対象として、法人（および許可証を持つ自営業者）は、実際の生産企業を有しているだけでなく、これらの企業の所有権の性質を定義する関連法も持っている。このことはまた、所有権制度の市場化改革が近代的な法制度の建設を伴っており、法律上、伝統的な公有制企業であれ、新型の国有持株企業であれ、非公有経済制であれ、市場経済制度の経済活動における地位は平等であるという事実を反映している。これは、経済センサスにおいて企業を所有制の種類別にグループ分けする法的根拠を提供するだけでなく、より重要なこととして、リアルな経済活動における企業間の平等な競争と発展の関係を示している。経済センサスの結果をダイナミックに比較すると、所有権制度の改革が極めて優れた制度的背景を提供し、近年の中国の急速な経済成長に新たな原動力を生み出したことがわかる。このような経

済システムの転換がもたらす制度的要因による経済成長、工業化、都市化の推進は、21 世紀以降の中国経済発展の重要な特徴である。

（3）公有制を主体とし、多種類の所有制経済がともに発展する経済制度は、中国の社会主義市場経済の基盤であるが、一度確立されたこの制度の枠組みを発展・改善させる必要がないというわけではない。伝統的な公有制企業と非国有企業には、中国の経済発展においてそれぞれ強みがある。伝統的な公有制企業には悠久たる歴史があり、特に工業分野で技術、資本、規模において優位性がある一方、非国有企業には強いイノベーション意識、経営の柔軟性、市場経済発展のニーズへの適応能力といった利点がある。しかし、伝統的な公有制企業は、市場競争に負けると淘汰されることが多く、企業数や雇用者数は減少の一途をたどっている。一方、民間企業は競争の中で絶えず発展しており、一方では市場から淘汰され続け、他方では新しい企業がたくさん生まれ続けている[48]。全体として、市場化改革後、非国有企業は市場競争によりよく適応し、現在の工業化と都市化のプロセスにおいて、また非農業部門の雇用拡大において、より積極的な役割を果たすことができるようになった。公有制企業であれ民間企業であれ、活力強化の問題と市場制約の問題の両方があり、目下のところ公有制企業の問題は依然として活力不足である。そのため、投融資制度や混合所有制などの分野でさらなる改革を行う必要がある。一方、民間企業の問題は、主に規範が不十分であることに起因している。企業が利潤の最大化を目指す場合、道徳水準が下がることはあってはならないが、市場において、法的規範なしに道徳水準だけが強調されると、食の安全、生産の安全、環境悪化、レントシーキングなどの問題を解決することは極めて困難となり、むしろ悪化する可能性さえある。したがって、市場システムの発展は市場秩序の改善と結び付けなければならず、そのカギは法制度整備である。

（4）三回の経済センサスのデータが証明するのは、生産力の発展と非農

業部門における雇用の促進の改善程度を基準とするならば、非伝統的な公有制経済は市場経済によりよく適応し、伝統的な公有制経済は厳しい試練に直面しているという点である。しかし、株式制改革を経て上場した大型国有企業が、近年大発展を遂げただけでなく、中国経済の安定と世界での台頭に重要な役割を果たしていることも目にしてきた。このことは、公有制を主体とし、多種の所有制経済がともに発展するという全体的な枠組みのもと、市場秩序を継続的に改善し、さまざまなタイプの企業の強みを十分に発揮させることによって、経済資源をよりよく配分し、よりよい発展を実現することに有益であることを示している。どのようなタイプの企業が、どの分野でより良い発展を遂げられるのであろうか、という問いに答えるには、改革、実験、革新を継続的に行いつつ、長期的な実践を通じて改革の成果を検証する必要がある。経済発展は、経済体制改革が成功しているかどうかを検証するための基準である。しかも実践により、所有権制度と市場化改革が正しい方向に向かっていることは証明されている。

第五節　オークンの法則および中国の新常態における成長と雇用の量的関係

2010年以降、マクロ経済刺激策の「機に応じた撤退」に伴い、中国の長期経済成長率は断続的に低下し、年平均経済成長率はそれまでの約10％（1978～2010年）から約7.5％（2011～2014年）へと低下した。このことは、中国が経済成長の新常態に入ったことを示している。しかし、経済成長率の低下にもかかわらず、雇用情勢は依然として良好である。都市部では毎年1000万人以上が新たに雇用され、経済成長率が1％上昇するごとに非農業分野では150万人以上の雇用が創出されている。この現象は、単純に全体関係を分析するだけでは説明しにくい。経済成長率が1％

上昇するごとに創出する非農業部門雇用が一定であれば、経済成長率が低下すると新規雇用も減少するわけである。現在の経済成長では、全体的な成長率は低下しているものの、産業部門や業種によって変化が異なる。第二次産業の成長率が大きく低下している一方で、第三次産業は依然としてより良い成長率を維持しており、多くの新規雇用を吸収している。2004年から2013年にかけて、中国は三回の大規模な全国経済センサスを実施し、非農業部門の雇用に関するより詳細なデータと、部門別のGDPに関するより正確なデータが得られた。本節では、これらのデータを、中国の経済成長における新たな変化と結びつけ、現段階の経済規模と構造変化が雇用に与える影響を分析していく。

一、オークンの法則への再考

経済成長と雇用は密接に関係している。ケインズは1936年に代表作『雇用・利子および貨幣の一般理論』で現代のマクロ経済理論を構築した。タイトルだけ見ると、金融政策と雇用の関係を論じているように見えるが、その内容を見れば、国民所得とその構成要素の成長と財政・金融政策の相互関係に焦点を当て、完全雇用は経済成長のプロセスで達成されることを論じているのがわかる。その後の統計において、国民所得の概念は具体化され、GDPという指標に発展し、個々の国や地域の経済成長の実態を反映するために用いられるようになった。そのため、ケインズの理論では、雇用と経済成長は表裏一体であり、持続的な経済成長の達成には政府のマクロ経済政策の介入が必要となる[49]。より良い経済成長が達成されれば、雇用もそれに応じて大幅に改善することが見込まれる。1962年、オークンは米国の四半期ごとのGNP成長率と失業率のデータに基づき、1947年から1962年にかけての経済成長率と失業率の量的関係を考察した。オークンはまず、自由市場経済システムにおいて物価の安定が維持され、最大生産高が達成される場合の完全雇用を評価する基準として、失業率を4%

に設定した。すなわち、失業率が4％の場合、米国の潜在成長率と実質成長率は一致するのである（年平均潜在成長率は1947 ～ 1953 年が4.5％、1953 ～ 1962 年が3.5％）。失業率が4％を超えると、社会で遊ばせておく資源となるが、それが適切に使われておらず、実質成長率が潜在成長率よりも低くなる一方、4％を下回る失業率は、主に景気循環のピーク時に発生する。これは今日の言葉で言えば、経済が過熱しており、この状況は短期間しか維持できない。ほとんどの場合、実質成長率は潜在成長率を下回っているため、失業率も完全雇用の基準を下回っている（1947 年から1960 年代前半にかけて、米国の失業率は3 ～ 7％の範囲で変動していた）。さまざまな統計的手法を駆使した結果、オークンは、実質成長率が潜在成長率を3 ポイント下回ると、失業率は平均で約1 ポイント上昇すると結論づけた。簡単に言うと、経済成長率が1 ポイント変化するごとに、失業率は約0.33 ポイント逆方向に変化するということである。これが有名なオークンの法則（Okun's Law）である[50]。オークンの法則は、1947 年から1960 年代前半までの米国における経済活動を経験的に記述し、統計的に一般化したものであるが、個々の国や地域における経済成長や雇用条件の違いにより、両者の具体的な量的関係は異なる可能性がある。Andrew Abel ＆ Ben Bernanke（2005）による近年の米国のデータを用いた研究によると、米国経済の成長率が2 ポイント変化するごとに、失業率に約1 ポイントの影響が生じることが示唆されている[51]。しかし、先進市場経済国においては、オークンの法則から導かれる経済成長率と失業率の量的関係や統計的法則がほとんどのケースで存在する。そのため、欧米の先進国で失業率が上昇した場合、その対応策として何よりもまず経済成長の促進が考えられているのである。

　オークンの法則は、複雑な経済成長と雇用を高度に要約した集計分析であり、実際、総需要と総供給の相対的均衡と安定性、労働力人口、労働時間、労働報酬、労働生産性、労働力構造などの変化の安定性など、一連の

先決条件や仮定をすでに含んでいる。オークンは論文でこれらの条件をすべて論じている。オークンの法則が明らかにした原理（経済成長は雇用を改善する、完全雇用に基づいて達成された経済成長は潜在的な経済成長を反映する、など）は普遍的なものであるが、では経済成長と完全雇用の間には安定した量的関係や統計的法則が存在するのか。その量的関係とは何か。存在するとすれば、それはどれくらいの期間維持できるのかということになる。これらの質問に対する答えは、市場環境、マクロ的背景、発展段階によって異なるかもしれない。比較してみれば、工業化が完了し、比較的安定した産業構造や雇用構造が形成され、市場経済が発達し、政府のマクロ経済政策も経済発展も比較的安定している欧米先進国（例えば、オークンが研究した 1947 年から 1962 年までの米国）では、同様の研究を行うことで説得力のある結論を得やすいが、新興国や発展途上国、または経済が移行期にある国では、各方面から状況が急速に変化するため、似たような集計分析から導き出される結論は、より偏ったものになりがちである。したがって、どの国の経済発展のどの段階においても、成長と雇用の量的関係を解明できる法則は、実際には存在しないのである[52]。

　いわゆる「失業率」は、ほとんどの国で使われているのが、実際には非農業部門失業率、すなわち非農業部門労働力人口全体（就業者＋失業者）に占める非農業部門労働力人口の失業者数（求職意欲がありながらも仕事を失った者）の割合である。現代経済では、農業生産の特性上、農業企業であれ、世帯を基礎単位とする生産活動であれ、雇用は比較的安定しており、景気循環の影響をあまり受けないため、完全雇用に近いと考えられ、常に観測する必要はない。非農業部門では状況が変わり、景気循環やその他の影響を受けて失業と再就職を繰り返し、失業率の変化はマクロ経済状況の変化を直接反映する。したがって、各国が失業率に言及する場合は、一般的に非農業部門の失業率を指している。農村部でも非農業的産業が発展しているケースがあるため、非農業部門の失業率と都市部の失業率とい

う概念は同一ではない。世界各国が公表している失業率のほとんどは、非農業部門の失業率である。これは、最も重要なマクロ・コントロール目標、あるいは経済発展目標の一つである。現在中国で公表されている「城鎮登記失業率」（都市部における登録失業率）の指標は、「登記」に関する限り、先進市場経済国で用いられている「失業率」指標と一致している（欧米諸国では、登録しないと働く意欲がないことを意味し、失業者とは見なされないのと同じである）。使用している「城鎮」という概念は「非農業部門」とは若干異なるものの、非農業部門は依然として主に都市部で発展しているため、「非農業部門の失業率」と「都市部の失業率」に大きな違いはないと考えられる。21世紀に入って以来、「城鎮登記失業率」は約4.5％にとどまっており、ほとんどの先進国の失業率（非農業的産業の基準で計算）よりも低い。これは実際、中国の高度経済成長が都市部の完全雇用を保証する役割を果たしていることを反映している。

　しかし、中国と欧米の先進市場経済国とでは、非農業的雇用や都市雇用の面で直面している困難は異なることを見逃してはならない。欧米の先進国では、制度的に市場経済がかなり発達している。産業構造から見ると、工業化が完了し、国民経済全体に占める農業付加価値と労働力の割合は、ほとんどが極めて低いレベル（5％以下）まで低下した上で、安定している（オークンが研究した1947年以降の米国の雇用はこの状況に属し、欧州諸国のほとんどは、第二次世界大戦前に工業化と都市化を完了した）。産業構造の高度化は、主に非農業部門、特にハイテク、金融、教育、科学、文化、医療などの近代的サービス産業の発展に反映されている。都市と農村の関係という点では、発展における大きな差はもはや存在しない。言い換えれば、経済の二重構造は単一のものへと進化し、農村部から都市部への大規模な労働移動は過去のものとなった。

　一方、中国は発展途上国から新興工業国へと急速に発展している段階にあり、上位中所得国になったものの、先進国との経済発展水準にはまだ大

きな隔たりがある。経済制度については、中国は社会主義市場経済を確立し発展させてきたとはいえ、計画経済から市場経済への移行期にある。例えば、戸籍管理や社会保障などでは、都市部と農村部の間に依然として厳格な行政的切り離しがあり、各種の行政審査や財政収支は依然として計画経済の影響を受けている。現在取り組んでいる経済体制改革の深化は、市場化改革と移行プロセスのさらなる推進を目指すものである。産業構造の面で、中国はその変化が最も活発な段階にあり、GDPに占める農業や第一次産業の付加価値額の割合は急速に低下し、現在では10％を割り込んでいるため、農業労働力の非農業産業への移動が急速に進むことは避けられない。非農業部門では、第三次産業の付加価値額の割合が急速に上昇し始めており、その雇用構造の急速な変化につながっている。都市と農村の関係という点で、中国の経済発展を長年特徴付けてきた二重構造は、現在著しい変化を遂げつつあり、都市化のプロセスの加速に伴い、単一構造へと転換しつつ。この点で、中国の雇用目標と先進国の雇用目標との間には明確な違いがある。それは、静的な都市部労働者の失業率を低いレベルに維持するだけでは不十分であり、農業部門から非農業部門へ、農村部から都市部へと移動した多数の動的労働者の雇用問題を解決しなければならないという点である。都市と農村の二重経済構造のもとでは、こうした失業問題は比較的簡単に解決できる。それは、一時的に都市や非農業部門に移動した労働力を農村や農業部門に戻せば済むのである。長い間、特に1980年代から1990年代にかけて、中国ではまさにそのようにされてきた。実際、これは一種の潜在失業であり、農業がそれほど多くの雇用を吸収できなくなった、あるいは必要としなくなったため、非農業部門に移されたのであったが、現在、景気循環やその他の理由で、すでに非農業部門に雇用されていた労働者たちは再び仕事を失っている。彼らは都市で失業者として「登録」することができなかったため、再び農村部に戻るしかないのである。この角度から、当時の「城鎮登記失業率」は確かに実質失業率の

過小評価を含んでいるが、その程度を測るのは難しかった。しかしながら、状況は徐々に変化しており、長年続いてきた農村労働力の都市部への大規模な移動は、ますます不可逆的なものとなっている。こうした労働力とそれに対応する人口移動は続いており、国内の工業化と都市化のプロセスがほぼ完了するまで、その勢いは衰える、または止まることもないと見られる。すなわち、現段階では先進国とは雇用目標が異なる、あるいは完全雇用の定義が異なるのである。都市部の労働力のストックの雇用のみならず、農村部から移動してきた大量の労働力の雇用にも取り組む必要がある。具体的な目標としては、「城鎮登記失業率」に大きな変化がない（すなわち都市部の完全雇用を確保する）という前提のもとで、経済成長によって農村部から移動した労働力をしっかりと吸収させることである。

　ここに至って、中国の現段階の状況とオークンの法則の先決条件との間には明確な違いがあることがわかる。オークンの法則では失業率の分母は（変化に限界がある）定数と見なすことができるが、中国の非農業部門失業率の分母は（絶えず変化している）変数である。オークンの法則では、産業構造や雇用構造の変化は経済成長と雇用の全体関係に大きな影響を与えないのに対し、中国では急速な工業化がもたらした産業構造の高度化が成長と雇用の双方に重要な影響を及ぼしており、両者の全体関係も変化している。したがって、現在の中国の経済発展における経済成長と雇用の関係を、オークンの法則で探り、まとめることは、おそらく比較的大きな乖離を持つこととなる。両者の量的関係は、より細かく掘り下げた構造分析によって研究されるべきであり、その上で、経済発展目標の改善策を探るべきであろう。

二、2004 ～ 2013 年の中国の各産業と国民経済部門の構造変化

　21 世紀に入ってから、中国は 2004 年 12 月 31 日、2008 年 12 月 31 日、2013 年 12 月 31 日を基準時点として三回の大規模な全国経済センサスを

実施し、法人単位と自営業者を基本的な調査対象とする国民経済の全部門における付加価値と雇用に関する詳細なデータを得た。最新の経済センサスの結果に基づき、国家統計局は元の GDP を修正しただけでなく、産業別のデータと、同じ分類の下での雇用データも公表したが、これらは経済成長と雇用の関係に関する集計分析および構造分析のデータベースとなった。表 4-29 は、三回の経済センサスのデータ公報、関連年の『全国経済普査年鑑』、『中国統計年鑑』に基づき作成した結果である。その中で、非農業雇用の部門別データは主に経済センサスのデータ（法人および許可証を持つ自営業者における雇用のデータを含む）から、付加価値のデータは主に『中国統計年鑑』から得たものである（2013 年の各産業のデータはセンサスの修正結果であり、部門別データはセンサスのデータと過去のデータから推計したものである）。公表されたデータに限られるため、表中の部門分類はやや大まかである。例えば、工業部門は鉱業、製造業、電力・熱・ガス・水道水の生産・供給業に分けられるべきであり、その他のサービス業は実際には、情報通信業、ソフトウェア・情報技術サービス業、科学研究・技術サービス業、水利・環境・公共施設管理業、社会保険・公共管理・社会組織の 4 部門を含んでいるのである。しかし、このような分類でも、基本的には分析のニーズを満たすことができる [53]。

　新中国の建国から半世紀以上が経過し、ようやく全国経済センサス制度が確立された。それに 21 世紀に実施された三回の大規模な全国経済センサスは、中国の統計事業の発展を反映している。これらが実施された時点は、中国の経済成長における三つの極めて重要な転換期と対応している。一つ目は、中国経済が 1990 年代の市場化改革を経て、内部的には経済調整に成功し、外部的にはアジア金融危機に耐え抜き、工業化の加速を特徴とする新たな成長サイクルに入った 2004 年であった。二つ目は 2008 年である。米国の「サブプライム危機」に端を発した世界金融危機が世界経済と中国の輸出型経済の発展に深刻な影響を及ぼした年である。中国は

この外部環境の変化が経済成長に及ぼす悪影響に対処するために一連の対策を講じ始め、一定の成果を上げたものの、本来是正すべき経済の不均衡（2007年に悪化したインフレによる経済規模の不均衡と過剰生産能力に反映される構造的不均衡）を悪化させ、代償を払うこととなった。その後、中国は新たな経済調整期を迎えた。三つ目は2013年である。2010年

表 4-29　三回のセンサスの基準年の産業別付加価値と雇用者数

	付加価値額（億元）			雇用者数（万人）		
	2004 年	2008 年	2013 年	2004 年	2008 年	2013 年
第一次産業	21 412.7	33 702.0	55 322.0	3 4830.0	29 923.0	24 171.0
非農業産業合計	138 465.6	280 343.4	532 697.0	26 920.4	35 310.4	44 615.7
第二次産業	73 904.3	149 003.4	256 810.0	13 900.6	17 338.8	20 398.5
工業	65 210.0	130 260.2	218 051.5	10 884.7	13 231.2	14 987.1
建設業	8 694.3	18 743.2	38 758.5	3 015.9	4 107.6	5 411.4
第三次産業	64 561.3	131 340.0	275 887.0	13 019.8	17 971.7	24 217.2
卸売・小売業	12 453.8	26 182.3	58 754.8	3 524.9	5 569.6	7 418.6
運輸業、倉庫業、郵便業	9304.4	16 362.5	29 333.2	1 408.3	1 922.8	2 974.0
宿泊・飲食業	3 664.8	6 616.1	12 447.2	1 050.4	1 563.6	1 761.0
金融業	5 393.0	14 863.3	34 165.7	374.7	487.0	531.0
不動産業	7 174.1	14 738.7	34 923.5	402.2	562.0	903.3
物品賃貸業、ビジネスサービス業	2 627.5	5 608.2	12 891.5	493.7	841.9	1 415.5
住民サービス、その他サービス業	2 481.5	4 628.0	9 563.1	462.7	641.8	1 006.9
教育	4 892.6	8 887.5	19 368.4	1 552.6	1 757.7	1 945.5
医療衛生、社会保険、社会福祉業	2 620.7	4 628.7	10 693.3	645.5	807.4	976.2
文化・スポーツ・娯楽業	1 043.2	1 922.4	4 099.7	205.0	273.6	382.6
その他のサービス業*	12 905.7	26 902.2	49 646.5	2 899.6	3 544.4	4 839.6
合計	159 878.3	314 045.4	588 019.0	61 750.4	65 233.5	68 786.7

注：三回の経済センサスのデータ公報、関連年の『全国経済普査年鑑』、『中国統計年鑑』により統合・作成。

以降、マクロ刺激政策の「機に応じた撤退」が実施されたことで、中国経済は「トリプル」時期（すなわち、これまでの刺激政策の消化期、構造調整の陣痛期、高速成長から中高速成長への転換期）に入った。これは実のところ、中国の経済成長が「新常態」（その成長の量的特徴は、長期経済成長率が過去の約10％から7～8％に低下したことに現れている）に入ったことをはっきりと示している。したがって、これら三つの時点における経済規模と雇用に関するデータと、対応する期間に反映された変化に基づけば、近年の中国経済発展における一連の重要な変化が見られるのである。

　第一に、付加価値構造の変化と雇用構造の変化は、工業化プロセスと都市化プロセスの両方が進んでいることを示している。工業化は都市化より進んでいるが、都市化は工業化より速く発展している。付加価値構造に占める農業生産高の割合を中国の工業化プロセスのサインとし（工業化プロセスが国民経済における農業の割合の低下と非農業産業の割合の上昇をもたらしたため）、雇用構造に占める農業雇用の割合を中国の都市化プロセスのサインとすると（都市化プロセスは主に都市部で非農業部門雇用者数の割合の上昇に現れているため）[54]、2004年から2013年までの十年間における工業化と都市化プロセスは以下のような特徴を示している。まず、工業化のプロセスは依然として進んでいるが、経済発展水準の上昇に伴い、GDPに占める農業部門の割合の低下率は縮小している。第一次産業の付加価値額の割合は2004年から2008年の間に2.7ポイント低下したが、2008年から2013年の間は1.3ポイントしか低下しなかった。次に、工業化は都市化より先を行っているが、両者の差は急速に縮まっている。表4-30からわかるように、2004年でも2013年でも、付加価値構造に占める農業部門または第一次産業の割合は、雇用構造に占める農業部門の割合よりも著しく小さく、GDPに占める農業付加価値額の割合は、総雇用者数に占める農業部門の雇用者数の割合よりも、2004年は43ポイント、2008年は35.2ポイント、2013年は25.7ポイント低かった。最後に、先の

比較からわかるように、都市化と工業化の差は十年間で17.3ポイントと急速に縮小している。それぞれの変化を見ると、農業付加価値額の割合は2004年から2013年の間に4ポイント低下し、農業部門の雇用者数の割合は21.3ポイント低下した。このことは、高度経済成長に支えられた工業化のプロセスが、この期間の都市化に積極的に寄与したことを示唆している。

　第二に、各産業の付加価値構造から見ると、中国の工業化は後期段階に入り、第三次産業が経済成長の主導的産業となり始めている。これは中国の雇用構造をさらに改善し、都市化と近代化のプロセスを促進すると見られる。付加価値構造を見ると、三つの産業の構造比は、2004年は13.4：46.2：40.4、2008年は10.7：47.4：41.8であり、この時期の経済成長の構造は、付加価値に占める第二次産業の割合が最も大きく、現在も増加しつつあること（1.2ポイント増）が特徴である。このことは、2008年以前、特に21世紀に入ってからの新たな経済発展サイクル以降、中国経済は依然として第二次産業、とりわけ製造業が中心であり、付加価値額が高かった（不変価格）だけでなく、それに占める割合も上昇している（当年価格）ことを示唆している。しかし、2008年以降は状況が変わり、2013年の産業の構成比は9.4：43.7：46.9となり、第一次産業と第二次産業の割合が低下し、第三次産業の割合が上昇している。第三次産業の割合は、第二回センサス時に比べて5.1ポイント上昇し、初めて第三次産業が第二次産業を上回り、国民経済の新たな主導産業となった。成長率の面でも、第三次産業の成長率は2012年から2014年まで三年連続で第二次産業を上回った。これは実際、中国の工業化プロセスが中後期から後期へ移行した重要な特徴である。この変化は雇用構造にも反映されている。2004年、三つの産業における雇用構造は、56.4：22.5：21.1であった。農業が50％以上と最大の割合を占め、第三次産業の割合は第二次産業よりも低く、発展途上国らしい雇用の特徴を明確に示した。2008年には、この構造は

表 4-30　三回の経済センサスにおける産業別付加価値と雇用構造の変化（%）

	付加価値額			雇用者数		
	2004 年	2008 年	2013 年	2004 年	2008 年	2013 年
第一次産業	13.4	10.7	9.4	56.4	45.9	35.1
非農業産業合計	86.6	89.3	90.6	43.6	54.1	64.9
第二次産業	46.2	47.4	43.7	22.5	26.6	29.7
工業	40.8	41.5	37.1	17.6	20.3	21.8
建設業	5.4	6.0	6.6	4.9	6.3	7.9
第三次産業	40.4	41.8	46.9	21.1	27.5	35.2
卸売・小売業	7.8	8.3	10.0	5.7	8.5	10.9
運輸業、倉庫業、郵便業	5.8	5.2	5.0	2.3	2.9	4.3
宿泊・飲食業	2.3	2.1	2.1	1.7	2.4	2.6
金融業	3.4	4.7	5.8	0.6	0.7	0.8
不動産業	4.5	4.7	5.9	0.7	0.9	1.3
物品賃貸業、ビジネスサービス業	1.6	1.8	2.2	0.8	1.3	2.1
住民サービス、その他サービス業	1.6	1.5	1.6	0.7	1.0	1.5
教育	3.1	2.8	3.3	2.5	2.7	2.8
医療衛生、社会保険、社会福祉業	1.6	1.5	1.8	1.0	1.2	1.4
文化・スポーツ・娯楽業	0.7	0.6	0.7	0.3	0.4	0.6
その他のサービス業	8.1	8.6	8.4	4.7	5.4	7.0
合計	100	100	100	100	100	100

注：表 4-29 のデータより算出。

45.9：26.6：27.5 に発展した。第一次産業の割合は依然として極めて高いものの、50%以下にまで低下している。一方、第二次産業と第三次産業の割合はそれぞれ 4.1 ポイント、6.4 ポイントと著しく上昇し、第三次産業の割合が第二次産業を上回っており、都市化プロセスが急速に進んでいることを反映している。2013 年までには、この割合はさらに 35.1：29.7：35.2 へと発展した。第一次産業の割合は 10.8 ポイント減少し、第二次産

業は 3.1 ポイント増加し、第三次産業は 7.7 ポイント増加した。2008 年から 2013 年にかけては第三次産業の雇用が大幅に改善し、非農業部門の雇用増加の 70％以上が第三次産業によるものであったことがわかる。さらに、割合の面でも、第三次産業が第一次産業を上回り、雇用者数の最も多い部門となった。付加価値構造の変化と雇用構造の変化の比較分析を通じ、第三次産業における雇用の割合の上昇幅が付加価値構造の割合の上昇幅よりも大きいことがわかる。これは、現段階では、名目成長率が同程度である場合にも、第三次産業が第二次産業よりも多くの雇用を吸収できることを示しており、中国の経済成長が新常態に入った後、成長率は低下しているが、非農業雇用とそれに推進される都市化プロセスが加速している理由も説明できる。

　第三に、経済発展水準が上がるにつれて、国民経済各部門の一人当たりの付加価値額の差は小さくなっており、収益の平均化に向かっていることが明らかである。この現象は、段階的な経済発展によって決定されると同時に、深い制度的背景を持っている。経済発展段階を見ると、2004 年、中国の従業者一人当たりの GDP は 25,891 元であったが、2013 年には 85,484 元と 2014 年の 3.3 倍上昇し、年平均の名目成長率は 14.2％、実質成長率は 9.3％であった。中国は下位中所得国から上位中所得国へと発展し、経済発展水準は大幅に向上した。制度的背景から見れば、改革開放以前および改革開放初期、経済資源は主に政府の計画や意思に基づいて配分され、生産と市場アクセス、価格などに関する制度的または独占的な取り決めの下、雇用者数で計算される各産業の労働生産性（一人当たりの付加価値額で表示）に大きな差があった。これは「労働者の効率」の差だけでなく、当時のいわゆる「工業製品と農産物の鋏状価格差」に代表されるように、多くの制度的要因の影響も反映していた。このような制度的要因は、特定の時期に、限られた集中的な資源を経済建設に投入し、成長を加速させるという一定の積極的な役割を果たしたが、改革開放後しばらくの

間、その成長に不均衡をもたらし、それが部門間・地域間の労働生産性
や一人当たりの所得の大きな差に現れている。表4-31からわかるように、
2004年の第一回経済センサスの時点では、国民経済各部門の一人当たり
の付加価値額には、二級分類でもまだ大きなばらつきがあった。付加価値
額最大の割合を占める工業と、労働力人口最大の割合を占める農業の一人
当たりの付加価値額は、それぞれ平均水準の2.31倍、23.7％となっており、
前者は後者の10倍近くであった。経済発展水準が上がり、市場化改革が
深まるにつれて、地域間や部門間の行政的・制度的障壁はますます統一さ
れた市場によって取り除かれ、資本や労働力といった生産要素の流動性が
高まっている。拡大再生産のプロセスで、生産要素は一人当たりの所得の
高い部門により多く流れ込み、一方では対応する産業の成長を促進するが、
他方では当該部門の超過利潤を徐々に減少させ、その結果、部門間の格差
が縮小していった。これは、市場が資源配分を支配する場合に必然的に起
こる現象でもあり、経済成長と産業構造の高度化は、このような資源配分
の継続的な調整の中で実現されるのである。2013年には、工業の一人当
たりの付加価値額は平均水準の1.7倍まで落ち込んだ一方、農業の場合は
平均水準の26.8％まで上昇した。両者の差は依然として大きかったが、あ
る程度縮小している。他の部門も同様の特徴を示しており、特に運輸業、
卸売・小売業、宿泊・飲食業など、近年多くの雇用を吸収してきた伝統的
なサービス業では、一人当たりの付加価値額の相対的水準も低下し、徐々
に平均水準に収束している。このような一人当たりの付加価値の平均水準
からのずれと、経済発展のプロセスにおける平均水準への回帰は、一国の
工業化後期において、経済発展水準のさらなる向上と市場化プロセスの進
展に伴い、雇用構造の付加価値構造への収束が加速し、その結果、農業労
働力の非農業産業（特に、より専門的なスキルを必要としない労働集約型
産業）への移動が加速するのである。それが都市化プロセスを促進すると
同時に、大量の新規需要を創出し、経済成長の新たな原動力をもたらすこ

とを示している。

　ただし例外もあり、すでに一人当たりの付加価値額が極めて高かった金融業は、この十年間で相対的水準が増加し続け、2004年の2位から2008年、2013年には1位となり、その相対値は当初の5.56倍から2008年には6.34倍、そして2013年には7.52倍まで上昇している。これは、国有経済の独占によるものである。同じような現象が不動産業にも見られる。一人当たりの付加価値額と平均水準の差は過去十年間で縮小してはいるものの、

表4-31　三回の経済センサスにおける産業別一人当たりの付加価値額

	一人当たりの付加価値額（元）			全国平均水準の比重（％）		
	2004年	2008年	2013年	2004年	2008年	2013年
不動産業	178 372	262 254	386 621	688.9	544.8	452.3
金融業	143 929	305 201	643 422	555.9	634.0	752.7
運輸業、倉庫業、郵便業	66 068	85 097	98 632	255.2	176.8	115.4
工業	59 910	98 449	145 493	231.4	204.5	170.2
住民サービス、その他サービス業	53 631	72 110	94 976	207.1	149.8	111.1
物品賃貸業、ビジネスサービス業	53 221	66 614	91 074	205.6	138.4	106.5
文化・スポーツ・娯楽業	50 888	70 263	107 154	196.5	146.0	125.3
その他のサービス業	44 509	75 901	102 584	171.9	157.7	120.0
医療衛生、社会保険、社会福祉業	40 600	57 329	109 540	156.8	119.1	128.1
卸売・小売業	35 331	47 009	78 532	136.5	97.6	91.9
宿泊・飲食業	34 890	42 313	70 683	134.8	87.9	82.7
教育	31 512	50 563	99 555	121.7	105.0	116.5
建設業	28 828	45 631	71 624	111.3	94.8	83.8
第二次産業	53 166	85 936	125 897	205.3	178.5	147.3
第三次産業	49 587	73 082	113 922	191.5	151.8	133.3
第一次産業	6148	11 263	22 888	23.7	23.4	26.8
合計	25 891	48 142	85 484	100.0	100.0	100.0

他の産業部門と比べると依然として大きい。不動産業は国有経済による独占ではなく、大手資本による独占であり、その資本の参入障壁の高さが競合他社の参入を難しくしているのである。一方、不動産業と最も密接に関係している建設業は、一人当たりの付加価値額が 2004 年には平均水準の 111.3％であったが、2008 年には 94.8％、さらに 2013 年には 83.8％まで低下した。低下幅は工業や運輸業に比べればはるかに小さかったが、一人当たりの付加価値額は各産業部門では比較的低かったのである。これは、この業界の参入障壁が低いことと、業界の収入に占める労働収入の割合が大きいこと（不動産業の場合はキャピタルリターンの割合が大きいこと）によるものであり、密接に関係している二つの部門の一人当たりの付加価値額の水準に著しい差が生じている。産業部門をさらに細分化すると、独占度の高い業種（国家独占、資本独占を含む）では、一人当たりの付加価値額の平均水準への回帰が遅く、新規雇用創出への寄与も相対的に小さいことがわかる。

三、経済成長と雇用増加の相互関係に関する分析

　中国における付加価値構造と雇用構造の変化は、高度経済成長を伴っている。良好な経済成長は、産業構造との間に正の相互作用がある場合にのみ達成できる。「過熱」した経済成長は産業構造に歪みをもたらし、将来の経済成長と雇用に影響を与える。現段階における中国の経済成長率の低下は、発展水準が一定の段階に達したことの反映であり、前段階の経済規模全体の不均衡と構造的不均衡の是正でもある。しかし、この是正は発展のプロセスで達成されたのである。実体経済から見ると、製造業では以前の過剰拡張による過剰生産能力が多くの企業に困難をもたらしたものの、第三次産業の成長は堅調であり、力強ささえ維持している。中国の経済成長率が低下するたびに、発電量などの関連指標を用いて成長率の過大評価の存在を疑問視する海外の学者もいるが、実際、長い年月を経て過去の

データを再検証してみると、問題は過小評価ではないと考えられる。したがって、現段階での中国の経済成長については客観的な判断を持つべきであり、一部の企業が困難に遭遇したからといって、経済成長全体を否定したり、前途への自信を失ったりすべきではない。世界経済危機の後、世界各国は経済調整期に入り始めたが、中国の調整は多くの欧米先進国のそれとは異なった。現段階の経済成長率目標の7％前後は、改革開放以来達成してきた長期的な年平均成長率を大幅に下回るものの、それでも世界各国と比べれば極めて高い成長率である。中国の経済調整は、経済構造、特に産業構造の高度化という重要な時期に行われ、第三次産業の発展と都市化のプロセスは、新たな機会をもたらした。これが、経済を調整したにもかかわらず中国の非農業部門雇用が安定した成長を続けている重要な理由でもある。

（一）三つの産業の実質的成長

　表4-32は、三回の経済センサスにおける国内各産業の成長率（2004年不変価格）を示している。表からわかるように、中国経済は2004年から2013年の間、年平均成長率10.19％と高成長を維持した。第二次産業の成長率は第三次産業の成長率をわずかに上回り、この間の加速した工業化という特徴を反映している。しかし、成長率は二つの期間で異なっている。第一回と第二回の間では年平均11.88％、第二回と第三回の間では年平均8.86％と、成長率に差がある。すなわち、前の時期に比べ、3ポイント以上低下したのである。それに応じ、第二次産業と第三次産業の成長率も低下した。第二次産業では2.95ポイント第三次産業では4.16ポイント低下したが、これは、もともとわずかに下回っていた第二次産業の成長率が、第三次産業をわずかに上回るようになったことを意味する。その主な理由は、世界金融危機後、中国が実施した積極的なマクロ経済政策が第二次産業（製造業、建設業を含む）の発展を刺激し、本来減速するはずのそ

の成長をさらに加速させ、マクロ刺激政策の「機に応じた撤退」後は、その成長率が急速に低下したことにある。これは、第二次産業の成長は景気循環やマクロ政策の刺激下でより不安定であるのに対し、第三次産業の成長はある程度安定しているということを反映している。表 4-32 からわかるように、2012 年以降、第三次産業の成長率は再び第二次産業を上回っている。これは、中国が工業化の中後期段階から後期段階へと徐々に進むにつれて、将来的に常態化すると思われる現象である。

　2004 年から 2013 年にかけて、第二次産業と第三次産業の成長率は追いつ追われつしているが、中長期的（五～十年）なトレンドで見れば、おおむね等しく、非農業産業の成長率は概してこの二つの産業の成長率の中間に位置する一方、国民経済全体における割合は約 90％に達し、支配的産業となっている。図 4-10 からわかるように、趨勢として、この期間（2004 ～ 2013 年）の非農業産業と全産業の 2004 年の不変価格で計算された付加価値額の曲線は、傾きが極めて近いほぼ平行な 2 本の直線を示している。第二次産業と第三次産業もほぼ平行の 2 本の直線を示し、両者の傾きもほぼ同じであるが、細かく分析すると、両者の差は最初に縮まり、次に広がり、そしてまた縮まったことがわかる。第一次産業も長年にわたり急成長を遂げている。年平均成長率は 4.51％と世界でも稀であるが、第二次産業や第三次産業の成長率に比べると低く見える。量的には、絶対規模も比較的小さく、形状的に水平線に近似している。全体として、この段階の経済成長は主に非農業部門の貢献に依存しており、その中でも第二次産業と第三次産業の成長率は接近しているのである。

　図 4-10 に反映されている長期的なトレンドの変化は、2004 年の不変価格で算出された付加価値額によって反映されているが、需給関係に影響される実質的な経済活動においては、各産業の総合的物価水準の上昇幅は異なり、第一次産業の上昇幅が最も大きく、次いで第三次産業、第二次産業と続く。この価格変動の違いは、根本的には、関連産業の製品やサービス

表 4-32　各産業の付加価値額の推移（2004 〜 2013 年）

	年	第一次産業	第二次産業	第三次産業	非農業産業	各産業合計
付加価値額（億元）	2004	21 413	73 904	64 561	138 466	159 878
	2005	22 533	82 834	72 457	155 291	177 823
	2006	23 659	93 926	82 701	176 627	200 287
	2007	24 545	108 074	95 920	203 995	228 540
	2008	25 865	118 749	105 899	224 648	250 513
	2009	26 947	130 554	116 027	246 580	273 528
	2010	28 098	146 547	127 342	273 888	301 987
	2011	29 293	161 619	139 332	300 950	330 243
	2012	30 625	174 413	150 556	324 969	355 595
	2013	31 850	188 098	163 009	351 107	382 957
付加価値指数（前年＝１００）	2005	105.23	112.08	112.23	112.15	111.31
	2006	105.00	113.35	114.14	113.74	112.68
	2007	103.74	115.06	115.98	115.49	114.16
	2008	105.38	109.88	110.40	110.12	109.63
	2009	104.18	109.94	109.56	109.76	109.21
	2010	104.27	112.25	109.75	111.07	110.45
	2011	104.25	110.28	109.42	109.88	109.30
	2012	104.55	107.92	108.06	107.98	107.65
	2013	104.00	107.85	108.27	108.04	107.67
年平均成長率（％）	2004 〜 2008 年	4.84	12.59	13.17	12.86	11.88
	2008 〜 2013 年	4.25	9.64	9.01	9.34	8.86
	2004 〜 2013 年	4.51	10.94	10.84	10.89	10.19

注：『中国統計年鑑 2014 年版』および表 4-29 のデータにより作成。

の市場における需給関係を反映している。価格要因を考慮すると、現行価格での付加価値額の変化の長期的な傾向には、若干の変動がある恐れがある。図 4-11 に見られるように、2011 年頃にはすでに第三次産業の付加価値が第二次産業を上回り、国民経済に占める割合の最も高い産業となっている。過去二年間の経済成長データでも、第三次産業の成長率が第二次産業を上回っているが、これは中国が工業化の後期段階に入ったことを示す重要なサインである。第一次産業が国民経済に占める割合は依然として最も小さいが、それでもその成長率は図 4-10 に示されたものを明らかに上回っている。とにかく、経済成長の長期的なトレンドは依然として非農業産業の発展によって決定されており、この結論は図 4-10 と一致している。

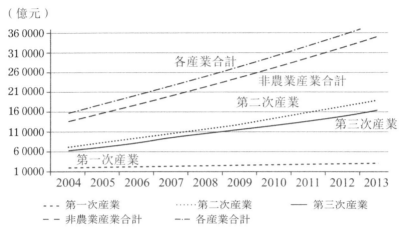

図 4-10　中国の産業別付加価値額の推移（2004 ～ 2013 年）
注：2004 年不変価格で計算、表 4-32 により作成。

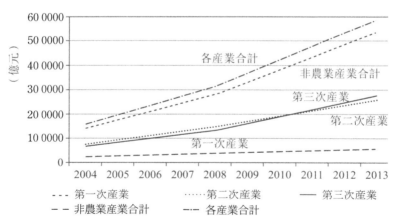

図 4-11　中国の産業別付加価値額の推移（2004 ～ 2013 年）
注：当年価格で計算、表 4-29 により作成。

（二）各産業における雇用の変化

経済成長と産業構造の高度化に牽引された非農業部門雇用の急増は、中

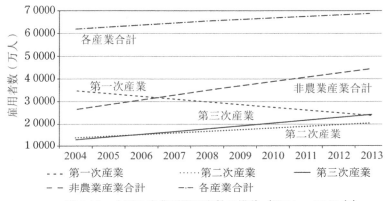

図 4-12　中国の産業別雇用者数の推移（2004 ～ 2013 年）
注：表 4-29 により作成。

国の雇用構造に劇的な変化をもたらした。図 4-12 からわかるように、第一回と第三回経済センサスの間に、雇用者数は約 7000 万人増と緩やかに増加した（増加率は徐々に鈍化）。しかし、産業部門による変化の傾向には大きな違いがある。第一次産業における雇用は減少しているが、第二次産業と第三次産業は増加しており、しかも第三次産業の増加幅は第二次産業よりも大きい。絶対数で見ると、2004 年には第三次産業の雇用は第二次産業よりも少なく、第一次産業よりも確実に少なかったが、2013 年にはそれが、増加傾向にあった第二次産業や減少傾向にあった第一次産業を上回り、雇用者数の面で最も多い産業となった。図 4-11 に反映された発展傾向から、第三次産業の雇用者数は依然として高い増加率を維持し、第二次産業は増加していくが、増加率は徐々に低下する可能性があり、第一次産業の雇用者数は減少し続けていることが見てとれる。第一次産業における雇用者数は、第二次産業よりも少ないレベルにまで減少し、現段階の経済における付加価値構造と類似した構造、すなわち、第三次産業における雇用者数に占める割合が最も高く、第二次産業がそれに次いで高く、第一次産業が最も低いという雇用構造が形成されるのである。その後、市場

経済における収益平均化の法則により、雇用構造は具体的な割合で高度化している付加価値構造に収束する。この雇用構造の変化は、中国の労働生産性を全面的に高めると同時に、労働者の所得の増加が最終消費と投資を牽引し、次の段階における経済成長にとってプラスの意味を持つことになる。

（三）経済成長と雇用増加に関する相関分析

1. 産業別に見る雇用の経済（付加価値）成長に対する弾性係数[55]と雇用の変化

2004 年から 2013 年にかけての中国の急速な経済成長は、非農業部門の雇用者数を大きく押し上げた。経済成長を牽引する雇用の役割という点では、GDP が 1 ポイント成長するごとに、雇用（農業雇用を含む）は 0.12 ポイント増加する（表 4-33 ③参照。2004 〜 2008 年、2008 〜 2013 年、2004 〜 2013 年はすべてこの通りである）。成長率から見ればその値は高くないように見えるが、雇用者数を考慮に入れると、その値はずいぶん高くなる。2013 年、中国の雇用者数は 6 億 8800 万人であり、0.12％であれば 82 万 5600 人となり、もし GDP 成長率が 7％なら、雇用者数は 578 万人増加することになる。

総雇用のうち、雇用の変化は産業によって異なるため、各産業の状況を個別に検討していく。

まず、第一次産業から見てみよう。表 4-33 ③でわかるように、雇用者数対付加価値増加の弾性係数（以下、雇用弾性という）は、2004 年から 2013 年までで −0.88 であり、第一次産業が 1 ポイント成長するごとに、雇用者数は 0.88％減少することになる。段階別に見ると、k は前の段階（2004 〜 2008 年）で −0.77、後の段階（2008 〜 2013 年）で −0.98 であり、中国の急速な経済成長を背景に、農業付加価値の成長と農業雇用の減少が同時に起こっており、農業労働生産性の向上がその付加価値の

第四章　経済成長における産業構造の変化　359

表 4-33　各産業における雇用者数と経済成長率の推移およびその弾性係数

	期間	第一次産業	第二次産業	第三次産業	非農業産業	各産業合計
①付加価値の年平均成長率（％）	2004 ～ 2008 年	4.84	12.59	13.17	12.86	11.88
	2008 ～ 2013 年	4.25	9.64	9.01	9.34	8.86
	2004 ～ 2013 年	4.51	10.94	10.84	10.89	10.19
②雇用者数の年平均増加率（％、幾何平均）	2004 ～ 2008 年	−3.73	5.68	8.39	7.02	1.38
	2008 ～ 2013 年	−4.18	3.30	6.15	4.79	1.07
	2004 ～ 2013 年	−3.98	4.35	7.14	5.77	1.21
③雇用者数対付加価値増加の弾性係数 k	2004 ～ 2008 年	−0.77	0.45	0.64	0.55	0.12
	2008 ～ 2013 年	−0.98	0.34	0.68	0.51	0.12
	2004 ～ 2013 年	−0.88	0.40	0.66	0.53	0.12

注：表 4-29 と表 4-32 により作成。

成長よりも速かったことを示している。この期間（2004 ～ 2013 年）の農業付加価値の年平均成長率は 4.51％、雇用の年平均成長率は −3.98％であった。したがって、雇用者数で計算された労働生産性の年平均成長率は、（104.51/96.02 − 1）× 100 ＝ 8.84％であり、これは極めて驚くべき高成長である。このことは、中国の農村住民の可処分所得が近年比較的急速に増加している理由もかなりの程度説明している。

　次に第二次産業を見てみよう。2004 年から 2013 年までの第二次産業の雇用弾性は 0.40、前の段階では 0.45、後の段階では 0.34 であり、この時期に第二次産業の k が低下したことがわかる。工業化が加速した前の段階の労働集約型企業、特に加工・輸出型企業が急速に発展し、それにより労働需要が増加したのである。しかし、第二次産業、特に工業部門の特徴は、技術や設備の応用によって人力を代替し、生産性を向上させることである。そのため、ある発展段階に達すると、大型工業企業の発展は、労働力の増加よりも、主に設備改善や生産能力向上のための研究開発や投資の増加に依存している。したがって、長期的なトレンドから見れば、工業部門の雇用成長は減速し、マイナスになる可能性さえあるが、現段階では、第二次産業の発展は今なお国内の雇用にプラスに寄与している。

続いて第三次産業に目を向けよう。三つの産業の中で、第三次産業の雇用弾性が最も高く、2004 〜 2013 年では 0.66、段階別では、前の段階で 0.64、後の段階で 0.68 となっている。中国の経済成長と第三次産業の発展に伴い、その雇用弾性が上昇していることがわかる。第三次産業はサービス業であり、サービス活動は労働力への依存度が高く、労働力を吸収する能力がより高い。ある大国は工業化の中前期段階では、主に工業および第二次産業全体の発展を通じて経済成長と発展を促進するが、工業化の後期段階では、第三次産業が国民経済の主導産業となり、必然的にその雇用が急増することとなる。中国は現在、まさにこの発展段階にある。

　最後に非農業部門を包括的に振り返る。非農業部門全体の雇用弾性は、2004 〜 2013 年では 0.53、前の段階は 0.55、後の段階は 0.51 であり、非農業部門の雇用弾性が低下していることを示している。これまでの分析から、前後段階ともに雇用弾性は第二次産業で減少し、第三次産業で増加しているが、第二次産業の減少幅（0.11）が第三次産業の増加幅（0.04）を上回り、非農業部門全体の雇用の増加に影響を与えていることがわかる。具体的な数値で言えば、雇用弾性が 0.51 の場合、非農業部門の付加価値が 1 ポイント増加するごとに、雇用が 0.51 ポイント増加することを意味する。2013 年末の時点で、中国の非農業部門雇用者数は 4 億 4600 万人であった。GDP 成長率が約 7.5％、非農業部門付加価値成長率が約 8％とすると、0.51 の雇用弾性に応じ、非農業部門雇用者数の増加幅は約 4％、すなわち約 1700 万人の新規雇用を創出することとなる。2015 年の中国の経済成長率が 7％、非農業部門付加価値成長率が 7.8％に低下するとすれば、非農業部門における雇用者数は、4 億 6300 万人の上でさらに約 3.9％増加、すなわち約 1800 万人の新規雇用が創出されることとなる。

2. 付加価値の年平均成長率と雇用の年平均増加率の関係から見た非農業部門雇用の増加

　経済成長と雇用の関係を分析するために雇用弾性を用いるのは、経済

活動と雇用が幾何級数的に成長するという仮定に基づいている。国民経済やさまざまな産業部門の生産活動にとって、この仮定は過去数年間の経験によって確認されている。幾何平均で計算される年平均経済成長率は、経済活動規模の拡大の長期変化傾向をよりよく把握することができるが、雇用の場合、実態から見れば（特に非農業部門における）新規雇用者数は、ベース（総労働力人口）の拡大に伴い増加しつつあるものの、その増加幅は比較的小さい。例えば、2011 年の第十二次五カ年計画の概要では、この期間中の雇用目標として、都市部で 4500 万人の新規雇用を創出し、4000 万人を農業から移動させるとしており、具体的には、毎年 900 万の雇用を都市部で創出し、800 万人の労働者を農業から移動させるとしている。年間の雇用創出と農業労働力の移転の目標は、等しい成長率ではなく、等しい人数に基づいて立てられる。雇用の年間増加率が同程度であれば、総労働力人口が年々増加するにつれて、雇用の増加率は年々若干低下することになる。労働力人口や雇用の増加率を反映するために幾何平均を用いたままであれば、一定の歪み（前期の増加率の過小評価、近い将来の増加率の過大評価）が生じかねない。しかし、算術平均を用いればこれを回避できる。雇用の増加を反映させるために算術平均を用いることには、直感的な分析結果が得られるという利点もある。それは、雇用が 1 ポイント増加するごとに反映される人数は、ベース数値の違いにより、産業によってわりと大きく異なる可能性があり、算術平均でこの違いを直接反映させることができるからである。良い解決策の一つは、雇用の変化を調べるために幾何平均と算術平均の組み合わせを使い、比較分析によって合理的な結論を導き出すことである。

　表 4-34 は、2004 年から 2013 年までの三つの産業および経済成長全体における雇用の推移を示している。全体として、この期間の中国の新規雇用（農業の新規雇用を含む）は年間 782 万人であり、前期（2004 ～ 2008 年）は 697 万人、後期（2008 ～ 2013 年）は 888 万人と、増加しつつあったこ

とがわかる（この場合、年平均増加率の計算に幾何平均の適用性が高まる）。経済成長と雇用の関係を見ると、全産業の付加価値額（=GDP）が1ポイント増加するごとに77万人の新規雇用が創出される。段階別に見ると、前期は59万人、後期は100万人であり、著しい増加である。すなわち、2004〜2008年の年平均10％の経済成長が創出する新規雇用（590万人）は、2008〜2013年の年平均6％の経済成長だけで達成できるが（600万人）、経済成長率がいっそう高ければ、より多くの雇用（888万人）が創出されると見られる。この計算結果は中国の現状と一致しており、経済成長率が低下しても、1ポイント成長するごとに雇用がプラスに増加するため、安定した新規雇用が維持できる。

　これから各産業における付加価値成長率と雇用の推移を部門別に検討していく。

　まず、第一次産業を見てみよう。1980年代後半以降、中国の第一次産業の成長率は長期にわたって4〜5％のレベルを維持してきたが、これは世界各国の農業長期成長率を上回るだけでなく、多くの国の経済成長率も上回っている[56]。農業の近代化（技術、機械、農薬や化学肥料の使用）により、多くの農業労働者が解放され、農業部門に必要な雇用者数は大幅に減少した。表4-34からわかるように、2004年から2013年にかけて、中国の第一次産業の付加価値が1ポイント上昇するごとに、必要な雇用者数は平均263万人減少し、そのうち前の段階は203万人、後の段階は338万人であった。このことは、農業の発展レベルが高ければ高いほど、より多くの農業労働力を非農業部門に移動することができることを説明している。この時期はまさに農業労働力の非農業部門への移動が最も急速に進んでいる時期であり、さらに最新の経済センサスのデータは、この移動が加速していることを示している。

　次に、第二次産業と第三次産業の比較に目を向ける。2004年から2013年にかけて、第二次産業の成長率1ポイントあたりの雇用者数は66万人

第四章 経済成長における産業構造の変化 363

表 4-34 各産業の付加価値年平均成長率および雇用者数の推移（2004 ～ 2013 年）

	期間	第一次産業	第二次産業	第三次産業	非農業産業	各産業合計
①付加価値の年平均成長率（％）	2004 ～ 2008 年	4.84	12.59	13.17	12.86	11.88
	2008 ～ 2013 年	4.25	9.64	9.01	9.34	8.86
	2004 ～ 2013 年	4.51	10.94	10.84	10.89	10.19
②雇用者数の年平均増加率（％、算術平均）	2004 ～ 2008 年	−981	688	990	1678	697
	2008 ～ 2013 年	−1438	765	1561	2326	888
	2004 ～ 2013 年	−1184	722	1244	1966	782
③付加価値増加 1％当たりの雇用増加数（万人）	2004 ～ 2008 年	−203	55	75	130	59
	2008 ～ 2013 年	−338	79	173	252	100
	2004 ～ 2013 年	−263	66	115	181	77

注：表 4-29 と表 4-32 により作成。

であった。そのうち前の段階は 55 万人、後の段階は 79 万人であり、漸増型だと考えられる。同期間においては、第三次産業が 1％成長するごとに創出する雇用数は 115 万人、前の段階は 75 万人、後の段階は 173 万人であり、これも漸増型に属する。この二つの産業を比較すると、第一に、第三次産業が 1％成長するごとに創出する雇用は、第二次産業のそれを上回り、2004 年から 2013 年の期間では、74％も上回っている。第二に、第三次産業は二つの段階でより激しい変化を示し、第二次産業は前の段階に比べ後の段階で 24 万人（43.6％）増加したのに対し、第三次産業は 102 万人（130.7％）も増加している。第三次産業は足元 1％成長するごとに第二次産業より 49 万人多い雇用を創出していることがわかる。現段階では、第三次産業の成長が第二次産業よりも雇用への貢献度は著しく大きく、その差は拡大し続けていることも確認できる。

　最後に、経済成長の非農業部門雇用への牽引効果を包括的に振り返ってみる。表 4-34 からわかるように、前段階では、中国の非農業部門の付加価値額が 1％増加するごとに、創出する雇用者数は 130 万人であったた

め、非農業部門が年間13％成長すると、約1690万人の雇用が吸収されることとなる。後の段階では、1％成長するごとに創出する雇用者数は252万人にも達したため、同程度の非農業部門の新規雇用を吸収するためには、6.76％の成長率だけで済むのである。2008年から2013年までのデータを参照すると、現段階では、第二次産業が1ポイント成長するごとに約79万人、第三次産業が約173万人の雇用を創出するため、非農業産業が1％成長するごとに約250万人の新規雇用が創出されると推定できる。経済成長率が6％に達した場合、非農業部門の成長のうち約三分の二は第三次産業につながることとなる。GDP成長率が約7％に達し、第二次・第三次産業の成長率が約8％であれば、吸収可能な非農業部門雇用者数は約2000万人に達すると考えられる。表4-34からわかるように、この水準はすでに2004～2013年の平均水準を上回っているが、2008～2013年の平均水準は下回っている。

3. 中国における経済成長と雇用の関係の全体像の把握

雇用弾性と雇用増加という二つのアプローチを用いた分析の結論には違いがある。実際、経済成長と雇用は全体的かつ構造的な変化という点で複雑であるため、どのようなアプローチやモデルであっても、その発展や変化を反映する上で偏りが生じる可能性がある。そのため、複数のアプローチを組み合わせて使用することで、単一アプローチの欠点を補い、物事の全体像をよりよく把握できることが多い[57]。

第一に、2004年から2013年にかけて、中国の雇用者数、特に非農業部門雇用者数は徐々に増加し、平均増加率は幾何平均と算術平均の中間に位置している。すなわち雇用弾性が減少している中、1％増加につき創出する雇用は次第に増加しているが、その増加幅はそれほど大きくなかった。大まかに言えば、雇用弾性を使用して推計すると、現段階で中国のGDPが1ポイント成長するごとに、非農業部門における雇用は約0.51ポイント押し上げられる（2008～2013年の値）。目下のところ、非農業部

門雇用者数は約4億6300万人（2014年の増加分は経済センサスのデータを基に追加された）であり、仮に翌年の経済成長率が7％とすると、非農業部門雇用者数の増加分は約1800万人となる。そのうち農業からの労働移動と都市部での新規雇用がそれぞれ増加分の半分を占め、900万人となる。さらに非農業部門における新規雇用のうち、第二次産業が三分の一の約600万人、第三次産業が三分の二の約1200万人を占めている。

第二に、雇用増加で推計すると、現段階の中国のGDPが1ポイント成長するごとに、創出する非農業部門雇用は約263万人となる。経済成長率が7％の場合、非農業部門雇用者数の増加分は約1840万人であり、そのうち農業からの労働移動と都市部での新規雇用はそれぞれ約920万人となる。第二次産業と第三次産業の新規雇用はそれぞれ600万人と1200万人余りを占めると推計される。

第三に、二つのアプローチを比較すると、雇用弾性を用いて得られた推計値は揺れている。すなわち、前期段階で低く、後期段階で高くなるのに対し、雇用増加を用いて得られた推計値は安定していることがわかる。短期的な外挿を行えば、雇用弾性による推計値は雇用増加のそれよりも低くなる一方、長期的な外挿を行えば、前者は後者よりも高くなるのである。短期的な推計では、二つの推計方法の結果には大きな差がない。すなわち、2008～2013年の経済成長と雇用の一般的な関係によれば、ここ二～三年のGDP成長率1％当たりの非農業部門雇用者数の増加は約260万人であり、成長率が7％の場合、非農業部門雇用者数の増加は約1800万人の見込みである。供給面では、農業からの労働移動と都市部での新規雇用がそれぞれ半分を占め、需要面では、第二次産業と第三次産業がそれぞれ三分の一と三分の二を占めると予測される。さらに長い期間（例えば五～十年）の予測を立てるのであれば、中国の生命表、各産業の発展による雇用への牽引効果などの変化を考慮して調整する必要がある。

第四に、動的発展という点では、どちらのアプローチも2004年、2008

年、2013年という3時点の経済総量と雇用に関するデータしか使用しておらず、時系列から見るとサンプルが足りない。これまでの分析からわかるように、この間、中国のGDPが1ポイント上昇するごとに吸収できる、または必要とされる非農業部門（特に第三次産業）における雇用者数の増加分は、実際には少しずつ増えているのである。そのうえ経済センサスのより厳格な基準を考慮すると、その数はさらに多くなり、265万人以上に達すると考えられる。経済成長率が7.5％である場合、非農業部門の新規雇用者数は年間2000万人以上に達する可能性があることは、過去三年間（2012〜2014年）の経済センサス以外のデータからも明らかにされたが[58]、本節の分析は引き続き経済センサスのデータに基づいている。

　第五に、上記の分析は、実際の過去データに基づいている。過去十年間、中国国内の労働力の供給は着実に伸びており、この伸びは、雇用構造の変化とともに、国内経済成長に必要な労働力需要を満たすと同時に、都市化プロセスを推進してきた。しかし、1980年代より実施された人口政策の効果が現在現れ始めており、国内の労働総供給は一定の変化を遂げ、今後は安定期に入り、それ以上の大幅な増加はなさそうだ、ということも留意しておく必要がある[59]。このように、経済成長、特に非農業産業の成長のための新たな労働力需要を規模的に満たすには、主に雇用構造の調整、すなわち農業からの労働移動にかかっている。

　要するに、本節では、オークンの法則の再考を皮切りに、三回の経済センサスにおけるGDP統計と雇用の規模や部門別データの相関分析を行い、現段階における中国の経済成長と雇用の量的特徴を検証し、以下の五つの結論を導き出した。

　（1）オークンの法則では、市場経済における経済成長と雇用の量的関係、特に潜在成長率、実質成長率、完全雇用の関係を検討している。これは、米国の工業化の達成と、経済構造、とりわけ産業構造（付加価値構造と雇用構造を含む）の相対的安定という文脈で絞られたものである。オークン

の法則によれば、米国のような近代国家では、労働生産性の向上と産業発展の変化に伴い、合理的な経済成長（すなわち潜在成長率の達成）が持続する場合にのみ、完全雇用（失業率4%をベースに）を維持することができる。この法則は中国でも部分的に適用できる。というのも、労働生産性が絶えず向上すれば、ある企業や産業、あるいは経済全体が同じ産出規模を維持する場合、必然的に労働力需要が減少し、雇用者規模、すなわち雇用者数や雇用率を一定に保つためには、適度な経済成長が必要だからである。しかし、中国の場合は事情が異なり、いわゆる「完全雇用」は、既存の非農業労働力の失業率が上昇しないことだけ考えることはできず、市場化、工業化、都市化のプロセスの急速な進展に伴い、農業部門から非農業部門に移動した多数の労働者の雇用をどのように確保するかを考えなければならない。このことは、経済移行期や工業化プロセスにある中国にとって、経済成長と雇用の関係を考える上でより重要な課題となる。

（2）中国は現在、急速な工業化と都市化のプロセスにある。それは、各産業部門の雇用者数で計算された労働生産性（一人当たり付加価値）が持続的に上昇している一方で、経済成長における産業構造の高度化（付加価値構造の高度化と雇用構造の高度化、付加価値構造の高度化に牽引される雇用構造の高度化を含む）が加速し、各産業部門間の格差が縮小していることに反映されている。これは、世界各国の工業化と近代化のプロセスに共通する特徴でもある。中国の現状に関しては、工業化プロセスは後期段階まで進んだものの、都市化プロセスという点ではまだ中後期段階にある（農業労働力の非農業産業への大規模かつ継続的な移動として表れる）。産業構造と雇用構造の変化によって生み出された供給（生産能力）と需要（消費と投資）は、中国の経済成長にとって引き続き大きな潜在力があり、かなりの期間に比較的速いペースで成長し、完全雇用の下支えとなる可能性が高いことを決定づけた。

（3）中国が三回の全国経済センサスを実施した期間（2004～2013年）

は、改革開放以来、経済成長が最も著しい時期であった。20世紀と21世紀の変わり目に市場化改革が行われた後、中国経済は工業化加速という新たな段階に入り、その結果、経済規模の拡大（日本を抜いて世界第2位の経済大国に）や経済発展水準の向上（下位中所得国から上位中所得国に）という点だけでなく、産業構造や雇用構造の急速な高度化という点でも高い経済成長を遂げた。ここにそうした成長が反映されている。現段階では、第三次産業は国民経済の新たな主導産業となっている。そこに占める割合は最も高く、成長率は最も速く、新規雇用の数は最も多く、中国が最終的に近代化の目標を達成するプロセスにおいて決定的な役割を果たすことになると見られる。

（4）現段階では、雇用者数対経済成長や付加価値増加の弾性係数（雇用弾性）とGDP成長率1%当たりの雇用増加を計算することによって、雇用、特に非農業部門雇用を促進する経済成長の役割を分析した。その結果、三回の経済センサスにおいて、中国の第二次産業と第三次産業の成長率が1ポイント増加することによる雇用の増加分は少しずつ増えているものの、kから見ると、第二次産業は減少しており、第三次産業は増加していることがわかった。このことは、第三次産業の成長は雇用への牽引効果が第二次産業よりも大きいことを示唆している。国民経済全体から見ると、非農業部門雇用対GDPの弾性係数（すなわちGDPが1ポイント増加することによる非農業部門雇用の増加率）は若干低下しているが、1ポイントの増加による雇用者数はますます増加している。

（5）雇用弾性と成長率1%あたりの雇用増加の二つの異なるアプローチによる計算結果は若干異なるが、反映される傾向は基本的に同じである。現段階では、中国経済が1ポイント成長するごとに、非農業部門雇用は260万〜265万人増加する。非農業労働力の供給源から見ると、農業部門から移動した労働者数と新規雇用者数がそれぞれ全体の約半分を占め、新規非農業労働力の雇用主から見ると、第二次産業と第三次産業はそれぞれ

約三分の一、約三分の二を占めている。仮に GDP 成長率が 7％ だとすると、非農業部門の新規雇用は 1800 万～ 2000 万人であり、その半分は農業部門からの労働移動、残りの半分は都市部での新規雇用、すなわち両方とも 900 万～ 1000 万人となる。そのうち第二次産業では 600 万～ 700 万人、第三次産業では 1200 万～ 1300 万人が雇用されている。全体として、2008 年から 2013 年にかけて、中国の非農業部門の新規雇用者数は年平均 2000 万人以上であった。経済成長率の低下はもちろん新規雇用者数の減少につながる。経済が 1 ポイント成長するごとに牽引する非農業部門（特に第三次産業）の雇用は緩やかに増加している反面、労働供給の面では、中国の労働力人口は徐々に着実な発展段階へと突入する。現在の年間増加量は徐々に減少しており、間もなく規模が徐々に減少する段階に入ると見られる。そのため、さまざまな構造的関係を適切に対処すれば、現在の経済成長率が小幅に低下している状況でも、完全雇用を維持することは可能である。しかし、経済成長率がさらに低下すれば、完全雇用に影響を与える恐れがある。したがって、現段階での完全雇用に深刻な影響を与えないためには、7％ 以上の経済成長率が重要な条件となるのである。

註

1) Simon Kuznets, *National Income and Industrial Structure*, Econometrica, Vol.17, Supplement: Report of the Washington Meeting (Jul., 1949), pp.205-241
2) 劉偉《工業化進程中的产业结构研究》中国人民出版社 1995 年版。
3) 2014 年の GDP データは中国国家統計局の年次報告書によるもので、その他の基礎データについては《中国統计年鉴 2014 版》を参照。
4) 経済活動の種類ごとに各事業所を分類する体系。
5) アメリカ合衆国商務省経済分析局（BEA）ウェブサイトを参照。
6)《中国統计年鉴 2011 版》を参照。
7)《中国統计年鉴 2014 版》および国家統計局発表の関連 GDP データより推定。
8)《中国統计年鉴 2014 版》を参照。
9)《邓小平文选》第 3 巻 p 226。
10)《中国統计年鉴 2014 版》を参照。2013 年のデータは全国経済センサス後の調整されたデータ、2014 年のデータは統計公報の速報値（「初歩核算結果」と呼ばれる）によるデータである。

11) 表 4-10 のデータから変換された固定基準デフレーターにより作成。

12) 表 4-8 のデータより統合・作成。

13) アメリカ合衆国商務省経済分析局発表のデータより作成。

14) データソースは表 4-12 と同じ。

15) 総務省統計局ホームページを参照。URL：http://www.stat.go.jp/english/data/handbook/c03cont.htm

16) 2011 年、世界銀行が発表した国別 GDP（米ドルベース）のデータによると、中国の第二次産業の付加価値は約 3.4 兆ドルであり、これに対してアメリカは約 2.7 兆ドルであった。

17) この数字は、《中国統計年鑑 2012 版》の 46％という数字とは若干異なるが、国際比較において、国際機関が発表した統一的な数字を引き続き使用する。

18) Chenery H.B., Syrquin M., *Patterns of Development*: 1955-1975, Oxford University Press, 1977.

19) 劉偉《工業化進程中的産業結構研究》中国人民大学出版社 1995 年版。

20) 中国共産党第 17 回党大会と第 18 回党大会の決議を参照。

21) 劉偉、張輝 " 我国経済増長中的産業結構問題 "《中国高校社会科学》2013 年第 4 期。

22) 劉偉、張輝 " 中国産業結構高度与工業化進程和地区差異的考察 "《経済学動態》2008 年第 11 期。

23) 黄群慧らも同じ見解を示している。黄群慧 " 中国経済已進入工業化后期 面临三大挑战 " 以下の URL を参照。Finance.chinanews.com/cj/2014/12-28/6918153.shtml

24) 中外合資経営企業、中外合作経営企業、外資企業という三つの類型の総称。

25) 劉偉 " 我国経済増長及失衡的新変化和新特点 "《経済学動態》2014 年第 3 期。

26) 国民経済計算では、住民による住宅の購入は投資とみなされるが、住宅の使用は消費活動とみなされる。

27) 世界銀行が国際比較に使用する三年間の平均為替レート。

28) 以下の URL を参照。http://www.stat.go.jp/english/data/handbook/c0117.htm#c03

29) 《国民経済和社会発展第十二五規劃綱要》を参照。

30) 商務部によると、2014 年の中国の対外直接投資規模は初めて 1000 億ドルを超え、世界第 3 位の 1029 億米ドルに達し、外資の実利用数（1196 億米ドル）に迫った。近い将来、外資の輸入数を上回り、資本の純輸出国になると予想されている。

31) 2004 年 4 月 28 日、当時の国家発展改革委員会の朱之鑫副主任は会議で、「1980 年代、中国の GDP が 1％増加するごとに約 240 万人の雇用を増やすことができたが、現在は 100 万人しか増やすことができない。雇用弾性値は大幅に低下している」と述べた。国家発展改革委員会《経済増長対就業促進活動明显弱化》新華社通信、4 月 28 日。

32) これまで分析したように、住民による住宅の購入は支出の重要な構成部分であるが、投資行動に属する。居住はサービス消費として見なされ、賃貸の場合では家賃で直接計算され、持ち家の場合では家賃支出が推計される。

33) 劉偉、楊雲龍 " 工業化与市場化：中国第三次産業発展的双重歴史使命 "《経済研究》1992 年第 12 期。

34) 16 歳以上で、就業者、失業者を含む。特定の期間内に経済的な財およびサービスの生産の

ために労働の供給を行った者を指す。

35) 劉偉、蔡志洲 " 产业结构演进中的经济增长和就业 " 《学术月刊》2014 年第 6 期。

36) 本章 1.1 を参照。

37) 劉偉《工业化进程中的产业结构研究》中国人民大学出版社 1995 年版。

38) 劉偉編《中国经济增长报告 2013》北京大学出版社 2013 年版。

39) John Maynard Keynes (1960), *The general theory of employment, interest, and money*, London : Macmillan

40) これらの企業には、株式制改革を行わなかった国有独資企業または国有持株企業（それぞれ有限責任公司および股份有限公司のカテゴリーに含まれる）および株式制改革を行った集体企業（股份合作企業のカテゴリーに含まれる）は含まれない。

41) 企業資産の全てが国家の所有で、《中华人民共和国企业法人登记管理条例》に基づいて登記された非公司制の経済組織を指す。

42) 企業資産の全てが集体の所有で、《中华人民共和国企业法人登记管理条例》に基づいて登記された経済組織を指す。

43) 有限責任公司には、国有独資公司と国有独資公司以外の有限責任公司があるが、国有独資公司の割合は極めて小さい。第一回全国経済センサスでは、法人数に占める国有独資公司の割合は 0.3 ％、その他の有限責任公司の割合は 10.6 ％であったが、第三回の時点では、国有独資公司の数と割合はもはや個別に記載されていない。

44) 内資企業は外資系企業に相対するものである。

45) 第一回全国経済センサスで分類された聯営企業には、国有聯営企業、集体聯営企業、国有・集体聯営企業および他の聯営企業が含まれる。これらの聯営企業は、すでに旧来の公有制企業の改革後の産物であり、その発展状況から見れば、工業部門ではうまくいっていないが、その他の産業部門（後で分析する卸売業や小売業など）では、大きな進展はないものの、企業数や雇用者数の減少は工業部門ほど目立つものではない。

46) また、「国有企業」に含まれない国有持株の公司制企業（例えば、国有独資企業、国有控股有限責任公司、国有控股股份有限公司など）もあるが、この部分が国有企業全体に占める割合は極めて小さい。《中国统计年鉴》のデータによると、2013 年の工業部門における国有・国有持株企業数は 18,197 社であり、第三回経済センサスにおける「国有企業」数（20,000 社）よりも少ない。このことは、一方では経済センサスにおける国有企業に対する調査がより詳しく、より正確なデータであることを示しているが、他方では、工業部門の「国有企業」の数がすでにこれほど夥しいのに、「国有持株」企業の数が極めて限られていることを示している。「国有持株」のような新しい混合所有制の企業形態は、中国の国有企業改革のあり方である。現在上場している国有企業の業績から判断すると、そのほとんどは比較的安定した発展を遂げている。ところが、上場企業（多くても数千社）以外の「国有持株企業」に関する包括的な統計はまだ不足している。

47) このこともまた、消費の拡大が工業部門の生産能力の拡大だけでは成り立たないことを示している。現段階では、工業生産における過剰生産能力という矛盾がより顕著になっており、工業部門の構造調整に加え、流通経路の改善も消費拡大に積極的な意味を持つ。

48) 世界金融危機の影響により、2008 年に深センでは 903 社の企業が閉鎖されたが、新規企業

は 3.5 万社に達した（新華網深圳、1 月 14 日電、王伝真）。『温州経済半年報』のデータによると、2014 年上半期に、温州市では 1.25 万社が新規に設立され、6 145 社が登記抹消された。

49) John Maynard Keynes (1960), *The general theory of employment, interest, and money*, London : Macmillan

50) Okun, Arthur, M. (1962), *Potential GNP, Its Measurement and Significance*, Cowles Foundation, Yale University

51) Abel Andrew B. & Bernanke, Ben S. (2005), *Macroeconomics (5th ed.)*, Pearson Addison Wesley

52) 多くの文献や教科書は、オークンの法則を説明する際に、実質成長率が潜在成長率を 2% 下回ると失業率が 1% 上昇することに言及するだけであり、そのような量的関係に至った背景や条件を指摘していない。これは実はオークンの法則の本来の意味に反しているのである。

53) 統計への要求という点から見れば、統一された統計と細分化された統計が、掘り下げた相関分析の基礎となる。中国で実施された全国経済センサスは大きな進歩を遂げたが、データに対する体系的な整理と公表にはまだ改善の余地がある。

54) 農村部にも一定数の非農業部門が存在し、都市部の非農業部門に雇用された労働者の家族が農村に住んでいる場合もある。そのため、非農業部門の労働力人口の割合の増加と都市人口の割合の増加は全く同じものであるわけがないが、発展の傾向は同じはずであり、農業部門と非農業部門の雇用構造の推移は、都市と農村の人口変化の発展動向を反映している。

55) 弾性係数（雇用弾性）は、弾力性の大きさを示す指標であり、二つの変数の変化の依存性を示す。これは、X と Y の二つの変数があり、それらが何らかの関係を持っていると仮定して計算されるものであり、変数 X の変化に対して変数 Y がどの程度反応するかは、以下の式で計算できる。$\dfrac{\Delta Y/Y}{\Delta X/X}$（Δ Y は変数 Y の増加量、Δ X は変数 X の増加量）

56) 世界銀行のデータベースで継続的な経済成長データが確認できる 105 カ国・地域のうち、1980 年から 2010 年までの GDP 年平均成長率が 4.5% を超えたのは 22 カ国・地域のみである。劉偉編（2012）《中国経済増長報告 2012》北京大学出版社。

57) オークンの法則を探るにあたり、オークンは三つの異なるアプローチを用いて経済成長と完全雇用の関係を検証した。Okun, Arthur, M. (1962), *Potential GNP, Its Measurement and Significance*, Cowles Foundation, Yale University

58) 全国経済センサスのデータを統合して得られた第二次産業と第三次産業の雇用に関するデータは、《中国統計年鑑》のデータよりも若干低い。これは主に、経済センサスにおける自営業者が厳格な統計基準により定義され、「許可証を持つ」自営業者でなければならないためである。

59) 劉偉、蔡志洲"产业结构演进中的经济增长和就业"《学术月刊》2014 年第 6 期。

第五章

産業構造の変化と
経済成長の効率

国内総生産（GDP）の成長など、経済規模の拡大が主にその国の経済発展の量的変化を反映するとすれば、産業構造、地域構造、需要構造、要素構造など、経済構造の進化は主にその国の経済発展の質的変化を反映する。発展途上国にとって、一定期間内にGDPの高成長を達成することは難しくない。実際に難しいのは、成長の過程で経済構造の進化を達成することである。GDP全体の規模の拡大あるいは先行は、強い経済を意味するものではなく、経済近代化は構造の高度の近代化に基づく。本章では、改革開放以降の中国の経済成長における構造の高度の進化を論じた上で、経済成長における構造進化の役割を分析し、それを踏まえて中国経済の持続的な発展における構造進化の意義と、構造転換を実現するために必要な条件について説明する。

第一節　中国経済成長における産業構造高度の進化

一、構造高度の意味および測定方法

産業構造とは、特定の技術的・制度的条件の下で、ある国・地域の国民経済における各産業の割合と、各産業間の経済的つながりを指す。供給側からは、製品構造、部門別投入産出構造、技術構造、生産高構造、雇用構造、要素構造などが含まれる。需要側から見ると、それは消費構造、所得分配構造、輸出入構造などの特徴を体現している。産業構造高度の向上、あるいは高度の進化とは、経済発展において、一定の歴史的条件の下での近代化目標の要求と経済発展の内的論理に従って、産業構造を順次に進化するプロセスを指す。例えば、経済発展の異なる段階では、国民経済における第一次産業、第二次産業、第三次産業が占める割合および順次支配的役割を果たす程度、もしくは、第一次製品、中間製品、最終製品が部門別製品構造間で占める割合および順次支配的役割を果たす程度となる。また、技術構造の面では、労働集約型産業、資本集約型産業、技術集約型産

業、知識集約型産業が占める割合および順次支配的役割を果たす程度となる。特に指摘すべきは、産業構造の高度は産業間の比例関係を示しているが、その変化は効率性の変化、特に労働生産性の向上によってもたらされるもの、あるいは変化された効率の関数である。労働生産性や効率性と切り離されて産業構造の高度を人為的に高くし、構造高度化の加速をもたらしているのは、「水増しの高度」だけである。「水増しの高度」は経済発展の歴史的論理によって必ず修正されるが、このような修正は資源配分の大きな損失を伴うことになる（例えば、1950年代の中国の「大躍進」は、工業、特に鉄鋼などの重工業の比率を強引に高めた[1]）。したがって、産業構造高度の測定は、量的比例関係と質的労働生産性の上昇という二つの面に基づかなければならない。構造変化の本質は、主体が労働生産性の低い産業、部門、分野、地域から労働生産性の高い産業、分野、地域への移転である。比例関係と労働生産性の積を産業構造高度の指標Hとすると、Hは次のようになる。

$$H = \sum V_{it} \times LP_{it} \tag{5-1}$$

ここでのiはオープンな集合であり、1、2、3として産業を表すこともあれば、1、2、…、m、mとして部門の数を表すこともあり、iの集合は増やし続けることができる。式中、V_{it}はt時期においてGDPに占めるi産業の生産額の割合、LP_{it}はt時期におけるi産業の労働生産性である。すなわち、労働生産性の高い産業の比率が高ければ高いほど、産業構造の高度Hの値は大きくなるということである。この式によれば、工業化の完了をパネルポイントとすると、国の産業構造高度Hの値が1に近ければ近いほど、工業化の完了に近いことを意味する。発展途上国におけるHの値は通常1より低く、すなわち工業化が完了していない。これに対して先進国は1よりかなり高い値を示す。

　一般に、労働生産性は次元の値であり、産業の生産高の割合は無次元の値であるため、「労働生産性」を標準化する必要がある。その計算式は以

表 5-1　　工業化進行過程における労働生産率基準

	産業	労働生産性 (1970年ドル)	労働生産性 (2005年ドル)	労働生産性 (2005年人民元)
工業化の始点：一人当たりの所得706米ドル（2005年ドル）	第一次産業	70	352	2 570
	第二次産業	292	1 473	10 755
	第三次産業	340	1 714	12 509
工業化の終点：一人当たりの所得10,584米ドル（2005年ドル）	第一次産業	142	7 268	53 058
	第二次産業	3 833	19 320	141 036
	第三次産業	1 344	6 773	49 441

下のとおりである。

$$LP_{it}^{N} = \frac{LP_{it} - LP_{ib}}{LP_{if} - LP_{ib}} \tag{5-2}$$

　ここで、LP_{it}^{N} は国または地域 N の標準化された労働生産性、LP_{if} は工業化完了時点の i 産業の労働生産性、LP_{ib} は工業化開始時点の i 産業の労働生産性、LP_{it} は時点 t で国または地域 N が直接計算された i 産業の労働生産性（$LP_{it} = VA_i / L_i$）、すなわち産業 i の付加価値と雇用者数の比率である。同時に、チェネリー（Chenery, 1986）の標準構造モデルを基準として、工業化の始点は一人当たりの所得706米ドル、終点は一人当たりの所得10,584米ドルとした[2]。その後、経済は先進国経済の段階に入る[3]。これにより、工業化の始点と終点における労働生産性の基準ができた（表5-1参照）。

　工業化が完了していない発展途上国の産業 i の労働生産性と工業化が完了した国や先進国の労働生産性との間にギャップがある場合、各産業の標準化された労働生産性の加重平均を合計して得られる産業構造の高度は、途上国における工業化が完了した産業構造の高度との差を示し、水平比較にも垂直比較にも使える指標となる。

二、中国における産業構造の高度の水準と特徴

　式（5-1）および式（5-2）の関連国の基礎データを適用して、以下の代

表的な国が 2010 年に達した産業構造の高度（H）を計算すると、表 5-2 のようになる。

第一に、産業構造の高度（H）は、第二次産業構造の高度と産業構造全体の高度の両方において、中国が未だに工業化が未完成の発展途上国であることを示している。表 5-2 では、先進国ほど産業構造の高度が高く、工業化が進み、近代化レベルが高いことを示しており、後発国ほど産業構造高度が低く、工業化が進んでいないことを示している。2010 年までの中国の産業構造高度（H）は 0.666 である。これは 2010 年までに中国の工業化プロセスが現代の国際標準から見れば、工業化完成水準の三分の二以上を達成したことを示す。そのため、2020 年までに GDP 総量と水準を 2010 年の 2 倍に拡大し、工業化（新型）の構造アップグレードの基本的な完成を目標とすることは、現在の工業化の水準と発展速度であれば十分に可能である。

第二に、現段階における中国の産業構造の重要な特徴は、2010 年における第三次産業の近代化水準が、第一次産業や第二次産業よりも明らかに高い（LP_{3t}^N は 1.015）ように、異産業間の労働生産性（近代化水準）のバランスが取れていないことである。一方で、第一次産業の近代化水準と第

表 5-2　代表的な国別に見る 2010 年の産業構造高度

	第一次産業 （LP_{1t}^N）	第二次産業 （LP_{2t}^N）	第三次産業 （LP_{3t}^N）	産業構造の高度 （H）
中国	0.147	0.462	1.015	0.666
ドイツ	6.149	4.145	16.556	13.184
フランス	8.247	3.840	17.174	14.480
英国	6.565	3.826	12.340	10.503
米国	11.226	5.183	16.671	14.147
シンガポール	−0.057	3.420	8.513	7.071
日本	4.164	4.126	14.825	11.669
韓国	2.011	2.812	5.971	4.718
タイ	0.196	0.590	0.803	0.633
ブラジル	0.329	0.364	1.161	0.904
インドネシア	0.295	0.709	0.576	0.596

二次産業、第三次産業との間には大きな開きがある（LP_{1t}^N は 0.147）。国

際社会との比較では、第二次産業の近代化レベルは先進国をはるかに下

回っているだけでなく、発展途上国の中でも際立ってはいない。LP_{2t}^N は

わずか 0.462 で、先進国（米国は 5.183、ドイツは 4.145、日本は 4.126）よ

りも著しく低く、タイやインドネシア（タイは 0.590、インドネシアは

0.709）さえ下回っている。中国の GDP 総額は世界第 2 位となり、世界の

経済総生産の 10％近くを占め、一人当たりの GDP も大幅に増加している

が、産業構造の高度に現れた経済発展の質的状態から見れば、現段階では

いまだに工業化を完了していない発展途上国であり、工業化の加速の中～

後半期にさしかかっている[4]。

　第三に、中国の産業構造高度には、省・都市間で大きな不均衡が見られ

る。2010 年の代表的な地域の産業データを式（5-1）と式（5-2）に代入し

た結果を表 5-3 に示した。この表から、中国の省（市）間の産業構造高度

にはかなりの差があり、各地域の産業構造高度は経済発展の水準、特に

一人当たりの GDP の水準と強い相関関係があることがわかる。上海、北

京、天津、江蘇、広東の五つの省・市の産業構造高度 H 値は 1 以上であ

り、これらの省・市が全体として近代工業化の目標を基本的に実現してい

ることを示している。山東、浙江、福建、遼寧の四つの省の H 値は 0.9 以

上であり、1 に近い。これらの省は工業化が完成に近づいていることを示

している。一方、中部と西部地域では、産業構造高度と経済発展レベルと

の間に大きな隔たりがあり、特に一人当たりの GDP レベルとの間に強い

相関関係がある。中西部の湖北省、河南省、四川省、貴州省の H 値は 1

を大きく下回っており、工業化の目標にはまだ遠い。

　最後に、産業構造の高度化によって促進された工業化プロセスは、その

実体産業の効率性の基盤が弱く、異なる産業間の効率性の格差が大きい。

産業構造高度への牽引的役割において、産業間には大きなギャップがある。

第五章　産業構造の変化と経済成長の効率　379

表 5-3　2010 年の中国における一部の地域の産業構造の高度 (*H*)

	第一次産業 (LP_{1t}^{N})	第二次産業 (LP_{2t}^{N})	第三次産業 (LP_{3t}^{N})	産業構造の高度 (*H*)
上海	0.485	1.292	3.905	2.783
北京	0.75	0.730	2.194	1.826
天津	0.277	0.830	1.769	1.253
江蘇	0.440	0.589	2.005	1.166
広東	0.212	0.672	1.786	1.151
山東	0.255	0.681	1.511	0.946
浙江	0.416	0.412	1.615	0.931
福建	0.315	0.528	1.535	0.908
遼寧	0.347	0.700	1.342	0.907
陝西	0.146	0.656	1.077	0.760
河北	0.247	0.479	1.231	0.713
青海	0.136	0.659	0.715	0.626
湖北	0.347	0.484	0.758	0.569
河南	0.154	0.417	0.640	0.443
四川	0.147	0.415	0.488	0.402
貴州	0.039	0.335	0.211	0.236

表 5-2、表 5-3 のデータを見ると、2010 年には工業化の後期段階に入ったにもかかわらず、*H* 値は 0.666 にとどまっている。上海、北京、天津、江蘇、広東の *H* 値は 1 より大きく、山東、浙江、福建、遼寧も 1 に近いが、第一次産業の労働生産性水準と近代工業化の目標が完成した時に達成すべき水準との間には大きな隔たりがある。全国の第一次産業の LP_{1t}^{N} 値は 0.147 に過ぎず、先進国との間の差は大きい。省間データを見ると、LP_{1t}^{N} が最も高い上海でさえ 0.485 に過ぎず、1 に達している省・市はない。言い換えれば、近代工業化の目標を達成するために必要な、第一次産業における労働生産性の水準にはまだ達していないのである。効率性の次元において、中国の第一次産業と第二次産業は工業化の目標を達成するために必要な効率性からは未だに大きな距離がある。実際、中国の各産業における労働生産性の上昇による産業構造高度の向上において、第三次産業は強力な牽引役を果たしている。2010 年にはその労働生産性 LP_{2t}^{N} が 1 を超えて

いるが（LP_{2t}^{N} は 1.015）、これは近代工業化の目標を達成するために必要

な水準よりも高い。そのため、これは国の産業構造の高度に重要な影響を
与えてきた。すなわち、中国の工業化の現段階における第一次産業と第二
次産業の労働生産性の水準は、産業構造の高度が示す工業化の程度に見
合ったものではない。特に第一次産業の場合は工業化の程度が要求する水
準より遅れている。第二次産業の労働生産性の向上は、第一次産業よりは
高いものの、工業化プロセスの段階が要求する水準より総じて低く、一部
の省・市（上海市）を除けば、近代工業化の目標達成に必要な水準にはほ
ど遠い。

三、中国における産業構造高度の進化の過程および特徴（1978 ～ 2010 年）

1978 年から 2010 年までの関連データを式（5-1）と式（5-2）に代入す
ると、三十三年分の H 値の推移が得られる（表 5-4 参照）。

表 5-4 のデータから、改革開放後三十三年間の中国の産業構造の高度の
推移には、次のような段階的な特徴がある。まず、1985 年以前、産業構
造の高度は大きく改善せず、基本的に停滞と低迷の状態にあった。この間、
第二次産業の労働生産性 LP_{2t}^{N} は上昇していたが、経済全般は依然として
工業化が高速発展する前の準備段階にあった。1985 年以降、中国におけ
る工業化は高度成長期に入った。1985 年から 1998 年にかけて、その産
業構造の高度は着実に上昇し始め、変動があった三年（1989 年、1990 年、
1991 年）を除いて、産業化のプロセスは継続的であり、産業構造高度の
値は年平均約 0.6 ポイントの割合で伸びた。さらに、1998 年から 2004 年
にかけて、産業構造高度の進化は加速期に入り、その値は年平均 4.7 ポイ
ント上昇した。中国経済が高速で成長する一方、産業構造の進化も加速し
ている。特に第三次産業の比率の上昇と労働生産性の水準の上昇は、産

第五章 産業構造の変化と経済成長の効率 381

表 5-4 中国における 1978 ～ 2010 年の産業結構高度の進化

年	第一次産業 (LP_{1t}^N)	第二次産業 (LP_{2t}^N)	第三次産業 (LP_{3t}^N)	産業構造の高度 (H)
1978	−0.015	0.015	−0.095	−0.020
1979	−0.007	0.018	−0.112	−0.018
1980	−0.008	0.018	−0.118	−0.019
1981	−0.004	0.014	−0.119	−0.021
1982	−0.001	0.014	−0.111	−0.018
1983	0.003	0.018	−0.102	−0.014
1984	0.011	0.022	−0.076	−0.006
1985	0.010	0.025	−0.025	0.006
1986	0.011	0.025	−0.016	0.009
1987	0.014	0.028	−0.007	0.014
1988	0.012	0.029	−0.005	0.014
1989	0.007	0.025	−0.004	0.011
1990	0.007	0.014	−0.037	−0.004
1991	0.007	0.025	0.007	0.015
1992	0.009	0.042	0.045	0.036
1993	0.012	0.062	0.051	0.048
1994	0.020	0.071	0.048	0.053
1995	0.028	0.082	0.037	0.056
1996	0.035	0.090	0.041	0.063
1997	0.035	0.090	0.075	0.079
1998	0.037	0.099	0.122	0.100
1999	0.036	0.107	0.170	0.126
2000	0.036	0.122	0.220	0.158
2001	0.039	0.145	0284	0.194
2002	0.043	0.162	0.340	0.234
2003	0.048	0.195	0.391	0.273
2004	0.071	0.230	0.433	0.304
2005	0.084	0.258	0.498	0.346
2006	0.095	0.321	0.620	0.418
2007	0.107	0.352	0.762	0.498
2008	0.119	0.386	0.843	0.552
2009	0.133	0.420	0.918	0.603
2010	0.147	0.462	1.015	0.666

業構造の発展促進に大きな影響を与えた。最後に、2005 年以降は、人口ボーナスが転換点を迎えつつあることや人件費の上昇などの発展条件の変化、市場化の深化や国際化の進展などの制度的条件の変化により、労働生

産性の全体的な上昇率が加速し、産業構造高度向上のスピードがさらに加速した。2005 年から 2010 年までの間にその高度は年平均 6.4 ポイント、2005 年から 2010 年にかけては年平均 6.4 ポイント上昇した[5]。

　一般的に言えば、新時代以降、中国経済規模の急成長（GDP の年平均成長率は約 9.8％、2012 年の GDP 総額は 52 兆元近くと、不変価格で 1978 年の 24 倍以上である）だけでなく、経済構造の根本的な変化、すなわち質的な進化も経験してきた。構造高度の進化は常に加速状態にあるため、2020 年までに新型工業化の目標を達成する前に、発展方式の転換もそれに応じて加速すれば、産業構造高度の進化のスピードもさらに高まるであろう。

第二節　産業構造の進化が労働生産性へ与える影響

　産業構造の進化は効率の変化の関数である。効率の向上は技術進歩と制度革新に依存し、あるいは技術革新と社会主義市場経済を指針とする制度改革が中国の急速な経済成長を推し進め、産業構造の高度を引き上げる。すると、その向上はさらに経済成長の効率に影響を与えるのである。

一、中国における産業構造の進化が労働生産性の伸びに与える寄与とその特徴（1978 〜 2011 年）

　構造変化効果は、シフトシェア分析（Shift - Share Analysis）の適用を通じて労働生産性の伸びから分解することができる[6]。経済全体の労働生産性を LP^t 、各産業部門の労働生産性を LP_i^t とすると、上付き添え字の t は期、下付き添え字の i は各産業部門（i=1, 2, 3 はそれぞれ第一次産業、第二次産業、第三次産業）を表し、LP_i^t は t 期の i 産業の労働生産性、S_i^t は t 期の i 産業の労働分配率を表す。

　全体の労働生産性は以下のように表される。

$$LP^t = \sum_{i=1}^{n} LP_i^t S_i^t \quad (5\text{-}3)$$

式（5-3）によれば、t 期における労働生産性の 0 期に対する伸び率は次のようになる。

$$\frac{LP^t - LP^0}{LP^0} = \left[\sum_{i=1}^{n}\left(S_i^t - S_i^0\right)LP_i^0 + \sum_{i=1}^{n}\left(LP_i^t - S_i^0\right)\left(S_i^t - S_i^0\right) + \right.$$

$$\left. \sum_{i=1}^{n}\left(LP_i^t - LP_i^0\right)S_i^0 \right] / LP^0 \tag{5-4}$$

式（5-4）の右辺は次の 3 つの項に分解できる。

第 1 項目、$\frac{\sum_{i=1}^{n}(S_i^t - S_i^0)LP_i^0}{LP^0}$ は静的構造変化効果を表し、労働生産性の低い産業から高い産業への労働要素の移動による、労働生産性全体の純増加を測定する。労働生産性の低い産業から生産性の高い産業 i に労働要因が流入すれば、t 期における産業 i のシェア変化の値は 0 より大きくなり、静的構造変化効果も大きくなる。

前項目とは異なり、第 2 項目、$\frac{\sum_{i=1}^{n}(LP_i^t - S_i^0)(S_i^t - S_i^0)}{LP^0}$ は動的構造変化効果を表す。これは、労働要素の移動による動的効果を示すものであり、労働生産性成長率の低い産業から高い産業への労働要因の移動による、全体の労働生産性の純増加を測定するものである。労働生産性成長率の低い産業から高い産業 i へ労働要因が移動した場合、t 期における産業 i のシェア変化の値は 0 より大きくなり、その動的構造変化効果も大きくなる。

次は生産性成長効果を表す部分、$\frac{\sum_{i=1}^{n}(LP_i^t - S_i^0)S_i^0}{LP^0}$ で、各産業における技術的効率性の変化や技術進歩などの要因により、各産業の労働生産性が上昇することである。

1978 年から 2011 年までの関連データを式（5-4）に代入することで、この期間における中国全体の労働生産性の成長率を計算することができる。また、式（5-4）に従えば、産業の静的構造変化効果、動的構造変化効果、生産性成長効果を求めることができる（表5-5 参照）。

表 5-5　シェアシフト分析を適用した構造変化効果のマトリックス（単位：%）

1978 ～ 2011 年	静的構造変化効果	動的構造変化効果	生産性成長効果	合計
第一次産業	−1.3 ($x11$)	−10 ($x12$)	19.7 ($x13$)	8.4 ($p1$)
第二次産業	3.1 ($x21$)	18.0 ($x22$)	25.5 ($x23$)	46.5 ($p2$)
第三次産業	4.1 ($x31$)	27.0 ($x32$)	14.0 ($x33$)	45.1 ($p3$)
合計	5.9 ($e1$)	35.0 ($e2$)	59.1 ($e3$)	100

括弧内の変数は、その値を参照するマトリックス変数である。

表 5-5 に示すように、1978 年から 2011 年までの中国の労働生産性上昇率において、静的構造変化効果と動的構造変化効果の合計は 40.9％の役割を果たしている。産業から見ると、農村労働力が農業部門から流出し続けているため、第一次産業の構造変化効果はマイナスとなり、労働分配率もマイナスの変化を示しているが、構造変化効果に比べ、第一次産業内の生産性上昇効果はより著しい（$x13 > x11 + x12$）。すなわち、第一次産業の労働分配率が 1％低下すると、経済全体の労働生産性は 1％以上増加することとなり、第一次産業における制度変化と技術進歩が労働生産性の上昇を共同で促進していることがわかる。

第二次産業の構造変化効果はプラスであるが、生産性上昇の効果よりも小さい（$x23 > x21 + x22$）ことから、労働生産性の伸びは、産業内の技術効率や技術進歩の加速という要因に大きく依存している。言い換えれば、第二次産業の場合、構造変化効果による産業間の資源配分効率の向上による労働生産性の上昇よりも、技術効率や技術進歩の上昇による労働生産性の上昇の方が大きいことがわかる。

第三次産業における構造変化の効果が最も大きいのは、農業からの余剰労働力を大量に雇用し、その就業人口が 1978 年の 0.5 億人から 2011 年の 2.7 億人に増加し、労働シェアが 12％から 35.7％に上昇したためである。農村部にとどまる場合に比べ、第三次産業への余剰労働力の流入は資源配分効率を大幅に高め、農村部における余剰労働力の労働生産性の向上も経済全体の労働生産性の向上へとつながった。第三次産業における構造変化効果は、産業内生産性上昇の効果よりも大きい（$x31 + x32 > x33$）。これ

第五章　産業構造の変化と経済成長の効率　　385

は、構造変化効果による産業間資源配分効率の最適化と改善が、第三次産業の労働生産性上昇に最も顕著に寄与しており、産業内の技術効率変化や技術進歩による成長効果が果たす役割を上回っていることを示している。

二、労働生産性上昇に対する構造変化効果寄与の傾向

以上、1978 年から 2011 年までの中国の労働生産性上昇に対する構造変化効果の役割と産業別の特徴を分析してきたが、ここでは、構造変化効果の労働生産性上昇への寄与度の各段階における変化と傾向を検討する。構造変化効果の寄与率とは、構造変化効果と労働生産性がともにプラスの場合における労働生産性の伸び率に占める構造変化効果の割合を指す（構造変化効果がマイナスの場合、寄与率はゼロ）。1978 年から 2011 年までを七つの期間、1978 ～ 1985 年、1986 ～ 1988 年、1989 ～ 1991 年、1992 ～ 1998 年、1999 ～ 2002 年、2003 ～ 2006 年、2007 ～ 2011 年[7] に区分した。変動サイクルごとに計算される構造変化効果の寄与率は、その変動を平滑化し、その寄与率を測定可能とする。

まず、その全体的な上昇に対する経済全体の構造変化の影響（寄与率）を考察する。一般に、構造変化効果の寄与率は、マクロ経済の影響による変動が顕著であるが、長期的には、減少傾向を示している（表 5-6 参照）。

表 5-6 のデータからわかるように、構造変化効果の寄与率の最高は 50％

表 5-6　プロセスの各段階における労働生産性の成長率に対する構造変化効果の寄与率の変化　（％）

発展段階	構造変化効果の寄与率
1978 ～ 1985 年	35
1986 ～ 1988 年	50
1989 ～ 1991 年	20
1992 ～ 1998 年	30
1999 ～ 2002 年	1
2003 ～ 2006 年	30
2007 ～ 2011 年	20

表 5-7　第一次産業における構造変化の影響の傾向

発展段階	労働生産性の成長率	構造変化効果	生産性成長効果
1978 ～ 1985 年	0.140	− 0.055	0.195
1986 ～ 1988 年	− 0.004	− 0.014	0.010
1989 ～ 1991 年	− 0.019	0.001	− 0.020
1992 ～ 1998 年	0.062	− 0.061	0.123
1999 ～ 2002 年	0.014	0.001	0.013
2003 ～ 2006 年	0.047	− 0.032	0.079
2007 ～ 2011 年	0.090	− 0.046	0.132

（1986 ～ 1988 年）で、最低はゼロに近い値（1999 ～ 2002 年）となっており、段階によって大きく変動している。また、長期的には徐々に低下する傾向を示している。この傾向の発生については、詳細な研究が必要である。

　次に、第一次産業の構造変化効果の労働生産性上昇への寄与率の変化の特徴を検討し、その結果を表 5-7 に示した。

　表 5-7 によれば、1978 年から 1985 年まで、農村部経済改革によって効率化が進められた結果、労働力が農村から流出した。そのため、構造的効果はマイナスであったが、農業の内部生産性成長効果は 0.195 に達し、農業全体の労働生産性の成長率がプラス（0.140）になるのを推し進めた。1986 年から 1988 年、1989 年から 1991 年という二つの段階では、農業部門の余剰労働力が依然として全般的に流出していたため、構造変化の効果は極めて低いかあるいはマイナス（それぞれ 0.001、−0.014）となった。産業内の技術進歩がもたらす生産性成長効果も同期間では有意に上昇せず（それぞれ 0.010、−0.020）、さらにこの二つの期間における第一次産業の労働生産性上昇率はマイナスとなった。経済が低迷した二つの時期（1989 ～ 1991 年、1999 ～ 2002 年）において、第一次産業の構造変化効果はプラスであり、これらの時期においてその労働分配率が上昇していたことを示す。ただし、構造進化という意味では発展の停滞期であった。しかし、第一次産業の労働生産性上昇率は 1991 年からプラスに転じ、特に 1992 年から 1998 年、2003 年から 2006 年、2007 年～ 2011 年には、技術進歩がも

たらした生産性上昇効果が高い水準を維持している。労働生産性が一定の水準になると、農業部門からの労働力の流出は農業の構造変化効果がその労働生産性に及ぼす効果をマイナス、すなわち低下させる反面、農業の労働生産性は上昇する。このことは、農業の技術進歩がもたらす農業の生産性上昇効果のほうが、構造変化がもたらすマイナス効果よりも大きいことを示している。したがって、中国における農業雇用の割合の減少（1978年の70％以上から2011年の36.7％へ）は、農業労働生産性の持続的な上昇に基づく、あるいは農業労働生産性の向上こそが農業労働の非農業産業への移転の可能性を生み出していると言える。

　表 5-8 は、労働生産性上昇に対する第二次産業の構造変化効果の寄与率の変動を示している。1992 年以前の段階では、その寄与率は 50％を超えている（68.4％、68.1％、56.3％の順）。この時期の第二次産業の労働生産性の上昇は、主に構造変化効果に依存していること、すなわち、構造変化によって形成された資源配分構造の最適化が主因であり、改革開放の制度変化による構造変化の加速および当時の不足経済へとつながった。不足経済の下、市場メカニズムが発展し始め、計画経済が緩和され、大量の資源が第二次産業に急速に流入したため、構造変化の効果が急速に高まり、ひいては労働生産性の上昇への最大の寄与となった。1990 年代に入ると、第二次産業の構造変化効果の寄与率が減少し始め、競争激化と供給過剰の状況が徐々に逆転する。第二次産業の技術研究開発と産業高度化が発展の

表 5-8　労働生産性の向上に対する第二次産業の構造変化効果の寄与率（%）

発展段階	構造変化効果の寄与率	生産性成長効果の寄与率
1978 ～ 1985 年	68.4	31.6
1986 ～ 1988 年	68.1	31.9
1989 ～ 1991 年	56.3	43.7
1992 ～ 1998 年	18.5	81.5
1999 ～ 2002 年	0	100
2003 ～ 2006 年	35.8	64.2
2007 ～ 2011 年	30.5	69.5

第一目標となり、労働力の流入によって形成された構造変化効果の寄与率が徐々に第二目標となっていく。これは、産業の市場有効需要が不足すればするほど、労働生産性が上昇することを示している。ある産業の市場有効需要が不足すると、その産業の労働生産性が上昇するのは、産業内の技術進歩がもたらす生産性の上昇、技術革新がもたらす構造高度化に依存することへとつながる。元の技術、製品、産業構造が変わらないという条件下では、労働生産性の上昇引き上げにおける要素投入の拡大に期待することはできない。最も典型的なケースは、1999 年から 2002 年にかけて、アジア金融危機や内需不足の影響により、第二次産業の構造変化効果の寄与率がゼロに近くなり、全産業の労働生産性上昇の寄与率に占める産業内生産性成長効果の割合が高まったことである。

　通常、構造変化効果と産業内生産性成長効果には論理的なつながりがある。構造変化が加速すると、他産業から当該産業により多くの資源が流入する。当該産業の効率は相対的に高く、しかも効率そのものは産業の技術進歩や市場の需要状況に頼るため、産業の技術進歩が加速し続ければ、産業内の生産性成長効果は増大し続ける。産業内生産性成長効果がある程度まで増大し蓄積すれば、産業の効率は徐々に他産業の効率を上回るようになり、他産業領域から当該産業への流入を促進する。その結果、他産業からの要素の流入が加速し、当該産業の構造変化効果の寄与率が高まるのである。構造変化効果の加速が一定期間続くと、産業の効率的優位性によって引き起こされる要素の流入量の伸びは徐々に均衡し安定するようになり（これは産業間競争の影響を受けると同時に、市場の需給状況によって制約される）、それに伴って構造変化効果は弱まる。逆に産業内生産性上昇の効果は相対的に高まる。特に産業が直面する市場の有効需要が飽和している状況では、産業内の競争が激化し、技術進歩が加速され、産業内の生産性成長効果が高まる。このような強化がある程度まで蓄積されると、産業構造の高度化を推し進め、産業の絶対効率と相対効率を高め、産

業構造変化効果の成長を引き上げる。両者が長期的に交互にリードし合う
ような相互依存かつ相互連結というパターンが形成されるのである。その
結果、中国の第二次産業の労働生産性に対する構造変化効果の寄与率は、
1978 ～ 1985 年の 68.4％ から 1986 ～ 1988 年の 68.1％、1989 ～ 1991 年の
56.3％ へと変化し、1992 ～ 1998 年には 18.5％ まで低下した。それに応じ
て、産業内の生産性成長効果の寄与率は 81.5％ まで上昇し、1999 ～ 2002
年には 100％ に達したが、その後徐々に減少した。構造変化効果の寄与率
は徐々に回復し、2003 ～ 2006 年、2007 ～ 2011 年の二つの段階における
構造変化効果の寄与率はそれぞれ 35.8％ と 30.5％ へと回復した。

　最後に、第三次産業の構造変化効果を検証し、その結果を表 5-9 に示し
た。

　表 5-9 は、第三次産業の産業別労働生産性の伸びに対する構造変化効果
の寄与率の変動を示したものである。その変動パターンは基本的に第二次
産業と同様であり、構造変化効果の寄与率と産業内生産性成長効果の寄
与率は概ね交替で先行するパターンを示している。第三次産業の構造変
化効果の寄与率は、60％ を超え（1988 ～ 1991 年を除き、生産性の伸びの
寄与率は 49.4％：50.6％ と基本的に同じであった）、1978 ～ 1998 年の四つ
の段階において優位であった。1998 年から 2002 年にかけては、産業内生
産性成長率が労働生産性上昇（81.8％）の主な原動力となる。構造変化効

表 5-9　第三次産業の構造変化効果の寄与率（％）

発展段階	労働生産性の成長率	構造変化効果の寄与率	生産性成長効果の寄与率
1978 ～ 1985 年	0.186	62.5	37.5
1986 ～ 1988 年	0.046	60.3	39.7
1989 ～ 1991 年	0.022	49.4	50.6
1992 ～ 1998 年	0.297	62.3	37.7
1999 ～ 2002 年	0.209	18.2	81.8
2003 ～ 2006 年	0.204	34	66
2007 ～ 2011 年	0.486	17.7	82.3

果の寄与率は大幅な低下傾向（18.2％）を示したが、その後、再び回復し、2003 年から 2006 年にかけては 34％まで上昇した。第二次産業とは異なり、第三次産業における構造変化効果の寄与率は 2007 年から 2011 年にかけて大幅（17.7％）に回復した。第二次産業とのもう一つの違いは、第三次産業の構造変化効果の寄与率の場合、産業内生産性上昇効果の寄与率が 1 位から転落する時間が若干遅い点である（第二次産業は 1992 ～ 1998 年、第三次産業は 1999 ～ 2002 年）。すなわち、第二次産業の市場の有効需要不足が 1992 ～ 1998 年に現れ、第二次産業内の競争を激化させる。すると技術進歩、新製品開発、構造高度化を加速させ、1992 ～ 1998 年には、産業内生産性の成長率が産業労働生産性の主な原動力となった。一方、第三次産業においては市場の有効需要不足のため、市場競争の激化は比較的遅れて起こった。産業内の生産性成長効果が構造変化効果を追い抜き、労働生産性上昇の主要因となったのも 1998 年以降のことである。

第三節　産業構造の進化が全要素生産性に与える影響（1986 ～ 2007 年）

　全要素生産性（TFP）とは、資本と労働という二つの生産要素の寄与を差し引いた後、その他の要素による生産への寄与を合計したものである。その他の要素とは、主に、知識強化、技術革新、資源配分構造の最適化、規模の経済の拡大などを含む。TFP の成長率は、生産高の成長率から、資本と労働の投入成長率の生産高成長率への寄与を差し引いたものである。ある不均衡な経済の中では、異なる産業部門間での要素の限界生産力は異なる。そして異なる産業部門間における要素の流れが、生産性の低い部門から相対的に高い部門への要素の流れを促し、TFP を上昇させることが、産業構造の変化が資源配分構造の最適化によって形成される TFP の上昇となる。資本と労働の投入によって達成された部分を差し引いた TFP の

成長は、各産業部門の平均的な TFP の成長と、構造変化による TFP の成長の二つの部分に分解できる。したがって、全要素生産性に対する構造変化の寄与を計算する基本的な方法は、集計レベル（aggregate level）のTFP 成長率と部門レベル（sectoral level）の TFP 成長率の差を比較することとなる[8]。

集計レベルの *TFP* 成長率 *G*（*A*）と部門レベルの TFP 成長率の加重平均 $\sum_{\rho i} G(A_i)$ の差は構造変化の経済成長への寄与、すなわち *TFP* の上昇における産業構造の進化の役割である。したがって、構造変化効果（*TSE*）は以下のように計算される。

$$TSE = G(A) - \sum_{\rho i} G(A_i) = \sum_{\rho_i \alpha_i} G(k_i) + \sum_{\rho_i \beta_i} G(l_i) \qquad (5\text{-}5)$$

式（5-5）において、k_i と l_i はそれぞれ各産業部門の総資本投入量と総労働投入量に占める資本と労働のシェアを表している。式（5-5）の右の第 1 項目（$\sum_{\rho_i \alpha_i} G(k_i)$）は各産業部門の TFP に対する労働要因の構造変化の寄与を、第 2 項目（$\sum_{\rho_i \beta_i} G(l_i)$）は各産業部門の TFP に対する資本要因の構造変化の寄与を表している。さらに照合すると、全要素生産性（*TFP*）に対する産業構造の変化の寄与が得られる。

$$TSE = \frac{1}{Y} \sum K_i [f(k_i) - f(k)] + \frac{1}{Y} \sum L_i [f(L_i) - f(L)]$$
$$= A(f_K) + A(f_L) \qquad (5\text{-}6)$$

式（5-6）において、$f(k_i)$ と $f(L_i)$ は産業 i の資本と労働の限界生産高を示し、f(k) と f(L) は経済全体の資本と労働の限界生産高を示す。A(f_K) と *A*（f_L）は資本と労働要素市場の産業構造変化効果、すなわち資本と労働の異なる産業部門間の移動がもたらす TFP の上昇をそれぞれ表している。平均よりも高い限界利益を得られる産業における資本と労働のシェアが急速に高まれば、構造変化効果は相対的に大きくなり、逆に平均よりも低い限界しか得られない産業における要素のシェアが急速に高まれば、要素の構造変化効果は相対的に小さくなる。異なる産業部門における資本と労働の限界生産高が一致すれば、資本 *A*（f_K）と労働 *A*（f_L）の構造変化効果はゼ

ロに近く、総構造効果 TSE はなくなり、全体レベルの TFP 成長率 $G(A)$ と各産業部門の TFP 成長率の加重平均 $\sum_{\rho i} G(A_i)$ は等しくなる[9]。

　中国の構造変化による TFP 増加効果を式（5-6）に当てはめて解くためには、経済全体と各産業部門における資本と労働の限界利益、経済全体と各資本と労働における生産の回復力および経済全体と各産業部門における資本と労働のストックと変化を計算する必要がある。また、それに必要なデータは国家統計局が公表した全国産業連関表（1987 年、1990 年、1992 年、1995 年、1997 年、2002 年、2007 年のデータが公表済み）、あるいは『中国統計年鑑』で見つけることができる[10]。その結果を表 5 − 10 に示す。

　表 5-10 からは二つの傾向が見てとれる。（1）中国の経済成長過程において、要素投入増加の寄与率と TFP 増加の寄与率は、前者が次第に低下する傾向にあるのに対して、後者は徐々に増えている。このことは、新時代以降の経済成長傾向において、必ずしも労働投入と資本投入の拡大を主体としてきたわけではなく、TFP の寄与率を高める過程で急成長を達成してきたことを示している。中国の経済成長は、要素投入の拡大だけでなく、TFP の増加の下支えからも恩恵を受けてきたのである。これは、東アジアの一部の国や地域が効率性の向上なしに成長を促すために主に要素投入に依存しているというクルーグマンの批判とは対照的である。クルー

表5-10　経済成長率に対する各要因の寄与（%）

時期	労働増加の寄与率	資本増加の寄与率	TFP 増加の寄与率	産業構造変化効果	純技術進歩効果
1986 ～ 1990 年	10.7	84.2	5.1	―	―
1991 ～ 1992 年	9.1	79.5	11.4	58.2	41.8
1993 ～ 1995 年	5.9	80.4	13.7	42.3	57.7
1996 ～ 1997 年	5.6	74.3	20.1	34.9	65.1
1998 ～ 2002 年	3.5	68	28.5	11.3	88.7
2003 ～ 2007 年	1.2	59.9	38.9	10.8	89.2

注：データ不備のため、1987 年の産業連関表は使用せずに 1990 年～ 2007 年の構造効果のみ計算する。1986 ～ 1990 年の結果は張軍拡（1991）の結論を借用し、参考としてここに掲載したが、論文では産業の構造変化と純技術進歩効果は計算されていない。張軍拡「『七五』期間経済効益的総合分析－各要素対経済増長貢献率測算」『経済研究』1991 年第 4 期参照。

グマンが1994年に発表した『まぼろしのアジア経済』では、東アジアの大部分の国と地域の成長は、要素生産効率の増大というよりは、労働と資本といった投入量の異常な増大によって牽引されたゆえ、長続きしないであろうと主張されている。1997年のアジア金融危機がもたらした東アジアバブルは、この視点をある程度裏付けるものであり、国内外の学者から大きな注目を集め、中国の急成長の要素効率は増大したのかどうかが議論されるようになった。以上の分析によれば、1998年以前の中国の経済成長が主に要素投入の拡大によって牽引されてきたという特徴があったとすれば、それ以降の成長は主に要素生産性の向上によって牽引されたという特徴が強まる。長期的な傾向を見ると、要素生産性の寄与は増加し続けるのに対して、要素投入の寄与は相対的に減少していることがわかる。(2)TFPの中で、産業構造変化効果は減少傾向を示しているが、純技術進歩効果はそれに応じて上昇を続けている。産業構造転換効果の向上は主に二つの力に依存しているのである。一つは、産業間競争によって形成される効率性の差が産業構造転換の加速を後押ししたり、引き寄せたりする可能性があること、二つ目は、制度改革の結果としての市場メカニズムの発展は、産業間の自由で十分な資源の流れを促進するということである。中国は新たな時期に突入後、計画経済体制の下での資源配分の非合理的な構造、すなわち効率性からかけ離れた構造であったことから、制度改革、特に市場化プロセスが始まってから、資源は市場競争のメカニズムを通じて非効率的な産業から効率的な産業へと急速に流れ、TFPの寄与には産業構造の影響が顕著に現れた。不足経済の下では、製品需要は強く、産業内競争は激しくなく、技術革新や進歩への圧力も依然として強くないため、産業内の技術進歩効果はTFP増加の寄与率においてそれほど大きな役割は果たさない。しかし、市場需要の変化につれて、不足経済は改善して克服されていく。特に有効需要が深刻な状態の場合（例えば、1997年のアジア金融危機や2008年の世界金融危機の影響下では、内需不足という矛盾が

極めて顕著であった）には、産業内の競争が激化し、技術進歩のスピードが加速し、TFP 増加に対する技術進歩の純技術効果が強化される。特に、TFP 増加における産業構造変化効果と純技術進歩効果との間の入れ替わりは、中国における要素効率の向上が、市場改革がもたらした制度的な力への依存から、競争がもたらした技術進歩への依存へと徐々に転換していく様子を反映しているように思われる[11]。実は、制度移行の過程にある不均衡な中国経済にとって、産業構造変化効果と純技術進歩効果が TFP に与える影響は入れ替わりながら変化するのが常である。産業間の効率差が大きく、構造的不平衡が顕著な場合には、産業構造の変化が加速される可能性があり、制度的支援（市場化改革など）があれば、効率に基づく構造高度化はさらに加速され、産業構造変化効果はより大きくなる。産業間構造転換が一定期間続くと、産業間の要素効率の隔たりが徐々に縮小し、あるいは制度的活力の不足により、効率差に基づく産業間の資源の流れのペースが鈍化する。そして、産業構造転換の効果が薄れ、産業内技術進歩の要求が急務となる。特に市場需要が不十分な状況下では、産業内技術進歩が加速され、純技術進歩効果が増大する。そして、ある程度まで蓄積されると、長期的には異なる産業間の要素生産性の差が新たな不均衡パターンを呈し、産業間の効率格差が新たな基盤の上でさらに拡大する。合理的な制度的条件、特に政府と市場との協調があれば、産業構造は新たな水準でさらに高度化し、構造変化効果は新たな均衡パターンが現れるまで再び高まり、純技術進歩効果も再び加速し、その累積が始まる。経済における産業構造転換の効果の漸減と純技術進歩の効果の漸増の傾向は、市場の有効需要が不十分で、産業間の要素効率の差が次第に減少しているとき、あるいは、産業構造全体の高度化を牽引する効率的な産業が足りない場合、成長を牽引するために投入量の拡大に頼ることはできない。そうでなければ、変わらない構造の構築の繰り返しとなり、低水準の過剰生産を招くこととなる。これは、経済発展を促進するためには、主に技術進歩と各産業

第五章　産業構造の変化と経済成長の効率　　395

の内部効率の向上に頼るべきであることを示唆している。一方、産業間の要素効率に明らかな差がある場合や、産業内の異なる技術進歩の蓄積によって産業構造に新たな差が生じ、新たな技術構造で限界要素生産高間の格差が再び拡大する場合には、産業構造高度化の加速を確保し促進するために、より抜本的な制度改革を通じて競争秩序を改善しなければならない。

第四節　新常態における中国経済成長の突出した構造的矛盾

　全体として見ると、中国の経済成長の水準は構造高度化の水準よりも高い。あるいは構造進化が遅れていることは、経済の効果的でバランスの取れた成長に重大な影響を与えているのである。

　中国の経済は急成長の過程で産業構造が大きな変化を遂げたが、構造進化と経済成長の必要条件との間には、依然として適応できない部分が多い。まず、先進国、特に中国とほぼ同レベルの経済成長を遂げている発展途上国と比較すると、産業構造の高度には相対的に大きな差がある。一方、構造の高度の相対的な遅れは、経済の規模の拡大を大幅に制限しているため、中国の投資需要の効果的な成長は、構造的な制約を大きく受けている。表5-11 は、現段階における中国の産業構造の状況を先進国や発展途上国と比較したものである。

　経済規模や一人当たりの GDP の面で、中国は中所得国の上位段階に入っている。しかし、経済成長の水準と比べると、構造的高度の進化は遅れており、2010 年の GDP に占める第三次産業の付加価値額は 45.9% に過ぎない。これは現代の中所得国の平均水準（67.5%）を下回るだけでなく、低所得国の平均水準（49.9%）をも下回っている。一方、GDP に占める第二次産業の付加価値額の割合は、高所得国の平均水準が 25%、中所得国の平均水準が 34.3% となっており、中国の 44.6% が経済発展段階の通

表5-11　2010年における中国と世界各国のGDPの構成（%）

	第一次産業	第二次産業	第三次産業
高所得国	1.5	25.1	73.4
中所得国	9.7	34.3	67.5
中低所得国	10	34.1	55.8
低所得貧困国	25.7	24.4	49.9
中国	9.5	44.6	45.9

データソース：世界銀行WDIデータベース、国際統計年鑑2011年版より引用。
一部の国のデータは2009年または2008年のもの。中国の第二次産業の割合は
44.6%で、中国国家統計局の『中国統計年鑑』の46%とは異なるが、国際比較
のため、国際機関が公表しているデータを採用している。

常の水準を大幅に上回っていることがわかる。現在の世界を見渡すと、中低所得である東アジア・太平洋諸国でしか見られない数値である（44%）。言い換えれば、中国の一人当たりの国民所得は中所得国の上位レベルに達しているものの、産業構造は依然として中低レベルに近く、2010年以降、その改善は続いているにもかかわらず、この基本的な状況は根本的に変わっていない。このような経済成長から遅れた構造進化の状況は、中国の経済成長における投資構造と消費構造のアンバランス、市場化の遅れ、特に市場メカニズムが必要とするサービス業の後進的発展、新型産業化と都市化の推進における情報技術の不十分な統合と深くつながり、中国経済の持続可能な発展を制限している。

　そして、雇用構造と付加価値構造との間に大きな差があり、二元構造の特徴が顕著であることは、中国経済の急成長がある程度、発展の不均衡を加速させることを示している。この不均衡の深刻化は、ひいては経済の持続的成長を制限する要因となるであろう。

　雇用構造の高度の進化を見ると、中国は経済成長の過程で、雇用構造に大きな変化が起きていることがわかる。特に第一次産業の雇用比率は改革期当初の70%以上（現代の低所得貧困国の状況に相当）から現段階では36%程度にまで低下している。全体として第一次産業の雇用比率の高さと第三次産業の低さは中国の経済成長の水準に見合ったものではない。中国

の産業の付加価値構造の高さが経済成長水準に遅れているとすれば、雇用構造の高度の遅れはさらに大きい。中国の付加価値構造と雇用構造の比較を表 5-12 に示す。

表 5-12 によると、中国の第一次産業の雇用の割合は減少を続け、第二次産業は基本的に安定しており、第三次産業は大幅に上昇している（1978年と比較して 2011 年は 22.4 ポイント増）。これは前節の各産業の労働生産性の成長率の分析から導かれた結論を裏付けるものである。すなわち、第一次産業における構造変化効果はマイナス（労力力の純流出）、第二次産業ではプラスであるが、第三次産業より小さい（第三次産業への労力力の流出が多い）のである。まず、雇用構造の高度が付加価値構造の高度よりも低いということは、後者の進化が前者の高度化をもたらした一方、後者にとって産業労働の生産性は十分に上昇しなかったことを示している。チェネリーは、1950 ～ 1970 年の 101 カ国のデータを利用し、経済発展段階別の標準構造を作り上げた。それを中国の現在の付加価値構造における第一次産業の割合と比較すると、中国はすでに一人当たり 2,000 米ドル（1970 年ドル）の発展段階を超えている。しかし第一次産業の雇用の割合と比較すると、400 ～ 600 米ドルの段階にすぎない。このことからも中国経済の二元構造が明らかとなる[12]。この過程で、各産業の付加価値額の割合と雇用の割合は接近しつつあるが、両者の差は依然として大きく、ある意味で産業間の労働生産性の不均衡を反映している。第一次産業の付加

表 5-12　改革開放以降の中国の付加価値構造と雇用構造の変化と比較

	付加価値構造（％）			雇用構造（％）			付加価値の割合／雇用の割合（％）		
	第一次産業	第二次産業	第三次産業	第一次産業	第二次産業	第三次産業	第一次産業	第二次産業	第三次産業
1978 年	28.2	47.9	23.9	70.5	17.3	12.2	0.40	2.77	1.96
1992 年	21.8	43.4	34.8	58.5	21.7	19.8	0.37	2.00	1.76
2000 年	15.1	45.9	39.0	50.0	22.5	27.5	0.30	2.04	1.42
2011 年	10.0	46.6	43.3	36.7	28.7	34.6	0.27	1.62	1.25

価値額の割合はその雇用の割合よりも著しく低く、両者の差は 1978 年の 0.4 から 2011 年の 0.27 へと推移しており、収束傾向のないまま拡大しており、その不均衡はさらに深刻化している。第二次産業の場合、その差は最も顕著であるが（2011 年では 46.6％対 28.7％）、長期的に見るとかすかな縮小の傾向が見られる（2000 年以前は、第二次産業の付加価値額の割合と雇用の割合のギャップはより鮮明であった）。第三次産業の場合、その差は第二次産業ほど大きくない。互いに近づくスピードも速く、両者の比率は 1978 年の 1.96 から 2011 年には 1.25 まで下がり続けている。一般的に、産業の付加価値額の割合と雇用の割合が徐々に同一化していくことは、産業間の労働生産性の均衡の傾向と、産業間の均衡のとれた発展の重要性を示している。米国では、2008 年の GDP に占める産業の付加価値の割合は 1.1％、20％、78.9％であり、対応する雇用の割合は 2.3％、23.2％、74.5％であった。現代の先進国では、第一次産業の付加価値額と雇用の割合は 5％前後が多く、第三次産業の場合は 70％以上が多い。第二次産業の場合は 20％以上が多く、両者は大体似通っている[13]。中国の場合はかけ離れており、長期的には近づく傾向にあるが、そのスピードは速くないため、一連の不均衡を生み出している。最も顕著なのは、国民所得の一次分配における所得分配の不均衡の深刻化である。第一次産業における雇用の割合は 37.6％であるにもかかわらず、付加価値の割合は 10.1％に過ぎない。つまり、37.6％の被雇用者は、一次分配で付加価値の 10.1％しか得られていないのである。第二次産業と第三次産業の場合は、雇用の割合よりも高い。とりわけ第二次産業は 28.7％であるが、一次分配において付加価値の 46.6％を受け取っている。この構造的不均衡は、中国の都市住民と農村住民の間の著しい所得格差の重要な原因となっている。そしてこれは、所得格差拡大の 40％以上を説明している[14]。所得格差の拡大は、消費の需要の低迷をもたらし、ひいては現段階での中国の低成長へと繋がっているのである。

中国における労働報酬の増加率と労働生産性の増加率をさらに検討すると、前者は必ずしも後者の十分な増加に支えられていないことがわかる。2002年から2010年までの被雇用者の労働報酬の年平均増加率は14.5％であり（現在の水準で計算。物価上昇の要因を除くと、実際の増加率はさらに低くなる）、第一次産業の労働者の報酬の年平均増加率は18.1％で最も高かった。第三次産業は11.6％で二番目に高く、最も成長が遅かったのは第二次産業の11.1％であった[15]。これは中所得国になって以降、中国の人件費を含む要素コストが加速度的に上昇する段階に入ったことを示している。労働生産性の上昇が加速されなければ、短期的にはコスト主導の急激なインフレとなり、長期的には経済成長の持続可能性を深刻に損なうこととなる。また、本章の前半で分析したように、産業構造高度の向上によって推進される工業化プロセスは、実物産業の効率性という脆弱な基盤の上に成り立っている。そこに体現された工業化プロセスは、世界で達成された工業化の水準と比べるとすでに後期段階に入っている（産業構造の高度 H は0.666に達している）。上海、北京、天津、江蘇、広東では基本的に工業化が達成されているにもかかわらず（その H 値はすでに1に達している）、第一次産業の労働生産性の水準は、現在のところ工業化の目標を実現するためにあるべき水準にはほど遠く、LP_{1t}^N はわずか0.147で、1を大きく下回っている。第二次産業もまた、近代工業化の標準レベルよりかなり低く、LP_{1t}^N は0.462で、1を大きく下回っている。言い換えれば、中国では工業化過程における産業構造の進化が高水準に達しているのに比べ、実体産業の労働生産性は工業化の進展に対応する水準に達しておらず、ある意味で、労働生産性の水準から切り離された産業構造の「水増しの高度」が存在する。そのため、要素コストが上昇する一方で、労働生産性成長のスピードはコストよりも相対的に遅く、経済成長のバブルにつながっている。

最後に、中国の産業構造の反効率配分現象は、資源配分における既存の

効率格差が、非効率部門から効率部門への資源移転を促進することを妨げているだけでなく、資源配分における産業構造の効率格差を拡大している。

　1992 年と 2007 年の中国産業連関表を用いて、各産業における資本と労働のシェア、資本と労働の限界利益、各産業の労働生産性と資本・労働比率を計算することができる。表 5-13、表 5-14、表 5-15 の結果は、各産業における反効率配分現象を示している。この現象は、異なる産業間の資源配分効率の格差を十分に活用しない、すなわち、資源が効率の低い産業から高い産業へと適時に効果的に移動しないことを指す。同時に、資源配分効率の格差を拡大、すなわち産業間の効率格差を拡大させているのである。発展面や制度面の両方に起因しており、産業間の資源の流れを制限している市場競争の不十分さがそのカギとなる[16]。

　表 5-13 における資本シェアを見ると、第一次・第三次産業は減少しているが、第二次産業は増加しており、この間、資本は主に第二次産業に集中していることがわかる。新資本が主に第二次産業で形成されるだけでなく、旧資本の一部さえも第二次産業に移転している。同時に、経済全体と実体産業の資本限界利益は低下している。これとよく似た粗利益率もそれに伴って低下しており、中でも第一次産業が最も早く低下している。第二次産業の限界資本報酬も著しく低下したものの、低下のスピードは第一次産業より相対的に緩やかであった。第三次産業の粗利益率のみがわずかに上昇したが（資本の限界利益は 0.217 から 0.262 に上昇）、その絶対水準は第二次産業より低かった。実体産業における資本の限界収益が次第に減少

表 5-13　資本の構造変化

	資本投入の変化（億元）	1992 年の資本投入シェア（%）	2007 年の資本投入シェア（%）	1992 年の資本限界利益	2007 年の資本限界利益
経済全体	1 84015.5	100	100	0.336	0.293
第一次産業	6530.5	5.1	3.8	0.413	0.072
第二次産業	9 3731.5	38.9	48.7	0.498	0.341
第三次産業	8 3753.6	56	47.4	0.217	0.262

データソース：表中のデータは、国家統計局が公表している産業連関表のデータに基づいている。

しながら加速し、各産業の資本の深化も加速すると、資本生産比率が素早く上昇し、それに伴って資本限界利益も次第に減少する。これは、投資需要の伸びの鈍化と生産高の伸び率の低下を明らかにしている。同様に、技術進歩の加速と産業間の資源フローの加速、すなわち産業構造の高度化がないまま、投資が拡大し続けると、必ず資本の限界利益の縮小が加速し、その結果、市場（非政府）の投資需要の伸びが鈍化し、内需の不足が深刻化し、経済の持続的成長率に影響を及ぼすこととなる。

　表5-14を見ると、第一次産業における労働投入量のシェアが大きく低下しており、労働要素が農業から都市部の非農業的産業へ流れていることがわかる。これは工業化と都市化が加速しつつあることの反映である。第二次産業における労働投入量のシェアが第三次産業よりも高い状態から低い状態へと変化し、第二次産業におけるスピードが低下しており、資本が労働を圧迫している可能性がある。また、第二次産業における資本の限界利益は第三次産業より高く、労働の限界収益も第三次産業より著しく高い。第二次産業における労働のシェアが労働生産性の比較的低い他産業に押し込められること自体が、経済における労働生産性の構造効果が失われていることを意味する。他方、第二次産業における資本の限界収益の絶対水準は第三次産業よりも高いものの、その限界収益の低下は加速している。第三次産業の資本に対する限界収益は、第二次産業よりも低いものの、上昇の傾向にある。仮に資本が第二次産業に集中し続ければ、限界収益が上昇

表5-14　労働要素の構造変化

	労働投入量の変化（万人）	1992年の労働投入量のシェア（％）	2007年の労働投入量のシェア（％）	1992年の労働の限界利益（元／人）	2007年の労働の限界利益（元／人）
経済全体	9 169	100	100	1 712	6 408
第一次産業	−7 968	58.5	40.8	1 197	3 879
第二次産業	5 831	21.7	26.8	2 462	9 993
第三次産業	11 306	19.8	32.4	2 412	6 627

出典：表5-13に同じ。

している部門から減少している部門への資本の集中を加速させ、さらには、資本の配分効率の緩やかな低下を促進することとなる。

表 5-15 を見ると、1992 年から 2007 年にかけて、第三次産業の資本－労働比率は、第二次産業より高い状態から低い状態へと変化しており、より多くの雇用を創出したことがわかる。第二次産業における資本が労働を搾り取るのに対し、第三次産業では労働が資本を相対的に搾り取るのである。この時期、第三次産業の雇用弾性係数は 0.079、第二次産業は 0.042 と、第二次産業に比べて 2 倍の雇用を生み出した。

しかし、第三次産業の労働生産性の絶対水準は第二次産業より低いだけでなく（表 5-14 では、第二次産業の労働限界利益の水準は第三次産業よりも顕著に高い）、労働生産性の上昇速度も第二次産業より低い（ともに労働限界利益は上昇しているが、第二次産業の上昇速度は第三次産業よりも速い）。本章で分析したように、第三次産業の労働生産性の伸びは、主に規模の拡大に依存し、技術集約度と資本集約度を改善する必要がある。このような状況で、労働力は生産性の高い第二次産業から相対的に低い第三次産業へと押しやられる。その場合、労働生産性の成長率には構造的な損失が生じる。同時に、資本集約度の向上が急務である第三次産業への資本参入を加速させられないため、資本の限界利益の逓減が加速している第二次産業にしぼられるしかなく、資本効率における構造的な損失が徐々にもたらされる展開となる。このような要素反効率配分現象が存在する理由は多岐にわたるが、市場化の深化が不十分であることが最も重要である。

表 5-15　資本―労働比率と労働生産性

	資本―労働比率（万元／人）		労働生産性（元／人）	
	1992 年	2007 年	1992 年	2007 年
経済全体	0.62	3.03	3 786	15 478
第一次産業	0.05	0.28	1 421	4 086
第二次産業	1.11	5.50	7 964	27 340
第三次産業	1.74	4.43	6 191	20 013

データソース：表 5-13 と同じ

まず、要素市場、特に資本市場と労働市場の発展が不十分かつ競争秩序が不完全であるため、効率性の要求に応じた要素の市場流通が制限されている。一方、マクロ・コントロールの政策と経済発展に伴い、産業の実際における効率性の水準と要求との接点がなくなる。特に政府の一部の投資行動は市場の効率性の要求から逸脱し、地域間の構造が同じようになり、大量の重複建設を招いている。

　結論として、(1) 中国の急速な経済成長は、GDP 規模の急速な拡大に伴って、その産業構造も進化している。すなわち、数字の増加だけでなく、質的な発展も同時に達成している。(2) この過程において、産業構造の進化の速度と高度は、経済成長の速度と水準に遅れをとった。(3) 中国の経済成長は、要素投入の拡大のほか、産業構造の進化がもたらした効率性の上昇にも依存したため、クルーグマンらが批判した東アジアのバブルとは異なる。(4) 労働生産性の成長率にしても、全要素生産性の成長率にしても、中国には産業構造変化効果と純技術進歩効果の両方があるが、21世紀に入る前は前者が後者を上回り、21 世紀に入ってからは前者の役割が徐々に小さくなったため、それに伴って後者の役割が大きくなった。近年は再び両者が入れ替わり変動している。(5) 中国の産業構造には際立った矛盾があり、その根本的原因は効率性の低さにある。産業内の技術進歩効果と産業間の要素配分効率を改善することが急務であり、そうでなければ一連の構造的矛盾を克服することは不可能である。これらの根深い構造的矛盾は、中国のマクロ経済の不均衡（現段階のインフレと経済の下ぶれという二重のリスク）の根本的要因である。(6) したがって、不均衡を克服し、持続可能な発展を実現するため、発展方式を転換しなければならない。そのポイントは構造調整にあり、構造調整は技術革新に依存する。技術革新は産業効率を上昇させ、その累積効果は産業間効率格差の拡大を推進する。すなわち産業構造の高度化の原動力を強め、空間を拡大し、最終的に構造進化を促進し、構造変化の効果を高めるのである。(7) 産業内の

技術進歩であれ、産業間の構造変化であれ、公正で競争のある市場メカニズムが必要である。特に要素市場の育成を構築するには、主体秩序（企業制度）、取引秩序（価格制度）などの市場競争秩序を改善しなければならない。市場秩序を改善するカギが政府と市場の関係の調和にあるのは確実であり、だからこそ、社会主義市場経済体制を目標とした改革開放を深化させることが、現段階における中国の発展形態の転換を実現するための基本となる。

註

1) 「大躍進」は、1958 年から 1960 年にかけた中国経済近代化の試みのこと。五カ年計画の中で掲げられた鉄鋼、農作物の大増産運動。

2) 原文は米ドル（1970 年）によって計算され、工業化の起点は 140 米ドル、終点は 2100 米ドルである。本章では、金融危機以前の米ドル（2005 年）に換算しており、米国の CPI データが示すように、1970 年米ドルから 2005 年米ドルへの換算係数は 5.04 とした。本章で表示された米ドルデータはすべて 2005 年米ドルである。

3) 世界銀行が 2005 年に示した先進国・低開発国の一人当たりの所得の分類基準は 10,725 米ドルであり、本章の 10,584 米ドルとの差は無視できるほど小さい。さらに、世界銀行が異なる時期に示した先進国・低開発国の一人当たりの所得の変曲点の基準は常に調整されている。例えば、2005 年には 10,725 米ドルであったが、2011 年には 12,475 米ドルとなった。一般に、対応する換算係数で換算した場合、異なる時期によって一人当たりの所得基準は、世界銀行によって調整されたものと基本的に同じとなる。本章では、金融危機が米ドルに与えた影響とその不安定性を考慮し、金融危機前の 2005 年米ドルを基準としている。

4) 劉偉、張輝 " 我国経済増長中的産業結構問題 "《中国高校社会科学》2013 年第 4 期。

5) この部分は、《経済動態》第 11 号（2008 年）に " 中国産業結構高度与工業化進程和地区差異的考察 "（著者：劉偉、張輝、黄澤華）というタイトルで掲載されたものであるが、当時 は 2005 年までのデータであったため、本節では分析年を 2010 年まで延長し、新たなデー タを追加して計算をやり直し、新たな変化や特徴を発見した。

6) 新型工業経済とモデルチェンジ経済における構造変効果を分析するためにこのアプローチを適用した最近の研究には、Fagerberg (2000)、Timmer (2000)、Peneder (2003) などがある。Fagerberg Jan, "Technological Progress, Structural Change and Productivity Growth:A Comparative Study", *Structural Change and Economic Dynamics*, 2000 (11): 393-411; Timmer P. M., Szirmai A., "Productivity Growth in Asian Manufacturing: The Structural Bonus Hypothesis Examined", *Structural Change and Economic Dynamics*, 2000 (11): 371-392; Peneder Michael, "Industrial Structure and Aggregate Growth", *Structural Change and Economic Dynamics*, 2003 (14): 427-448 参照。

7) 1978 年から 2011 年までの中国の経済サイクル変動に基づき、そのより体系的な特徴を可

能な限り各時代に含めている。

8) Syrquin (1984) の全要素生産性分解を参照。Syrquin, M., "Resource Allocation and Productivity Growth", In Syrquin, M., Taylor, L., Westphal, L.E. (Eds.), *Economic Structure Performance Essays in Honor of Hollis,* B. Chenery, Academic Press, 1984, pp.75-101.

9) 計算式の導出については、劉偉・張輝"中国経済増长中的产业结构变迁和技术进步"《经济研究》2008 年第 11 号を参照。その文章では、主に国家統計局（NBS）が公表する最新の 2002 年の産業連関表に依拠する必要があったため、計算年が 2002 年までとなっている。 本節の分析では、オリジナルのアプローチと計算式を利用し、2007 年の産業連関表のデータを導入し、より詳細な分析を行っている（公表された最新データは 2007 年時点のもの）。

10) 「資本ストック」の計算は難題であり、ここでは薛俊波（2007）の永久在庫法を用い、産業連関表のデータを利用して資本ストックを計算した。薛俊波"中国 17 部门资本存量的核算研究"《统计研究》第 7 号、2007 年参照。本節で用いるデータは、薛俊波が産業連関表に基づいて資本ストックを推計したものと基本的に同じである。

11) 劉偉"着力打造中国经济的升级版"《求是》2013 年第 9 期。

12) SeeChenery H.B., Syrquin M., Patternsof Development: 1955-1975 参照。

13) 米国のデータはアメリカ合衆国経済分析局（BEA）より、先進国のデータは世界銀行が毎年刊行している世界開発報告（WDR）より。

14) 劉偉"促进经济增长均衡与转变发展方式"《学术月刊》2013 年第 2 期。

15) 劉偉編《中国经济增长报告 2012》参照。

16) 張軍（2002）は、資本の深化による資本への限界利益の逓減の加速が、1990 年代中・後半において中国の GDP 成長率低下の主因であると論じている。張軍"增长、资本形成与技术选择 解释中国经济增长下降的长期因素"《经济学（季刊）》2002 年第 1 期。

第六章

産業構造の不均衡と
一次分配の歪み

中国経済の現段階における経済不均衡は、主に国民所得の分配の不均衡に体現される。この不均衡は均衡のとれた経済成長とその効率に影響を与えるだけでなく、発展の持続可能性や所得分配の公平性にも影響を及ぼす。マクロ的に見れば、国民所得は政府、企業、住民によって分配されるが、住民所得は伸び率、全体に占める割合ともに低下傾向を示している。特に伸び率では、財政収入の伸び率（改革開放以降の過去三十年間、当時の物価で年平均18％以上の伸び率）やGDPの伸び率（当時の物価で年平均14％以上の伸び率）を大幅に下回っており、総需要における消費者需要の相対的な不足が顕著な構造的矛盾となっている。ミクロ的に見れば、住民の所得格差が拡大している。中国では現段階のジニ係数が警戒水準[1]を超えているとの見方が有力で、それによって社会の消費性向が低下し、分配の平等と経済成長の効率という目標が損なわれている。所得分配の不均衡の原因は、制度的要因から発展的要因まで多岐にわたる。実のところ、中国の現段階における所得分配の歪みは、何よりもまず一次分配にあり、本章では主に国民経済の生産分野における産業構造が一次分配、特に労働要素の報酬に与える影響という観点から考察する。

第一節　三大産業における雇用構造と付加価値構造の不均衡および中国住民の所得格差

　改革開放以降、中国の産業構造は大きく変化し、付加価値構造と雇用構造の高度はともに大幅に上昇したが、後者の上昇は前者の進化に遅れをとっている（表5-12を参照）。

　改革開放以降の中国の付加価値構造の変遷を見ると、第一次産業の割合は増加から減少への過程を経てきた。1982年にはGDPの33.4％を占め、1978年の28.2％から上昇した後、継続的に減少していった。2011年には10.1％となり、1982年に比べて23.3ポイントの減少となった。これは、

一方では農村経済システムの改革によって農業の労働生産性が向上したためであり、他方では工業製品と農産物の鋏状価格差が縮小し、農産物の価格が真の市場価格水準にますます近くなり、GDP に占める付加価値の割合が著しく上昇したためである（四年間で 5.2 ポイント上昇）。この一見反産業的な構造変化は、実際には、改革開放以前の計画経済の下での「工業化」の否定である。また、客観的な労働生産性からの剥離と価値法則の要請からの逸脱の是正であり、これまで効率性からの剥離によって人為的に引き起こされてきた産業構造の「水増しの高度」の是正でもある。第二次産業の付加価値比率は、1978 年の 47.9％から 1991 年の 41.8％へと、当初よりわずかに低下した。数年を除き、十三年間にわたって着実に下がった結果、累積低下率は 6.1 ポイントに達した。この第二次産業の付加価値比率の低下は、基本的に改革開放が伝統的なシステムの下で形成された効率性から切り離された構造的欠陥に対する是正であった。その後、若干の変動はあるものの、概ね 46〜47％と安定的に回復し始め、三大産業の付加価値比率の中で最も変動が小さい。特に 21 世紀に入ってからは、工業化の加速に伴い、成長率は再び第三次産業を上回った。表 5-12 によると、2002〜2010 年の期間における第二次産業と第三次産業の付加価値比率は、以下のように増加している。すなわち、両者の付加価値額の割合の増加は極めて接近しているが、第三次産業の割合の増加は主に物価上昇に依頼するものであり、第二次産業は主に実質の成長によるものである。1990 年代後半の市場化改革と構造調整後、製造業は再び上昇に転じ、工業化加速期の力強い成長を示した。第三次産業の付加価値額構成比も初期段階では低下していたものの、1984 年以降は継続的に上昇に転じた。各年で若干の変動はあるものの、全般的には上昇傾向にあり、1978 年の 23.9％から 2011 年には 43.3％と、20 ポイント近い変動があった。21 世紀に入ってから、第三次産業の付加価値額の割合の増加幅は、以前より小さくなっているが、これは中国の産業構造の進化が鈍化したことを意味するものではな

く、むしろその時期は、第二次産業の成長が経済成長の支配的な力となり、工業化が加速する中後期段階にあったことを意味する。2010年頃から工業化の後期段階に入り始め、工業化目標がほぼ達成（2020年）に近づくにつれ、新たな十年間は第二次産業の成長率が徐々に鈍化し、その付加価値の割合も減少した。そして、第三次産業の付加価値の割合の増加が長期的な傾向となる。

　改革開放以降の雇用構造の変遷から見ると、改革開放の初期には、主に郷鎮企業の発展が農業労働力の非農業部門への移転を促進し、都市非農業部門の役割が都市と農村の戸籍制度によって制限された結果、第一次産業の雇用比率は着実に低下した。1990年代以降、農村労働力の都市への移転は加速し始めたが、1996年に農業雇用の割合が50％まで低下した後、長い間休止が続いた。その主な理由は、国有企業の転換によって大量の「解雇労働者」が生まれ、都市経済が生み出した雇用が何よりもまず解雇労働者の吸収に使われ、農村の余剰労働力の移転に影響を与えたからである。2003年以降、第一次産業の雇用比率は加速度的に低下し始め、2010年には36.7％まで低下し、年平均で約2ポイントの低下となった。改革開放以来、雇用シェアの変動が最も小さいのは第二次産業である。1978年から1984年までは、その雇用シェアはわずかな上昇にとどまり、かなりの部分は郷鎮企業に吸収された。1985年から2003年までの十八年間、第二次産業の雇用シェアは上昇せず、多少の変動はあったものの、概ね21％前後であった。この間、第二次産業の付加価値額の年平均成長率は最も高かったが、付加価値構造の変化は雇用構造に明らかな影響を与えず、第二次産業の雇用比率が大きく変化したのは2003年以降で、2010年には21.6％から28.7％に上昇した（7.1ポイントの上昇）。2003年以降の付加価値額の伸びは、それ以前よりも明らかに雇用シェアに大きな影響を与えており、これは中国の工業化段階の深化をある程度反映している。第三次産業は、改革開放以降、雇用シェアの増加が最も大きい産業であり、また、

その変化が比較的穏やかな産業でもある。1978年から1996年までの十八年間で、その雇用シェアは12％から26％に上昇した。1996年から2000年までの期間は停滞したものの、2000年から再び上昇に転じ、2010年までの十年間で8ポイント上昇した。したがって、2000年を起点とすれば、第三次産業における雇用の割合が第二次産業よりも速く上昇したことになり、2003年を起点とすれば、第二次産業のほうが第三次産業よりも速く上昇したことになる。全体的に見れば第三次産業における雇用シェアの変化は、第二次産業よりも堅調である。長期的な傾向としては、第一次産業と第二次産業における雇用シェアの変化は段階的であるのに対し、第三次産業の場合は常に安定的に伸びており、この傾向は今後さらに顕著になると見られる。

　付加価値構造の変化と雇用構造の変化を比較すると、改革開放の過去三十年間、三大産業の付加価値構造と雇用構造は経済成長とともに明らかな変化を遂げたが、雇用構造の変化はそれに遅れをとっていた。言い換えれば、付加価値構造の変化が雇用構造の変化をもたらし、その過程で付加価値構造の高度化と工業化の到達度が雇用構造に先行しているという顕著な特徴なのである。第一に、第一次産業の場合、工業化の一般的な傾向として、付加価値の割合と雇用の割合はともに低下しているものの、後者は前者よりずっと低く、2010年の両者の比率は36.7％：10.1％であった。産業の付加価値の割合の変化は物価の変化に影響され、中国における農産物の価格の上昇は他の産業に比べて高いため、1978年から1984年まで、GDPデフレーターに反映された総物価水準の年平均上昇率はわずか2.6％であった。これは主に農産物の価格の上昇に牽引されたものである。第二次産業と第三次産業の年平均物価上昇率はわずか1.1％と0.7％であった。1984年から1991年にかけて、総物価水準の平均上昇率は7.6％に達した。第一次産業の年間平均上昇率は8.8％に達し、これも総物価水準の上昇率、特に第二次産業の上昇率（5％）を上回った。1992年から

2002 年までの年間平均物価上昇率は 6％で、そのうち第一次産業の上昇率は 6.8％であり、依然として物価総額の上昇率を上回った。2003 年から 2012 年までの GDP デフレーターによる物価水準の年平均上昇率は 5.1％で、そのうち第一次産業の年平均上昇率は 7.6％と、同期間の第二次産業（4.5％）や第三次産業（5.2％）を大きく上回った。すなわち、新時代以降の GDP デフレーターに反映された物価水準の変化から見ると、第一次産業の物価上昇率は平均水準よりも高く、特に 2003 年以降は三つの産業の中で 1 位となっている。第一次産業の付加価値のシェアにおける物価変動の役割は、そのシェアを向上させること、言い換えれば、価格要因が国民経済における第一次産業の付加価値の割合に、マイナスではなくプラスの影響を与えるのである。このような条件の下、2010 年までの第一次産業の雇用の割合は 36.7％であり、付加価値の割合は 10.1％であった。このことは、一方では、農業における労働生産性の向上が非農業における労働生産性の向上に比べて遅れており、雇用の割合と付加価値の割合に大きな差が生じていることを示している。もう一方で、国民所得の一次分配の観点からは、第一次産業に従事する労働者の 36.7％で付加価値の 10.1％を分配していることを意味する。第一次産業における付加価値の割合と雇用の割合の乖離は収束傾向を示さず、依然として拡大しており、後者と前者の比率は、1978 年の 0.40 から 2010 年の 0.27 へと推移している。このことから、第一次産業に従事する労働者の一次分配の所得が少なくなり、不均衡の程度がさらに深刻化していることがわかる。これに対して、第二次産業における付加価値の割合と雇用の割合の差は著しく、付加価値の割合が雇用の割合を大きく上回っている。長期的には両者の差は縮小する傾向にあるが、そのスピードは極めて遅く、2011 年においても両者の比率は 46.6％：28.7％にとどまっている。これは、国民所得の一次分配において、雇用者総数の 28.7％を占める第二次産業の被雇用者が国民所得の 46.6％を分配されたことを意味する。第三次産業の付加価値の割合と雇用の割合の

ギャップは第二次産業ほど大きくないものの、前者は常に後者を上回っており、2011 年の両者の比率は 43.3%：34.6% であった。雇用の 34.6% を占める第三次産業の労働者は、一次分配では国民所得の 43.3% を受け取っていたことになる。このような産業構造の不均衡に起因する国民所得の一次分配の不均衡は、都市住民と農村住民の所得水準の格差を形成する重要な原因であり、また都市住民と農村住民の所得格差は、中国住民の所得格差を形成する第一の要因で、現段階における国民所得の格差が 40% 以上になったのもこれが原因となる[2]。この一次分配の不均衡は、経済発展の不均衡の集中的な現れである。一般的に言って、産業の付加価値の割合と雇用の割合は徐々に収束していくはずである。これは、産業間の労働生産性の水準が均衡となる傾向があるためであり、産業の均衡ある発展の重要な現れでもある。現代の先進国における第一次産業の生産額の割合と雇用の割合は概ね 5% 前後であり、第三次産業の場合は概ね 70% 以上と両者の比率は 1 に近い。第二次産業の場合は概ね 20% を超え、生産額と雇用の割合は基本的に同じで、両者の比率は 1 に近い。中国の三大産業の付加価値の割合と雇用の割合は長期にわたって拮抗する傾向にあるが、そのスピードは速くなく、両者の格差は依然として大きく、このような経済発展の構造的不均衡が所得分配の不均衡の重要な原因となっている[3]。

第二節　三大産業のコスト構造の特徴と一次分配における労働報酬の構造

国民経済の付加価値のコスト構造（または所得構造）は、生産要素が一次分配から受け取る所得を反映している。そのうち労働報酬は労働者の所得であり、純生産税（純間接税とも呼ばれる）は政府の間接税によって生み出される所得である。企業の所得は二つの部分に分けられ、一つは生産から得られる営業余剰金、もう一つは減価償却費である。1992 年と 2007

年の産業連関表（中国では、五年ごとに作成される産業連関表に所得法による付加価値額が反映される。最新データは 2007 年。1992 年以降の産業連関表とそれ以前の産業連関表とは統計的に比較不可能なため、ここでは 1992 年以降のデータについてのみ検討する）と地方自治体が公表しているデータを合わせて GDP のコスト構造（収入構成要素）を検証した。その結果を表 6-1 に示す。

　表 6-1 からわかるように、現段階の産業のコスト構成要素には以下のような特徴がある。

　第一に、各産業の付加価値のコスト構造には顕著な違いがある。例えば 2007 年には、第一次産業の労働報酬が付加価値の約 95％を占めるのに対し、第二次産業は約 34％、第三次産業は約 36％であった。第一次産業の割合は約 95％と高いものの、労働者の報酬の絶対水準は非農業に比べて大きく遅れている。前述したように、第一次産業は就業人口の 36.7％が GDP の 10.1％を分配し、労働生産性の水準が遅れている。第一次産業の労働報酬には生産手段の購入に使われる所得が含まれているとはいえ、労働報酬がすでに約 95％を占めていることを考えると、仮に農業の労働生産性が大幅に向上しなければ、そのコスト構造を調整する余地はない。第一次産業の付加価値に占める正味生産税の割合がほぼゼロであるのに対し、第二次産業は約 20％、第三次産業は約 11％である。第一次産業の生産税への寄与が非農業産業に比べて低いのは、その生産性水準が他産業に比べて低いことが主因であり、それに加えて、製品のコスト構造も重要な要因となる。第二次産業と第三次産業の総生産に占める中間投入の割合は第一次産業と異なるため、仮に事業税から付加価値税への完全移行が実現すれば、この差は縮小する可能性がある。

　第二に、労働コストが低いことは、依然として現段階の中国における経済成長の重要な特徴である。各産業のコスト構成において労働報酬が占める割合は最も高く、2007 年には三大産業の労働報酬が合計 41.36％を占

第六章　産業構造の不均衡と一次分配の歪み　　415

表6-1　1992 ～ 2007 年の所得アプローチによる GDP と三大産業のコスト構成要素の比較

年	項目	第一産業 数値（億元）	第一産業 割合（%）	第二産業 数値（億元）	第二産業 割合（%）	第三産業 数値（億元）	第三産業 割合（%）	国内総生産 数値（億元）	国内総生産 割合（%）
1992	付加価値合計	5 852.6	100	12 164.4	100	8 627.3	100	26 644.3	100
	労働報酬	4 930.4	84.24	3 760.9	30.9	3 361.1	38.96	12 052.4	45.23
	純生産税	232.6	3.83	2 565.3	21.08	476.0	5.52	3 273.8	12.29
	固定資産の減価償却	203.7	3.48	1 996.0	16.16	1 367.7	15.85	3 537.4	13.28
	営業黒字	485.9	8.30	3 872.2	31.83	3 422.5	39.47	7 780.6	29.20
1997	付加価値合計	14 741.6	100	39 610.2	100	21 352.3	100	75 704.1	100
	労働報酬	12 978.7	88.04	17 599.4	44.43	10 962.3	51.43	41 540.4	54.87
	純生産税	433.0	2.94	6 941.2	17.52	2 870.7	13.44	10 244.9	13.53
	固定資産の減価償却	584.8	3.97	5 637.6	14.23	4 089.8	19.15	10 312.2	13.62
	営業黒字	745.1	5.05	9 431.9	23.81	3 429.6	16.06	13 606.6	17.97
2002	付加価値合計	16 630.5	100	55 101.2	100	50 127.2	100	121 858.9	100
	労働報酬	13316.0	80.06	22 518.8	40.87	23 115.7	46.11	58 950.5	48.48
	純生産税	544.7	3.28	10 248.8	18.60	6 668.8	13.30	17 462.2	14.33
	固定資産の減価償却	764.9	4.60	8 372.6	15.19	9 630.0	19.16	18 740.6	15.38
	営業黒字	2004.9	12.06	13 961.0	25.34	10 739.7	21.42	26 705.6	21.91
2007	付加価値合計	28 659.2	100	134 495.3	100	10 2889.4	100	266 043.8	100
	労働報酬	27 181.6	94.84	45 994.2	34.20	36 871.5	35.84	110 047.3	41.36
	純生産税	47.8	0.17	27 010.3	20.08	11 460.6	11.14	38 518.7	14.48
	固定資産の減価償却	1 429.7	4.99	18 161.7	13.5	17 664.1	17.17	32 255.5	14.00
	営業黒字	0	0	43 329.1	32.22	36 893.2	35.86	80 222.3	30.15

データソース：例年の産業連関表により算出。

めた。その割合は現在 55％前後である米国など先進国と比較するとそれほど高いとは言えない[4]。具体的には、第一次産業における労働報酬の割合は約 95％と高いものの、全体の所得水準は低く、GDP に占める割合は10.1％に過ぎず、全体の所得構造に与える影響は少ない。一方、第二次産業と第三次産業は GDP に占める割合が高いのに対して労働報酬の割合はそれぞれ 34.2％、35.5％と比較的低い。営業余剰、すなわち一次分配にお

ける資本所得を見ると、第一次産業のシェアはゼロに近いが、第二次産業と第三次産業はかなり高い。第二次産業の営業余剰のシェアは32.22％と労働報酬のシェア（34.2％）に近く、第三次産業のそれは35.86％と労働報酬のシェア（35.84％）を上回っている。このことは、国民所得の初期分布において、かなりの部分が資本所得となり、企業自身の固定資産の減価償却費を加えると、企業の営業余剰と減価償却費の合計はGDPの44.15％に達し、労働報酬のシェアを大幅に上回ることを示している。

　一次分配では、第一次産業の労働報酬が約95％を占め、営業余剰はゼロであるため、資本と減価償却が付加価値の4.99％を占めるに過ぎず、資本所得が占める割合が極めて低いことを示している。これはさらに、現段階における中国の農業資本の財産所得が低く、農家の土地請負、森林権、居住基地、家屋の財産権、その他の物質資本の投入によって形成される財産権も、完全な意味での財産権ではないことを示している。農家にとっては資産に基づく収入をもたらすための市場参入が困難であるだけでなく、多くの面ではその権利の確認すら行われていない。制度的な取り決めという点では、都市部と農村部の土地所有権の違い、農家と都市部の商業住宅の違いなど、いずれも財産権の性質の違いとなるが、この違いが、第一次産業の資本所得（営業余剰と減価償却費）が一次分配に占める割合を低くし、その生産者の所得を主に労働所得に依存させる重要な原因となっている。労働生産性の水準が相対的に低ければ、一次分配における農業家計の所得は低いだけでなく、さらに増加する余地もなくなる。第一次産業において労働力に対する教育投資の伸びが鈍く、農村住民の健康への投資水準が低く、人的資本の蓄積が不足しているのであれば、一次分配における農業家計の所得が持続的に増加する可能性はまったくない。

　第二次産業と第三次産業では、資本所得の割合が高く、付加価値全体に占める割合も高いため、現段階の中国全体のGDPコスト構成で見ると、労働報酬の割合は比較的控えめで、資本所得の割合が突出している。この

ことは、一方では、国民所得の一次分配によって、その大部分を企業の資本蓄積に転換することが可能となり、高蓄積によって高成長を牽引していることを示し、他方では、資本と労働の所得分配比率の不均衡が長期的に深刻化し、労働者所得の伸びが遅く、国民所得に占める住民の所得の割合の低下によって、消費需要の伸びと国民経済の成長との間に深刻な不均衡が生じていることを示している。不足した消費需要が一層深刻な過剰生産能力を引き起こし、経済成長のバランスと持続可能性に影響を及ぼすのである。その過程で国民の所得分配の格差が拡大し続ければ、社会全体の消費性向はさらに低下し、消費需要と経済成長の不均衡はさらに悪化する。同時に、技術革新の推進力が不足し、産業構造の高度化の余地が乏しければ、投資が拡大する一方で重複投資が激化し、過剰生産能力はさらに深刻化する。中国の現在の発展段階において、第二次産業と第三次産業における資本所得の割合が高いのは、経済発展と制度転換の過程で、資本要素[5]の効率改善のスピードが労働要素のそれより速いためである。我々は経済構造の変化が経済規模と要素生産性に与える影響をコブ・ダグラス生産関数に基づいて記述するモデルを構築し、中国における新時代以降の関連変数の観測値を用いて、経済構造の影響モデルの最小二乗回帰を推定し、重要な結論が得られた。制度改革の深化、特に所有構造の変化およびそれに伴う市場化の進展に伴い、資本と労働の両要素の効率は上昇する。すなわち両要素の生産弾力性は増大するが、資本要素の生産性への影響は労働要素の生産性への影響を大きく上回り、資本生産性の上昇率は労働生産性の上昇率を大きく上回る。一次分配において、効率と要素の貢献度に応じた分配の原則が堅持されるならば、資本と労働の間の所得分配格差は急速に拡大することとなる。このような要素効率差に基づく所得分配格差を単純に否定し、特に効率性を犠牲にしたり、要素生産性を無視したりして格差の縮小を図ってはならず、資本所得と労働所得との格差を抑制するための所得分配方法によって補完しなければならない。そうでなければ、所得分

配の平等という目標が損なわれるだけでなく、経済効率の目標も根本的に
損なわれ、その結果、大多数の労働者の消費需要不足が、経済成長の原動
力不足を呼び、均衡のとれた持続可能な成長と発展を達成することが難し
くなるのである[5]。

　最後に、生産要素の動きを見ると、広範な生産要素に占める企業および
政府所得の割合は上昇しており、労働報酬の割合は低下している。

　表 6-1 からわかるように、中国の三大産業のコスト構造は 1990 年代以
降大きく変化した。第一次産業では、農業税の減免などの政策により、付
加価値に占める税金の割合が大幅に減少している。また、営業余剰の面で
は、農民の収益がそのまま労働報酬に計上されているため、農業企業の利
益が極めて低く、営業余剰総額は著しく小さい一方、労働報酬の割合は極
めて高くなっている。これは、統計手法の問題ももちろんあるが、より根
本的な問題は、農業家計の資産所得の伸び悩みにある。農業における労働
報酬の割合が高いにもかかわらず、農業労働の生産性が相対的に低いため、
農業従事者や農村住民の所得は伸び悩み、非農業部門との所得分配の格差
が拡大しているのである。

　1997 年から 2007 年にかけて、第二次産業の付加価値に占める労働報酬
の割合は約 10 ポイント低下し、それに応じて企業の営業剰余金の割合は
約 10 ポイント上昇した。その動きから、1990 年代以降の工業化の進展に
おいては、労働者よりも企業の方がより多くの恩恵を受けていることを示
唆している。

　この現象は第三次産業ではさらに顕著となる。1997 年から 2007 年にか
けて、第三次産業の付加価値に占める労働報酬の割合は約 15 ポイント低
下し、それに応じて企業の営業黒字の割合は約 20 ポイント上昇した。第
三次産業の成長ペースは第二次産業よりも遅かったが、その生産物の価格
は第二次産業よりも上昇率が高く、その結果、複合的な効果として、国民
経済全体に占める第三次産業の割合が上昇した。第三次産業の内部構造を

見ると、改革開放初期には、伝統的なサービス業を主に発展させた。1990年代末以降、資本集約度の高い現代サービス業を重点的に発展させるようになったが、これも第三次産業の労働報酬の割合が低下し、企業の営業黒字が増加した重要な構造的原因となっている。工業化の加速を基にした現代サービス業の発展段階においては、その発展の焦点が資本に傾き、あるいは主に資本集約度の高い現代工業産業と現代都市化・インフラ建設にサービスを提供する。これは客観的な歴史的段階であり、この時期にサービス業の資本集約度を著しく上昇させ、第三次産業における資本所得と労働所得の格差を拡大させる重要な発展的理由となっている。この現象を単純に否定することはできず、我々は発展の速度をコントロールする一方で、発展の際に面した問題を発展そのものによって解決しなければならない。工業化の目標が実現し（中国は2020年までに小康社会を全面的に完成させ、工業化を基本的に達成する見込み）、「ポスト工業化」あるいは「再工業化」が進展することによってのみ、第三次産業および国民経済全体における人的資本強度の割合はさらに上昇する。そして、「ポスト工業化」または「再工業化」の進展、第三次産業および国民経済全体における人的資本集約度の割合のさらなる上昇、労働生産性のさらなる上昇によってのみ、これらの問題を根本から緩和することができるのである。

　第二次産業、第三次産業ともに、政府収入としての純生産税が付加価値に占める割合の上昇は緩やかで、2007年の増加は1997年比で3ポイント未満であり、第一次産業における純生産税の割合は減少する傾向にある（2.94％から0.17％へ）。これは、財政収入の伸び率がGDPの伸び率や住民所得の伸び率よりも一貫して高いとの統計と矛盾しているように思われる。統計によると、改革開放以来、中国の財政収入の平均年間成長率は18％以上（年の物価による）、同期のGDP成長率も年の物価によると14％以上であるのに対し、住民の所得成長率は長い間GDP成長率よりも低かった。なお、純生産税は政府の税収のすべてではなく、一次分配にお

ける税収の一部に過ぎない。二次分配では、労働者の報酬や企業の営業余剰金に対して直接税（個人所得税と法人所得税）が依然として支払われるため、所得の最終分配における政府の税収の割合はさらに増加すると予想される。

第三節　新常態における三大産業一人当たりの付加価値、労働報酬シェア、一人当たりの労働報酬および一次分配

一、三大産業における一人当たりの付加価値額と一次分配の分析

　各産業の一人当たりの付加価値額は一人当たりの一次分配の水準を計るだけでなく、各産業の労働生産性の水準を示す指標でもある。表6-2は、新時代以降、三大産業の就業者の平均付加価値額の推移を示したものである。

　表6-2からわかるように、まず、中国の各産業における一人当たりの付加価値では、常に第二次産業が最も高い。次いで第三次産業であり、第一次産業は最も低い。第一次産業の一人当たりの付加価値額の年平均成長率は過去三十年以上で最も高く（12.22％）、第二次産業、第三次産業との差は少し縮まったものの、絶対水準の差は依然として大きい。2010年の時点では、第二次産業は第一次産業の5.92倍、第三次産業は第一次産業の4.53倍であった。このような産業間の一人当たりの付加価値の落差は、効率分配の原則の下、第一次産業の従業員の所得水準が低い主な原因となっている。同時に、第二次産業と第三次産業の一人当たりの付加価値額の格差も縮小している。過去三十年間、第三次産業は11.93％で、同時期の第二次産業（11.67％）を若干上回っているが、絶対水準の格差は依然として明らかで、2010年には2万元以上（85,880元 − 65,732元）の差がある。これは中国の工業化が加速度的に進む際、第二次産業が常に経済成長を牽

第六章　産業構造の不均衡と一次分配の歪み　　421

表 6-2　1978 ～ 2010 年 三大産業における就業者の平均付加価値額の比較

年	産業別就業者一人当たりの付加価値額			国民経済全体に占める一人当たりの付加価値額の割合（％）			国民経済全体の一人当たりの付加価値額
	第一産業	第二産業	第三産業	第一産業	第二産業	第三産業	
1978	363	2 513	1 783	40.0	276.8	196.4	908
1979	444	2 653	1 698	44.8	267.9	171.4	990
1980	471	2 844	1 775	43.9	265.0	165.4	1 073
1981	524	2 819	1 812	46.8	252.0	161.4	1 119
1982	576	2 855	1 910	49.0	243.0	162.5	1 175
1983	635	3 049	2 025	49.4	237.4	157.7	1 284
1984	750	3 239	2 308	50.2	216.6	154.3	1 496
1985	824	3 724	3 092	45.6	206.0	171.1	1 808
1986	892	4 006	3 398	44.5	199.9	169.6	2 004
1987	1 021	4 779	3 804	44.7	196.0	166.5	2 285
1988	1 198	5 421	4 621	43.3	195.8	166.9	2 769
1989	1 284	6 077	5 379	41.8	197.9	175.1	3 071
1990	1 301	5 569	4 915	45.1	193.2	170.5	2 883
1991	1 366	6 494	5 927	41.1	195.3	178.2	3 326
1992	1 516	8 150	7 144	37.3	200.3	175.5	4 070
1993	1 848	10 995	8 413	34.9	207.9	159.1	5 289
1994	2 614	14 658	10 429	36.6	205.2	146.0	7 145
1995	3 416	18 319	11 835	38.2	205.1	132.5	8 932
1996	4 025	20 882	13 012	39.0	202.3	126.0	10 323
1997	4 145	22 689	14 642	36.6	200.6	129.4	11 311
1998	4 212	23 496	16 214	35.3	196.6	135.7	11 949
1999	4 129	24 989	176 38	32.9	198.9	140.4	12 561
2000	4 146	28 088	19 530	30.1	204.1	141.9	13 764
2001	4 336	30 499	22 000	28.9	202.5	146.1	15 063
2002	4 513	4 513	23 809	27.5	209.3	145.0	16 421
2003	4 801	4 801	25 923	26.1	212.8	140.7	18 420
2004	6 148	6 148	28 410	28.6	205.4	132.0	21 528
2005	6 704	6 704	31 963	27.1	199.0	129.0	24 775
2006	7 526	7 526	36 679	26.1	190.3	127.1	28 850
2007	9 315	9 315	45 629	26.4	176.6	129.3	35 290
2008	11 263	11 263	52 353	27.1	174.4	126.0	41 560
2009	12 193	12 193	57 252	27.1	166.3	127.3	44 957
2010	14 512	14 512	65 732	27.5	162.9	124.7	52 717

データソース：例年の『中国統計年鑑』のデータにより算出。

引する産業力一番手であり、一人当たりの付加価値の成長においても最も重要な貢献者であり続けることを意味している。第三次産業が経済成長における産業力一番手となるには、更なる発展が必要となる。

　第二に、この期間中、第一次産業の一人当たりの付加価値額の成長率（年平均12.22％）は第二次産業（11.67％）および第三次産業（11.93％）より高い。第一次産業と非農業産業の一人当たり国民所得格差は縮小したものの、三大産業一人当たりのGDPに占める第一次産業の割合、すなわち国民経済全体の平均一人当たりの付加価値額に対する農業の比率は低下している。1978年の約40％から1984年には50％に上昇するものの、その後徐々に低下して2002年には約27％となり、2010年は基本的に約27％台で推移している。第一次産業一人当たりの付加価値額が他産業に比べて高い伸びを示しながら、国民経済全体に占める割合が低下しているのは、国民経済全体の一人当たりの付加価値額の変化が、各産業の変化と国民経済全体に占める各産業の雇用割合の構造変化という二つの要因に影響されていることが根本的な原因となる。第一次産業の雇用の割合は1978年の70.5％から2010年の約36％へと減少しているため、国民経済全体の平均水準への影響力は弱まった。国民経済全体の一人当たりの付加価値額は主に第二次産業と第三次産業の影響を受けている。この構造的変化により、国民経済全体の増加率は、第一次産業だけでなく、第二次産業や第三次産業よりも高くなっている。表6-2のデータによれば、経済統計の因子分析法を用いて、各産業の一人当たりの付加価値額と国民経済の産業構造の変化が国民経済全体に与える影響度を算出することができる。仮に国民経済の産業構造が変わらないとすれば、各産業の一人当たりの付加価値額の変化が国民経済全体のそれに与える影響は以下のようになる。

一人当たりの付加価値額の固定指標

$$= \frac{(\sum_{i}^{3} = \mathrm{IV}_{i,} \ 2010 L_i, = 1978/\sum_{i}^{3} = IV_i, \ 1978)}{(\sum_{i}^{3} = \mathrm{V}_{i,} \ 1978 L_i, = 1978/\sum_{i}^{3} = IV_i, \ 1978)}$$

$$=36.45 \ (倍)$$

　ここで、V は国民経済全体の一人当たりの付加価値額、V_i は各産業の一人当たりの付加価値額、L_i は各産業の就業者数を示す。得られた結果から、1978 年と比較すると、各産業における増加により、2010 年の国民経済全体の一人当たりの付加価値額は 36.45 倍に増加していることがわかる。さらに、産業における一人当たりの付加価値の変化とともに雇用構造にも変化が発生したと仮定するならば、構造的要素が国民経済全体の一人当たりの付加価値へ与えた影響は次のようになる。

$$構造変化の指標 = \frac{(\sum_{i}^{3} = \mathrm{V}_{i,} \ 2010 L_i, = 2010/\sum_{i}^{3} = IV_i, \ 2010)}{(\sum_{i}^{3} = \mathrm{IV}_{i,} \ 2010 L_i, = 1978/\sum_{i}^{3} = IV_i, \ 1978)}$$

$$=1.59 \ (倍)$$

　上式は、構造変化により、一人当たりの付加価値額が 1.59 倍に増加したことを示している。この二つの要素、すなわち各産業の一人当たりの付加価値額の変化（一人当たりの付加価値額の固定指数）と構造変化の指数（36.45 × 1.59 ＝ 58.07 倍）両方の影響を受け、2010 年、中国の就業者一人当たりの GDP（国民経済全体の一人当たりの付加価値額）は 1978 年の 58.07 倍（表 6-2 のデータと同じ）となった。各産業の労働生産性上昇の効果は 36.45 倍、雇用構造変化の効果は 1.59 倍である。年平均成長率から見れば、この時期に国民経済の労働生産性は年率 13.5％で成長しており、そのうち各産業の労働生産性の影響率は 11.9％、雇用構造変化の影響

率は1.5％を占めている。この結論によれば、構造変化が国民経済全体の一人当たりの付加価値額に対する影響を考慮せず、各産業の一人当たりの付加価値額の役割のみを考慮した場合、2010年における第一次産業は国民経済全体の43.77％であり、1978年の40％より高くなる。しかし、構造変化の影響も考慮すれば、27％となる。第一次産業の一人当たりの付加価値額自体の増加率は他の産業より高いものの、国民経済全体に占める割合は大きく低下している。国民所得の第一次分布において、第一次産業の絶対額は増加しており、その増加率は他の産業より若干高いものの、国民経済全体との格差は大きく拡大している。

二、三大産業における労働報酬のシェアと一次分配の分析

労働報酬は、常にその国の住民所得（住民所得には資本所得や不動産所得なども含まれる）の柱となる。それは一次分配の結果であり、関連する税金も課される。

まず、三大産業の付加価値に占める労働報酬の割合とその変化を分析する（表6-3を参照）。

表6-3は、中国の一次分配における労働報酬の割合と比率の変化の特徴を反映している。現在の価格で見ると、三大産業のうち、第三次産業の付加価値額と労働報酬の成長率が最も高く、次いで第二次産業、第一次産業と続く。産業別では、全産業の労働報酬の伸び率が付加価値の伸び率を上回ったが、国民経済全体から見ると、前者は後者を若干下回った。これは、第一次産業の労働報酬が付加価値に占める割合が極めて高いこと（2010年は95％）と、第一次産業の所得の伸び率が最も低く、かつ最も遅い産業であることによる。1992年から2010年までの付加価値額（GDP）の年平均成長率は16.3％であり、同期間の労働報酬の年平均成長率は16.2％であった。GDPに占める労働報酬の割合の低下は2002年以降に顕著となり、第一次産業を除く第二次産業、第三次産業、国民経済全体の労働報酬の

第六章　産業構造の不均衡と一次分配の歪み　　425

表 6-3　1992 ～ 2010 年の中国における三大産業付加価値および労働報酬の比較

	項目	第一次産業	第二次産業	第三次産業	合計
1992	付加価値（億元）	5 853	12 164	8 627	26 644
	労働者報酬（億元）	4 930	3 761	3 361	12 052
	付加価値における労働報酬の割合（%）	84.2	30.9	39.0	45.2
	全労働報酬における各産業の労働報酬の割合(%)	22.0	45.7	32.4	100.0
1997	付加価値（億元）	14 742	39 610	21 352	75 704
	労働者報酬（億元）	12 979	17 599	10 962	41 540
	付加価値における労働報酬の割合（%）	88.0	44.4	51.3	54.9
	全労働報酬における各産業の労働報酬の割合(%)	19.5	52.3	28.2	100.0
2002	付加価値（億元）	16 631	55 101	50 127	12 1859
	労働者報酬（億元）	13 316	22 519	23 116	58 951
	付加価値における労働報酬の割合（%）	80.1	40.9	46.1	48.4
	全労働報酬における各産業の労働報酬の割合(%)	13.6	45.2	41.1	100.0
2007	付加価値（億元）	28 659	134 495	102 889	266 043
	労働者報酬（億元）	27 182	45 994	36 872	110 048
	付加価値における労働報酬の割合（%）	94.8	34.2	35.8	41.4
	全労働報酬における各産業の労働報酬の割合(%)	10.8	50.6	38.6	100.0
2010	付加価値（億元）	40 534	187 581	173 087	401 202
	労働者報酬（億元）	38 507	72 589	69 816	180 192
	付加価値における労働報酬の割合（%）	95.0	38.7	40.3	45.0
	全労働報酬における各産業の労働報酬の割合（%）	10.1	46.8	43.1	100.0
1992 年比で見る 2010 年の倍率	付加価値	6.9	15.4	20.1	15.1
	労働報酬	7.8	19.3	20.8	15.0
1992 ～ 2010 年の年成長率	付加価値	11.4	16.4	18.1	16.3
	労働報酬	12.1	17.9	18.4	16.2
1992 年比で見る 2010 年の倍率	付加価値	2.4	3.4	3.5	3.3
	労働報酬	2.9	3.2	3.0	3.1
2002 ～ 2010 年の年成長率	付加価値	11.8	16.5	16.8	16.1
	労働報酬	14.2	15.8	14.8	15.0

データソース：2010 年以前のデータは例年の産業連関表より、2010 年のデータは地域別 GDP 所得構成より算出。

伸び率は、年平均15％と、同期GDPの年平均16.1％の伸び率を下回った。これは国民所得の一次分配に占める労働報酬の割合が低下し、経済成長に対する消費者需要の牽引力が比較的弱く、国民経済の需要構造が歪められた結果である。2007年に至って、各産業および国民経済全体の付加価値やGDPに占める労働報酬の割合は最低に下がった（GDPに占める労働報酬の割合はわずか41.4％であった）。2007年から2010年までは新たな上昇期に入り、GDP全体に占める労働報酬の割合は三年間で45％まで上昇した。このような労働報酬全体のシェアの上昇は、国民経済の需要構造を改善し、消費者の需要を向上させると同時に、成長パターンの転換や労働生産性の向上において、より厳しい条件が望まれる。

三、三大産業における一人当たりの労働報酬の変化と一次分配の分析

　表6-4は、1992年以降、国内各産業の就業者数、労働報酬、就業者一人当たりの労働報酬の推移を示している。

　表6-4からわかるように、2002年から2010年までの総労働報酬と一人当たりの労働報酬の伸び率は、1992年から2010年までの年平均伸び率を下回った。この十八年間の年平均伸び率16.2％（現在の物価）、就業者一人当たりの労働報酬の伸び率は年平均15.3％（現在の物価）であり、2002年から2010年にかけたデータでは、それぞれ15％と14.5％となった。この年平均伸び率の減少は、この期間の国民所得に占める労働報酬の割合の変化に関連している。

　表6-3からわかるように、国民所得に占める労働報酬の割合は、2002年の48.4％から2007年には41.4％に低下し、その後2010年には45％にまで上昇している。この復活は、一方では、国民所得の一次分配が需要構造に加えられた調整、特に投資への過度の依存の是正を反映しており、他方では、労働報酬の割合がその成長率に与えた制約を表している。一般的に言えば、21世紀に入ってから、国民所得の一次分配において、蓄積に直

第六章　産業構造の不均衡と一次分配の歪み　　427

表 6-4　1992 ～ 2010 年における中国の一人当たりの労働報酬の変化

項目	産業	年別			1992 年比で見る 2010 年の倍率	年成長率（%）	2002 年比で見る 2010 年の倍率	年成長率（%）
		1992	2002	2010				
就業者数（万人）	第一次産業	38 699	36 640	27 931	0.7	−1.8	0.8	−3.3
	第二次産業	14 355	15 682	21842	1.5	2.4	1.4	4.2
	第三次産業	13 098	20 958	26 332	2.0	4.0	1.3	2.9
	合計	66 152	73 280	76 105	1.2	0.8	1.0	0.5
労働報酬（億元）	第一次産業	4 930	13 316	38 507	7.8	12.1	2.9	14.2
	第二次産業	3 761	22 519	72 589	19.3	17.9	3.2	15.8
	第三次産業	3 361	23 116	69 816	20.8	18.4	3.0	14.8
就業人員平均労働報酬（元／人）	第一次産業	1 274	3 634	13 786	10.8	14.1	3.8	18.1
	第二次産業	2 620	14 360	33 234	12.7	15.2	2.3	11.1
	第三次産業	2 566	11 030	26 514	10.3	13.9	2.4	11.6
	合計	1 822	8 045	23 771	13.0	15.3	3.0	14.5

データソース：表 6-1 と表 6-2 のデータをもとに算出。

結する企業と政府の所得の割合が相対的に拡大する一方、労働報酬の割合が相対的に縮小し、政府と企業の所得の成長率が労働報酬の成長率を上回った。この一次分配の構造が国民経済の最終需要の構造に大きな影響を与えている。2008 年以降、この状況は改善されてきたとはいえ、いまだに緩やかな状態で、このような一次分配の不均衡は国民所得の最終利用の不均衡を悪化させる。国民経済の需要構造を調整するには、何よりもまず、一次分配の構造を調整する必要がある。

四、産業構造における「反効率的な要素配分」が一次分配における労働報酬の伸びを抑制

　中国の国民所得の一次分配における労働報酬は、長い間、政府所得や企業所得に比べ相対的に伸び悩んでおり、そのシェアも徐々に低下し、国民所得の最終使用構造（需要構造）に深刻な影響を及ぼしている。シェアを大幅に引き上げるには、労働生産性の向上が必要となる。

　まず、産業労働報酬の伸び率で、中国は産業労働生産性に対する支援に欠けている。2002年から2010年まで、就職者の労働報酬の年平均伸び率は14.5％であった。そのうち第一次産業が18.1％と最も高く、ついで第三次産業が11.6％、第二次産業が11.1％と続いた（現在価格）。これは、中国が中所得の上位段階に入った後、要素コスト、特に人件費が急速に上昇する時期に入ったものの、産業労働生産性はそこまで高くなかったことを示している。現代の標準工業国と比較すると、現段階の中国の産業構造は工業化の後期段階に入っている。工業化のプロセスは三分の二を経て、2020年には工業化が基本的に完了すると予想されているが、産業労働生産性、特に実物産業の労働生産性の水準は、現代の工業化の後期段階で期待されるべき水準に達していない。第一次産業と第二次産業の労働生産性は現代の工業国の14.7％と46.2％に相当し、第三次産業の場合はその水準には達しているものの、労働生産性の伸びは主に規模の拡大に依存しており、資本と技術の集約度の向上が求められる[6]。実際の労働生産性が経済発展段階にあるべき水準よりも低いこの状況は、一次分配における労働報酬の伸び率に制約を課すこととなる。

　次に、1992年と2007年の産業連関表を用いて、各産業における資本と労働のシェア、資本と労働の限界利益、労働生産性と資本－労働比率を計算すると、表6-5のようになる。

　表6-5の設備投資比率から判断すると、1992年から2007年にかけて、第一次産業と第三次産業の設備投資比率はともに低下した。一方、第二次

第六章　産業構造の不均衡と一次分配の歪み　429

表6-5　資本と労働の構造変化、資本－労働比率と労働生産性

項目	年別	経済総量	第一次産業	第二産業	第三産業
労働投入量シェア	1992	100	58.5	21.7	19.8
（%）	2007	100	40.8	26.8	32.4
労働の限界報酬	1992	1 712	1 197	2 462	2 412
（元／人）	2007	6 408	3 879	9 993	6 627
資本投入量シェア	1992	100	5.1	38.9	56
（%）	2007	100	3.8	48.7	47.5
資本の限界利益	1992	0.336	0.413	0.498	0.217
（元／人）	2007	0.293	0.072	0.341	0.262
資本－労働比率	1992	0.62	0.05	1.11	1.74
（万元／人）	2007	3.03	0.28	5.5	4.43
労働生産性	1992	3786	1 421	7 964	6 191
（元／人）	2007	15 478	4 086	27 340	20 013

データソース：国家統計局が公表している産業連関表のデータより算出。

産業の設備投資比率は10ポイント近く上昇（38.9%から48.7%）しており、この間、資本は主に第二次産業（旧資本ストックと新資本を含む）に集まったが、経済全体と実業の資本の限界報酬は総じて低下した。その結果、粗利益率は総じて低下し、第三次産業の粗利益率だけがわずかに上昇し、その資本の限界報酬は一人当たり0.217元から0.262元に上昇した。しかし、その絶対水準は常に第二次産業よりも低かった。実業における資本の限界報酬が加速度的に減少するのは、産業の資本集約度が上昇し、資本生産比率が伸びていることを意味している。技術の加速度的な進歩と産業構造の高度化がなければ、投資の継続的拡大は必然的に資本の限界報酬をより早く減少させ、市場における投資需要を弱め、ひいては経済成長に影響を与えることとなる。労働投入比率を見ると、第一次産業では1992年から2007年の間に18ポイント近く低下しており（58.5%から40.8%へ、2012年には約36%へ）、農村部の農業部門から都市部の非農業部門へ労働要素が大規模に流入していることを示している。しかし、第二次産業では第三次産業よりも高い状態から低い状態へと変化しており、これは第二次産業の労働力を吸収する能力が低下し、資本が労働を押しのける可能性を

示唆している。

　第二次産業の資本限界報酬は第三次産業よりも高いが、動的には加速度的に減少している。それに対して、第三次産業は絶対水準では第二次産業より依然として低いが、上昇状態にあるため、資本が第二次産業にさらに集中した場合、限界報酬の上昇から加速度的減少に移行することを意味し、資本配分構造の効率を徐々に押し下げる傾向となる。同時に、第二次産業の労働の限界報酬は第三次産業よりかなり高いものの、労働投入比率は第三次産業より低い。第二次産業の労働は相対的に労働生産性の低い第三次産業に押しのけられたのである。第三次産業の資本労働比率は、第二次産業より高い水準から低い水準へと低下することから、より多くの労働力を吸収していることがわかる。この時期、第三次産業の雇用弾力性は 0.079 であるのに対し、第二次産業は 0.042 であり、第三次産業の雇用創出力は第二次産業の約 2 倍となった[7]。しかし、第三次産業の労働生産性は、絶対水準で第二次産業より低い（第二次産業の労働限界報酬は常に第三次産業より高い）だけでなく、労働生産性の上昇速度も第二次産業より低い（第二次産業と第三次産業の労働限界報酬はともに上昇しているが、上昇率は第三次産業より速い）ため、仮に高い労働生産性と速い上昇率を特徴とする第二次産業から労働要素が常に押しのけられ、労働生産性の比較的低い第三次産業に流入すれば、労働生産性が伸びるという産業の構造的損失が自然と形成される。すなわち、第二次産業では資本が労働を相対的に押しのけており、第三次産業では労働が資本を押しのけているのである。これに対して、第二次産業の労働生産性の絶対水準と成長率は第三次産業よりも高く、同時に、第三次産業の資本限界報酬の成長率は第二次産業よりも高い（資本限界報酬の絶対標準は依然として第二次産業より低い）。このような反効率的な要素配分現象は、一方では労働生産性の構造的な低下を招き、他方では資本効率の構造的な改善を失わせる。この要素効率の構造的損失は、経済成長の均衡と持続可能性だけでなく、国民所得の一次

分配と最終使用、特に労働報酬の引き上げにおける効率の構造的損失にも
重大な影響を及ぼすのである。

註

1) 2013 年 1 月 18 日、国家統計局（NBS）は 2003 年から 2012 年までの全年度の中国のジニ
係数を初公表した。中国のジニ係数は 2008 年以降わずかに低下したものの、常に 0.4 を上
回っていた。
2) 劉偉編《中国経済成長報告 2012》を参照。
3) 劉偉 " 産業結构的不均衡与初次分配的扭曲 "《上海行政学院学报》2013 年第 5 期参照。『大
学学術ダイジェスト』2013 年第 6 期より転載。
4) Table 1 1.5,Gross Domestic Product,Last Revised on October 26,2012,Burean of Economic
5) 劉偉、李紹栄 " 所有制的变化与経済增长和要素効率提升 "《経済研究》2001 年第 1 期。 本
稿の分析に使用した変数の観察値は 2000 年までのものであるが、21 世紀に入って以来、
この傾向は依存として存在し、より顕在化しているため、その結論は今日でも通用すると
考えられる。
6) 劉偉、張輝 " 我国経済增长中的产业结构问题 "《中国高校社会科学》2013 年第 4 期。
7) 劉偉、張輝 " 我国経済增长中的产业结构问题 "《中国高校社会科学》2013 年第 4 期。

第七章

産業構造、経済構造の最適化・高度化と供給側構造改革

第一節　供給側構造改革と発展新理念

一、経済の下振れ圧力は需要の弱気にあるが、根本的原因は供給側構造の不均衡にある

改革開放で見られた歴史上のマクロ経済不均衡とは著しく異なり、新常態に入って以来の中国のマクロ経済不均衡は、需要の引き上げによるインフレが際立った矛盾となる単純な需要膨張ではなく、市場の低迷、失業率の上昇が矛盾となる単純な需要収縮でもない。インフレ（特にコストプッシュ型と需要の引き上げが共同作用するインフレ）による潜在的な圧力もあり、経済の下振れ（特に内需不足と過剰生産能力の共同作用の下での下振れ）の深刻なリスクもある。こうした「ダブルリスク」が併存する不均衡構造の下では、マクロ経済政策を全面的に拡大させることも緊縮させることも困難である。財政と金融政策を「ダブル緩和」させれば、下振れ抑制に効果を生み出すことは可能となるが、インフレを招きかねない。同じく「ダブル引き締め」すれば、インフレ抑制には役立つことが望めるものの、下振れを深刻化させる可能性もある。積極的な財政政策と穏健な金融政策の逆方向の組み合わせを用いれば、マクロ政策の効果が相殺されて政策の有効性が低下してしまう。

新常態の下で新たな不均衡が形成された直接的原因はまず需要側にあるように見える。経済の下振れについては、2011 年の 9.3％から 2012 年の 7.7％まで落ち込み、2013 年には 7.7％、2014 年には 7.4％、2015 年には 7％前後と、相対的に減速している。直接的なマクロレベルの原因は需要の弱さと内需不足の際立った矛盾にある。固定資産の投資需要の伸び率は、2010 年以降では 20％以下に低下し、2012 年からさらなる持続的な低下傾向を示し、2015 年の 4 月から 12 月までの 3 四半期で 10％を若干上回る程度まで低下した。社会消費財小売総額の伸び率から反映された消費需要も引き続き減少傾向が呈されており、14％前後から 10％余りまで落ち込ん

だ。輸出需要に伸び悩み、2015 年はマイナス成長となり、純輸出の経済成長への貢献は数年来マイナス値のままである。この根本的原因は構造的不均衡にある。

　投資需要が下落傾向を見せているのは、根本的に産業構造高度化の動力が不足しているからである。一方で、伝統的産業構造を踏襲して投資を拡大することはすでに過剰生産能力に強く制約され、工業消費財であれ投資品であれ、こうした矛盾がますます顕著となっている。一部の産業は生産能力がもはや相対的または周期的な過剰ではなく、絶対的または持続的な過剰となり、脱生産能力の圧力が絶えず増大する背景の下、既存の構造を踏襲して投資を拡大することはもはや不可能である。他方で、前期の経済の高度成長を牽引してきた産業、特に不動産業や自動車製造業などの勢いが鈍化し、生産能力が飽和しつつあると同時に、新興の代替主導産業群が本格的に成長しておらず、投資をリードできる新しい戦略的主導産業が欠けている。これらの問題をもたらした根本的な原因は、自主研究開発と革新力の不足、産業構造高度化の動力不足にある。投資家は有効な投資機会を見つけにくく、特に実体産業の投資需要が弱く、有効な投資機会に欠け、ひいては金融資本に対する有効需要も不足となる。

　消費需要が伸び悩んでいるのは、根本的に所得分配構造の不均衡によるもので、際立った問題は住民間の所得分配構造の格差が大きいことである。2002 年以来、国家統計局が発表した中国住民の所得格差のジニ係数は、終始一貫警戒線レベル（40％）を上回り、そのうちの過半数の年で45％以上であった。最も高い年は 49.1％に達し、所得格差の拡大は必然的に国民の一般的な消費性向を低下させることに疑いはない。格差拡大のさまざまな原因の中で一番の要因は都市と農村の格差である。都市部と農村部の格差が際立っているのは（全体的に見れば、都市部住民一人当たりの可処分所得は農村部住民一人当たりの純所得の 3 倍以上）、特に産業間の所得構造の矛盾である。第一次産業の就業率は 36.7％程度であるが、その

付加価値が GDP に占める割合は 10.1％にすぎない。すなわち、36.7％の農業労働力が一次分配の際に GDP の 10.1％しか分配されておらず、90％程度の GDP が 63.3％前後の非農業産業労働力に分配されることを意味する。この産業間の所得格差は主に産業間労働生産性の差に起因する。消費需要が低迷している根源的原因は、まず所得分配構造の不均衡にあるが、所得分配格差が拡大している構造的不均衡の重要な発展的原因は農業と非農業部門の労働生産性の構造的不均衡にある。これが、ひいては普遍的に消費性向の低下を招く。また、供給側そのものの製品品質、安全性、経済性など多方面の原因も、人々の消費需要をある程度制限し、弱めている。

　すなわち、経済の下振れ圧力は当初は需要の弱さから来ていたが、さらに見ると供給側の構造的不均衡に起因している。産業構造高度化の動力不足と産業労働生産性の構造的不均衡は、投資需要の不足と消費需要低迷が根本的原因である。両者の構造的不均衡は、主に供給面の問題であり、経済の下振れを抑制するには、根本的にいうと供給側からのアプローチが必要となる。

二、需要が弱い状況における潜在的なインフレリスクの根本的な制御も供給側の調整によって決まる

　新常態におけるマクロ経済不均衡のダブルリスクのうち、もう一つについての実際に表されたインフレレベルは高くない。デフレのリスクさえあるが、潜在的なインフレ圧力は大きいため、金融政策はデフレ対策に特に慎重な態度が示されている。中国の PPI は既に 40 カ月以上マイナス値であり、CPI はここ数年終始 3％前後、時には 2％を下回り、2015 年 4 月から 12 月までの 3 四半期ではわずか 1.4％であった。統計誤差を考慮に入れるならば、通常 CPI が 2％を下回ると、マクロ政策にデフレ対策を考慮することが求められるが、現段階での穏健的な金融政策は潜在的なインフレ圧力に高い関心を持ち、対策を講じることが可能なデフレに慎重である。

第七章　産業構造、経済構造の最適化・高度化と供給側構造改革　　437

　このような潜在的インフレ圧力が特別なのは、新常態におけるインフレ圧力と経済成長動力とのつながりのためでも、高い経済成長率のためでもなく、他の原因による。コスト推進の面から見ると、主に経済発展が新常態に入って以来、労働力コスト、天然資源価格、環境コスト、技術進歩のコストなどを含む要素コストが全面的かつ系統的に向上された。そのため、これまで要素コストの低い競争優位性に依存し、要素投入量を大規模に拡大することによって経済成長を牽引してきた方式はもはや持続可能ではなくなった。経済成長の方式を根本的に変え、これまで主に要素投入量の拡大に依存していたものから、要素効率と全要素効率の向上に依存して経済成長を牽引するようにしていかなければならない。さもないと、日増しに上昇する国民経済の生産コストが吸収されず、それらは巨大なコストによるインフレ圧力となる。中国の現段階のインフレ圧力はかなりの程度でコスト推進（50％近くに達したという推計結果がある）から来ている。顕在的にこのような要素コスト構造の変化は、イノベーションによって投入産出構造の変化を促し、ひいては成長方式を変えることが要求される。この効率の向上とコスト構造の矛盾を解消するカギは、供給側の改革にある。

　ディマンドプルの面から見ると、2008年以来の世界金融危機の対策として採用された拡張政策によって流通の中に多く形成されたM2の預金量のほか、通貨の増資について言えば、外国為替資金、すなわち定期決済制度の下で中央銀行増発決済の基軸通貨が要因、時には第一要因となる。外国為替資金が基軸通貨の増発を迫る深層の原因は、中国の国際収支において長期的に存在する収入が支出より大きいという深刻な不均衡と、それによって外貨準備の規模が絶えず増大している点にある。このような国際収支構造の不均衡の根源は、中国の産業構造によって決められた貿易構造と世界経済構造との間の矛盾にある。このような産業構造とそれによって決定される貿易構造の変化も、そのカギは供給側の変革にある。

　新常態での経済ダブルリスクの中でインフレの潜在圧力が発生する根源

は、主に需要側に由来しないが、逆に需要が弱い状況での潜在的なインフレリスクは、主に供給側から発生する。コスト推進についてもディマンドプルについても、インフレ圧力に対する根本的な制御は供給側の調整によるものであることは明らかである。

三、マクロ・コントロールにおける供給管理と需要管理には著しい違いがある

一つ目は役割対象が異なることである。需要管理政策は主に消費者と購入者をミクロ対象として作用するのに対し、供給管理の対象は主に生産者と販売者である。

二つ目は役割方式が異なることである。需要管理政策は主に消費者と購入者の購買力、すなわち有効需要を調節することであるが、供給管理政策は主に生産者と労働者の積極性を調節する。

三つ目は役割効果が異なることである。経済が不均衡になった場合、需要管理、あるいは供給管理をとることによって経済の均衡化を推進することができるが、この過程での価格水準の変化は異なる。景気が後退すれば、景気刺激のために拡張的な政策が必要となる。需要側から着手すれば、需要を刺激して市場を活性化させる必要があり、その結果として、与えられた生産コストの下で企業利潤の上昇によって産出が増加し、就業が増えるが、同時に価格水準も上昇し、インフレも深刻化する。供給側から生産者コストを下げて効率を高めれば、供給は増えるが、同時に価格水準は下がる。すなわち、需要管理と供給管理とでは、成長のために支払うインフレの代価が異なるのである。経済の下振れリスクとインフレ圧力の両方を抱える管理にとって、供給管理は特別な意義を持つ。

四つ目は役割周期が異なることである。マクロ・コントロールに対して供給側の調整は短期コントロールの政策効果を持つが、それ以上に長期効果を有している。一般に、需要側の管理政策は短期的に明らかな政策効果

第七章　産業構造、経済構造の最適化・高度化と供給側構造改革　　439

を示すことができ、財政政策であれ金融政策であれ、需要への影響は短期的に表れる。逆に、供給側の政策効果は、生産者行動に影響を与える政策により、生産面での変化に長期的な蓄積を要するため、顕在化するまでに時間がかかる傾向がある。生産者の効率化や労働者の労働生産性の向上、あるいは資源配分の仕組みや産業組織の調整といったものはすべて革新の関数である。一方、革新は、技術革新や制度革新などを含め、長期的な蓄積によって生み出されるものであり、短期的には効果が出にくい。そのため、経済が不均衡の際、需要管理を運用するか供給管理を運用するかの選択において、政府は通常（特に政府が短期的行動を明確に選択する方向性の下で）需要側の調整を優先する。それは需要側の管理政策のほうが供給側より効果が早いからである。供給側管理は増資に関連するだけでなく、保有量にも関連する。需要管理はさらに増資に関連し、保有面での生産能力調整、産業構造調整、地域配置の調整などで触れる矛盾は往々にして長期的な蓄積によって形成された。そのため、供給側の管理政策の実施が直面する抵抗は大きい。

四、供給側の管理は中国の深層にある構造的不均衡緩和のために特別な重要性と目標性を持つ

　中国の新常態におけるマクロ経済不均衡の特殊性に対して、供給側管理の導入は特別な意義を持つ。一つ目は、ダブルリスクが併存し、ひいては総需要管理政策の効果が一方向と目標に統一されにくい条件（全面的に緩和するか、全面的に引き締めるか）の下で、供給側の管理は必然的な選択となる。ダブルリスクが併存しているため、総需要に対する刺激や緊縮は一方の不均衡を抑制すると同時に、他方の不均衡を深刻化させるためである。供給側から着手すると、生産者コストを下げて生産効率を高めた上で、産出量の増大とインフレの緩和という二重の目標を同時に達成できることが期待される。

二つ目は、政府は供給管理の政策効果を直接制御し、より大きな範囲で政策の的確な効果を実現し、それによってマクロ経済政策効果の不確実性を下げ、マクロ・コントロールのリスクを下げる。需要管理政策はしばしば全体規模から言及されるのに対し、供給管理政策はより多くの構造的差異を体現することができる。同時に、需要管理政策の市場効果は判断されにくいが、供給管理政策の効果、特に生産者コストへの影響の程度は比較的はっきりした判断が下される。

三つ目は、供給側管理は地方政府により大きな政策空間を与えることができる。需要管理は中央政府のマクロ政策の対象である。地方政府は税関規制を受けていないため、その需要管理政策の役割の発揮が比較的多く制限される。地方政府のとった一連の需要刺激策が地元住民の所得と購買力を高めても、地元住民が必ずしも地元で消費して購入するとは限らず、他の地域や海外まで出向いて購入する可能性がある。そのため、地方政府には地元市場の需要を刺激する動力がない。地方政府の需要管理政策は地元市場に対する役割において大きな不確実性を有しているが、供給管理の場合は異なる。地方政府による地元の供給条件の改善、地元生産者への優遇、インフラなど外部経済環境の改良、革新への奨励と支援など供給面の措置は、その政策効果が主に、あるいはまず地元に集中して体現される。

四つ目は、供給側の管理は直接的に所得分配構造の調整に深く踏み込むことができ、それによって所得分配の格差が大きすぎることによる経済成長の動力不足と効率損失を減らすことができる。需要管理は規模に関して社会所得分配構造に触れにくいが、供給側管理はまさに生産者と労働者のインセンティブ条件を調節することを政策の着眼点としている。そのため、財政政策（税収）、金融政策（金利）などのツールを総合的に運用し、総量と構造上から同時に所得分配を調節することが可能となる。供給側管理は中国の経済が新常態の下で現れた新たな不均衡、特に深層の構造的不均衡の緩和と克服に対して、特別な重要性と目標性を備えているのは明らか

である。

五、供給側管理の主要な政策手段：政府の監督管理、経済構造政策、財政政策、金融政策

では、供給側管理を運用するには主にどのような政策手段があるのか。一つ目は政府の監督管理政策と手段である。これは主に、政府による要素価格水準と上昇率に対する監督管理を含み、特に労働力の賃金水準（社会保障と各種の積立金などを含む）を監督管理し、その変動と経済均衡の要求をできるだけ一致させるようにする。それによって企業の生産コストを低減させることと労働者の積極性を引き出すことの間で均衡を取り、失業率とインフレ率に同時に有効な制御をかけ、スタグフレーションを緩和する（総供給曲線を右にシフトさせる）のである。また、資源の使用方向に対する監督管理、企業市場の不当な競争行為に対する監督管理、要素流動性、特に資金、外貨、労働力などの流動性に対する監督管理、企業の産出品質、安全基準に対する監督管理、環境の質と基準に対する監督管理などは、企業の生産コストに影響を与え、ひいては供給効果をもたらす。供給政策としての政府監督管理は長期的であり短期的でもある。

二つ目は経済構造政策である。まず、産業構造政策、主導産業政策、部門構造、雇用構造および相応の教育構造、技術構造、あるいは相応の研究開発構造、三大産業間の構造高度推進政策などは、いずれも供給側管理政策の重要な構成部分であり、強い供給効果を有する。次は地域構造政策である。国民経済全体の経済地域間の構造配置を含むが、異なる地方が自身の優位性と要素賦存に基づいて採用した差別化された地域発展政策も含む。地方政府が独自の金融政策を持つことは不可能であり、しかも財政政策を運用して総需要に影響を与える役割も極めて不確実である。しかし、地方政府は地元企業の外部経済条件の改善、企業コストへの政策的影響、労働コストに対する監督管理、人材の誘致など供給側の政策面でより強い能動

性を持っている。最後は産業組織、すなわち市場構造政策であり、市場参入、市場規制および独占禁止など一連の産業組織構造問題に関わる。市場はその中で基礎的な役割を果たしているが、特に市場が機能しない条件の下では、政府の政策介入は不可欠な役割を持つ。このような市場構造に対する介入と管理政策は、全体的に言えば供給側管理に属している。

　三つ目は財政政策である。財政政策は需要効果のみならず、供給効果もあり、主に課税政策（企業の生産コストに直接影響）、補助金政策（同じくメーカーコストに影響）、再分配政策（労働者の積極性、ひいては供給に影響）を含む。財政政策の需要効果と供給効果とではどちらがより顕著なのか、理論上には議論の余地があるが、財政政策が需要効果と供給効果を同時に持つことは一般的に認められている。

　四つ目は金融政策である。金融政策も同様に需要効果と供給効果を同時に備えている。供給効果について言えば、金融政策は企業の資本使用コスト、企業と労働者の実際の税負担、そして企業の見通しにも影響を与え、これらの影響はすべて供給効果を生む。

　供給側政策を導入することが、短期的な規模全体の不均衡において、スタグフレーションや中国が現段階で抱えるインフレ圧力と下振れ圧力が併存する「ダブルリスク」の緩和にとって有利なことは明らかである。供給側管理は企業と労働者のコストおよび積極性に影響を与えるため、供給政策を用いて供給効果を高める（供給曲線を右にシフトさせる）ことは、需要が変わらない、あるいは需要を刺激しない条件の下で、有効産出を拡大し、就業機会を増加させ、需要が弱い条件の下で有効成長を刺激することができる。そして、同時に需要拡張による需要引き上げのインフレ圧力を軽減することも期待される。供給効果自体はコスト推進のインフレ圧力を直接下げることができ、それによってインフレ圧力を緩和しながら経済の有効成長を刺激するため、二重の目標が達成可能となる。

　長期的な構造的不均衡にとって、供給側管理はそれによる深い矛盾の緩

第七章　産業構造、経済構造の最適化・高度化と供給側構造改革　　443

和に有利である。生産者と労働者の外部経済を改善すると同時に、生産者
コストを下げ、労働者の積極性を高める。その上で産業組織構造、産業間
構造、地域経済構造などの構造変化を誘導して推進するのである。これは
供給側政策が役割を果たす重要な点である。供給管理が需要管理と異なる
のは、一般的な全体介入以上に構造調整を強調するためである。これは、
中国経済の新常態における新たな不均衡にとって特に重要な意義がある。
なぜなら、現段階で直面している「ダブルリスク」と新たな不均衡の根本
的原因は、一連の構造的不均衡にあるからである。

六、供給側管理および改革に用いられるべきメカニズムと制度条件

　供給側管理を有効に実施するには、以下の四つのメカニズムと制度条件
の創造ならびに整備が必要となる。
　一つ目は有効なマクロ経済政策の伝達メカニズムであり、これは財政政
策伝達メカニズムと金融政策伝達メカニズムを含む。供給側管理の導入は、
政策伝達において需要管理と供給管理を協調させ、すなわち全体需要管理
政策と構造的供給管理政策の協調の強調を意味する。マクロ政策とミクロ
行為、すなわちマクロ経済政策とミクロ企業行為との協調である。また、
短期マクロ・コントロール効果を際立たせる需要側政策と長期累積性効果
を際立たせる供給側政策との協調、あるいは増資調整を特徴とする需要調
整と保有調整を含む供給調整間の協調なども意味する。
　これは特に政策伝達メカニズムの有効性を必要とする。そうでないと協
調不可能なだけでなく、政策効果間の矛盾が形成され、供給側管理の導入
が困難になる恐れがある。具体的には以下の方面に関連している。財政政
策と金融政策間の協調と伝達の場合、特に財政と金融政策においては「ダ
ブル緩和」か「ダブル引き締め」がとられるのではなく、「緩和と引き締
め」という逆方向の組み合わせを採用する。そうした条件下では、両者間
の協調メカニズムが特に重要となる。財政収入と財政支出の政策間の協調

の場合、特に広義での政府収入と支出（いわゆる四本帳）の政策協調は、両者間の対立と矛盾が財政政策の効果を深刻に損なう。金融政策の数量手段（貨幣数量）と価格手段（金利）間の協調の場合、特に両者が同期するか否かは金融政策効果に重要な影響を与える。政府による価格監督管理における生産者コストの維持と労働者利益の維持の間の政策協調の場合、特に両者が衝突した場合の傾斜政策は全く異なる供給効果を生む。企業在庫量の構造調整および過剰生産能力解消の政策は、企業債務リスク管理制御の政策規範との協調を要求するなどが挙げられる。有効な伝達メカニズムが欠けると、需要側管理政策と供給側管理政策の統一が難しく、供給側改革の期待効果が実現されにくくなる。

　二つ目は市場化のプロセスを深化させることである。抜本的な市場化改革を絶えず行い、市場メカニズムを絶えず改善した上で、政府と市場の関係を規範化するのである。供給側管理と変革を全面的に導入するには、社会主義市場経済改革の全面的深化を基本的経済制度の基礎としなければならない。供給側管理政策は生産者と労働者を役割対象とし、ミクロ経済行為に直接影響する。それに基づいて経済構造の形成などが直接影響を受け、政府の政策介入が総需要管理をより深くさせるのである。これは体制上、比較的完備され、競争が比較的十分な市場を基礎とすることが確実に求められる。そうでなければ、資源配分が市場メカニズムから離脱し、より大きな範囲で政府の調節に組み入れられ、市場メカニズムの基礎性と決定的な作用が否定される恐れさえある。供給側管理の導入を強調すればするほど、市場競争の自由性と十分性を強調する必要があり、市場メカニズムの資源配分に対する決定的な役割を認め、肯定する必要が生じるのである。

　中国の経済は新常態に入り、一連の新たな変化、新たな特徴、新たな挑戦、新たな不均衡に直面し、供給側管理の導入は特に重要な意義と歴史的緊迫性を持っている。特に2020年までに「第1の百年目標」を達成し、小康社会を全面的に構築し、改革を全面的に深化させ、さらに2020

第七章　産業構造、経済構造の最適化・高度化と供給側構造改革　445

年までに比較的完備した社会主義市場経済体制を初歩的に構築させること
ができるかどうかは、全面小康の発展目標を実現するための根本的な体制
保障となる。具体的に言うと、社会主義市場経済体制の改革には、企業改
革、特に大型および超大型国有企業の抜本的改革、現代的な企業制度の建
設、民営企業の育成などが含まれる。市場競争的価格メカニズムの改革は、
商品市場化の完備、要素市場化の深化、価格、金利、為替など一連の市場
取引条件の決定メカニズムの改革などを含む。政府の職能の転換およびメ
カニズム改革には、マクロ・コントロール方式、政府監督管理方式と分野、
政策伝達メカニズムの改革と政府機能の根本的な転換などが含まれる。所
有制構造の改革は、特に公有制と市場経済の有機的な融合の方式と可能性
を模索し、公有制の市場経済条件の下での新たな実現方式などを模索する。
要するに、中国共産党第 18 期中央委員会第三回全体会議の改革における
全面的深化の精神に基づき、中国の特色ある社会主義市場経済体制の建設
に努め、政府と市場の関係を規範化して協調させ、市場が資源配分の中で
決定的な役割を果たすようにするのである。これは供給管理を有効に導入
することに必要な制度的基礎であり、また政府が需要管理を含むすべての
マクロ・コントロールを行うには必要な制度的条件でもある。

　三つ目は、法制化プロセスを全面的に深化させることである。市場経済
は法制経済である。市場経済のミクロ主体の権利（私権）には法制度の肯
定と保護が必要であり、市場経済における政府公権は法制度上の承認と規
範がなければならない。マクロ管理に供給側調節を導入することは、必然
的に法制化の水準に対するより高い要求、特に政府権力の規範に対するよ
り全面的かつ抜本的な要求が求められる。法制化を深化させることの真の
難点とカギは一般的な法制度の構築にあるのではなく、法制度精神の発揚
にこそある。ここには、法制度と体系の供給の質（全面的、体系的で実行
可能な良法）の保証、社会全体の法制に対する服従と尊重（社会が普遍的
かつ自覚的に規律や法を遵守）が含まれる。この法制精神の最も重要な点

は、政府の権力を規範することである。一方では確実に民主的な基礎の上に築かせ、もう一方では確実に制度の制約を受けさせる。こうすることで、供給側管理を導入し、政府の経済への介入を総需要管理以上に深く、より具体的にするのである。仮にその権力に対する民主的な監督管理と法制的な制約が不足し、政府が権力を拡大すると同時に市場に向き合うのであれば、普遍的で深刻な「レントシーキング」現象が発生する。そして、腐敗が深刻化し、資源配分が市場競争効率基準に基づいて行われず、「レントシーキング」の基準に沿って行われるため、公平でも効率的でもなくなる。

中国共産党の第18期中央委員会第四回全体会議は、法に基づく国家統治を全面的に推進し、法治中国を建設し、法治国家、法治政府、法治社会という法治目標の実現に努めた。さらに社会主義中国の民主と法制建設という歴史的命題を着実に処理することは、社会主義市場経済体制の構築に極めて重要な意義を持つだけでなく、国家統治能力の向上にとっても極めて重要であると提案した。また、政府のマクロ・コントロール能力と効率を高めることはこれまで以上に不可欠となり、供給側管理を導入する条件の下で、この点が特に際立っている。

四つ目は、社会主義の核心的価値観を全面的に提唱することである。市場経済は信用経済であるため、その社会道徳秩序の核心は誠実さとなる。経済移行で、伝統的な「忠誠」を核心とする道徳秩序が揺らいでいる。現代市場経済に適応した「信義誠実」を核心とする道徳秩序は未だに形成中、あるいは依然定められていないと言ってもよく、社会道徳分野でいわゆる「道徳的無政府」状態が現れやすい。供給側改革を導入する上で、重要な着眼点は供給の質を高め、供給構造を改善させ、供給コスト（価格）を下げ、それによってより良い質とサービス、より安い価格で人々の需要を満たし、供給を需要に適応させ、供給によって需要を創造させることである。

中国は発展途上国であり、供給面で高められるべき空間が広い。多くの面では需要の弱さではなく、供給の品質、安全性、経済性などが不足して

第七章　産業構造、経済構造の最適化・高度化と供給側構造改革　　447

いる。人々の消費意欲が低く、購入がためらわれることで、需要が抑制されるのはもとより、需要が移される恐れまで出てくる（海外での買いだめなど）。供給を充実させるには多方面の保障が必要であるが、その中で重要なのは道徳秩序によるサポートである。特に、生産者のほうが消費者よりも明らかに多くの情報を持っている情報非対称の分野、例えば食品、医薬品、医療、教育、サービスなどの分野では、消費者が市場において交渉の劣位に立たされており、生産者の「信義誠実」がとりわけ求められる。中国の特色ある社会主義現代化建設において、道徳秩序の転換（伝統から現代へ）において処理されるべき問題は極めて複雑である。そのため、中国社会主義の核心的価値観を発揚することは極めて困難かつ根本的な命題となり、供給側変革を導入するマクロ・コントロールにとっては、計り知れない意義がある。信義誠実が欠けた社会では、有効な供給側改革が本格的に行われることは不可能である。

第二節　産業構造、経済構造、供給側改革

一、経済移行における供給管理と需要管理の変化

　マクロ経済管理の目標は持続可能な経済成長、価格総水準の安定と十分な雇用を実現することであるが、異なる時期、異なる経済発展段階および異なる国内外の環境の下、どのようにそれらの目標を実現するか、選択される経路と採られる手段は異なる。需要管理とは、政府がマクロ経済政策、特に財政と金融政策を通じて需要を刺激または抑制し、景気後退または景気過熱を防ぐことを指すのに対し、供給管理とは、政府が各種の政策を通じて生産分野の効率に影響を与え、総供給と総需要の間の均衡を実現することを指す[1]。マクロ経済管理は、実際の状況に応じて適切な手段が採られる。先進市場経済国の政府介入やマクロ管理では、特にマクロ経済が大きな困難に直面している肝心の場合、一般的に需要管理手段が採用される。

これは、需要管理で使われる金融政策、財政支出政策などが、比較的短期間で社会の支払い能力ある需要を急速に拡大させ、経済成長を牽引することができるためである。1930年代から1970年代にかけて、ケインズのマクロ経済理論であれ通貨学派の観点であれ、政府介入に対する議論は長い間、需要面に焦点が当てられてきたが、政府が介入するかどうか、介入する力はどの程度でいいのか、どのような介入手段をとるべきかにはさまざまなズレがあった。レーガン政権の時代になると、供給分野がより重視されるようになる。当時主流であったマクロ経済理論とは異なり、供給学派は供給分野で措置をとって経済成長に影響を与えるよう主張した。当時の供給学派の代表的人物であったラッファーは、税率、税収と経済成長との関係をラッファー曲線で説明し[2]、税率が低い場合、税率を上げることで政府税収を増やすことができ、政府は政府支出を通じて経済成長を促進することができるが、税率が一つの臨界点を超えるまで上がると、供給分野での労働者の生産積極性が影響を受け、経済は成長が減速したり衰退したりする可能性があるとした。課税基盤が縮められるため、政府の税収はかえって減少する恐れがある。この場合、税率を下げることはメーカーの市場競争環境の改善や生産性の向上を促し、経済成長にも有利であり、逆に税収が増加する可能性があるため、「減税＝増税」となる。レーガン政府は供給学派の観点を受け入れ、減税、国防支出の拡大、政府の簡素化を標榜する一連の政策主張を打ち出した。いわゆる有名な「レーガノミクス」である。実際に、1803年にセイが「供給が需要を生む」[3]という観点を出したことは、古典的政治経済学が経済活動における供給の意義を強調し始めたことを示している。1970年代の石油危機の後に現れた「供給ショック」（Supply shock）により、経済成長に対する供給政策の積極的な意義を人々がより深く認識するようになった。その後、供給学派の理論は大きく発展した。

　計画経済、あるいは市場活動において政府介入の色が比較的濃い国では、

第七章　産業構造、経済構造の最適化・高度化と供給側構造改革　　449

その主要対象は供給分野であり、供給によって消費と需要が決定される。
例えば、長い間、中国のスローガンは「経済を発展させ、供給を保障す
る」であった。経済を発展させるのは供給を保障するためであるが、実際
には供給管理をより重視するという意味もある[4]。このような主要管理対
象の確定は、確かに一国の経済体制と密接に関連している。市場経済国の
経済成長における主要矛盾は周期的な需要不足と過剰生産能力であるため、
需要管理を通じて絶えず生産能力を消化しなければならない。それに対し、
計画経済国はソフトな予算制約の下で需要が巨大であり（特に生産資料に
対する需要）、深刻な生産能力不足と供給不足が存在している。そのため、
絶えず増加する社会需要を満たすよう、供給管理を通じて生産能力を増加
させ続ける[5]。よって、改革開放の初期において中国が生産力の発展を促
進する重点は、まず生産分野または供給分野にあった。分配体制改革、価
格体制改革、国有企業の財産権制度改革、さらには1990年代半ばの分税
制改革も、広義から見れば供給管理に属し、より正確に言えば、供給革命
によって経済成長を促進するのである。しかし、1990年代以降になると、
状況が変わり始める。第14回党大会は社会主義市場経済体制の構築を経
済体制改革の目標とすることを明確に打ち出した。市場化改革の深化と政
府行為の経済活動における変化（企業との関係が行政関係から政府と市場
との関係に徐々に転換）に伴い、社会主義市場経済体制（商品市場、労働
市場、資本市場、技術市場、土地市場など）が徐々に確立され、発展して
きた。これらの変化は、社会の経済活力を向上させると同時に、市場経済
の条件の下で交互に繰り返されて現れる経済過熱と過剰生産能力の現象を
中国でも発生させた。このような転換を背景に、中国のマクロ経済管理の
一つの顕著な変化は、政府の経済活動への介入が供給分野から需要分野へ
とますます移り、あるいは需要管理が供給管理に代わり、マクロ管理の主
要手段となったことである。マクロ・コントロールは、このような背景の
下でこそ新たな最も重要な政府の職能となり始める。「コントロール」で

ある以上、短期的に効果を見せる必要があり、使用される手段は主にマネーサプライを調節することによって間接的に、あるいは財政支出を調節することによって総需要に直接的に影響を与えることである。例えば預金準備率や金利を調整したり、4兆元刺激計画を打ち出したりすることによって、成長変動を抑制する目標に達する。マクロ・コントロールで使用されるのは主に金融政策であり、財政政策およびいくつかの行政手段（例えば住宅購入制限など）は補完として、主に全体的な短期需要管理となる。その特徴は、経済体制とマクロ体制が基本的に変わらない状況でマクロ経済規模の調節を通じて安定した持続可能な経済成長を実現することである。しかし、中国の実際の状況は一般の市場経済国より複雑である。中国の高度経済成長は比較的安定した市場体制の下で実現されたのではなく、計画経済から市場経済への移行のプロセスで実現されたものである。経済成長は消費の高度化と需要の牽引に頼るわけであるが、生産領域において技術の進歩を通じて企業の競争力をいかに高め続けるか、産業構造の調整と高度化を通じて工業化のプロセスをいかに推進するか、資源の合理的な配分を通じて経済効率をいかに向上させるかなどの問題はみな、中国が高度経済成長のプロセスで直面している厳しい挑戦である。それ故、需要管理だけを強調して供給管理を無視すれば、マクロ経済管理は短期的には一定の効果を得られるものの、経済成長における深層的矛盾、特に各種の構造的矛盾が依然として存在しているため、経済成長の持続性は影響を受ける。これがまさに我々が現段階で供給管理と供給側構造改革を強化する意義となる。

二、新常態における経済成長目標、産業構造特徴、供給側構造改革

2015年11月、習近平同志は中央財経指導グループ会議で、総需要を適度に拡大すると同時に、供給側構造改革の強化に力を入れ、供給システムの質と効率の向上に努め、経済の持続的な成長動力を強化し、中国の社会

第七章　産業構造、経済構造の最適化・高度化と供給側構造改革　　451

生産力水準の全体的な飛躍の実現を推進するよう強調した[6]。党と国家の
指導者が需要と供給という二つの面を結合し、中国政府の現段階の経済成
長を促進する全体的な構想を明らかにしたのは初めてであり、この構想は
現在の中国の経済成長と経済社会発展の客観的現実にも適っている。

（一）　中国の経済成長は依然として大きな潜在力を持っている

　2010年、世界銀行の分類基準によると、中国は下位中所得国から上位
中所得国に躍進した。表面的には、これは一人当たりのGDP（または一
人当たりのGNI）が年々上昇することによって帰属するグループ上の変
化をもたらしたにすぎないが、実際には、中国が新たな経済発展段階に
入った象徴でもある。この年、中国の経済規模は日本を抜き、世界第2の
経済規模となった[7]。ほぼ同時に、中国の対外商品貿易総額はドイツと米
国を相次いで上回り、世界最大の商品輸出入国となった。中国国内の経済
も大きく変化し、特に産業構造の高度化は工業化後期の特徴を反映してい
る。21世紀の前十年間に重化学工業の発展を特徴とする工業化の加速を
経験した後、製造業と第二次産業全体の発展が減速し始めた。以前は比較
的発展が遅れていた第三次産業（伝統的なサービス業と現代的なサービス
業を含む）は比較的良い発展の勢いを維持し、増加値の成長率と国民経済
全体に占める比重は第二次産業を上回り始め、経済成長における主導産業
となった。第三次産業は大量の新規雇用と農業移転による労働力の雇用を
吸収し、中国の都市化プロセスを加速させた。研究によると、新たに増加
した非農業産業の就業のうち、三分の二は第三次産業に吸収されたとい
う[8]。これはすなわち、一人当たりの所得水準から見ても、国際的地位か
ら見ても、産業構造を代表とする経済構造の最適化・高度化から見ても、
中国の現代化、国際化、工業化、都市化のプロセスはすべて新しい発展段
階に入ったのである。上位中所得国の列に入った後、経済規模の基数が拡
大したことに加え、生産要素のコストや価格の優位性も弱まってきたこと

で、中長期的に見ると、一国の年平均経済成長率は逓減傾向にあることが
もはや他国の発展と実践によって証明されている。ここ数年、中国の経済
成長にもそれが反映されている。もし我々がこの変化を認識していなけれ
ば、依然として需要、特に投資を刺激することによって過去の10％に達
する年平均成長を維持しようとするであろう。そうすれば、より多くの現
実的で潜在的な過剰生産能力をもたらし、将来より大きな代償を払って構
造調整を行わざるを得なくなる。それ故、2011年前後に、マクロ刺激策
から「機に応じた撤退」を行い、資源配分を誘導することで市場により大
きな役割を果たさせようとしたことは、正しい政策決定である。

　しかし、我々の経済建設と近代化建設はすでに大きな成果を収めている
が、先進国や世界経済発展の一般水準と比べても、まだ一定の差があるこ
とを意識しなければならない。世界銀行が発表したデータによると、2014
年の中国の為替法によって計算された一人当たりのGDPは7,670米ドル
であった。米国、日本、韓国の一人当たりのGDPはそれぞれ55,000米ド
ル、36,000米ドル、28,000米ドルで、中国の7.2倍、4.69倍、3.65倍とな
る。世界の平均水準は11,055米ドルで、中国の1.44倍、あるいは、中国
の一人当たりのGDPは世界平均水準の約70％であった[9]。中国は高蓄積
国であるため、国民所得の中で投資に用いる割合がかなり高く（50％近
く）、住民可処分所得のGDPに占める割合が低い（2014年の全国住民の
一人当たりの可処分所得は20,167元、一人当たりのGDPは46,531元で、
前者は後者の半分未満。米国の2014年の住民可処分所得のGDPに占め
る割合は75％前後）[10]。このような格差は、中国の近代化プロセスをさ
らに推進する必要があると示す一方で、経済成長にはまだ大きな潜在力が
あることも示している。経済成長の一般法則から見ると、一国、特に大国
は、長期的な高度経済成長を経験した後、年平均経済成長率が減速し始め
ても、それは漸進的なプロセスである。中国は1978年から2011年まで
の三十三年間、年平均経済成長率が10.736％に達したことに基づき、2010

第七章　産業構造、経済構造の最適化・高度化と供給側構造改革　　453

年から2020年の年平均成長率が7%以上、すなわち経済成長目標を3ポイント下方修正すれば、実現の可能性がある。中国共産党第18期中央委員会第五回全体会議で採択された「国民経済・社会発展第十三次五カ年計画の策定に関する中共中央の建議」では、2020年までにGDPと都市・農村住民一人当たりの所得が2010年の倍増となることがあらためて表明された。すなわち、第十三次五カ年計画期に、年平均経済成長率は6.75%以上に達するとの見通しである。これは、実のところ中国の近代化プロセスの需要とこの目標を実現するための条件を考慮に入れている。これは将来の経済成長において我々が期待する新常態である。世界各国の一般法則によると、一国が上中等所得段階から高所得段階へと発展するプロセスで、住民の可処分所得の増加は通常GDPの増加より速い。これは、近代化の中後期になると、労働者と住民が経済成長の成果をより多く分かち合うようになるためである。GDPが倍増する条件の下、我々が分配と再分配の関係をうまく処理できれば、住民の可処分所得の増加幅はさらに大きくなる可能性がある。

（二）現段階での中国の経済成長における規模全体の不均衡の根源は構造的不均衡にある

　総需要から見ても総供給から見ても、中国が少なくとも中高度経済成長を維持する土台は存在している。需要面では、異なるグループの住民間の消費格差から見ても、他の先進国との消費水準の比較から見ても、経済建設の全体的なレベルから見ても、中国には依然として大きな発展の余地がある。供給面から見ると、中国が現在抱えている問題は供給不足ではなく、過剰生産能力である。我々は需要不足ではなく、支払い能力のある需要不足なのである。市場経済の下では、計画経済の下での無償調達形式のように過剰生産能力を解消することができない。言い換えると、政府は極限られた範囲内で一部の過剰生産能力の問題しか（例えば安住建設工事など）

解決することができない。これは市場と分配領域の改革を通じて支払い能力不足の問題を解決しなければならず、特に国民所得における政府、非金融企業部門、金融機関、住民部門の間の不均衡な発展の矛盾や住民部門の内部所得分配の合理化の問題を解決することである。同時に、総需要と総供給は十分であるが、需要構造と供給構造が互いに適応していないという問題があることに注意しなければならない。数年前、インフラ投資と不動産産業の高成長により、エネルギー工業と重化学工業、例えば石炭工業、鉄鋼工業、セメント工業、建材工業などは急速に成長した。これらの産業の発展はインフラ投資と不動産業が超常的な成長を続けることができるという予想の上に建てられており、それら自身の成長も超常的となる。この過程で、地方政府はGDPの業績観と地方利益（特に土地収入）の考慮から、不動産産業の発展と相応の各種投資を奨励してきたが、中国の金融市場（主に銀行業）はさらにその拡張を奨励した。現在、不動産価格が上がりすぎ、しかも急速に上昇したため、需要が抑制されている。これらの期待による投資のかなりの部分が遊休生産能力、さらには淘汰しなければいけない生産能力へと転化している。この状況では、銀行業は自身の資金安全のために融資を引き締めることが多く、関連企業の資金圧力がさらに大きくなることが多い。また、中国が直面している環境汚染の圧力により、政府はより厳格な環境保護政策と措置を出さざるを得なくなる。したがってそれらの企業は本来担うべき環境保護の義務を負わなければならなくなり、これも客観的に企業の生産コストを高めている。そのため、現在の経済成長の減速は、経済が一定のレベルに達したことも一因であるが、数年前に全体成長を過度に強調したことにより、経済規模全体の不均衡を招き、経済構造の不均衡を激化させたこともある程度経済成長に影響を与えている点に注目すべきである。このように、通常の管理体制が基本的に変わらない状況の下、経済政策に対していくつかの微調整（例えば預金準備率と金利を調整するなど）を行っても、我々が直面している各種の深層的矛盾

第七章　産業構造、経済構造の最適化・高度化と供給側構造改革　　455

を解決できないのは明白である。中央銀行が金融緩和を行った後、商業銀行は何に対する融資を増やすのか。企業体制と発展問題が解決される前に、ローンが発行されるほど、商業銀行ローンのリスクも大きくなる。これが制御されなければ、システム的なリスクを招く恐れさえある。ゆえに、第18回党大会以降に重点的に強調された経済改革の深化は、将来の経済成長にとって重要な意義を持っている。改革が成功すれば、我々はいわゆる中所得発展の停滞期を突破し、小康社会を全面的に構築することが期待される。改革が成功しなければ、6.75％の成長率はともかく、一部の人々が宣伝している中国経済「停滞論」が起こることもあり得る。しかし、改革開放三十年以上の経験から見ると、中国の特色ある社会主義と現代化の建設のプロセスで、我々は困難と紆余曲折に遭遇する可能性はあるが、最終的には成功を収めることができるに違いない。

（三）供給側改革と需要側改革の関係をいかに見るべきか

　改革は中国のマクロ経済管理の重要な構成部分であるが、調整された利益関係は一般的な管理よりも深く、制度革新が推進する技術革新と経済革新に反映されている。改革開放三十年以上にわたる中国経済の高度成長の主な原動力は、体制改革による経済成長効率の向上（労働生産性と要素効率の向上を含む）から来ている。このような改革も供給と需要の両面から総括することができる。改革の前期と中期、中国は主に供給側の改革を行い、収入分配の改革、価格体制の改革、対外貿易体制の改革および財産権制度の改革などを行ってきた。これらの改革は主に生産領域で行われ、企業、生産者と労働者の生産態度、また市場競争を通じて生存・発展する能力、さらには経済運営における供給不足の局面を根本的に変えた。また、需要側の改革もあった。その中で最大の改革は1998年前後から始まった住宅分配体制の市場化改革である。この改革により、住民の住宅に対する実需の激増は、その後二十年近くにわたる最大の経済成長点となった。ほ

かに財政税収体制改革、金融体制改革、政府職能の転換など、需給双方に関わる改革もあり、需給双方に深い影響を与えている。経済が加速成長期（2003年以降）に入ってから、中国は経済体制とその他の改革の歩みを遅らせ、それは当時必要であるとされていた。中国は新たな社会主義市場経済制度（多くの大手国有企業が株式制改造を経て上場企業になることを重要な指標とする）を確立したばかりで、新たな市場体制が有効に運営できるかどうかは観察が必要であった。社会主義市場秩序を改善することやこの市場の基礎の上に構築されるマクロ・コントロール体系はいずれもプロセスが必要とされる。同時に、需給関係の均衡から見ると、当時の主要な矛盾は構造的不均衡ではなく経済規模全体の不均衡であった。産業構造の最適化と高度化から見ると、中国は加速している工業化のプロセスにあり、各産業の発展およびそれによる産業構造の変化は経済発展段階の要求に適っている。そのため、当時の背景の下、積極的な財政政策に対して「点刹（訳注：定期的なブレーキ政策）」を実行し、金融政策に対して「微調整」を行い、開発区などの行政介入を整理することは、いずれも「需要管理」やマクロ・コントロールを通じて経済の過熱を回避し、高成長を持続させようとするものであった。当時実施された需要管理政策は基本的に有効であったと言ってもよく、2003年から2007年まで、中国は持続時間が最も長く、インフレ率が最も低く、年平均成長率が最も高い高度経済成長段階を経験したのである。

　2007年以降、中国の経済運営で蓄積されたさまざまな矛盾が徐々に顕在化し始めた。2007年と2008年、消費者価格指数はそれぞれ1047.8と1057.9に達し、工業品出荷価格指数はそれぞれ1037.1と1067.9と、いずれも21世紀に入ってからの最高値を記録した。表面的には全体的均衡が崩れたわけであるが、実は構造的矛盾がより深くなったのである。客観的には産業構造、所得分配構造、地域構造、需要構造などの構造調整を行うことが要求される。中国は一連のマクロ・コントロール措置をとっ

第七章　産業構造、経済構造の最適化・高度化と供給側構造改革　　457

た。インフレ抑制における効果は限られているが、経済成長率は反落し始め、2008 年の経済成長率は 9.76％と、前年の 14.72％より 4.96 ポイント反落し、反落幅は 2012 年の 1.96 ポイント（2011 年の 9.73％から 2012 年の7.77％に反落）をはるかに上回った。この状況で、高い経済成長率を維持すると同時に、深刻化しているインフレの勢いも抑えることは、確実なジレンマであった。需要管理の角度から見ると、高い成長率を維持するには需要を刺激すべきであるが、需要を刺激することはインフレを激化させることにつながる。インフレを抑制するには需要を抑制すべきであるが、経済成長は影響を受けるに違いない。これは実際、長年にわたって中国が実行してきた全体需要管理がマクロ経済管理の需要を満たすことができなくなり、供給管理と改革の深化を通じて経済成長における各種の構造的難題を解決しなければならないことを意味する。しかしこの時、米国のサブプライムローン危機による世界的な金融危機が勃発した。中国経済はすでに世界経済に深く組み込まれており、そうした条件の下では、この危機が与える衝撃は大きかった。2008 年の第 4 四半期、中国の四半期ごとに計算された経済成長率には巨大な反落が現れた。新情勢の下、世界的経済危機が中国の経済に与える影響を防ぐため、我々のマクロ・コントロール政策あるいは需要管理政策は再び引き締めから緩和へと転換し、投資をさらに牽引したり拡大したりすることによって、経済成長率が急激に反落する局面を抑制したのである。表面的には、この政策の転換によって全体成長であった矛盾が緩和されたが、構造上の矛盾は実際にはさらに深刻となった。

　世界的金融危機の前に、中国の過剰生産能力の矛盾はすでに顕在化していた。不動産市場の回復と輸出成長の減速により、前期の発展が比較的速かったエネルギー、鉄鋼、セメント、建材などの高エネルギー消費産業にも回復が見られたが、過剰生産能力の矛盾はすでに顕在化しており、供給管理または供給側の改革を通じて国民経済の重要な割合と構造関係を整理する必要があった。そして、世界的金融危機後の需要刺激策により、不動

産市場は新たに急激な拡張を始め、重工業は新たなブームを再び経験しながら新たな投資を牽引した。一時的な好況は、実のところすでに存在している過剰生産能力を覆い隠し、これらの矛盾が爆発する時間を遅らせただけである。この経済拡張は主に不動産、特に住宅建設の牽引に依存している。一部の国がともに認定した基準（例えば収入と住宅価格の比）から見ると、世界的金融危機の前、中国の住宅価格はすでに比較的高い状態にあった。動態から見ると、1998 年から 2008 年までの十年間、その住宅価格の上昇幅（特に発達地域と比較的発達地域の住宅価格）は極めて大きかった。世界金融危機の後、さまざまな要因（銀行の信用政策、地方政府の奨励、投機要因、一般住宅購入者による住宅価格の持続的上昇への懸念）の影響を受け、住宅価格は再び新たな上昇を始めた。地方ごとの住宅価格の上昇幅は異なり、先進地域の場合は大きく、発展途上地域の場合は小さい。また、同じ都市でも、中心市街地の上昇幅は大きく、辺境地域の上昇幅は小さい。全体的に見ると、各地の金融危機後五年間の住宅価格の上昇幅は、これまでの十年間の上昇幅を超えている。短期的に見ると、消費者は比較的「安い」家を購入し、銀行は「安全」なローンを発行し、地方政府は土地収入を獲得し、不動産業者は開発利益を得て、各種の供給業者は不動産業者の購入から自らの商品やサービスを販売する。住宅の投機や投資家は実際または帳簿上の割増収益を獲得し、国は税収と GDP を獲得する。このような住宅価格の上昇過程ではいずれの方面も利益が得られたように見えるが、株式市場の暴騰が持続可能でないように、住宅の暴騰も長続きはしない。住宅価格の上昇が一定のポイントを超えると、価格上昇が続かないだけでなく、住宅に対する住民の支払い能力ある需要も萎縮する。21 世紀に入って以来、中国の経済成長における最も重要なエンジンである不動産産業は、もはやその動力が弱まってきており、成長を牽引していないとは言えないものの、少なくとも全盛期は過ぎたのである。耐久性のある家電製品、電話、パソコンなどの IT 製品、オートバイ、乗用

車などの交通機関の消費高度化が中国の高度経済成長に顕著に貢献し、常態へと復帰させたように、不動産の経済成長への貢献も調整されて常態へと復帰していく（もちろん調整にはさまざまな陣痛が必要）。それゆえ、将来の発展において1種類の特定製品の消費高度化を通じて最終需要を大規模に牽引する可能性はすでに小さくなっており、中高度経済成長の目標は各方面の常態的な成長に頼って実現していくしかない。この「常態」の経済成長は中国の経済成長が新常態に入った後の重要な特徴となる。

　経済成長の新常態の下、21世紀に入ってから主に需要管理をもって経済成長を調整する考え方（世界危機の前は主に需要を抑制、危機後は主に需要を刺激）は、もはや現段階のマクロ経済管理の需要を満たすことができなくなった。需給関係から見ると、現段階の経済不均衡の主な表れは需要不足と過剰生産能力であるが、最終需要のいずれの面（消費、投資、輸出）においても、全体政策刺激を安易に利用するやり方ではもはや短期的効果は見られない。市場に注入された資金は、実体経済ではなく株式市場や不動産市場などの投機市場に流入し、その結果、金融市場や資本市場の資産価格に大きな変動が生じる恐れがあり、消費や実体投資、あるいは輸出は明確に改善されないことが懸念される。2011年の下半期から、中国はマクロ需要刺激策から「機に応じた撤退」を行い、資源配分における市場の決定的な働きを十分に発揮することを強調した。これは、実際に市場そのものの自己調節を通じて生産領域で構造を最適化する目標を達成するよう、供給側からどのように考えるかという点をすでに反映している。それを背景とし、中国の経済成長率は2012年以降8％以下を割り込み、2012年は7.77％、2013年は7.77％、2014年は7.74％、2015年は7％前後と、徐々に減速している。そのため、成長は今後も鈍化していくと考える学者や研究機関もある[11]。しかし、実際には、成長率が徐々に鈍化しつつある状況の下、中国の経済構造は改善され始めている。一部の後進的な生産能力が淘汰され、環境保護と持続可能な発展がより重視され、産業構

造が合理化され始めた。また、所得分配の格差がある程度改善され、これ
はまた、将来より効率的な経済成長を実現する条件を作り出した。客観的
な経済法則の要求に従って改革をさらに深化させ、制度と政策の面で経済
発展のためにより良い環境を提供すれば、中国の経済成長率は安定、ある
いは回復する可能性が高い。

　将来の発展から見ると、改革は需要側でも供給側でも推進し続けるべき
である。例えば、需要側では、社会保障制度と政府の最終消費支出の改革
は、最終需要を改善することに重要な意義を持つ。ただし、現在の主な矛
盾は供給分野にある中長期的成長と発展に影響を与える深い矛盾であり、
供給側の改革を強化することを以て解決すべきである。

三、供給側管理と改革を強化し、経済構造を最適化する

　現在中国の供給側の構造改革は、少なくとも以下のいくつかの大きな方
面を含む。

　第一に、経済、社会、環境の持続可能な発展を実現し、特に環境保護を
前提に経済を成長させ、エネルギー消費産業と他の産業との均衡の取れた
発展を実現することに重点を置くことである。

　工業化を中心とする近代化のプロセスにおいて、中国はまず生産要素の
投入を増やすことで生産量を拡大し、高い成長率を達成した。改革開放
三十年余り、エネルギー消費量の経済成長に対する弾性係数は常に高く、
長期的に 0.78 ～ 0.79 にとどまり、21 世紀の最初の十年間は 0.79 以上に達
したが、経済発展水準の上昇に伴って大きく改善されることはなかった。
中国は現在、世界最大のエネルギー消費国であり、その消費量の 20％以
上を占め [12]、その他の天然資源の開発と使用も類似した状況となってい
る。現在の国際的なエネルギーと資源価格の下落は、実際に我々の開発コ
ストを引き下げてはいるものの、いったん国際市場における価格が再び上
昇すれば、外部導入のインフレが形成され、中国の経済成長に衝撃を与え

る恐れがある。環境保護措置が追いつかず、そうした産業が相応の発展を遂げなかった結果、中国の環境汚染、特に大気汚染はかなり深刻な段階に達している。多くの地方では、高エネルギー消費、高汚染、高浪費、また低効率な企業の発展が事実上奨励され、多くの企業が本来負うべき社会的責任、すなわち発展コストを回避することによって生存と発展を実現してきた。短期的には地域のGDPが増加したように見えるが、長期的に見るとつけがたまってきている。これらの「三高一低」企業は、現在中国に存在する過剰生産能力のかなりの部分を占めている。これらの企業とその産業の転換と高度化は、苦しみや痛みを伴うプロセスである恐れが高く、一部の企業は存続すらできない可能性がある。しかし、長期的に見ると、これら資源依存型企業の効率と環境保護水準を大幅に改善する改革が実施されなければ、中国の経済成長は持続不可能となる。我々は、一方では法治建設の強化を通じて環境保護基準を引き上げ、法に基づいて国を治め、環境のさらなる悪化を避けなければならない。他方で、技術進歩を奨励し、エネルギーと天然資源の利用効率を向上させ、環境保護産業の発展を奨励していく。これは中国の経済成長のあり方を変革するための重要な基礎作業である。

　第二に、混合所有の改革を推進することで、国有企業や国有持ち株企業の市場競争効率を高め、財産権制度のさらなる改革を通じ、中国の所有構造をさらに改善させる。

　中国が現段階で国有企業、特に大型企業と超大型企業に対して行う混合所有制経済改革は、財産権制度に対する構造改革であり、その目的は明らかに市場競争の効率を向上させ、社会主義市場経済の競争要求に適応させることである。制度上、国有企業が社会発展に貢献して国の全体的な利益を反映するという機能を確実に果たすことは保証されるが、上記の改革を行わなければ、単純な国有制独資または絶対持株の国有企業が、市場競争効率の最大化という目標を達成することは難しい。企業の混合所有制経済

改革の実現は、必ずしも市場競争における収益目標を十分に実現すること
を保証するわけではないが、そうした改革を行わなければ、伝統的な国有
制企業は所有制上と企業機能の位置づけにおいて、ミクロ収益の効率目標
を実現することが困難となる。国有企業の混合所有制経済改革は企業所有
制上、企業が市場競争に適応するために必要な土台を作ることができるの
である。したがって、国有企業が改造されて混合所有制経済に転換した後、
その企業の目的は、原則として根本から変わることとなる。社会発展と国
全体の利益のニーズを満たすことを第一義とする伝統的な国有企業ではな
く、市場競争に適応し、収益性を最大化することを第一の目標とし、地域
社会に奉仕し、国に貢献するという機能を他の方法で果たす近代的な国有
企業となるのである。このため、国有企業に対する混合所有制改革の根本
的な発展目的は、企業の市場競争力向上のための制度的基盤を作ることで
あり、改革の範囲は、従来の国有企業の目標から市場の営利目標への転換
が可能か、必要かを原則とすべきである。まず、中央企業と地方の国有企
業のどちらを選ぶかである。中央企業であれ、地方の国有企業であれ、伝
統的な国有企業の設立目的は社会全体の発展や国全体の根本目標ではなく、
営利の最大化である。その上、国が国有企業の設立を通じて「自然」の損
失と社会的責任を負う必要がないそうした分野に位置しないのであれば、
混合所有制転換の実施を検討することは可能となる。もちろん、現実的に
見れば、地方国有企業の改革範囲はより広くなるが、それは地方国有企業
の特徴と関係している。次に、独占領域と競争領域のどちらを選ぶかであ
る。原則的に、競争的または自然独占的でない分野では、すべて混合所有
制改革を検討することができる。企業の規模が大きくても小さくても、そ
の所在分野が競争性である限り、そこに属する国有企業は混合所有制改革
および非国有化の改造を検討することができる。国有企業はまず市場ルー
ルの硬い制約を受けることができず、しかも受けるべきではなく、国の要
求と政府の制約を最初に受け入れるべきである。そうでなければ国有企業

第七章　産業構造、経済構造の最適化・高度化と供給側構造改革　　463

とは言えない。また、一部の企業は独占産業のように見えるが、自然の独占ではなく、制限されて破られるべきシステム的、政策的な独占である。制度上からの企業に対する混合所有制改革こそ、このような独占を打破する根本的な措置である。たとえ自然独占領域が国有企業による独占という形をとり続けるとしても、相応する「規制」を確立し、その独占的行動を規範化して抑制し、企業の利益と国の利益を均衡させるべきである。特に現段階で懸念されている金融、石油、電力、鉄道、通信、資源開発、公益事業の7分野は、同時に大型、超大型国有企業の分布が最も集中している（あるいは独占的な）分野でもある。これら領域の国有独占企業に対して、混合所有経済改革を実施するかどうか、その核心は、これらの領域を科学的に区別して解明することにある。何が自然独占の性質を持ち、何が競争的なのか。そして何を以て市場利益を最大化する第一の目標とするのか。あるいは何を社会の長期的な発展と国全体の利益の第一目標としなければならないのか。何が経済効率、特にミクロ資源配分の効率に基づくのか。そして何が国家安全保障のような一連の非経済的目標を含み、より広範な社会的目標を根本とするのか。これら七つの領域における中国国有企業の混合所有経済改革は、さまざまな状況に応じて適切に実施される必要がある。国有企業の改革を通じ、市場をさらに開放させ、所有構造をさらに改善させることで、中国経済全体の効率を向上させるのである。

　第三に、地域間の生産力配置の均衡を実現し、中国の地域間の経済発展構造を改善させる。

　改革開放の初期、鄧小平は中国経済全体の発展を牽引するよう、一部の地域を最初に豊かにすべきだと提唱した。中国は経済特区の発展、沿海都市の開放、そしてその後一部の大都市の建設を通じ、一部の地域を先に発展させるという戦略的目標を実現したのである。改革開放の初期と比べると、経済発展は劇的に変化したが、同時に地域間格差は依然として大きい。先に豊かになった一部の地域（浙江省、江蘇省、広東省など）では、近代

化水準はすでにかなり高く、上海、北京、天津、広州、深圳などの大都市における一人当たりの GDP と実際の経済発展水準は、高所得国・地域のレベルにさえ達している。しかし、貴州省、雲南省などを代表とする発展途上地域の平均的な発展水準は、上中所得段階に達したばかりの地域はあるものの、多くの地域は依然として下中所得段階にある。また、同じ地域（省）でも、大都市と小都市、都市部と農村部の経済発展水準には依然として大きな差がある。この発展水準とそれに相応する住民所得水準の格差が、人口と生産要素の大都市への流動をもたらす。大都市の人口が密集しつつ、投資条件が悪化する一方で、発展途上地域の発展は追いつかず、その結果、資源配分の効率が低下して経済成長の原動力が弱まっているのである。したがって、いかに政府を通じて各種の資源と生産要素を発展途上地域に導き、それらの地域の工業化と都市化のプロセスを推進し、地域の比較優位を十分に発揮させるかが、中国の生産性を向上させ、持続可能な成長を達成するための重要な方法となる。ここ二年間、中国の高所得地域の成長率は概して低下しているが、重慶などの地域では、比較的良い政策が行われた上に、生産要素の比較優位もあり、経済成長は依然として良好な勢いを維持している。経済発展水準が低い地域では、経済成長が速すぎるわけではなく、いまだに向上の余地がある。その問題は経済発展のプロセスで資源が不十分であり、投入が足りないことにあり、多くの企業は長期投資を発展水準の低い地域ではしようとせず、大都市で手っ取り早くお金を稼ぐことに期待している。実のところ、期待と現実には多くの場合、大きなギャップがあり、最終的には投資が失敗に終わる恐れがある。地域間の経済成長の不均衡は、中国が発展途上国として工業化と近代化プロセスで必ず通らなければならない道である。一方で、これは中国と欧米先進国との格差を反映し、個別地域の近代化が一国の近代化と同じではないこと、また、個別地域の高度な経済発展が他の地域の発展を十分に牽引しなければ、これら地域の全体的な福祉が真の意味で完全には改善されないこ

とを示している。他方で、こうした地域間の経済発展の不均衡は、実のところ中国の経済発展が比較的優位な点でもある。なぜなら、これらの地域は需要を改善する面でも、供給を拡大する面でも、より大きな発展空間を備えているからである。需要の発展は、これら地域の経済発展に基づかなければならず、経済発展の基礎の上に住民所得を改善するだけで、長期的な需要を根本的に変えることが可能となる。

　第四に、産業構造の高度化を継続的に推進し、現段階の中国の発展水準に見合った近代産業構造を構築する。経済発展水準に比べ、中国の産業構造の向上は相対的に遅れている。一般的な市場経済国の発展法則から見ると、工業化のプロセスは第三次産業（商業、交通運輸業など）の発展を基礎とする。なぜなら、工業化の分業推進と生産の専門化には、流通分野の協力が必要だからである。欧米の初期先進国でも日本やアジアの四小龍など後発新興国・地域でも同様である。それらの第三次産業はいずれも二つの比較的長い発展期を経験してきた。第一に、工業化の前に工業化の準備をすることである。これもウィリアム・ペティが英国の工業化の初期に提出したペティ＝クラークの法則の歴史的背景である。第二に、工業化後期と完成後、製造業の発展が一定の高度に達するにつれ、第三次産業の国民経済における比重はさらに高くなる。しかし、中国では、計画経済の条件の下で重工業優先の発展が強調され、市場経済が発達していなかったため、改革開放の初期、第三次産業は発展不足に陥っていた。改革開放後、高成長が強調され追求されたため、第二次産業が依然として優先的に発展していった。第三次産業も一定の発展を遂げているが、第二次産業に比べ、伝統的なサービス業（卸売業と小売業、運輸業など）の発展も現代的サービス業（科学技術革新、金融、通信など）の発展も遅れている。経済の高成長を背景に、このようなサービス業の発展不足による経済成長の構造的矛盾はある程度隠れてしまっている。しかし、一定の段階になると、投資によって形成されたインフラから見ても（インフラ投資はほとんど最終的に

空港、鉄道、道路、港、インターネットなどの第三次産業の固定資産に転化する)、製造業の高度化と専門化分業から見ても（製造業では融資、技術サービス、輸送、販売など、第三次産業が担う機能がますます多くなる)、あるいは工業化と都市化による雇用圧力を受け入れることから見ても（第三次産業は最も雇用を吸収する産業であり、第二次産業は労働を排斥し、産業高度化において労働の代わりに絶えず機械と技術が用いられる)、第三次産業には大きな発展が必要である。中国は現在、まさにこの発展段階にある。ここ数年来、経済成長全体の減速を背景に、第二次産業の成長率には顕著な反落が現れ、10％以上から6％前後に反落した。第三次産業の成長も減速したが、依然として8％前後を維持した。これは実際に、中国の経済が客観的に大きな構造調整を通じて持続的な成長が実現されることを示している。2013年、中国の国民経済における第三次産業の比重は初めて第二次産業を上回り、経済成長の主導産業となったが、近年の新規非農業産業就業のうち、約三分の二が第三次産業に吸収された。現在の過剰生産能力は主に工業部門に集中している。第三次産業の需給は比較的均衡であり、一部の地方ではいまだに供給不足が残っている。これは、供給領域・生産領域における行政主導の製造業投資がマイナスに働くことが多く、主に市場経済に推進されるサービス業の発展がより健全であることを示している。それ故、産業構造向上の面で、供給側の改革は実際に客観的経済法則に基づいて事を運ぶことを強調している。現段階では市場の法制建設と道徳建設を通じて市場制度と市場秩序を改善し、市場経済による資源配分面での決定的な役割を十分に発揮させ、各産業の均衡のとれた発展を実現すべきである。

　第五に、分配領域と再分配領域の改革を推進する。企業の負担をやわらげ、その市場競争力を高めると同時に、労働者の報酬を増加させ、社会全体の支払い能力ある需要を拡大し、所得分配構造を改善させるのである。

　国民所得の分配と再分配は供給分野から始まる。分配と再分配を通じて

第七章　産業構造、経済構造の最適化・高度化と供給側構造改革　　467

国民所得は国民経済の各機関・部門（企業、金融機関、政府、住民など）
の可処分所得となり、最後に各種の最終消費（住民の最終消費と投資、政
府の最終消費と投資、企業資本の形成など）を形成し、供給領域と需要領
域を結ぶラインとなる。所得分配と再分配の改革は必然的に需要に影響す
るが、全体から見ると、それは供給側の管理と改革に属する。それはいか
なる抜本的な所得分配改革も生産分野の初回分配から始めなければならな
いからであり、この改革が直接的に調整するのは企業、政府、労働者の間
の利益関係である。この関係がうまく処理されれば、初期に我々がこのよ
うな改革を行ったときのように、政府、企業、労働者の積極性を大いに引
き出し、ひいては経済成長を力強く促進できる。しかし、うまく処理でき
なければ、所得分配のいくつかの主体間、それぞれの主体内部の利益関係
に不均衡が生じ、経済成長全体に影響しかねない。現状から見ると、2009
年から、住民所得分配格差の拡大、住民部門とその他の部門間の所得増加
の不均衡の矛盾が改善され、ジニ係数は減少する傾向を呈しているが、減
少の幅はまだ足りず、住民可処分所得の増加不足は住民消費水準のさらな
る向上を抑えている。企業については、雇用コストは増加しているものの、
市場の拡張は相対的に緩やかである。多くの企業は過剰生産能力に直面し
ている場合もあるため、企業の利益空間は明らかに圧縮され、発展、さら
には生存そのものが影響を受けている。こうした状況の下では、企業の技
術進歩の加速、市場競争力の向上を奨励すると同時に、適度にその税収と
公共事業の料金負担を軽減すべきである。中国の税収構成から見ると、企
業の製品とサービスに対する税収（いわゆる間接税）の占める比重は、企
業と住民の収入・財産に対して徴収される税（いわゆる直接税）より大幅
に高い。先進市場経済国（例えば米国と日本）では、企業と住民が生産過
程（すなわち一次分配）で納付する税は比較的軽く、国の税収入は主に再
分配プロセス（二次分配）における収入と財産に対する課す税（所得税）
から来ている。2012年、中国の間接税はすべての税における比重が70％

以上であった。日本は50％前後、米国は35％にすぎない。企業が生産過程で負担するコストは主に市場から来ており、国は主に生産過程が完了した後に各収入主体に課税する。そのため、間接税（生産税）を下げれば、企業の負担が相対的に軽くなるメリットがある。企業が発展すれば、国が企業に課す税（間接税と直接税を含む）が増加し、労働者の収入もそれに伴って増加する可能性がある（国は法律と行政手段を通じて調整することが可能）。すると、労働者もより強い納税能力を備え、国が労働者から徴収する所得税も増加する。中国の現在の税制は計画経済から転換してきたものである。計画経済の下で、労働者は基本的に税金を払わず、企業の国家に対する貢献は利益を上納することによって実現される。後の改正の中で、上納利益は営業税を上納することに変えられた（後に再び営業税を付加価値税に変える試みが行われる）。このやり方の良い所は国が比較的安定した税収を得ることができる点である。問題は企業が生産活動の初めから一定の税収負担に直面していることである。したがって、我々は税制の改革を通じ、国に経済発展中の収入リスクを適度に負担させ、企業と労働者の所得を増やし、最終的にはそれぞれの所得主体の収入がさらに向上する目標を達成させる必要がある。これは実際に収入の角度から実現させる経済成長である。中国の現状から見ると、国民所得分配と再分配の改革では、企業面の改革ですでに市場化改革の目標を基本的に実現している。一部の国有企業と政府機関を除き、大多数の労働者の報酬はすでに市場によって価格を設定されている。しかし、政府関連の改革、特に税制の改革には未だに大きな余地があり、供給分野の抜本的改革の中で着実に推進されるべきである。

註
1）北京大学中国国民経済核算与経済増长研究中心《从需求管理到供给管理：中国経済増长报告2010》。
2）*Laffer, Arthur, The LafferCarve：Past, PresentandFuture*,HeritageFoundation,2004 を参照。
3）薩伊（ジャン＝バティスト・セイ）《政治経済学概论》商务印书馆 1998 年。

第七章　産業構造、経済構造の最適化・高度化と供給側構造改革　　469

4) 魏傑 " 供給管理与产业政策 "《财政理论与实践》1988 年第 4 期。

5) 亜諾什・科尔内（コルナイ・ヤーノシュ）《短缺经济学》経済科学出版社、1986 年。

6) 北京大学中国国民经济核算与经济增长研究中心《从需求管理到供给管理：中国经济增长报告 2010》。

7) 陳二厚、劉錚 " 习近平提 " 供给侧结构性改革 " 深意何在？ " 新华网北京 2015 年 11 月 19 日。

8) 世界銀行が修正したデータにより、三年平均為替レートによる GDP で中国は 2009 にすでに日本を越え、世界二位に入った。

9) 劉偉、蔡志洲、郭以馨 " 现阶段中国经济增长与就业的关系研究 "《经济科学》2015 年第 4 期。

10) 世界銀行の世界発展指標データベースにより。

11) 国家統計局 2015 年の公表データにより。

12) 米国経済分析局の国民収入と生産勘定のデータにより。

13) 北京大学中国国民经济計算と経済成長研究センター《从需求管理到供给管理：中国经济增长报告 2010》。

14) " 社科院专家： " 十三五 " 中国经济潜在增长率将降到 6.72％ "《经济参考报》2014 年 11 月 17 日。

15) 徐紹史《国务院关于节能减排工作情况的报告》2014 年 4 月 21 日。

参考文献

北京大学中国国民经济核算与经济增长研究中心《中国经济增长报告》2004－2013年。

曾江辉"影响中国城市化发展的产业结构因素分析"《统计与决策》2011年第10期。

常兴华、李伟"我国国民收入分配格局：变化、原因及对策"《经济学动态》2010年第5期

陈華"中国产业结构变动与经济增长"《统计与决策》2005年第3期。

陈彦斌"中国新凯恩斯菲利普斯曲线研究"《经济研究》2008年第12期。

陈宗勝"关于总体基尼系数估算方法的一个建议——对李实研究员＜答复＞的再评论"《经济研究》2002年5月。

代合治"中国城市群的界定及其分布研究"《地域研究与开发》1998年第2期。

《邓小平文选》第3卷、人民出版社1993年版。

《邓小平文选》第2卷、人民出版社1994年版、p152。

丁任重、陈志舟、顾文军"倒U假说与我国转型期收入差距"《经济学家》2003年第6期。

董辅礽"经济运行机制的改革和所有制的改革"《经济研究》1988年第7期。

樊勝根、张晓波"中国经济增长和经济调整"《经济学（季刊）》2002年第7期。

方红生、张军"中国地方政府扩张偏向的财政行为：观察与解释"《经济学（季刊）》2009年第3期。

馮俊新"经济发展与碳减排分析"《中国人民大学学报》2010年第2期。

弗里德曼"货币政策的作用"《现代国外经济论文选（第一辑）》商务印书馆1979年版p126-128。

付竞卉"关于人民币国际化问题的国内研究综述"《现代商业》2007年第8期p134-135。

付勇、张宴"中国式分权与财政支出结构偏向：为增长而竞争的代价"《管理世界》2007年第3期。

郭田勇、裴玉"经济刺激政策应且战且退"《数据》2010年第2期。

国家発展改革委员会固定资产投资司《我国投资率和消费率有关情况分析》。

国家计画委员会《国民经济行业分类和代码》（GB4754-84）、国家计划委员会、国家经济委员会、国家统計局与国家標準局的許可を取得、1984年12月1日に发布、1985年1月1日实施。

国家統計局"从基尼系数看貧富差距"《中国国情国力》2001年第1期。

国家統計局《国家统计调查制度2012》2011年12月制定。

国家統計局《国家统计调查制度2013》2012年12月制定。

国家統計局《中国国民经济核算体系2002》中国统计出版社2003年版。

国家統計局《中国主要统计指标解释》中国统计出版社2010年版。

国家統計局《全面小康实现程度已达72.9%》新华网2008年12月18日。

国務院发展研究中心课题组《中国城镇化前景、战略与政策》中国发展出版社2010年版。

韩強"论人民币自由兑换与国际化目标"《金融理论与实践》1999年第7期、p7-10。

胡锦涛《坚定不移沿着中国特色社会主义道路前进 为全面建成小康 社会而奋斗——在中国共产党第十八次全国代表大会上的报告(2012年11月8日)》人民出版社2012年版。

胡锦涛《高举中国特色社会主义伟大旗帜 为夺取全面建设小康社会新胜利而奋斗——在中国共

产党第十七次全国代表大会上的报告 (2007 年 10 月 15 日)》人民出版社 2007 年版。

黄成明" 我国人民币国际化的制约因素与对策研究"《现代经济信息》2010 年第 8 期、p12-13。

黄武俊、陈漓高" 外汇资产、基础货币供应与货币内生性——基于央行资产负债表的分析"《财经研究》2010 年第 1 期。

江泽民《全面建设小康社会,开创中国特色社会主义事业新局面——在中国共产党第十六次全国代表大会上的报告 (2002 年 11 月 8 日)》人民出版社 2002 年版。

江泽民《高举邓小平理论伟大旗帜,把建设有中国特色社会主义事业全面推向二十一世纪——在中国共产党第十五次全国代表大会上的报告 (199 年 9 月 12 日)》人民出版社 1997 年版。

蒋贵凰" 中国城市化进程的经济动因"《发展研究》2009 年第 2 期。

金人庆" 中国科学发展与财政政策" 中国财政经济出版社 2006 年版。

金三林" 环境税收的国际经验与中国环境税的基本构想"《经济研究参考》2007 年第 58 期。

約翰·梅納納德·凱恩斯《就业、利息和货币通论》高鴻業訳、商务印书馆 1999 年版。

李東軍、張輝《北京市产业结构优化调整路径研究》北京大学出版社 2013 年版。

李浩、王婷琳" 新中国城镇化发展的历史分期问题研究"《城市规划研究》2012 年第 6 期。

李厚刚" 建国以来国家对于农村劳动力流动政策变迁"《理论月刊》2012 年 12 期。

李連發、辛曉岱" 银行信贷、经济周期与货币政策:1984-2011"《经济研究》2012 年第 3 期。

李琳" 广东经济模式 : 问题与出路"《浙江经济》2005 年第 19 期 p30。

李丕東《中国能源环境政策的一般均衡分析》厦門大学修士論文 2008 年。

李晓西ほか《中国地区间居民收入分配差距》人民出版社 2010 年版。

李穎、林景潤ほか" 我国通货膨胀、通货膨胀预期与货币政策的非对称分析"《金融研究》2010 年 12 月。

林毅夫、蘇劍" 论我国经济增长方式的转换"《管理世界》2007 第 11 期 p5-13。

林毅夫、蔡昉、李周" 论中国经济改革的渐进式道路"《经济研究》1993 年第 9 期。

劉貴文、楊建偉、鄧恂" 影响中国城市化进程的经济因素分析"《城市发展研究》2006 年第 5 期。

劉国光、李京文:《中国经济大转变:经济增长方式转变的综合研究》广东人民出版社 2001 年版。

劉洪銀" 从中国农业发展看" 刘易斯转折点""《西北人口》2009 年第 4 期。

劉継生、陳彦光" 城镇体系等级结构的分形维数及其测算方法"《地理研究》1998 年第 17 卷第 1 期。

劉尚希ほか"" 十二五 " 时期我国地方政府性债务压力测试研究"《经济研究参考》2012 年第 8 期。

劉世錦" 宏观调控应重视成本推动型通胀"《中国民营科技与经济》2008 年第 3 期。

劉偉、蔡志洲" 国内总需求结构矛盾与国民收入分配失衡"《经济学动态》2010 年第 7 期。

劉偉、蔡志洲" 结构调整和体制创新是可持续增长的重要基础"《哈尔滨工业大学学报 (社会科学版)》2012 年第 5 期。

劉偉、蔡志洲" 全球经济衰退下的中国经济平稳较快增长"《理论前沿》2009 年第 1 期。

劉偉、蔡志洲" 如何看待人均 GDP 翻两番的新目标"《新财经》2007 年第 12 期。

劉偉、蔡志洲" 十八大两个 " 翻一番 " 意味着什么?"《社会观察》2012 年第 12 期。 劉偉、蔡志洲" 体制创新与市场化改革"《经济导刊》2011 年第 10 期。

劉偉、蔡志洲" 我国产业结构变动趋势及对经济增长的影响"《经济纵横》2008 年第 12 期。

劉偉、蔡志洲" 我国宏观经济调控新特征的考察"《经济科学》2010 年第 4 期。

刘伟、蔡志洲"需求拉动的结构性通胀与供给推进的总量性通胀"《中国金融》2008年第6期。

刘伟、蔡志洲"有效扩大内需应对国际金融危机冲击"《前线》2009年第9期。

刘伟、蔡志洲"中国GDP成本结构对投资与消费的影响"《求是学刊》2008年第3期。

刘伟、蔡志洲"中国经济发展正经历新历史性转折"《求是学刊》2011年第1期。

刘伟、蔡志洲"中国经济增长方式的历史演变"《学习与实践》2006年第9期。

刘伟、蔡志洲"中国经济增长面临的挑战和机遇"《求是学刊》2009年第1期。

刘伟、蔡志洲"中国与其他国家(地区)经济增长状况的比较"《经济纵横》2013年第1期。

刘伟《工业化进程中的产业结构研究》中国人民大学出版社1995年版。

刘伟"经济失衡的变化与宏观政策的调控"《经济学动态》2011年第2期。

刘伟"克服中等收入陷阱的关键在于转变发展方式"《上海行政学院学报》2011年第1期。

刘伟"落实科学发展观与转变经济发展方式问题笔谈之六:经济发展的特殊性与货币政策的有效性"《经济研究》2011年第10期。

刘伟、苏剑"供给管理与我国现阶段的宏观调控"《经济研究》2007年第2期。

刘伟"突破"中等收入陷井"的关键在于转变发展方式"《上海行政学院学报》2011年第1期,2011年第10期的《新华文摘》より转载

刘伟"我国现阶段财政与货币政策反方向组合的成因、特点及效应"《经济学动态》2012年第7期。

刘伟"我国现阶段反通胀的货币政策究竟遇到了怎样的困难"《经济学动态》2011年第9期。

刘伟、许宪春、蔡志洲"从长期发展战略看中国经济增长"《管理世界》2004年第7期。

刘伟"应当以怎样的历史价值取向认识和推动改革"《经济学动态》2006年第5期。

刘伟《转轨中的经济增长》,北京师范大学出版社2011年版。

刘伟"总量失衡与政策调整"《北京观察》2011年第4期。

刘伟、蔡志洲"GDP增长与幸福指数"《经济导刊》2005年第8期。

刘伟、李绍荣"产业结构与经济增长"《中国工业经济》2002年第5期。

刘伟、李绍荣"所有制变化与经济增长和要素效率提升"《经济研究》2001年第1期。

刘伟、李绍荣ほか"货币扩张、经济增长与资本市场制度创新"《经济研究》2002年第1期。

刘伟、苏剑"供给管理与我国的市场化改革进程"《北京大学学报(哲学和社会科学版)》2007年第5期。

刘伟、苏剑"中国现阶段的货币政策究竟具有怎样的特殊效应"《经济学动态》2007年第11期。

刘伟、张辉"中国经济增长中的产业结构变迁和技术进步"《经济研究》2008年第11期。

刘伟、张辉、黄泽华"中国经济产业结构高度与工业化进程和地区差异的考察"《经济学动态》2008年第11期。

马勇、陈雨露"货币与财政政策后续效应评估:40次银行危机样本"《改革》2012年第5期。

祁峰、吴丹"二战后日本治理通货膨胀的经验及启示"《大连海事大学学报(社会科学版)》2006年第2期。

裘德·万尼斯基"赋税、收益和拉弗曲线"《现代国外经济学论文 第五辑》商务印书馆1984年版。

沈小燕"国际金融危机——人民币国际化的机遇"《金融与保险》2010年第12期p37-42。

师应来"影响我国城市化进程的因素分析"《统计与决策》2006 年第 5 期。

蘇浩"新中国成立以来我国城镇化发展历程研究"《商情》2011 年第 11 期。

蘇剑"从全球金融危机看中国人口政策与经济的可持续发展"《社会科学战线》2010 年第 3 期。

蘇剑"供给管理政策及其在调节短期经济波动中的应用"《经济学动态》2008 年第 6 期。

蘇剑"论我国人口政策的走向"《广东商学院学报》2010 年第 1 期。

蘇剑"我国农村还有多少富余劳动力?"《广东商学院学报》2009 年第 5 期。

蘇剑ほか"金融危机下中美经济形势的差异与货币政策的选择"《经济学动态》2009 年第 9 期。

蘇剑、王廷惠"论中国转轨模式的普适性——关于经济转轨过程的一个人力资本理论"《经济理论与经济管理》2010 年第 7 期。

王建新"地方财政的"信贷化"风险正潜滋暗长"《经济研究参考》2010 年第 6 期。

王金营、顾瑶"中国劳动力供求关系形势及未来变化趋势研究——兼对中国劳动市场刘易斯拐点的认识和判断"《人口学刊》2011 年第 3 期。

王美艳"农民工还能返回农业吗?——来自全国农产品成本收益调查数据的分析"《中国农村观察》2011 年第 1 期。

王玉平"银行信贷资金财政化趋势分析"《中国统计》2009 年第 8 期。

王元京"1998 年以来财政资金与信贷资金配合使用的模式"《金融理论与实践》2010 年第 2 期。

威廉·配第《赋税论》邱霞、原磊訳,华夏出版社 2006 年版。

希克斯《凯恩斯经济学的危机》商务印书馆 1979 年版。

謝旭人《中国财政改革发展》中国财政经济出版社 2011 年版。

袁志剛"关于中国"刘易斯拐点"的三个疑问"《当代论坛》2010 年第 10 期。

張輝《北京市产业空间结构研究》北京大学出版社 2012 年。

張輝《中国都市经济研究报告 2008——改革开放以来北京市产业结构高度演化的现状、问题和对策》北京大学出版社 2010 年版。

張軍"增长、资本形成与技术选择:解释中国经济增长下降的长期因素"《经济学(季刊)》2002 年第 1 期。

慧明、韓玉啓"产业结构与经济增长关系的实证分析"《运筹与管理》2003 年第 2 期。

A.P. Thirlwall, *Inflation, Saving and Growth in Developing economies*. London,Macmillan,1974.

A.W. Philips, "The Relation between Unemployment and the rate of Change of Money Wages in the United Kindom, 1861-1957", *Economica*, New Series, Vol.25, November 1958.

A. Mansurand, J. Whalley, "Numerical Specification of Applied General Equilibrium Models", Chapter 3 in H. Scarf and J.Shoven (eds.), *Applied General Equilibrium Analysis*, New York: Cambridge University Press, 1984.

Acharya, V.V. and R.G. Rajan, "Sovereign Debt, Government Myopia, and the Financial Sector", National Bureau of Economic Research Working Paper Series No.17542,2011.

Aiyagari, S.R. and E.R. McGrattan, "The Optimum Quantity of Debt", Journal of Monetary *Economics*, 1998, 42(3): 447-469.

Anderson, K., "Would China's WTO Accession Worsen Farm Household Incomes?", *China Economic Review*, 2004(15): 443-456.

Arthur Okun, "Potential GNP, Its Measurement and Significance", American Statistical Association, Proceedings of Business and Economics Section, 1962, pp.98-103

Banker, R.D., Charnes, A. and Cooper, w.w., "Some Models for Estimating Technical and Scale Inefficiencies in Data Envelopment Analysis", *Management Science*, 1984(30): 1078-1092.

Barro, R.J., "Government Spending in a Simple Model of Endogeneous Growth", *Journal of Political Economy*, 1990, 98(5): S103-S125.

Blanchard, O. et al.,"Rethinking Macroeconomic Policy", IMF Staff Position Note, SPN/10/03, 2010.

Bulow, J. and K. Rogoff, "A Constant Recontracting Model of Sovereign Debt", *Journal of Political Economy*, 1989, 97(1): 155-178.

Cecchetti, S.G. and Lianfa Li, "Do Capital Adequacy Requirements Matter for Monetary Policy?", *Economic Inquiry*, 2008, 46(4): 643-659.

Charnes, A., Cooper, W.W. and Rhodes, E., "Measuring the Efficiency of Decision Making Units", *European Journal of Operations Research*, 1978(2): 429-444.

Chenery H.B., Elkington H., Structural Change and Development Policy, Oxford University Press, 1979.

Chenery H.B., Robinson S., Syrquin M., *Industrialization and Growth: A Comparative Study*, Oxford University Press, 1986.

Chenery H.B., Syrquin M., *Patterns of Development: 1955-1975*, Oxford University Press, 1977.

Clark, Colin, *The Conditions of Economic Progress*, London: Macmillan, 1940.

Clarke & Edwards, "The Welfare Effects of Removing the West German Hard Coal Subsidy", University of Birmingham, Discussion paper, 1997.

Coase, R.H., *Journal of Law and Economics*, 1960(3):1-44.

De Paoli, B., "Monetary Policy and Welfare in a Small Open Economy", *Journal of International Economics*, 2009, v. 77 (iss.1): 11-22.

Easterly, W., *The Elusive Quest for Growth: Economists'Adventures and Misadventures in the Tropics*, The MIT Press, 2005.

Eaton, J. and M. Gersovitz, "Debt with Potential Repudiation: Theoretical and Empirical Analysis", *The Review of Economic Studies*, 1981, 48(2): 289-309.

Engel C., "Currency Misalignments and Optimal Monetary Policy: A Reexamination", *American Economic Review*, (forthcoming), 2012.

European Commission, International Monetary Fund, Organisation for Economic Co-operation and Development, United Nations, World Bank, *System of National Accounts* (SNA), New York, 2008.

Fagerberg Jan,"Technological Progress,Structural Change and Productivity Growth: A Comparative Study", *Structural Change and Economic Dynamics*, 2000(11), 393-411.

Fare, R., Grosskopf, S., Norris, M., and Zhang, Z., "Productivity Growth,Technical Progress, and Efficiency Changes in Industrialised Countries", *American Economic Review*, 1994(84): 66-83.

Farrell, M.J., "The Measurement of Productive Efficiency", *Journal of the Royal Statistical Society*, A CSS, Part3, 1957, 253-290.

Frankel, J.A., "No Single Currency Regime Is Right for All Countries or at All Times", National Bureau of Economic Research Working Paper Series No.7338, 1999.

Freund, C. &. Wallich, C., "Public - Sector Price Reforms in Transition Economics: Who Gains? Who Loses? The Case of Household Energy Prices in Poland", *Economic Development and Cultural Change*, 1997, 46(1): 35-59.

Friedman, M., "Using Escalators to Help Fight Inflation". *Fortune*, 1974(7): 94-97.

Gali, J. and M. Gertler,"Inflation Dynamics: A Structural Econometrics Analysis", *Journal of Monetary Economics*, 1999(44): 195-222.

Hansen, H.and Rand, J., "On the Causal Links between FDI and Growth in Developing Countries", mimeo, Development Economics Research Group(DERG), Institute of Economics, University of Copenhagen, 2004.

IMF, "Globalization and Inequality", *World Economic Outlook*, 2007(10).

Indermit Gill and Homi Kharas, "An East Asian Renaissance:Ideas for Economic Growth", in World Bank, Industrialization and Growth: A Comparative Study, Oxford University Press, Washington, D.C., 2006, pp.229-262.

Jensen, H., "Targeting Nominal Income Growth or Inflation?", *American Economic Review*, 2002(92): 928-956.

Jr. Lucas, R.E. and J.S. Thomas, "After Keynesian Macroeconomics", *Quarterly Review* (Spr), 1979.

Justin Yifu Lin, "Rural Reforms and Agricultural Growth in China", *The American Economic Review*, 1992, 82(1): 34-51.

K.J. Arrow, *Social Choice and Individual Values*, Yale University Press, New Haven, 1951, p.59.

Krugman, Paul, "The Myth of Asia's Miracle", *Foreign Affairs*, 1994, November/December.

Kuznets, S., "Economic Growth and Income Inequality", *The American Economic Review*, 1955, 45(1): 1-28.

Lewis, W.A., "Reflections on Unlimited Labour", in L.E. Marco (ed.), *International Economics and Development* (Essays in Honour of Raoul Prebisch), New York: Academic Press, 1972, pp.75-96.

Lewis, W. Arthur, "Economic Development with Unlimited Supplies of Labour", *Manchester School of Economics and Social Studies*, 1954, 22(2).

Lovell, C.A.K., "Linear Programming Approaches to the Measurement and Analysis of Productive Efficiency", *Top*, 1994(2): 175-248.

Lowe, P. and Ellis. L.,"The Smoothing of Official Rates", in Lowe (ed.), *Monetary Policy and Inflation Targeting, Reserve Bank of Australia*, 1997, pp.286-312.

Mankiw, N.G., "The Inexorable and Mysterious Tradeoff Between Inflation and Unemployment", *The Economic Journal*, 2001, 111 (471): 45-61.

Masson, P.R. and M.A. Savastano, et al., "The Scope for Inflation Targeting in Developing Countries", *IMF Working Paper* (97/130), 1997.

Michael Schuman, "Escaping theMiddle Income Trap," *Time* ,2010 Aug 13 and Sept 1.

Mishkin, F., *The Economics of Money, Banking and Financial Markets* (2nd Edition), Pearson Education Inc., New York, 2010.

Mundell,R. A., "The International Financial System and Outlook for Asian Currency Collaboration", *The Journal of Finance*, 2003(58).

Ostry, J.D. and A.R. Ghosh, et al., "Two Targets,Two Instruments: Monetary and Exchange Rate Policies in Emerging Market Economies", *IMF Discussion Notes*, 2012.

Sachs, J., "Theoretical Issues in International Borrowing", National Bureau of Economic Research Working Paper Series No.1189, 1983.

Sanches, D. and S. Williamson, "Money and Credit with Limited Commitment and Theft", *Journal of Economic Theory*, 2010, 145(4): 1525-1549.

Scheibe, J .and D. Vines, "A Phillips Curve for China", *CEPR Discussion Papers*, 2005.

Shahid Yusuf and Kaoru Nabeshima, "Can Malaysia Escape the Middle- Income Trap?", *World Bank*, June 2009.

Sheng, J., "The CGE Model of Chinese Economy and Policy Analysis", RenMin University, China, Beijing, 2005.

Solow, Robert M., "Technical Changes and the Aggregate Production Function", *Review of Economics and Statistics*, Aug, 1957.

W. Jorgenson, "Econometric Methods for Applied General Equilibrium Analysis", Chapter 4 in H. Scarf and J. Shoven (eds.), *Applied General Equilibrium Analysis*, New York: Cambridge University Press, 1984.

William Arthur Lewis, "Economic Development with Unlimited Supplies of Labor", *The Manchester School*, 1954(22).

World Bank, *World Development Report 2010: Development and Climate Change*, November 6, 2009.

キーワード索引

あ行

移行　69, 135, 174, 201, 205, 220, 240, 243, 251, 262, 267, 283, 289, 293, 340, 342, 367, 394, 446, 447, 450

インフレ　5, 24, 26, 39, 40-49, 52-61, 65, 66, 80, 81, 86, 87, 89, 95, 97-105, 110, 118, 126, 174, 177, 182, 194, 202, 210, 212, 224, 225, 239, 240, 266, 267-271, 293, 345, 399, 433, 436, 456, 457, 461, 470, 472

汚染　281, 288, 454, 461

か行

過剰生産能力　39, 43, 48, 53, 81, 102, 104, 175-178, 181, 183, 186, 189, 271, 275, 293, 371, 345, 352, 394, 417, 434, 435, 449, 452, 453, 457, 459, 467

課税政策　130, 139, 200, 442

為替レート　4, 5, 14, 15, 21, 24, 26, 32, 34-36, 61, 110, 178, 190, 452

環境保護　39, 139, 281, 454, 460, 461

緩和と引き締めの組み合わせ　52, 64, 85, 86, 95-101, 105, 106, 118, 120, 183, 188, 191-196, 443

技術革新　31, 55, 88, 94, 110-112, 127, 192, 196, 278, 281, 288, 382, 388, 393, 403, 417, 439, 455

技術進歩　84, 110, 178, 190, 207, 220, 255, 261, 264, 281, 288, 303, 315, 316, 318, 382-384, 386-390, 392-394, 404, 405, 429, 437, 450, 461, 467, 471

規模全体の不均衡　39, 44, 53, 79-82, 87, 96, 116, 196, 345, 352, 442, 453-456, 476

逆方向の組み合わせ　55, 56, 85, 86, 89, 95-101, 105, 107, 118, 121, 126, 188, 434, 471

供給側構造改革　450

供給管理　32, 54, 107, 129, 180, 181, 438, 440, 443-450, 457, 471, 472

近代化　14, 22, 35-38, 55, 67, 77, 83, 84, 185, 206, 214, 223, 238, 243, 244, 251, 254, 258, 261, 267, 270, 273, 293, 301-303, 308, 316, 319, 347, 362, 367, 368, 374, 375, 377, 378, 452, 453-455, 460, 464

金融政策　44, 51-54, 60, 64, 65, 76, 81, 85, 86, 89-102, 105-113, 116-121, 129, 174, 177-183, 188-189, 193, 196, 240, 338, 434, 436, 439, 441-443, 447, 450, 456, 469, 470, 471, 472

経済構造　3, 35-38, 45, 66, 80-84, 110, 117, 128, 129, 135, 136, 183-185, 225, 257, 260, 274, 281, 294, 317, 321, 325, 342, 353, 366, 390, 398, 417, 433, 441-443, 447, 467, 454, 459, 476

経済成長　1-3, 5, 6, 7-16, 10, 21, 22, 24, 25-29, 30, 31, 38, 40-55, 57-64, 67-71, 73-81, 84, 86-92, 97, 98, 101-105, 110, 111, 123-135, 142, 143, 156, 161, 164, 172-177, 201, 185-194, 205-209, 210-214, 217, 220-223, 224-228, 231, 238-245, 248, 251, 254, 255, 259, 260, 262-176, 281-283, 286-309, 311, 313-324, 331-332, 335-341, 343, 344-353, 354-374, 404, 382, 391-393, 395, 396, 399, 405, 408, 410-418, 420, 426, 429-437, 431, 440, 447-461, 464-469, 470-472, 476

工業化　18, 19, 28, 35, 46, 50, 82-84, 110, 117, 135, 142, 174, 185, 205-208, 214, 220, 223, 224-228, 241-146, 251, 253, 254, 256,

261-281, 287, 288-295, 297-299, 302-305,
308, 370, 313, 318, 320, 327, 330, 336, 341-
344, 346-347, 350, 354, 355, 359, 360, 366,
367, 375-382, 396, 399, 401, 409-411, 418,
419, 420, 428, 450, 451, 456, 460, 464, 466,
471

工業国　　1, 12, 13, 28, 251, 259, 428

高所得段階　　453

構造的不均衡　　54, 58, 82, 135, 140, 187,
319, 345, 352, 396, 398, 408, 413, 435, 437,
456

購買力平価　　14, 20, 24, 26, 78

国際比較　　14, 15, 19, 206, 245, 273, 280,
296, 310, 370, 396

国内総生産（GDP）　　74, 205, 215, 323, 396,
415, 452

国民経済計算体系　　37, 67, 77, 111, 127,
201, 205, 209, 215, 217, 218, 266, 283, 285,
469

さ行

財政政策　　44, 51, 52, 59, 64, 65, 72, 81, 85,
86, 89-92, 95-101, 105-110, 114, 117-122,
126, 139, 141, 172, 174, 176-180, 182-184,
188, 193-196, 186, 434, 439, 441-444, 456,
470, 471

産業構造　　35, 38, 48, 53, 54, 61, 65, 67, 78,
82, 84, 88, 107, 112, 128, 147, 172,　180,
185, 186, 192, 203-210, 214, 217, 219, 223,
224,　226, 228, 231, 239-248, 251-155, 256-
266, 269-275, 289, 292-304, 310-317, 321,
340-343, 350-353, 356, 366, 367, 373-382,
387-396, 399-409, 413, 417, 422, 428, 441,
447, 450, 451, 456, 460, 456, 466, 469, 470,
471-472, 476

産業高度化　　224, 225, 387, 466

市場化　　2, 31, 66, 71, 94, 101, 107, 119, 126,
130, 135, 143, 147, 173, 197, 198, 205, 208,
210, 212, 224, 225, 239, 240, 242, 244, 251,
165, 270, 274, 276, 284, 291, 294, 299, 321,
324, 334-337, 342, 344, 350, 367, 381, 393,
394, 396, 402, 409, 417, 444, 445, 449, 455,
468, 470, 471

需要管理　　32, 54, 107, 129, 181, 438-450,
456-459

小康社会　　2, 22, 23, 36, 83, 84, 104, 223,
290, 292, 296, 444, 455, 470

所得分配　　3, 30, 49, 110, 132, 135, 186, 189,
206, 212, 224, 321, 374, 398, 408, 413, 415-
418, 435, 436, 440, 454-456, 460, 466, 470

新時代　　1, 80, 83, 204, 304-321, 382, 392,
412, 417, 420

新常態　　33, 41-46, 45, 56, 85, 102, 105, 108,
120, 188, 190, 226, 230, 241, 261, 263, 287,
290, 292, 337, 346, 349, 395, 420, 434, 436-
443, 444, 450, 453, 459, 476

スタグフレーション　　44, 65, 81, 90, 96, 98,
105-108, 111, 129, 195, 441, 442

制度革新　　55, 88, 94, 110, 112, 127, 192,
196-198, 281, 288, 309, 382, 439, 455, 471

た行

中国の特色ある社会主義　　36, 445, 447,
455, 470

デフレ　　56, 58-62, 89, 213, 225, 239, 240,
328

都市化　　1, 35, 50, 81-84, 117, 142, 174, 185,
243, 290, 294, 298, 320, 325, 330, 336, 341,
342, 346-350, 353, 366, 367, 396, 401, 412,
451, 464, 469, 470, 472,

は行

不均衡　　13, 33, 39, 43, 44, 45, 46, 51-57, 60,
64, 80-87, 91-100 105-109, 111, 114-120,
124, 129, 127-139, 142-144, 147, 179-184,
188, 191-196, 240, 248, 266, 272, 275, 281,
293, 296, 320, 245, 378, 396, 397, 403, 408,
411, 413, 417, 434-443, 444。453, 455, 459,
466, 470, 471, 476
法制　　55, 107, 201, 197, 198, 335, 336, 445,
446, 461, 466

ま行

マクロ経済政策　　43-45, 51-54, 62, 80, 81,
85, 86, 91, 94, 107, 108, 116, 173, 177-182,
188, 191-195, 270, 274, 292, 338, 340, 353,
434, 440, 443, 447
マクロ・コントロール：2, 3, 39, 52, 54, 67,
68, 76-83, 101, 108, 139, 173-177, 188, 196,
208, 210, 212, 225, 240, 243, 263, 272, 275,
291, 294, 297, 341, 403, 438, 440, 443-447,
347, 352, 353, 365, 367, 379
マネーサプライ　　26, 53, 66, 89, 90, 207,
240, 450

ら行

労働生産性　　46, 83, 107, 206, 208, 221, 242,
254, 261, 267, 301, 303, 307-310, 313, 316,
318, 328, 339, 349, 358, 359, 367, 377, 379-
389, 391, 397-403, 409, 412, 413, 414-419,
423, 426, 444-446, 436-439, 455

あとがき

『経済成長と構造進化：新時期以降の中国の経験』は中国国家社会科学基金重点プロジェクト（プロジェクト番号 15KJL001）である。劉偉教授が責任者、蔡志周教授、蘇健教授、李連発教授、張輝教授がプロジェクトチームの主要メンバーとなっている。

本書は、7章から構成されている。執筆者は次のようになる。第一章「経済成長と発展段階の判断」は劉偉、蔡志洲、第二章「新常態における新たな変化、新たな不均衡、新たな政策」は劉偉、第三章「経済成長における総合的不均衡とマクロ・コントロール」は劉偉、蘇健、李連発、第四章「経済成長における産業構造の変化」は劉偉、蔡志周、第五章「産業構造の変化と経済成長の効率」は劉偉、張輝、第六章「産業構造の不均衡と一次分配の歪み」は劉偉、蔡志周、張輝、第七章「産業構造、経済構造の最適化・高度化と供給側構造改革」は劉偉、蔡志周、張輝が執筆した。

本書は劉偉によりその構想が提案され、まとめられている。一部の内容は段階的な成果として、『経済研究』、『経済科学』、『北京大学論集（哲学と社会版）』、『経済縦横』、『経済学動態』、『金融研究』などの学術誌に掲載され、その多くは『新華文摘』などで抜粋されている。

このプロジェクトの責任者として、グループのメンバーの努力、協力してくれた先生、同僚、学生、友人、支援してくれた中国人民大学出版社、特に、信頼をしてくれた『国家哲学社会科学成果文庫』、適切なコメントを寄せてくれた審査会の専門家に感謝したい。本書は、専門家のコメントに従って充実させ、改良を加えたものである。原稿の処理に協力してくれた王莎莎らに感謝したい。

【著者紹介】

劉偉（Liu Wei）

1957 年生まれ。北京大学大学院経済学博士後期課程修了、博士（経済学）。北京大学副学長、中国人民大学学長を歴任。中国教育部長江学者特任教授。1992 年から国務院の特別政府手当を受給。国家百千万人材プロジェクト、国家新世紀優秀人材支持プロジェクト入選。主な研究分野は、政治経済学における社会主義経済の理論、制度経済学における移行経済の理論、開発経済学における産業構造進化の理論、経済成長と企業の財産権の問題など。教育部特大プロジェクト「中国市場経済の発展に関する研究」（2003年）、「中国の金融政策システムと伝達メカニズムに関する研究」、国家哲学社会科学基金会重点プロジェクト「中国の中長期的な経済成長と構造変化の動向に関する研究」の主任専門家。300 以上の学術論文と数十冊の著作を発表。第一回国家青年社会科学成果賞（1995 年）、孫逸芳経済学出版賞（1994 年、1996 年）、教育部人文社会科学経済学賞一等賞（第六回）、二等賞（第二回、第三回）、北京市哲学社会科学成果賞一等賞（第四回、第七回、第十一回、第十四回）受賞。

【監訳者紹介】

神田英敬（Kanda Hidenori）

1978 年生まれ。武漢大学にて現代中国語と国際関係学専攻。華中科技大学など複数の大学で日本語教育に携わり、現在は武漢理工大学所属。主な訳書に、2017 年中華学術外訳プロジェクト『世界反ファシズム戦争における中国抗戦の歴史的地位』（共訳、アーツアンドクラフツ）、『人生の起点と終着駅』（訳書、東方出版社）、『「黄帝内経」と生命科学に関する一考察』（訳書、東方出版社）、『中日関係の光と影』（共訳、安徽人民出版社）、『医療衛生サービス常用語対訳ハンドブック』（共訳、中訳出版社）など。武漢大学出版社（2007 ～ 2019 年）と華中科技大学出版社（2015 年〜現在）で日本語の委託編集業務を担当、校正著作は計 29 冊。2014 年中華学術外訳プロジェクト『法治社会における基本的人権～発展権の法的制度研究』校正担当。

【訳者紹介】

王浄華（Wang Jinghua）

1977 年生まれ。華中師範大学比較文学と世界文学学科博士後期課程修了、博士。華中科技大学外国語学院準教授。20 部以上の論文、訳文を発表。論文：「『清貧譚』と『竹青』について」（国語の研究）（32），2006 年）、「中国の大学における日本文学教育の改革への提言──文学教育研究の必要性を中心に」（『白山中国学』（21），2011 年）、「中国の大学の日本文学授業における協働学習の実施と効果」（『アジア文化研究所研究年報』（50），2015 年）、「『桜の森の満開の下』の「さくら」のイメージ再構築と文化的批評」（『日本語・日本文化研究』2017 年）11 月、「中日戦争時期河北省石家庄地区農村経済」（弁納才一著）『中国農村研究』2018 年上巻 、「中華民国時期北京市近郊農村的経済発展与都市化」（弁納才一著）『中国農村研究』2018 年下巻、「佐藤春夫『南方紀行』の里巷世界（河野竜也著）」『鼓浪嶼研究』第九輯、2019 年。教材開発：『日本近現代文学作品鑑賞』（武漢大学出版社、2021 年）他。

王閏梅（Wang Runmei）

1976 年生まれ。2010 年名古屋大学大学院国際言語文化研究科にて博士（文学）取得。中日比較文化学。現在、中国華中科大学外国語学院準教授。主に梁啓超とその周辺をめぐって研究を展開。主な著作と論文に『梁啓超の近代観──思想的矛盾とその展開』（武漢大学出版社）、『晩清文人的近代性思考与明治日本』（知識産権出版社）、「植民地的近代と詩社的伝統意識の乖離──梁啓超の台湾訪問をめぐって」（『中国研究月報』）、「政治と文化の間──小説における梁啓超の近代意識をめぐって」（現代中国研究』）など。

現代中国研究叢書

経済成長と構造進化 新時代以降の中国の経験

2025 年 4 月 6 日　初版第 1 刷発行

著　　者　　劉偉ほか
監　　訳　　神田英敬
訳　　者　　王浄華、王閏梅
発 行 者　　向安全
発 行 所　　株式会社 樹立社
　　　　　　〒 102-0082　東京都千代田区一番町 15-20 フェニックスビル 502
　　　　　　TEL 03-6261-7896　FAX 03-6261-7897
　　　　　　https://www.juritsusha.com
編　　集　　岩井峰人
印刷・製本　　錦明印刷株式会社
ISBN 978-4-910326-08-5　C3033

《経済増长与结构演进 中国新时期以来的经验》© 2016 by China Renmin University Press Co.,Ltd.
Japanese copyright © 2025 by JURITSUSHA Co.,Ltd.
All rights reserved Original Chinese edition published by China Renmin University Press Co.,Ltd.
Japanese translation rights arranged with China Renmin University Press Co.,Ltd.
定価はカバーに表示してあります。
落丁・乱丁本は小社までお送りください。　送料小社負担にてお取り替えいたします。
本書の無断掲載・複写は、著作権法上での例外を除き禁じられています。